나 침 반

핵심 성경 연구 ②

마태복음 ~ 로마서

나침반
출판사

종합선교 – 나침반 출판사 / 그리스도인들의 성장을 돕습니다.

1110 – 616 서울 · 광화문 우체국 사서함 1641호 ☎(02)2279-6321~3/주문처(02)2606-6012~4

• • •

COMPASS HOUSE PUBLISHERS

A DIVISION OF NACHIMVAN (=COMPASS) MINISTRIES
KWANGHWAMOON P. O. BOX 1641, SEOUL 110-616, KOREA

『Expository Notes on the Old & New Testament』
Translated and published by permission of Dr. Warren Wiersbe
이 책은 허락을 받아 번역, 출판한 것입니다.

이 소중한 책을

특별히_____님께

드립니다.

> **"성경을 성경으로로서
> 쉽게 이해하는 데
> 큰 도움을 주도록
> 만든 것입니다."**

워런 W. 위어스비 목사님의 수많은 저서 중에서도 특별한 책으로 간주되는 **『EXPOSITORY NOTES ON THE OLD TESTAMENT/THE NEW TESTAMENT』**가 한국어로 번역되어 『핵심 성경 연구』라는 제목으로 발행된 것을 하나님께 감사드리며, 수고한 이들에게 찬사를 보냅니다.

워런 W. 위어스비 목사님과의 친교는 꽤 오래 전부터 였읍니다. 제가 미국 미시간주 랜싱의 **SOUTH BAPTIST CHURCH**에서 한국인을 위한 교회를 개척할 때, 그 교회 담임 목사님이시며, 위어스비 목사님과 특별히 절친한 관계이신 하워드 서그든 목사님(이 두 분은 『목회자 지침서/나침반社 발행』의 저자들이기도 하다–편집인註)의 소개로 처음 서로 알게 된 후, 저의 모교인 그랜드래피드 침례 신학교와, 여러 선교사 수양회에서 함께 일하기도 하였읍니다. 그후 한국으로 귀국한 후인 오늘날까지도(특별히 제가 일하고 있는 극동·아세아방송사의 영어방송중 하나인 **『BACK TO THE BIBLE』**의 협회 책임자이며, 소련어 방송을 위하여 소련인들로만 구성된 슬라빅복음선교회의 이사장인 위어스비 목사님과) 방송인으로서의 관계가 지속되고 있읍니다. 그러기에 지난 2월초(1985년) 제42차 국제 기독교 방송인 대회가 미국의 수도 와싱톤에서 열렸을 때 오랫만에 다시 만날 기회가 있었읍니다. 그 때 특별히 이 책이 한국어판으로 발행되는데 대하여 의견을 나눌 때 위어스비 목사님은 "한국의 그리스도인들에게 크게 축복이 되기를 기대한다"며 사용을 쾌히 승락하셨읍니다. 그리고 그 자리에서 한국 방문을 요청하였을 때 "매일 바쁜 일정이지만 가까운 시일안에 한번 한국을 방문하기를 희망한다"고 하였읍니다.

이 책은 위어스비 목사님의 한때 시무하시던 갈보리 교회의 "성경전서 연구과정"을 위하여 마련한 것으로 7년 동안 주일저녁과 수요일저녁에 교회 중간 지

제42차 국제 기독교 방송인 대회 (와싱톤D. C.)
에서 저자 W. W. 위어스비 목사와 송용필 목사

도자들에게 가르쳤던 『해설적 성경 개관』입니다.

성경은 하나님께서 "이 예언의 말씀을 읽는 자들과 듣는 자들과 그 가운데 기록한 것을 지키는 자들이 복이 있도록" 그 자녀들에게 주신 것입니다. 또한 성경에는 "어리석은 자가 되지 말고 오직 주의 뜻이 무엇인지를 이해하라"고 기록되어 있읍니다. 그런데 교리적인 면에는 당황하지 않는 많은 그리스도인들이 성경을 직접 대할 때에는 쉽게 이해하지 못하는 경우가 대단히 많습니다.

그러기에 이 책은 성경전서를 성경으로서 쉽게 이해하는데 큰 도움을 주도록 만든 것입니다.

간결한 구성과 문장으로 성경에서 빼놓지 말아야 할 핵심적인 부분들을 알기 쉽게 설명하면서, 또한 우리에게 생각하고 행동할 수 있는 지침들을 제시합니다.

흔히 놓치기 쉬운 성경의 영적인 의미와 교훈들을 지적하는 위어스비 목사님의 영적 통찰력에 우리는 놀라지 않을 수 없읍니다.

이 책이 발행되도록 원고 정리에 정성을 다한 조 현영 자매와, 『도서출판-나침반社』전 직원들과, 발행인이며 저의 사역에 기꺼이 동참하는 김용호 목사님의 수고를 애독자들과 함께 기억하고 싶습니다. 그리고 이 책이 미국에서 널리 사용되어 크게 기여한 바와 같이, 한국어로 발행되어진 지금, 우리 가운데에서도 이 책으로 인하여 하나님의 말씀이 흥왕되어지기를 기도합니다.

초판 발행에 즈음하여

목사 송 용 필 (John Song)

　이 『핵심성경연구』를 새로 인쇄하게 되었다는 사실은 지금 내게 기쁨과 감사를 가져다 주었다. 나는 하나님께서 하나님의 자녀들을 돕는 데에 이 단순한 연구서를 사용하고 계신다는 정기적인 보고를 받았는데, 이는 참으로 기쁜 일이다.

　이 책은 켄터기주(州) 커빙턴시의 갈보리 교회(Calvary Baptist Church)에서 처음 준비된 것으로서, 35년간이나 결실있는 목회를 해오신 D. B. 이스텝 박사님에 의해 시작된 "성경전서 연구 과정"의 일부이다. 이스텝 박사님이 1962년 3월에 주님 품에 가시자, 교회는 내게 그들의 목회자로 사역해 주기를 요청하였으며, 나는 "성경전서 연구 과정"의 7년간, 말씀을 연구하며 그 과정을 준비하는 특권을 누렸다. 매 주마다 우리 교회의 가족들을 위해 하나님의 말씀을 연구하는 것이 내게는 얼마나 즐거웠는지!
**　내가 현재 하고 있는 사역이나 장래에 하게 될 일은 확실히 이 기간 동안의 집중적인 연구의 결과이다.** 모든 교회가 그들의 목회자를 참된 성경 연구자가 되게 하기를 원한다면, 그것은 가능하다. 나는 갈보리 교회의 성도들의 격려와 도움에 대해 어떻게 감사를 드려도 충분하지가 못하다!

　이 책이 여러 번 출간된 것은 많은 그리스도인들이 성경을 쉽고 체계적인 방법으로 연구하기를 원한다는 증거이다.
　A.W. 토저는 우리에게, 성경을 사람이 가르치는 것과 성령께서 가르치시는 것에는 차이가 있음을 상기시키곤 하였다. 나는 하나님의 성령이 이 책에 기록된 것보다 훨씬 더 가르치시기를 기도한다. 이 연구서는 안내서에 지나지 않는 것이다. 그러나, 예수 그리스도는 길이요 진리이시다. 모쪼록 우리의 마음과 애정과 관심이 하나님께로만 고정되기를 기도한다.

모쪼록 우리의 마음과 애정과 관심이 하나님께로만 고정되기를 기도합니다.

그동안 많은 목회자들이 그들의 교회에서 이 책을 재인쇄(또는 복사)해 사용하는 것을 허락하여 주기를 요청하는 연락을 해왔다. 그러나 이 자료는 부분적으로 복사 또는 재인쇄되는 것을 금한다. 나는 이 자료가 목회자들이나 교사들이 그들 자신의 개인적인 연구를 위해 사용되는 것은 기쁘게 여기지만, 이것이 개교회에서 재인쇄되는 것을 허락할 수는 없다. 교회 프로그램에 "성경전서 연구 과정"을 운영하고자 하는 교회들은 이 책을 각자 구입토록 해 주기 바라며, 개교회의 목회자나 교사들의 강의에 의하여 그 내용이 자세하게 보충되기를 바란다.

그리고, 이 『핵심성경연구』로부터 축복과 도움을 얻기 위해 나의 해석 전체에 동의할 필요는 없다.

하나님의 말씀을 연구하고, 그것을 다른 사람들과 나누게 될 때에 하나님께서 풍성하게 축복하시리라고 믿는 바이다.

✳유 의 사 항✳

1. 이 연구서는 『개관』일 뿐, 귀절마다의 주석이 아니다.
2. 구약은 역대상·하를 제외한 전 권을 다루었으나, 전 장을 다룬 것은 아니다.
3. 신약은 마가복음과 누가복음을 제외한 전 권과 각 장을 다루었다.
4. 이 연구서는 학자들에 맞추어 쓴 것이 아니라, 보편적인 성경 연구자들을 위해 마련된 것이다.

-워런 W. 위어스비.

마 태 복 음
-개요와 서론-

마태복음 개요

1. 왕의 출현 / 1~10장
"천국이 가까왔느니라./"(3 : 2 / 4 :17 / 10 : 7)

1 왕의 인성 / 1~4장
(1) 그의 계보와 탄생 / 1~2장
(2) 그의 사자(使者) / 3장
(3) 그의 시험받으심과 초기 사역 / 4장
2 왕이 제시하는 원리 / 5~7장
3 왕의 능력 / 8~10장
메시야이심을 증거하는 연속적인 기적들

2. 왕에 대한 반역 / 11~13장

1 그의 사자를 거절함 / 11장 1~19절
2 그의 행사가 부정됨 / 11장 20~28절
3 그의 원리가 거부됨 / 12장 1~21절 ⎫ 이 사건들은 모두 하루 동안
4 그의 인격이 공격됨 / 12장 22~50절 ⎬ 에 발생하였으며 그의 사역에
5 결과 : 왕국에 대한 비유 / 13장 ⎭ 있어 하나의 위기가 되었다.

3. 왕의 은거 / 14~20장
그리스도께서 십자가를 지기 위하여 제자들을 준비시키심

1 베드로의 고백 이전 / 14장 1절~16장 12절
2 베드로의 고백 - 교회 / 16장 13~28절
십자가에 달리실 일에 대한 첫번째 언급("이 때로부터…") / 16장 21절
3 베드로의 고백 이후 / 17 ~ 20장
십자가에 달리실 일에 대한 두번째 언급 / 17장 22~23절
십자가에 대한 세번째 언급 / 20장 17~19절

4. 왕에 대한 거절 / 21～27장

"하나님의 나라를 너희는 빼앗기고…"(21 : 43)

11～13장의 반역이 공개적인 거절로 나타남

1 유대인에 대한 그의 공개적인 출현 / 21장 1～16절

2 종교 지도자들과의 갈등 / 21장 17절～23장 39절

3 장차의 왕국에 대한 그의 예언 / 24～25장

4 그의 고난당하심과 죽으심 / 26～27장

5. 왕의 부활 / 28장

마태복음 서론

1. 다른 복음서들과의 관계

① 마태복음은 유대적이며, 그리스도를 왕으로 제시한다 ("다윗의 자손"-1 : 1).

② 마가복음은 로마적이며, 그리스도를 종으로 나타낸다.

③ 누가복음은 헬라 (그리이스) 적이며, 그리스도를 완벽한 인간의 아들로 제시한다.

④ 요한복음은 그 호소력에 있어 우주적이며, 그리스도를 영원한 하나님의 아들로 제시한다.

2. 마태복음에 나타난 유대적인 특징

① 레위라고 불리우는 유대인 세리 (세금 징수자) 에 의해 기록되었다 (마 9 : 9 ~13 / 막 2 : 13~17 / 눅 5 : 27~32).

② 그 위치상 구약과 신약 사이의 교량적 역할을 한다.

③ 구약 인용이나, 구약의 사건과 인물들이 많이 나온다. 구약 인용이 53 회, 구약 구절들을 언급한 것이 76회로, 도합 129회나 구약이 마태복음에서 사용되었다. 구약 39권 중에서 25권을 언급하고 있으며, "이루어지다"는 말을 자주 사용하였다 (1 : 22 / 2 : 15, 17, 23 등).

④ 그리스도가 자주 "다윗의 자손"으로 불리워졌다 (1 : 1 / 9 : 27 / 12 : 23등).

⑤ "천국, 하늘 나라"에 관한 언급으로 가득 차 있으며, "천국 복음"이라 한다 해도 틀리지 않는다. 이 단어는 엄밀한 의미에서 유대적인 개념이다.

⑥ 다른 복음서에 실려 있지 않는 마태복음의 자료들은 유대적인 특징들을 보여 준다. 여기에는 아브라함에 이르는 그리스도의 계보 (1 : 1~17), 요셉에 대한 자료 (1 : 18~25), "이스라엘 자녀의 잃어버린 양"에 대한 제자들의 전도 (10장), 바리새인들에 대한 그리스도의 공박 (23장), 20~22, 25장에 사용된 몇 가지의 비유들이 포함된다.

3. 마태복음의 기본적인 주제

① 마태복음은 마가복음이나 누가복음과는 달리, **연대적으로 기록되지 않았다.** 마태복음은 그리스도께서 유대인의 왕이시며, 자기 백성에게 거절당하시고 온 세상을 위하여 못박히셨고, 지금 하늘에 살아 계시다는 한 가지 특별한 진리를 전달하기 위해 그리스도의 생애로부터 자료를 추출하여 배열해 놓았다.

② 1~10장에서는 그리스도께서 오랫동안 기다려 온 유대인의 왕이심을 친히 드러내신다. 구약의 예언대로 탄생하셨고, 하나님이 약속하신 사자에 의해 알려졌으며, 그가 하시리라고 선지자들이 예언하였던 그 일들을 행하심으로 자신이 메시야이심을 증명하셨다.

11~13장에서 유대의 지도자들은 그에게 반역하였다. 그의 사자인 세례(침례) 요한이 체포되었다. 그들은 그리스도의 행하심을 마귀에 의한 일들이라고 주장하였으며, 그리스도께서 제시한 원리를 따르는 대신 인간이 만든 그들의 전통을 고집하였다. 그리스도께서 많은 능력 있는 일들을 행하셨으나 그 성들은 그를 거절하였다./ 그 결과, 예수께서는 이방인들에게로 돌아 서셨고("수고하고 무거운 짐진 자들아 다 내게로 오라…"/11 : 28), 천국에 대한 비유를 베풀어 주셨다(13장). 이 비유들에서 주님은 천국이 이 시대 동안 이 땅에서의 무엇과 같은지를 묘사하신다.

③ 14~20장에서 그리스도는 제자들과 함께 은거하시며 십자가라는 큰 사건에 대해 그들을 준비시키신다. 물론, 주님은 공적 사역을 계속하고 계셨으나, 이 기간 동안은 특별히 그의 제자들을 가르치셨다. 여기서 우리는 베드로의 위대한 믿음의 고백과 교회에 대한 첫 언급을 보게 된다.

④ 21~27장에서 왕은 공개적으로 배척당하신다. 반역으로 시작된 것이 이제는 적개심이 되어 십자가형으로 치닫게 된다. 이 기간 동안에 주님은 종교적인 지도자들과 잦은 마찰을 일으키셨고, 제자들에게는 미래가 어떠하겠음을 가르치셨으며, "유대인의 왕"으로 기꺼이 십자가에서 죽으신다.

⑤ **마지막 장**은 모든 권세를 가지신 왕으로서, 부활하시고 승천하신 주님을 제시한다.

4. 천국

이 말은 마태복음에서 여러 차례 사용되고 있으므로, 이 말이 의미하는 바를 이해해야 한다.

천국(The Kingdom of Heaven)이란 이 땅에서의 하나님의 통치를 의미한다. 태초에 하나님은 아담을 통하여 이 땅을 다스리셨으며, 아담은 지배하도록 지명을 받은 사람이었다. 이스라엘 시대에는 왕들을 통하여 통치하셨고, 이스라엘이 멸망하자, 하나님은 이방의 군주들을 통해서조차 다스리기도 하셨다(단 2 : 37).

그리스도는 이 땅에 오셔서 자신을 유대인들에게 내어주셨다(마 4 : 17). 요한복음 1장 11절에 기록되기를 "자기 땅(세상)에 오매 자기 백성(사람들)이 영접지 아니하였으나"라고 되어 있다. 유대인들은 그 왕을 거절하였으므로, 그 나라를 거절한 것이 된다.

마태복음 13장에서 그리스도께서는 **이 시대의 천국을** 묘사하신다. 여기에는 선과 악, 진리와 거짓이 혼합되어 있으며, 이 안에 교회가 존재한다. 이 시대의 종말이 이르면 선과 악이 분리될 것이며, 그 나라가 순전함과 의로움 가운데 이 땅에 세워질 것이다. 이 나라의 건립에 대해서는 마태복음 24~25장에 요약되어 있다.

교회는 천국 내에 속해 있으며, 나라(국가) 안에 있는 것이 아니다. 마태복음 13장의 내용을 교회에 적용시킨다면 혼란을 초래하게 된다.

"하나님의 나라"(The Kingdom of God)는 보다 넓은 의미가 있다. 하나님께 순복하는 모든 이들(성도나 천사)이 하나님의 나라에 속한다. 하늘 나라는 이 땅에 관련되어 있고 진리와 거짓을 모두 포함한다. 하나님의 나라는 이 땅과 무관하며, 구약의 성도들과 신약의 신자를 포함한 하나님의 참된 대상만을 내포한다(눅 13 : 28). 하나님의 나라는 본질상 내면적인 반면에(눅 17 : 20/ 롬 14 : 17) 천국은 이 시대들 가운데 영광 중에 외적으로 나타나게 될 것이다.

다음의 도표는 하나님의 나라와 천국 그리고 교회의 관계를 이해하는 데 도움이 될 것이다.

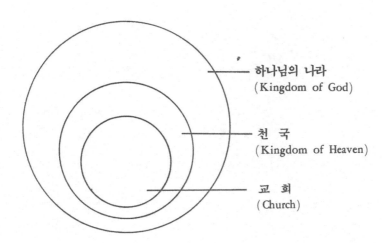

하나님의 나라
(Kingdom of God)

천 국
(Kingdom of Heaven)

교 회
(Church)

예수 그리스도의 계보

-마태복음 1장-

마태복음의 처음 열 장은 왕의 출현에 대해 보여 준다. 그는 스스로 그의 인격성(1~4장)과 그의 원칙들(5~7장), 그의 능력(8~10장)을 나타내신다. 마태복음은 예수 그리스도를 왕이요, "다윗의 자손"으로 증명하려 한다. 첫장에서 그리스도의 인간적인 계보를 제시하고(1~17절), 그 다음으로는 그리스도의 거룩한 탄생에 대해 알린다(18~25절). 따라서, 예수께서는 "다윗의 뿌리요 자손"이시다(계 22 : 16). 뿌리라 함은 그가 영원한 하나님으로서 다윗을 존재케 하셨다는 뜻이며, 자손이라 함은 그가 출생을 통하여 인간으로서 다윗과 연관되어 있음을 의미한다.

계보를 통하여 마태복음은 하나님의 신실한 섭리를 보여 준다. 하나님은 2,000여 년 간의 인류의 역사를 내려오며 이스라엘 민족을 통하여 세상에 그의 아들을 보내시는 일을 조정하셨고 성취하셨다. 18~25절에서는 하나님의 약속의 성취를 보여 주며, 그리스도께서 선지자 이사야의 예언대로 오셨음을 증거하고 있다.

1. 신실한 하나님의 섭리(1 : 1~18)

섭리란 하나님께서 환경을 조절하심으로, 인간의 불순종에도 불구하고 하나님의 뜻이 유력하게 시행되는 것을 뜻한다.

이스라엘을 적대하는 사단의 공략을 생각해 보자. 그리스도의 오심을 방해하려고 사단은 어떻게 역사하였던가./ 아브라함의 불순종 때문에 사라를 거의 잃을 뻔함으로 약속된 씨를 파멸시킬 뻔하였고(창 12 : 10~20), 한 때는 어린 요아스를 제외한 모든 왕족이 살해되었었다(왕하 11장). 이 계보는 "막연한 이름들의 목록"이 아니다. 이것은 이 세상에 그리스도께서 오실 통로인 아브라함의 자녀를 보존해 오신 하나님의 신실하심에 대한 기록이다.

마태복음에 제시된 계보는 법적인 관점에서 예수 그리스도의 법률상의 아버지인 요셉의 계보이며, 누가복음에는 마리아의 계보가 기록되어 있는데, 둘 다 다윗의 자손이다.

이 명단에서 우리는 하나님의 은혜를 볼 수 있다. 여기에 기록된 네 여인의 이름, 즉 다말(3절 / 창 38장)과 라합(5절 / 수 2장 / 히 11 : 31)과 룻(5절 / 룻기), 그리고 밧세바(6절 / 삼하 11장)를 눈여겨보라. 또한 마리아도 언급되어 있는데, 이 여인들은 하나님의 은혜를 예증한다.

① 다말—매음의 죄가 있었으나, 하나님은 그녀를 그리스도의 조상의 명단에 오르게 하셨다.

② 라합—창기이며 이방 여인이었으나, 믿음으로 구원을 얻었다.

③ 룻—모압인, 곧 이방인이었다. 신명기 23장 3~6절에 따르면, 그녀는 10대까지 이스라엘 백성의 총회에 들어갈 수 없었다.

④ 밧세바—다윗의 경악할 범죄에 가담한 여자였으나, 하나님은 그녀를 용서하시고 솔로몬을 통하여 그리스도의 조상 중의 하나가 되도록 허락하셨다.

하나님은 죄를 미워하신다. 그러나, 갈보리로 말미암아 그의 은혜 안에서 우리의 죄들을 용서하시고 그의 가족으로 삼으셨다.／(엡 2 : 11~13 / 요일 3 : 1~3)

물론 이 계보는 완전한 것이 아니다. 몇몇 이름이 빠져 있는데, 유대인들에게 있어서 자녀들이 명단을 기억하는 데 도움이 되지 못하는 중요치 않은 이름들을 제외시키는 것이 상례였다. 또한 14대씩 세 부분으로 묶음으로써 암기하기에도 쉬웠다. 1장 8절에서 아하시야, 요아스, 아마샤가 빠져 있는데, 이는 아마도 그들이 아합의 사악한 딸인 아달랴와 관계가 있기 때문일 것이다.

오늘날 살아 있는 유대인 중에는 법적인 족보를 가지고 있는 사람이 없다. 모든 기록이 주후 70년, 성전이 파괴될 때 소멸되었기 때문이다. 예수 그리스도는 오늘날 다윗의 보좌에 대한 권리를 증명할 수 있는 살아 있는 유일한 유대인이다.

2. 성취된 하나님의 약속(1 : 18~25)

유대인들 간에 "약혼식"(또는 정혼)은 결혼과 마찬가지로 구속력이 있었다. 요셉이 마리아의 형편을 알게 되었을 때, 그는 자연적으로 그녀가 그에 대해 불성실하였다고 추정하였다. 그의 신중함에 유의하자. "이 일을 생각할 때에…"라고 기록되어 있다. "성내기를 더디하고" 문제를 사려깊게 생각하는 일은 대단히 중요하다(잠 21 : 5).

신명기 22장 23~24절에 따르자면, 마리아는 돌에 맞아 죽게 되어 있었다. 나타난 바에 의하면, 유대인들은 이것을 실행하지 않고 있었으며, 그 대신 불성실한 짝과 이혼하였다.

요셉이 꿈에 보인 하나님의 멧세지를 믿는 데에는 대단한 믿음이 요구되었다. 하나님과 마리아에 대한 그의 사랑은 그로 하여금 그리스도를 위하여 "비난받기를" 작정하게 만들었다. 그의 이웃들이 어떻게 말했을지 상상해 보라.／요한복음 8장 41절에서는 유대인들이 그리스도의 탄생을 간음에 의해 태어난 것으로 비방하였음을 시사한다. 사단은 항상 동정녀 탄생의 진리를 공격해 오고 있는데, 이는 그로써 그리스도의 인격과 사역, 그리고 성경의 진리를 공격할 수 있기 때문이다.

예수라는 이름은 "구세주"라는 뜻으로서, "여호수아"라는 히브리 이름을 헬라어로 표기한 것이다. 구약에서는 두 사람의 "여호수아"가 잘 알려져 있는데, 이스라엘을 가나안으로 인도한 군인 여호수아와(여호수아서 참조), 스가랴서에 언급된 대제사장 여호수아이다(슥 2장 참조). 그리스도는 우리의 구원의 대장 되시며 우리를 승리로 인도하신다. 그리고, 주님은 또한 우리의 크신 대제사장 이시다.

그리스도의 탄생은 이사야 7장 14절의 예언을 성취한다. 이사야 7장을 주의 깊게 읽어보라. 아하스는 수리아의 왕 르신과 이스라엘왕 베가에게 공격당할 위기에 처해 있었다. 여호와께서는 이사야를 보내어 아하스를 격려하셨고(1~9절) 아하스에게 어떠한 징조를 구하라고 지시하셨다. 아하스는 신앙심이 깊은 체하며 징조를 구할 것을 거절하였다. 그리하여 하나님은 그에게 뿐아니라 "다윗의 집"에 징조를 주신다(7 : 13).

그 징조는 처녀 어머니에게 임마누엘("하나님이 우리와 함께 계신다")을 낳게 하는 것이었다. 이 징후는 그 때의 아하스에게는 아무런 관계가 되지 않는 것이었다. 8장에서 하나님은 우리야의 아들을 사용하셔서 이 징조를 아하스에게 주신다(주의/사 7 : 14에 나오는 히브리어 단어와 마 1 : 23에 나오는 헬라어 단어는 처녀를 의미하는 것으로서, 다른 뜻은 없다. 그리스도의 처녀 탄생을 의심하는 성경 번역판은 믿을 만한 것이 못된다).

요셉의 즉각적인 순종은 칭찬을 받아 마땅하다(24절). 그는 마리아를 순전하게 보존하는 일에 조심스러웠다.

성경에는 출생에 대하여 네 가지 방법이 나와 있다.
1 **남자나 여자 없이 태어남**—아담의 경우로, 진흙에서 만들어짐.
2 **남자는 있으나 여자가 없이 태어남**—하와의 경우로, 아담의 옆구리로부터 만들어짐.
3 **남자와 여자가 있어 태어남**—모든 사람들의 경우.
4 **여자는 있으나 남자는 없이 태어남**—예수 그리스도의 출생처럼 이 땅의 어머니는 있으나 이 땅의 아버지는 없음.

예수께서 성령으로 잉태되어 처녀에게서 태어났다는 것은 죄없는 인간의 본성을 가지고 태어나게 하는 데 매우 중요한 일이다(눅 1장 참조). 그는 인간이 창조되기 전에 존재하셨기 때문에 인간의 어머니와 인간의 아버지에게서 태어날 수는 없으셨다. 새로 태어나는 아이들은 이전에 결코 존재한 일이 없는 아이들인 것이다./ 그리스도의 처녀 탄생을 부인하는 현대주의자들은 주님의 영원한 신성과 하나님이심을 부인하는 것이다.

"이루어지다"(22절)는 단어는 본 서의 저자인 마태가 가장 좋아하는 단어이다. 그는 예수께서 왕에 관한 구약의 주요 약속들과 예언들을 성취하셨음을 나타내기 위하여 이 단어를 자주 사용하고 있다.

*   *   *   *   *

■ 실천적인 교훈

1 하나님은 역사를 조절하고 계신다. 수천 년의 인간의 역사를 통하여 그리스도의 오심을 주도하셨다./

2 하나님의 은혜는 언약 밖에 있었던 죄인들의 구원을 가능케 했다.

3 중요한 결정을 하기에 앞서 생각하고 기도하는 것이 필요하다. 우선 하나님이 당신을 인도하시게 하라.

4 하나님께서 명령하시면 즉시로 순종하라.

그리스도의 탄생
- 마태복음 2장 -

마태복음 1장은 예수께서 어떻게 출생하셨는지를, 2장에서는 어디서 출생하셨는지를 말한다. 기억할 일은 마태가 그리스도의 왕되심을 증거하고 있다는 점이다. 2장에서는 구약 구절들을 많이 언급하여 예수의 왕되심을 증명한다. 박사들의 방문 역시 주님의 신성한 근원을 입증한다. 2장은 세 부분으로 나누어질 수 있다.

1. 왕에게 경의를 표함 (2 : 1~12)

이 "박사"들은 별을 연구하며 때를 이해하는 동양의 천문학자들이었다. 이들은 새로 태어난 왕에게 와서 경의를 표하도록 하나님의 특별한 소명을 받은 이방인들이었다. 민수기 24장 17절에 발람이 기적의 별을 보고 예언하는 것은 참고가 된다. 몇 사람의 박사들이, 어디서 왔으며, 이름들이 무엇이었는지는 모른다. 성탄절에 관한 전설은 성경적인 배경과 반드시 일치한다고는 할 수 없다.
　헤롯은 "유대인의 왕"이 되기 위해 많은 값을 지불하였다. 그래서 그는 누군가 그 보좌를 위협하는 것을 두려워하였다. 헤롯 대왕은 그 보좌를 지키기 위하여 자신의 자녀들마저 죽인 무자비한 괴물이었고, 아홉 내지 열 명의 아내를 거느리고 있었으며, 변절과 육욕으로 잘 알려진 인물이었다. 그는 에돔 사람으로서 유대인들에 대하여 본래부터 증오심을 가지고 있었다 (에돔에 대한 영적인 의미를 알아보려면 본 서의 오바댜 부분을 참고하라). 헤롯은 하나님의 말씀을 알지 못했으므로 서기관들에게 물어볼 수밖에 없었다. 서기관들은 말씀을 알았으나 그 말씀대로 행하지 않은 반면, 박사들은 듣고 행하는 사람들이었다./
　박사들의 방문은 어느 날 왕국이 이 땅 위에 세워질 때 이방인들이 그 왕을 예배하게 될 것을 나타내고 있다 (사 60 : 6 참조). 이들의 경험은 **하나님의 뜻을 찾는 길**에 대한 놀라운 교훈을 준다. 그들은 하나님이 보내신 빛을 따라 왔으며, 하나님의 말씀으로 자신의 발걸음을 확인하였다. 또한 그들은 의문을 제기하지 않고 하나님께 순종했으며, 하나님은 그들의 발걸음을 인도하셨다. 그들이 "다른 길"로 귀향했음에 주목하자 (12절). 그리스도께 오는 사람은 누구든지 본향으로 가는 다른 길을 갖게 된다./

　마태는 그리스도께서 선지자들이 예언한 장소에서 태어나셨음을 나타내기 위해 미가서 5장 2절을 인용한다. 하나님은 교만한 예루살렘을 지나 겸손한 베들레헴을 선택하셨다. 다윗왕도 베들레헴 출신이었으며, 그리스도는 다윗의 자손이다(1 : 1). 다윗과 그리스도 사이에 놓여 있는 비교점을 당신은 얼마나 발견할 수 있는가?

2. 왕에 대한 증오(2 : 13~18)

사단은 그리스도가 태어나지 못하도록 노력해 왔는데, 이제 그가 출생한 후에는 그를 멸망시키는 일을 시도한다(계 12 : 1~4 참조). 육은 언제나 영을 거스르는데, 헤롯(에돔인)은 그리스도를 거스린다.

하나님께 순종하여 마리아와 예수를 돌본 요셉의 성실함에 칭찬을 보내지 않을 수 없다. 마태는 호세아 11장 1절을 인용하여 그리스도가 애굽에서 부름을 받았음을 나타내 보인다.

헤롯은 20명 가량의 젖먹이들을 죽였다. 왜냐하면 그 시대 그 지역에 더 많은 젖먹이들이 있을 리가 없기 때문이다. 마태는 이 일을 통하여 예레미야 31장 15절이 성취된 것을 본다.

3. 왕의 겸손(2 : 19~23)

요셉이 그의 "성별된 감각"을 사용하는 방법과, 그가 유대로 돌아가지 않음을 유의하자. 하나님은 이 결정을 확실케 하셨으며, 이 가족은 나사렛으로 옮겨 갔다. 마태는 "선지자들을 통하여 말씀하신"(복수형임에 유의하라) 것이라고는 말했으나, 구약 중 어떤 책을 지적하여 말하지는 않고 있다.

"나사렛 사람"(Nazarene)이란 아마도 "가지"를 나타내는 히브리어 "네쩨르" (Netzer)를 가리키는 듯하다(그리스도가 "가지이심"에 대해서는 스가랴서 참조). 마태가 "선지자들"이라고 복수형을 쓴 것은 성경의 몇 구절들에서 그리스도를 가지로 표현하고 있기 때문일 것이다(사 11 : 1 / 사 4 : 2 / 렘 23 : 5 / 렘 33 : 15 / 슥 3 : 8 / 슥 6 : 12~13 참조). 마태는 "나사렛 사람"이란 이름과 "가지"(네쩨르)라는 칭호를 영적으로 중요하게 보고 있다.

나사렛은 비천한 마을이었다. "나사렛에서 무슨 선한 것이 날 수 있느냐?" 고 나다나엘은 요한복음 1장 46절에서 물었다. 예수께서는 겸손한 왕이셨다. 그는 우리의 구원을 위하여 죽기까지 자신을 비우셨으며 겸손하셨다(빌 2 : 1~11 참조).

*　　　*　　　*　　　*　　　*

■ 그리스도의 탄생 역대기 : 사건은 이렇게 전개된 듯하다. 예수께서 나신 밤에 목자들이 구유에 뉘어져 있는 그를 방문하였다. 40일 후에 예루살렘으로 데려가 성결의식을 행하고 이름을 호적에 올렸다. 가족들은 베들레헴으로 돌아왔

을 것이며 어떤 집에 거하였다(마 2 : 11). 이런 일이 있은 후에 박사들이 예루살렘을 방문하였고 다시 베들레헴의 그 집에 와서 주님께 경배했다. 하나님의 경고가 있어 요셉은 베들레헴을 떠나 애굽으로 갔으며, 헤롯이 죽은 후에(몇 달 간) 이들은 유대 베들레헴을 향하여 출발하였으나 방향을 바꾸어 갈릴리 나사렛으로 갔다.

어떤 성경학자는 이 가족이 성전에서 헌아식이 있은 후에 나사렛으로 갔으며(눅 2 : 39), 박사들이 그 곳으로 찾아왔다고 본다. 그렇다면 나사렛으로 두 번 여행한 것이 된다. 성전에서의 헌아식이 있은 후에 한 번, 그리고 애굽으로 도피했다가 다시 나사렛으로 간 것이 된다. 하지만 전자의 경우가 더 맞는 것 같다.

■ **신약에 사용된 구약 인용** : 구약의 예언들은 대개 이중의 의미를 갖는다. 즉각적으로는 그 말을 듣는 백성들에게, 그리고 예언적으로는 그리스도에게 해당되거나 어떤 미래의 사건과 관련이 있다. 호세아 11장 1절은 이 경우를 강조하고 있다. 하나님은 출애굽을 통하여 이스라엘을 구원하셨다. 그러나 이 언급은 그리스도께 적용되는 보다 강한 의미가 있다.

"나사렛 사람이라 칭하리라"는 특정한 예언은 없다. 나사렛은 구약에 한 번도 언급된 일이 없다. 그러나 성령은(신약과 구약을 쓰신 분) 성경 단어들의 보다 깊은 의미를 들추어 내신다. "나사렛"이란 단어와 "네쩨르(가지)"라는 단어는 발음상 분명히 관계가 있다. 성령은 그리스도에 대하여 우리를 가르치시는 데에 이 말을 사용하신다. 많은 경우, 성령은 교훈을 주기 위하여 구약의 구절을 수정하기조차 하신다(시 40 : 6 / 히 10 : 5 참조).

세례 (침례) 받으시는 예수
- 마태복음 3장 -

마태는 처음 10장까지에서 이스라엘 민족에게 왕의 출현에 대해 보고하고 있다. 1장과 2장에서는 구약 구절들을 통하여 예수 그리스도께서 이스라엘의 왕이심을 나타내며 왕의 족보와 출현을 기록한다.

3장에서는 그의 "선두 주자"인 세례 (침례) 요한을 통하여 예수께서 어떤 분이신가를 소개한다. 이 장은 세례 (침례) 요한(1∼6절), 바리새인과 사두개인(7∼12절), 예수님(13∼17절)의 출현을 보이는 세 부분으로 나누어 진다. 우리는 여기서 왕의 선두 주자, 왕의 적, 왕 자신을 보게 된다.

1. 세례 (침례) 요한의 출현(3 : 1∼6)

1 **그의 멧세지**(1∼2절)─왕국이 유대인들에게 제시되고 있음을 명심하자. 왕의 선두 주자로서 요한은 백성들에게 회개하고 (마음을 변화시킴) 왕을 맞을 준비를 할 것을 요청한다. 예수께서도 이 멧세지를 설교하셨고(4 : 17), 제자들도 그러하였다(10 : 7). 그 백성이 왕을 거절하자 왕국이 그들에게서 떠나갔다(21 : 42∼43).

2 **그의 권위**(3절)─요한은 이사야 40장 3절에 나오는 약속을 성취하였다. 그는 마지막 구약의 선지자였다(눅 16 : 16). 이 민족은 400년 간 하나님의 음성을 듣지 못했다!

3 **그의 인격**(4절)─그는 겸손하였고 행동과 옷입는 것이 시골뜨기 같았다. 그의 옷은 엘리야의 옷을 상기시켜 준다(왕하 1 : 8). 말라기 4장 5∼6절에 보면 하나님은 여호와의 두려운 날이 임하기 전에 엘리야가 올 것을 약속하셨다. 유대인들은 요한에게 그가 엘리야인지 아닌지를 물었는데(요 1 : 21), 요한은 아니라고 부정하였다.

그러나, 만일 유대인들이 그들의 왕을 영접했더라면 요한은 오기로 된 그 엘리야가 되었을 것이다(마 17 : 9∼13 / 마 11 : 14). 요한은 엘리야의 심령과 엘리야의 능력으로 왔다(눅 1 : 17). 말라기 3장 1절에 대한 본 서의 설명을 참조하라.

4 **그의 세례**(침례/ 5∼6절)─이것은 그리스도의 세례 (침례)가 아니었고(행 19 : 1∼7) 회개의 세례 (침례)였다(11절). 그의 세례 (침례)는 두 가지 목적

을 위해 하늘로부터 온 것이다(21 : 25~32). 즉, 그 민족에게 그리스도를 소개하기 위함과 그들의 마음에 왕의 오심을 준비시키기 위함이다. 유대인들은 유대교로 개종한 이방인들에게 세례(침례)를 베풀었는데 요한은 유대인들에게 세례(침례)를 주었던 것이다!

2. 바리새인과 사두개인들의 출현(3 : 7~12)

1 **그들의 성격**(7~8절)―바리새인들은 문자에 얽매여 율법을 무거운 짐으로 바꾸어 놓은 사람들이었다. 사두개인들은 "자유주의자들"이어서 구약 중 많은 부분을 부정하였다(행 23 : 8 참조). 세례(침례) 요한과 예수님에 의해서 (12 : 34/23 : 33) 바리새인들은 세 번 독사의 자식들이라고 불리워졌다. 사단은 뱀이며 이 사람들은 사단의 자녀들인 것이다(요 8 : 44). 바리새인들은 그리스도의 적이며, 마태복음에 자주 나오고 있다. 바리새인들과 사두개인들이 다시 결탁하는 것을 볼 수 있다(16 : 1 / 22 : 23, 34).

2 **그들의 필요**(9~12절)―그들은 아브라함과 인간적인 연관을 맺음으로써 구원을 얻는다고 믿었다(롬 9 : 6 이하/갈 3 : 7). 요한복음 3장에 나오는 니고데모처럼 그들은 다시 태어나야 한다는 진리를 이해하지 못하고 마음에 걸린 것이다! 하나님은 우리의 삶의 뿌리에 닿아 계신다(10절). 이는 뿌리가 그 열매를 결정하기 때문이다(8절). 요한이 어떻게 예수를 소개하며 오직 그분만을 찬미하는지 눈여겨보자.

11절에는 두 가지 세례(침례)가 나오는데 성령으로 세례(침례)받는 것(행 1 : 5에서 오순절날 성취됨)과 주님의 재림시에 성취될 불의 세례(침례)가 그것이다(말 3 : 1~2 / 눅 7 : 27 참조). "…과"라는 작은 단어 하나가 오랜 세월을 함축하고 있다! 오순절날에도 불이 있었는데, 신자들의 위에 불의 혀 같은 것이 나타났다.

3. 예수 그리스도의 출현(3 : 13~17)

1 **예수님과 요한**(13~15절)―주께서 세례(침례)를 받으러 왔다고 언급되어 있다. 죄 없는 하나님의 아들이 왜 세례(침례)를 받았을까? 우리는 다음의 여섯 가지 이유들을 생각해 볼 수 있다.
- **의무**―"모든 의로운 일을 성취하기 위하여"(요 8 : 29).
- **헌신**―구약의 제사장은 몸을 씻은 후에 기름부음을 받았다. 예수께서는 물의 세례(침례)를 받은 후에 성령을 받으셨다(출 29장 참조).
- **추천**―예수께서는 요한의 사역을 인준하셨으며, 사람들에게 요한의 말을 듣고 순종하라는 의무를 부여하셨다. 그러나, 그들은 요한을 거절하였다.
- **선언**―이것은 요한이 유대 민족에게 예수님을 공식적으로 소개한 일이다

(요 1 : 31 참조).

● **예상**—이 물 세례(침례)는 주님께서 우리를 위하여 십자가에서 받으실 고난의 세례(침례)를 기대하게 했다(눅 12 : 50).

● **동일시**—예수께서는 자신을 죄 있는 사람들과 동일시하셨다. 이 일이 있은 직후에 성령은 그를 광야로 몰아 가셨다. 여기서 이 민족의 죄를 광야로 가지고 가는 "속죄양"의 상징을 볼 수가 있다(레 16 : 1~10).

예수께서 물에 잠기셨다는 데는 아무 의심할 바가 없다. 헬라어의 "세례(침례)"란 단어와 "물에서 나오실 때"라는 설명이 이것을 입증한다. 요한은 세례(침례)를 줄 때 "많은 물"을 필요로 하였다(요 3 : 23). 뿌리거나 붓거나 했었다면 많은 물이 필요하지 않았을 것이다.

2 **예수님과 성령**(16절)—이것은 요한이 그리스도를 알아보도록 하나님께서 보내시기로 한 약속의 표시였다(요 1 : 31~34). 예수님과 요한이 육신적으로 친척이었으나 오랫동안 서로 보지 못했던 것 같으며, 또는 육신적으로 알고 있었다 할지라도 하늘로부터 오는 하나님의 확인을 원했을 것이다. 성령의 상징이 비둘기라는 점은 중요하다. 비둘기는 깨끗한(정결한) 새이며, 사랑에 있어 짝에게 매우 신실하고 평화로우며 점잖다. 그리스도는 성령의 능력으로 태어나셨는데(눅 1 : 34~35), 또한 그의 생애와 사역에 있어서 성령의 능력을 힘입게 되었다.

3 **예수님과 성부**(17절)—이것은 성부께서 하늘로부터 아들에게 말씀하신 세 경우 중에서 첫번째이다(마 17 : 5 / 요 12 : 28). 우리는 여기서 삼위일체의 교리를 알게 된다. 아들은 세례(침례)를 받았고 성령은 비둘기와 같이 임하였으며, 아버지는 하늘에서 말씀하셨다. 주님이 공생애에 들어가실 때 성부께서 아들을 추천하고 계시며, 주님이 그 십자가로 접근해 가실 때(마 17 : 5) 다시 성부 하나님의 추천을 받는다.

*   *   *   *   *

■ **실천적인 교훈**

1 우리는 하나님의 사자에게 조심스럽게 대해야 한다. 유대인들은 요한에게 순종하지 않았으며, 심판이 왔다.

2 (바리새인들이 가졌던) 외적인 도덕이나 종교와, 그리스도를 통한 참된 의 사이에는 방대한 차이가 있다. 우리는 종교나 인간적인 관계를 의존해서는 안 된다(요 1 : 12, 13).

③ 예수께서는 길을 가리키셨으며 순종함의 본이 되셨다. 그는 우리에게 세례 (침례)를 받으라고 명령하셨고 친히 세례(침례)를 받으셨다(마 28 : 19). 우리 도 순종하여야 한다.

④ 예수 그리스도는 하나님이시다! 현대의 거짓 이단들은 이 사실을 부인한다. 그러나 성경은 이것을 확실히 하고 있다. 세례(침례) 요한, 성령, 성부하나님 은 본 장에서 한결같이 예수 그리스도의 신성을 증거하고 있다.

예수 그리스도의 시험받으심
- 마태복음 4장 -

마태는 우리에게 왕의 인성을 소개하고 있다. 왕은 다른 사람들을 통치하기 이전에 자신을 다스릴 수 있음을 입증해 보여야 하는 것이다(사울이 그의 왕권을 잃은 이유도 여기 있다. 그는 자신을 다스려 하나님께 순종할 수가 없었다). 4장에서는 왕이 "이 세상의 왕"인 그의 적을 만나 패배시키신다.

1. 모형적 멧세지

이 시험에서 그리스도는 아담과 다윗의 두 가지 구약의 모형을 이루시는 것으로 나타난다.

1️⃣ **마지막 아담**(고전 15 : 45)
 (1) 아담은 아름다운 동산에서 시험을 받았고, 그리스도는 외로운 광야에서 받으셨다.
 (2) 아담은 시험을 받았을 때 최상의 조건에 있었고 그리스도는 굶주리셨다.
 (3) 아담은 옛 창조의 왕이었으며(창 1 : 26), 그리스도는 새로운(영적인) 창조의 왕이시다(고후 5 : 17).
 (4) 아담은 범죄하여 지배권을 상실하였으나(히 2 : 6~9), 그리스도는 순종함으로 아담이 잃은 것을 되찾으셨다(롬 5 : 12~21).
 (5) 아담은 패배했으며 인류에게 죽음을 가져왔고, 그리스도는 승리하셨으며 그를 믿는 모든 사람들에게 생명을 주셨다.

2️⃣ **다윗의 자손**(마 1 : 1)
 (1) 다윗과 그리스도는 베들레헴 출신이다.
 (2) 둘 다 하나님께 선택을 받아 기름부음을 받았다.
 (3) 둘 다 "추방"을 당하였으며 박해를 받았다.
 (4) 골리앗은 이스라엘을 40일간 조롱하였으며 또한 사단은 그리스도를 40일간 공격하였다.
 (5) 다윗은 거인을 죽이는 데 다섯 개의 돌 중에서 한 개를 사용하였다. 그리스도는 다섯 책(모세의 율법서들) 중에서 한 권(신명기)을 사용하여 사단을 물리치셨다.
 (6) 골리앗은 강한 사람이었고, 사단은 강한 사람에 비교된다(마 12 : 22~30).
 (7) 다윗은 거인의 검으로 그의 머리를 잘랐고, 그리스도는 성령의 검인 하나님

의 말씀으로 사단을 이기셨다(히 4 : 12).

2. 교리적인 멧세지

☐1 **첫번째 시험** – 사단은 몸 곧 육신의 욕망에 호소하고 있다. 굶주림 자체에 죄가 되는 것은 없다! 그러나 사단은 만일 그리스도께서 하나님의 아들이라면 하나님께서 그를 배고프게 하지 않으셨을 것이라는 제안을 한 것이다. 사단은 우리가 "하나님께서 비밀을 털어놓지 않고 계신다"고 생각하기를 원한다(창 3 : 5/"…하나님이 아심이니라…"). 이 말이 암시하는 것은 "하나님이 당신을 사랑하지 않은 것이 틀림없소. 사랑한다면 더 관심을 가지고 보살펴실텐데!"라는 말이다. 그리스도가 하나님의 뜻을 벗어나서 그의 거룩한 능력을 사용하는 것은 패배가 된다. 주님은 항상 하나님을 기쁘게 하셨다(요 8 : 29).

그리스도는 신명기 8장 3절로 이 시험에 대처하셨다. 영적인 사람을 먹이는 것은 육신을 먹이는 것보다 훨씬 더 중요하다. 신명기 8장 1~6절을 읽고, 하나님께서는 먹고 마시는 일 같은 **일상적인 일들**을 통하여 우리를 시험하시고 우리를 입증하신다는 것에 유의하자. 예수께서는 하나님의 말씀의 권위 아래서 생활하셨다. 우리도 그렇게 함이 마땅하다.

☐2 **두번째 시험** – 사단은 예수께 **하나님의 신실하심을 입증해 보이라**고 대든다. "당신이 하나님의 말씀을 믿으니 하나님의 약속들 중에서 하나를 입증해 보이지 못할 이유도 없지 않은가?"라고 사단은 말한다. 사단은 시편 91편 11~12절을 잘못 인용하고 있다. 만일 하나님의 돌보심을 진실로 믿는다면 뛰어 내리라. 천사들이 받쳐 줄 것이다!"라고 사단은 말한다. 그리스도는 신명기 6장 16절로 사단에게 답하셨다.

사단은 "네 모든 길에"(11절)라는 중요한 구절을 빠뜨렸다. 하나님은 우리가 그의 길을 갈 때에 약속을 지키신다. 예수께서는 우리가 하나님의 입으로 나오는 모든 말씀으로 살아야 한다고 말씀하셨는데, 사단은 언제나 성경에서 무엇을 첨가하거나 삭제한다. 그는 성경을 왜곡하여 육적인 그리스도인들에게 죄를 짓도록 "성경적인 근거"를 제공한다. 그 조건을 모를 때는 약속들을 연관된 구절들로부터 분리시켜 이끌어 내거나, 약속들을 주장하는 일을 삼가야 하겠다.

성경적인 권위 없이 무슨 일을 행하는 것은 죄이다. "믿음으로 좇아하지 아니하는 모든 것이 죄니라"(롬 14 : 23)고 하셨기 때문이다. 이것은 하나님을 시험하는 것이며, 우리가 어려움 가운데 있을 때 주님께 개입하셔서 구해내라고 "감히 시키는" 것이 된다. 고의적인 불순종은 징계를 자초하는 것이다.

☐3 **세번째 시험** – 사단은 그리스도께서 왕이 될 수 있는 **"쉬운 길"**을 제안한다. 사단은 이 세상의 왕으로서(요 14 : 30) 왕국들 중의 일정한 양을 다스리도록 하나님께로부터 허락을 받고 있다. 시편 2편 6~9절에 의하면 하나님은

이미 이 왕국들을 그리스도에게 주실 것을 약속하셨다. 시편 2편 6～7절이 그리스도의 세례(침례)를 돌이켜 보게 함에 유의하자("너는 내 아들이라…"). 그러나 주님께서는 이 왕국을 얻기 위하여 십자가를 지셔야만 했다. 사단은 십자가로부터 그를 멀리 떨어지게 하려고 노력하고 있는 것이다.

그리스도는 신명기 6장 13절로 사단을 패배시키셨다. 우리가 예배하는 것을 우리는 섬긴다. 만일 돈을 예배하는 사람이라면, 그는 돈을 위하여 살고 돈에 순종한다. 그가 하나님을 섬기면 하나님을 위하여 살고 하나님께 순종한다. 두 가지를 다 할 수는 없다(마 6 : 24).

미래의 어느 날 사단은 왕국들을 적그리스도에게 넘겨 줄 것이다(계 13장). 그러나 그리스도는 이 왕국들을 취하러 오실 것이며(계 19 : 11～21), 1,000년 간 다스릴 자신의 왕국을 세우실 것이다.

3. 실천적인 멧세지

1 그리스도는 인간으로서 사단에게 시험을 받으셨으며 인간으로서 사단을 이기셨다. 이러하므로 그는 우리는 **완전한 대제사장**이신 것이다(히 4 : 15 / 히 2 : 17～18). 우리는 승리를 보장하는 고린도전서 10장 13절을 주장할 수 있다!

2 예수께서 친히 본을 보이셨듯이 우리는 **성령의 검인 말씀**으로 사단을 물리친다(엡 6 : 17～18). 말씀을 알고, 이해하고, 사용할 수 있다는 것이 얼마나 중요한가!

3 그리스도는 **성령의 능력**을 의지하셨다(마 4 : 1). 성령은 사단과 그의 여러 가지 간계를 이기게 하신다.

4 **사단은 성경을 알고 있다!** 누군가 또는 누군가의 사역이 성경을 잘못 인용하거나 하나님이 의미하지 않으신 바를 말할 때는 이를 알아차려야 한다.

5 지리적인 위치는 **마귀를 방어하는 수단**이 되지 못한다. 그는 광야에서 그리스도를 시험하였고 성전에서도, 높은 산에서도 시험하였다. 사단은 세상 어느 곳에서와 마찬가지로 교회에서도 우리를 시험할 수 있다.

6 한 단계 한 단계 시험이 변화되는 것을 눈여겨보자. 첫번째 시험은 이성적인 시험이었고 두번째는 의심을 일으키는 것이었으며, 세번째는 노골적으로 반대할 만한 부당한 것이었다. 이처럼 **죄의 성질은 점진적이다**(시 1 : 1).

7 **그리스도의 승리**로 인하여 우리는 베드로전서 5장 9절과 야고보서 4장 7절을 주장할 수 있다.

산상 수훈
-서론과 개요-

산상 수훈 서론

성경에서 산상 수훈 만큼이나 오해가 많고 잘못 적용하는 구절도 흔치 않다. 대체로 마태복음 5~7장에서 한 구절이나 문단을 택하고는 전후 관계를 고려하지 않는다. 이 구절들을 여러 부분들로 나누어서 공부하기 전에 전체적인 시야로 이 중요한 설교를 대하는 것이 중요하다.

■ 주제 : 5장 17~20절에서 그리스도는 주제로서, 서기관과 바리새인들의 거짓된 의와 반대되는 **"참된 의"**를 말씀하신다. 서기관과 바리새인들이 하나님의 일들에 있어서 자신들을 백성들의 본보기와 모범으로 삼고 있었음을 기억해야 한다. 그들은 규율을 정하고 거룩한 것과 부정한 것을 결정하였다. 서기관들과 바리새인들이 예수를 미워한 이유 중의 하나가 이 설교에서 그들의 천박함과 속임수를 노출시켰기 때문이다 (마 23장 참조).

■ 목적 : 그리스도께서 이 설교를 하신 데에는 세 가지 근본적인 목적이 있었다.

1 서기관들과 바리새인들의 거짓된 의와는 반대되는 **참된 의**가 무엇인지를 그의 추종자들에게 말하기 위함.
2 주님의 나라의 법, 곧 사람들의 생활을 다스리는 데 사용하는 **영적인 원리**들을 설명하기 위함.
3 주님의 멧세지를 구약과 또한 서기관들과 바리새인들의 전통과 관련시키기 위함.

■ 세 가지 실수들 : 많은 사람들이 산상 수훈을 연구하면서 다음의 세 가지 중에서 한 가지 (또는 모두)를 실수한다.

1 개인에게 적용되는 것인데도 민족적으로 적용시킨다.
2 믿는 사람들을 위한 것인데 구원받지 못한 사람들에게 적용시킨다.
3 사실은 성령이 신자의 생활에서 역사하실 때 그리스도인이 어떠한가를 설명하는 것인데, 이것을 순종해야 할 "그리스도인의 법"으로 삼는다 (롬 8 : 1~4).

■ 산상 수훈과 바리새인들과의 대조점

산 상 수 훈	바 리 새 인
1 의 (義) 란 우선 내적이며 다음으로 외적인 것이다.(5 : 1~16)	1 의는 외적으로 표현되는 행위이다. (마 23 : 23~28 / 눅 11 : 37~41)
2 죄는 마음의 문제이다. 행위 문제만은 아니다.(5 : 17~48)	2 죄는 마음의 문제가 아니라 외적으로 나타난 행위에 있다. (눅 18 : 9~14 / 막 2 : 13~28)
3 의는 하나님께 보여지는 것이며, 인간의 칭찬을 위한 것이 아니다. (6 : 1~18)	3 인간들에게 보이기를 원한다. (마 23 : 2~12)
4 하나님이 우선적이며, 재물은 둘째이다.(6 : 19~31)	4 재물을 탐한다.(눅 16 : 14 이하)
5 비판하지 말라.(7 : 1~12)	5 맹렬히 비판한다. (눅 18 : 9 이하 / 마 12 : 22 이하)

■ 오늘날의 적용 : 산상 수훈이 오늘날 우리를 위한 것인가? 마태복음이 "천국 복음"이기 때문에, 왕이 거절당한 일이 없는 이 나라에서는 산상 설교가 왕국시대에 사는 하나님의 백성들에게만 적용되는 것이라고 하는 학자들이 더러 있다. 만일 이스라엘이 그리스도를 영접했더라면 이 법들은 실천되었을 것이다. 이들이 주님을 거절하였기 때문에 마태복음 5~7장은 천년왕국을 기다려야 성취될 수가 있게 되었다. 마태복음의 시대 구분적인 특성을 주장하는 한편 산상 수훈이 오늘날을 위한 것이라는 주장을 잃지 않을 수도 있다.

사실 만약 산상 수훈이 왕국시대에만 적용된다면 천년왕국에도 도적이 있다는 말이 되지 않는가? (6 : 19) 거기에 바리새인들과 (5 : 17~20) 거짓 선지자들이 있을 것인가? (7 : 15) 만일 사단이 천년왕국 동안에 갇히게 되어 있다면 왜 "악에서 우리를 구하옵시고…"라고 기도해야 하는 것인가? (6 : 13) 천년왕국에도 금식이 있을 것인가? (6 : 16~18) 그리고 "나라이 임하옵시며"라는 기도는 왜 하는 것일까? (6 : 10)

서기관들과 바리새인들의 지도를 받는 유대인들은 정치적인 왕국을 기대하고 있었으며 하나님의 나라를 위한 영적인 기반을 잊어가고 있었다. 예수께서는 그의 왕국이 근본적으로 영적인 바탕 위에 세워지는 것임을 알림으로써 이 설교에서 그들의 생각을 뒤엎어 놓으셨다. 이 원리들은 모든 세대에 적용될 것이다.

사실상 산상 설교에 나오는 대부분의 자료들은 교회에 보내는 서신서들에서 이러저러한 면으로 반복되고 있다! 이처럼 5～7장이 경륜에 따르는 의미를 지니는가 하면, 오늘날 우리들을 위한 것은 아니라고 감히 말할 수는 없는 것이다.

■ 산상 수훈과 구원 : 수 많은 사람들이 산상 수훈을 실천함으로 구원을 받을 수 있다고 생각한다. 사람들은 십계명을 실천하는 것보다 산상 수훈을 실천하는 것이 쉽다고 생각한다. 참으로 어리석은 일이다! 어떤 법을 실천함으로 구원을 받은 사람은 아무도 없다(갈 2 : 16 / 갈 3 : 10～11). 그리고 산상 수훈은 모세의 율법보다 더욱 엄격하다! 모세의 율법 아래서는 사람이 다른 사람을 죽였을 때에 죄가 된다. 그러나 예수께서는 미워하는 마음은 곧 살인과 같다고 말씀하신다. 음욕은 마음에서 간음을 행한 것이다.

팔복이 먼저 나온다는 것을 명심하자. 이 구절들은 성령의 능력으로 조절을 받아 마태복음 5～8장에 설명된 방법대로 살 수 있는 사람의 종류를 설명하고 있다. 팔복에 나타나 있는 진전 과정을 눈여겨보자.

1 심령이 가난한 사람 - 이것은 하나님 앞에서 겸손한 것을 뜻한다.

2 애통하는 사람 - 이것은 죄를 인하여 슬퍼하며 회개하는 것을 뜻한다.

3 온유한 사람 - 하나님 앞에서 하나님의 자비를 구하는 사람이다.

4 의에 주리고 목마른 사람 - 하나님의 의를 갈구하는 것을 의미한다.

5 궁휼히 여기는 사람 - 자비로운 사람이며, 자신을 탓하고 다른 이를 탓하지 않는다.

6 마음이 청결한 사람 - 이것은 결과이다!

7 화평케 하는 사람 - 다른 사람들을 그리스도께로 인도하려고 노력한다.

8 핍박을 받는 사람 - 경건한 삶을 사는 모든 사람들에게 일어나는 일이다.

산상 수훈은 성령이나 그리스도의 피에 대해서는 언급하고 있지는 않다. 그러나 산상 수훈의 근본은 갈보리며 산상 수훈대로 살 수 있는 능력은 성령이시다. 다시 말하지만 산상 수훈은 순종해야 할 명령, "그리스도인의 율법"이 아니다. 산상 설교는 주님과 함께 행하는 데서 오는 성품, 참으로 의로운 사람의 성품을 설명하고 있다. 중요한 것은 이 설교의 "정신"이다. 문자대로 이 설교를 실천하려고 하는 것은 예수께서 정죄하신 "바리새인의 의"로 돌아가는 것이다!

산상 수훈 개요

1. 그리스도께서 설명하신 참된 의 / 5장 1~48절
   핵심 구절 : "…너희도 온전하라" (5 : 48)

   ① 적극적인 면 – 의는 내적인 것이다 / 5장 1~16절
   ② 소극적인 면 – 죄는 내적인 것이다 / 5장 17~48절
      살인 – 간음 – 맹세 – 복수

2. 신자들의 실천으로 나타나는 의 / 6장 1절~7장 12절

   ① 예배에서 – 하나님과의 관계 / 6장 1~18절 (핵심 구절 / 6 : 1)
      헌금 – 기도 – 금식
   ② 부 (富) 에 있어서 – 세상과의 관계 / 6장 19~34절 (핵심 구절 / 6 : 33)
   ③ 행함에 있어서 – 인간과의 관계 / 7장 1~12절 (핵심 구절 / 7 : 12)

3. 시험으로 입증되는 참된 의 / 7장 13~29절
   핵심 구절 : "이러므로 그의 열매로 그들을 알리라" (7 : 20)

   ① 자기부인의 시험 / 7장 13~14절
      "나는 좁은 길을 걸을 것인가 ?"
   ② 열매맺는 시험 / 7장 15~20절
      "내 삶으로부터 어떤 것이 나올 것인가 ?"
   ③ 하나님의 뜻에 순종하는 시험 / 7장 21~29절
      "나는 말씀대로 행하고 있는가 ?"

팔 복

-마태복음 5장-

마태복음 5장의 첫 16절은 참 그리스도인을 설명하여 **성품**의 문제를 다루는데, 산상 수훈의 나머지 부분에서는 **행위**를 다룬다. 성품은 언제나 행위보다 선행되는 것으로서, 그 사람의 됨됨이가 그가 하는 행위를 결정짓는다. 예수께서는 참된 의는 내적인 것이라는 점과(5 : 1～16) 죄 역시 내적이라는 것을(5 : 17～48) 보여 주신다. 이로써 주님은 거룩함이 행위로 말미암으며 죄 역시 외적인 행위라고 가르치는 바리새인의 거짓 의를 폭로하셨다. 오늘날도 얼마나 많은 사람들이 이 같은 실수를 범하고 있는가! 하나님은 마음을 보신다. 생의 운명이 마음에서 결정되기 때문이다.

1. 종합적으로 본 팔복─"행복의 사다리를 오르라!"

성경에는 "팔복"(beatitude)이라는 단어는 나오지 않는다. 이것은 이 구절들에서 "복되다"는 것을 보이기 위해 라틴어에서 온 것으로서 단순히 "복"을 의미한다.

　이 구절들에는 진전됨이 뚜렷하게 나타난다. 자신의 죄를 느끼는 데서부터 시작하여 종국에는 하나님의 자녀가 되는 모습과, 그에 따르는 결과를 보여 준다.

1 **심령이 가난함**─자기 자신에 대한 태도로서, 자기가 무엇인가 필요로 하는 것이 있음을 느낀다.

2 **애통함**─죄에 대한 태도로서, 죄를 슬퍼한다.

3 **온유함**─다른 사람들에 대한 태도로서, 교훈을 받으며 자신을 옹호하려 하지 않는다.

4 **주리고 목마름**─하나님께 대한 태도로서, 하나님으로부터 의를 받아들인다.

　팔복의 나머지 부분은 신자들에게 있어서 새 생활의 결과를 보여 준다.

5 **긍휼히 여김**─용서하는 마음을 갖고 다른 사람들을 사랑한다.

6 **마음이 청결함**─삶을 깨끗하게 유지함으로, 그에게 있어서 거룩함이 행복이다.

7 **화평케 함**─그리스도인은 사람과 하나님 사이에, 또한 서로 불화한 사람들에게 화평함을 가져오며, 평화의 복음을 전파한다.

8 **핍박받음**─경건하게 살아가는 사람들은 모두 핍박을 받는다.

이 구절들은 마음가짐에 대한 것으로서, 그의 마음에 생각하는 바, 곧 인생 관이라는 점에 유의하자. 팔복은 우리가 참 그리스도인으로서 마땅히 우리의 삶이 어떠해야 하는지의 태도를 보여 준다.

2. 개별적으로 본 팔복

1 **심령이 가난함**－우리는 채워지기 전에 먼저 비워야 한다. 이에 대한 반대 개념은 자기 만족이다. 우리의 만족은 우리 자신에 대한 만족이어서는 안된다 (고후 3 : 5). 세상은 자기 만족을 조장하지만 하나님은 상한 심령을 가진 자에게 거하신다(사 57 : 15). 이 말은 거짓된 겸손이나 비겁을 의미하는 것이 아니라, 우리가 그리스도를 떠나서는 얼마나 연약하고 죄악된지를 깨닫고 자신에 대하여 온건한 마음가짐을 갖는 것을 의미한다. 누가복음 18장 9~14절에 나오는 두 사람을 비교해 보라.

2 **애통함**－이것은 자신의 죄와 다른 사람들의 죄에 대하여 진지하게 슬퍼하는 마음가짐이다. 죄에 대하여 우리는 너무도 무관심하다! 우리는 죄에 대하여 핑계를 대지만 하나님은 죄를 미워하시며, 죄는 하나님의 마음을 상하게 한다. 이 세상의 슬픔에 대해서는 삼가 조심해야 한다(고후 7 : 8~10). 베드로는 경건한 슬픔으로 애통해 하였으며 용서를 받았으나, 유다는 후회하여(이 세상에 속한 슬픔) 자신의 생명을 끊었다.

3 **온유함**－온유함이란 연약함이 아니다! 예수님께서는 온유하셨으나(마 11 : 29) 환전상들을 성전에서 몰아내셨다. 모세는 온유하였으나(민 12 : 3) 죄인들을 심판하였으며 아론의 죄마저도 들추어 내었다. 온유함이란 자신의 의를 주장하지 않고 하나님의 영광을 위하여 사는 것을 뜻한다. 그리스도인은 온유함을 나타내야 할 의무가 있다(엡 4 : 1~2 / 딛 3 : 2). 우리는 자기의 의지를 내세우기가 쉽다.

4 **주리고 목마름**－참된 그리스도인은 영적인 일들에 대한 식욕을 갖는다. 그 사람이 무엇을 먹는지 물어보면 그 사람이 어떠한지를 알 수 있다.

5 **긍휼히 여김(자비함)**－이것은 법률로 정해진 것이 아니라 "심은 대로 거둔다"는 성경 원리를 행하는 것이다. 그리스도께서 우리에게 자비로우셨으므로 우리도 자비롭게 행한다면 자비가 우리에게 되돌아 올 것이다(눅 16 : 1~13/약 2 : 13 / 잠 11 : 17).

6 **마음이 청결함**－이는 죄가 없다는 뜻이 아니라(요일 1 : 8) 내적인 진실성을 뜻한다(시 51 : 6). 하나님과 세상으로 나뉘어지지 않은 단일한 마음을 의

미한다.

7 **화평케 함** – 디도서 3장 3절은 전쟁 중에 있는 세상을 묘사한다. 그리스도 인은 그의 발에 평화의 복음을 신고 있다(엡 6 : 15). 따라서 그가 어디를 가든지 평화를 가지고 가야 한다. "어떤 값을 치러서라도 평화를 얻어야 하는 것" 은 아니다. 왜냐하면 죄에 기반을 둔 평화보다는 거룩함이 보다 중요하기 때문 이다(약 3 : 17 / 히 12 : 14). 타협이란 평화가 아니다. 그리스도인은 싸우기 를 좋아해서는 안되지만 신앙을 위해서는 싸워야 한다.

8 **핍박을 받음** – 우리는 "거짓으로" 고발을 당하도록 되어 있음에 유의하자 (딤후 3 : 12 / 벧전 4 : 15 참조). 우리는 박해를 받기 위하여 고의적으로 죄를 지어서는 안된다. 우리가 거룩한 삶을 산다고 하면 박해는 오게 되어 있다! 그 보상을 눈여겨보라. 우리는 그리스도와 선지자들의 반열에 있게 되며 천국에 서 상을 받게 될 것이다.

결론 부분에서는 두 종류의 그리스도인의 모습을 보여 준다. 즉, **소금과 빛** 이다. 소금은 부패한 세상에 영향을 미칠 내적인 성품을 말하는 것이며, 빛이란 하나님을 나타내게 하는 착한 행실에 대한 외적인 간증을 말한다. 우리의 임무 는 우리의 생활을 순전하게 유지하는 것이며, 이에 따라 이 세상에 맛을 내고 부패하지 않도록 붙들어 두며 복음이 퍼져나갈 수 있게 하는 것이다. 우리의 선한 행실은 헌신의 생활을 수반해야 하며, 이 때에 우리의 빛이 밝게 비추이 게 된다.

기도의 모범
-마태복음 6장-

마태복음 6장은 신자의 생활에서 실천되는 참다운 의를 다룬다. 이 부분은 사실상 7장 12절까지 계속되며 신자와 예배(6：1～18), 신자와 재물(6：19～34), 신자와 행함(7：1～12)의 세 부분으로 되어 있다. 첫째는 하나님과의 관계이고, 둘째는 세상과의 관계이며, 세째는 인간과의 관계이다.

1. 신자와 예배(6：1～18)

인간이 하나님과 가지는 관계는 세상과 다른 사람들과의 관계를 결정짓기 때문에 그리스도는 예배를 먼저 다루신다. 핵심 구절은 6장 1절이며, 사상은 우리가 하나님과 가지는 관계는 비밀스러워야 하며, 하나님이 보시도록 해야지 인간이 박수 갈채를 보내게 해서는 안된다는 것이다. 하나님은 인간이 인간들과, 하나님으로부터 각기 상을 받음으로써 두 가지 상을 받도록 허락지 않으실 것이다!

[1] **구제**(6：2～4) - 바리새인들은 구제하는 일을 널리 알리기를 무척 좋아하였다(막 12：38～44). 오늘날 사람들은 다른 사람들에게 구제를 많이 했다고 말하기를 좋아한다! 만일 이것이 구제하는 동기라고 한다면 그들은 인간들의 칭찬으로 이미 보상을 받은 것이다. 따라서, 하나님 아버지로부터는 상이 없을 것이다.

[2] **기도**(6：5～15) - 예수께서는 "너희가 기도할 때에…"라고 말씀하셨으며 "만일 기도한다면…"이라고 하지 않으셨음에 유의하자. 주님은 우리가 기도하는 것을 기대하고 계신다. 회심한 후의 바울을 특징짓는 것은 그의 기도 생활이었다(행 22：17). 예수께서는 사람들에게 보이기 위해서, 그들에게 칭찬을 들으려고 기도하는 것은 죄라고 강조하신다. 기도는 하나님과의 은밀한 교제이다. 물론 대중 기도가 성경에서 인준을 받고 있는 것은 확실하다. 그러나 개인적으로 기도하지 않는 사람은 대중 기도를 해서는 안된다. 이것은 위선이다.
　예수께서는 **기도에 대한 일반적인 세 가지 잘못**을 지적하신다. 곧, 사람들에게 들려 주기 위한 기도(6：5～6)와 공허한 반복이 계속되는 기도말(6：7～8)과 마음에 죄를 가지고 기도하는 것이다(6：14～15).
　하나님은 우리가 다른 사람들을 용서하기 때문에 우리를 용서하시는 것은 아니다. 다만 그리스도의 피에 근거하여 용서하시는 것이다(요일 1：9). 그러나 용서하지 않는 영은 우리의 기도 생활을 방해할 것이며 그 사람이 하나님의 은혜를 이해하지 못하고 있음을 나타낼 것이다(엡 4 : 32 / 딤전 2 : 8 / 눅 8 : 36 ~50).

6장 9~13절에 나오는 이른바 **주기도문**은 암송하여 반복하라고 주신 것이 아니라 기도하는 법을 배울 수 있도록 주신 본보기이다. 이것은 "가족기도"이다. "우리"라는 단어가 자주 나오는 것에 유의하자. 이 기도는 하나님의 이름, 그의 왕국, 그의 뜻이 이 땅에서의 필요보다 앞서는 것임을 강조한다. 이 기도문은 이기적인 기도에 대해 우리를 경고한다.

③ **금식**(6 : 16~18) – 참된 금식은 몸이 아니라 마음에서 우러나는 것이다(욜 2 : 13 / 사 58 : 5). 신약 그리스도인들에게 있어서 금식이란 기도 및 다른 영적인 실행을 위한 준비일 뿐으로, 그것 자체가 어떤 공덕이 되는 것은 아니다.

2. 신자와 재물(6 : 19~34)

"너희는 먼저 그의 나라와 그의 의를 구하라 그리하면 이 모든 것을 너희에게 더하시리라"(6 : 33)는 말씀이 이 부분의 핵심 구절이다. 하나님을 우선적인 위치에 두라. 그러면 물질적인 일들은 하나님께서 돌보실 것이다.

① **근본 원리**(6 : 19~24) – 그리스도께서는 몇 가지 이유를 들어, 물질을 위하여 사는 것이 왜 어리석은지를 설명하셨다.

한 가지는 **이 세상의 물질은 지속되지 않는다**는 것이다. 유대인들 사이에서 견직물은 보물로 간주되었다. 그러나 좀이 못쓰게 만든다. 녹은 금속을 못쓰게 만들며, 도둑은 부유함을 훔쳐간다. 그러나 하나님의 영광을 위하여 사용된 보물은 영원히 지속되는 천국에 투자되는 것이다. 사람이 그의 부를 어떻게 사용하는지를 보면 그의 마음의 상태를 알 수 있다. 그가 자기의 돈과 시간을 사업하는 데 사용하고 하나님을 등한히 여긴다면 그의 마음은 그의 사업에 있는 것이며 하나님께 고정되어 있는 것이 아니다.

"**한 눈**"에 대한 예화로서 창세기 13장 5~18절에 나오는 아브라함과 롯을 비교하라. 여기서 말하는 "눈"이란 "마음에 품은 뜻"을 가리키는 것으로, 하나의 눈(Single eye)이란 영적인 일에 고정된 눈을 뜻한다. 이는 야고보서에 나오는 두 가지 마음과는 반대되는 것이다(약 1 : 8 / 4 : 4, 8 참조). 23절에 나오는 "악"은 단순함의 반대 의미로서, 죄악된 입장을 암시하고 있으며 이중적인 시각을 뜻한다. 24절에서 예수께서는 두 가지 방향을 동시에 볼 수 없으며, 두 주인을 동시에 섬길 수 없고, 하나님을 위하여 살면서 동시에 물질적인 부를 위하여 살 수는 없다고 분명히 말씀하신다. 성경에서 부를 정죄하는 것은 아니다. 그러나 돈을 사랑하는 일과 잘못 사용하는 일은 경고한다(딤전 6 : 9~11,

17~18 / 히 13 : 5 / 눅 16 : 1~31 참조).

② **일상 생활의 실천**(6 : 25~34) - 그리스도께서 "그러므로"라고 말씀하시는 것은 이 원리를 우리의 일상 생활에 적용시키고자 하심을 암시한다. 곧, 물질에 대하여 염려한다고 해결되는 것이 아니므로 염려하는 일은 어리석은 일임을 보여 주신다. 또한 생이란 음식이나 옷보다 훨씬 귀한 것들로 구성되는 것임을 상기시킴으로 우리의 가치를 정당하게 평가하도록 하신다. 예수께서는 가난하셨으나, 얼마나 행복하고 평화스러우셨던가! 바울은 그가 "가난하나, 많은 것을 이룬다"고 말했다. 누가복음 12장 13~21절은 참된 부요(영적)와 불확실한 부요(물질적)의 구별되는 점들을 말해 준다.

그리스도는 꽃, 풀, 새와 같은 자연들을 하나님께서 돌보신다는 데에 주의를 돌리시며, "너희는 이것들보다 귀하지 아니하냐…하물며 너희일까 보냐!"고 말씀하신다. 천부께서는 우리의 필요를 다 아신다. 그러므로 우리가 하나님을 첫자리에 모신다면 그가 모든 필요를 충족시키실 것이다.

오늘날 신자들은 6장 33절을 어떻게 실천할 것인가? 매일 처음 시작될 때 하나님을 첫자리에 모실 수 있다. 즉, 기도와 말씀을 묵상하는 일이다. 또한 하나님의 전에 성실하게 출석함으로 한 주일의 첫자리에 주님을 모실 수 있다. 매 급료날에 십일조를 하나님께 바침으로, 그리고 하나님을 떠나서는 결정하지 않음으로써 선택에 있어서 하나님을 첫자리에 모실 수 있다.

롯은 하나님을 떠나 결정했다가 지독한 죄를 범하며 굴 속의 어두움 가운데서 종말을 맞는다! 그는 살아가며 가족을 일으킬 장소를 선택함에 있어 하나님을 첫자리에 모시지 않았다.

오늘날 사람들이 찾는 물질적인 일들에 대해서는 영적인 일들과 평행을 이루어야 한다. 우리는 육신을 위하여 음식물을 공급하는 것과 같이 마음에 감추어진 속 사람에게 영적인 음식을 공급해야 한다(마 4 : 4 / 벧전 3 : 4). 우리가 몸을 감싸는 육신의 옷으로 장식을 하듯 영의 옷으로 자신을 규모있게 입혀야 한다(골 3 : 7~15). 육신이 물을 마시듯 그리스도께서 제공하시는 영의 생명수를 마셔야 한다(요 4 : 13~14 / 요 7 : 37~39).

그리스도의 말씀
-마태복음 7장-

7장의 첫 부분은 산상 수훈의 두번째 부분으로서 신자들에 의해 실천되는 참다운 의(義)를 다룬다(6 : 1~7 : 12). 6장 1~18절에서는 예배에 강조를 두고 있으며 6장 19~34절에서는 부를 강조한다. 이제 7장 1~12절에서는 그리스도인의 행실, 즉 다른 사람들과의 관계를 다룬다. 산상 수훈의 마지막 부분은 (7 : 13~29) "시험으로 입증되는 참다운 의"라는 제목을 붙일 수 있다.

1. 신자와 그 행함(7 : 1~12)

이 부분의 핵심 구절은 7장 12절이다. "그러므로 무엇이든지 남에게 대접을 받고자 하는 대로 너희도 남을 대접하라." 이것은 신자들이 다른 사람들과 가지는 관계를 지배하는 **"황금률"**이다. 다른 종교에서도 이와 비슷한 말을 하지만 황금률은 적극적이라는 면으로 볼 때 확실히 기독교적이다. 이 말은 우리가 당하기 싫어하는 일을 남에게 하지 말라는 뜻이 아니라 다른 사람들이 우리를 흉내내어 행할 수 있을 만한 책임을 가지고 행동하여 결국에는 하나님께 영광이 되게 하라는 것이다(5 : 16).

이 부분은 셋으로 나누어져 있는데 각기 서로 연관을 가지고 있다.

1 **비판**(1~5절) – 그리스도께서는 우리가 사람들을 평가하는 일을 피하라거나 하나님이 주신 지혜를 사용하지 말라고 말씀하시는 것은 아니다(요일 4 : 1~6 참조). 세상은 거짓 그리스도인들로 가득 차 있고 사단의 목회자들도 있다(고후 11 : 13~15). 그 어느 때보다도 그리스도인들은 경성하여 "영들을 시험해야만" 한다. 그리스도께서 정죄하시는 것은 인간의 동기에 대해 신랄하게 비판하는 것과 정당하지 못한 비평이다.

주님이 눈을 상징으로 사용하고 계신 것에 유의하자. 6장 22~23절에서 그리스도는 "눈"이란 그 사람의 삶에 동기를 부여하는 영적인 견해라고 정의하셨다. 모든 신자들은 상대방의 열매를 보아서 그 사람들을 시험해야 하는 의무를 지니고 있다(7 : 15~20). 그러나 그리스도인은 그 사람의 동기를 판단해서는 안된다(롬 14장/고전 4 : 5 참조).

그리스도의 이 명령이 교회의 징계를 금지하는 것은 아니다. 죽음은 불순종하는 그리스도인들을 정직히 대면하여 증거를 검토하고 철저하게 죄를 다루어야 할 것을 말씀하신다(고전 5장/마 18 : 15~18). 교회에서의 징계가 성경적이 아니라고 말하는 그리스도인은 데살로니가후서 3장 11~15절과 갈라디아서 6

장 1~5절을 읽어야 할 것이다.

그리스도는 우리들 자신의 생활을 곧게 한 후에 다른 사람들을 도울 권리가 주어진다고 말씀하신다. 그의 말씀은 형제의 생활 속에서 죄를 제거하도록 돕는 것이 잘못이라는 뜻은 아니다. 먼저 자기 자신의 죄를 살펴야 한다고 말씀하신 것이다. 다른 말로 하면, 우리가 우리의 죄를 다루듯 다른 사람들의 죄를 다룸에 있어서도 엄격해야 한다는 뜻도 된다. 그리스도는 다른 사람들을 비판하는 사람들의 생활 가운데 도사린 두 가지 위험을 지적하신다. 즉, 그 판단이 자기에게로 돌아오게 된다는 것과 자신의 필요에 대해서는 눈멀게 되어 결국 자신이 도움을 받을 필요에 빠지게 된다는 것이다.

② **분별함**(6절) — 이 명령은 앞서 하신 명령과 균형을 이룬다. 우리는 다른 사람들을 비판해서는 안된다. 그러나 또한 거룩한 것을 분별하는 일에 조심스러워야 한다. "거룩한 것"이란 제사장이 제단에서 가져가는 고기를 가리키며 "진주"는 "귀중한 약속의 말씀"이 있는 성경 진리를 상징한다. 복음이 온 세상에 전파되는 동안 보다 깊은 진리들에 대해 부주의해서는 안된다. 그렇지 않으면 가보를 값싸게 취급하는 결과가 된다. "개들과 돼지"라는 말은 구원을 받은 일이 없이 그리스도인의 신앙을 고백하는 사람들을 가리키는 말이다(벧후 2 : 19~22). 전도지나 성경을 부주의하게 배부하는 일이나 세상적인 사람들에게 귀중한 진리를 제시하는 것은 "돼지 앞에 진주를 던지는 일"의 실례들이다.

③ **기도**(7~12절) — 그리스도께서 설교하는 중에 이 지점에서 기도를 권유하는 내용을 포함시키신 이유는 무엇인가? 그것은 주님께서 명령하신 바를 우리의 힘과 지혜로 순종하기란 너무도 어렵기 때문이다. 야고보서 1장 5절에는 예수께서 여기에 말씀하신 것을 반복하고 있다. "너희 중에 누구든지 지혜가 부족하거든… 하나님께 구하라." 하나님의 말씀에 순종하려고 노력하는 신자는 계속적으로 힘과 지혜와 요구되는 은혜를 공급해 주실 것을 위해 하나님의 문을 두드려야 한다. 그리스도는 하나님의 아버지되심에 기도의 근본을 두게 하셨다(9~11절). 하나님의 자녀들인 우리들은 하나님의 돌보심을 기대해도 되는 것이다.

2. 시험으로 입증되는 참된 의(7 : 13~29)

그리스도는 우리의 의가 하나님으로부터 온 것인지를 입증하는 세 가지 시험을 요약해서 말씀하신다. 거짓 기독교, 다시 말해서 모조품 신앙은 이 시험에서 실패하게 된다.

① **자기 부인의 시험**(13~14절) — 두 가지 길은 인생의 두 가지 형태를 가

리킨다. 즉, 쉽고 편안한 길, 그리고 자기를 부인하는 어려운 길이다. 이 길은 두 개의 문들, 곧 헌신의 좁은 문, 또는 자기 만족의 넓은 문을 통하여 들어가게 된다. 참된 의는 자기 부인으로 인도해 간다. 마태복음 8장 18~22절에서 두 사람이 그리스도께 등을 돌리게 되는 것은 이 시험에서 떨어졌기 때문이다. 데마도 또한 이 시험에 떨어졌다 (딤후 4 : 10).

② **영적인 결실의 시험** (15~23절) – "거짓 선지자들"이란 거짓된 복음을 전하는 "거짓 설교자"만이 아니라, 그리스도를 믿는다고 고백은 했으나 그 믿음이 잘못되어 있는 사람들을 뜻한다. 이들의 내적인 본성은 변화되지 않았다 (벧후 1 : 4 참조). 이들은 다만 외적으로 양의 탈을 쓰고 있다. 그리스도를 "주님"이라고 부르며 신앙적인 행동을 하기조차 한다. 그러나 구원을 받지 못한 사람들이다! 이런 거짓 선지자들을 어떻게 알아낼 수가 있는가? "그들의 열매로 그들을 알게 된다."

그리스도는 다음과 같은 열매를 구하신다.
● 성령의 열매, 곧 그리스도인의 성품의 열매 (팔복 / 갈 5 : 22~23).
● 입술의 열매, 곧 간증과 하나님을 찬송하는 것 (히 13 : 15).
● 거룩한 삶 (롬 6 : 22).
● 선한 행실 (골 1 : 10).
● 잃어버린 영혼들을 그리스도께로 인도하는 것 (롬 1 : 13).
신앙을 고백한 그리스도인이 신앙인들의 활동에 참여할 수도 있으며 구원을 받은 것처럼 가장할 수도 있다. 그러나 그가 정직히 거듭났다면 생활에서 이러한 열매를 나타내게 될 것이다.

"모조품"들은 심판 때에 깜짝 놀라게 된다는 것을 눈여겨보자! 우리를 속일 수는 있다. 사단은 마음의 눈을 멀게 하며 (고후 4 : 3~4) 사람들이 자신은 구원을 받았다고 생각하도록 속임수를 쓴다. 그리스도께서 돌아오실 때 신앙을 고백한 수백만의 사람들이 전혀 구원을 받지 못한 자신들을 발견하고 놀라게 될 것이다!

③ **불변성 또는 순종의 시험** (24~29절) – 두 건축자는 이 생의 두 인간을 대표하고 있다. 이들은 같은 재료와 같은 설계도를 사용하였으므로 세상은 이 두 집의 차이점을 말할 수가 없다. 그런데 폭풍 (시험 기간)이 오면 반석에 기초를 두지 않은 집은 무너져 내려앉는다. 참된 그리스도인은 반석되시는 그리스도 예수께 기초를 두고 있다 (고전 3 : 11). 그의 의는 교회나 신조나 "선한 생활"에 근거하고 있는 것이 아니라 그를 위하여 죽으신 예수 그리스도께 기초하고 있다. 참된 그리스도인은 그를 시험하는 폭풍을 뚫고 지속해 감으로써 하나님의 자녀임을 입증하며, 그리스도께 순종함으로써 그가 참된 그리스도인임

을 입증한다. 그는 단순히 말씀을 듣는 사람이 아니라 행하는 사람인 것이다(약 1 : 22~25).

성경을 읽어가며 시험의 때를 당하여 거짓 신자들이 어떻게 떨어져 나갔는가를 살펴보자. 이스라엘 가운데 살던 혼혈아들(잡족)은 여행길에 곤란한 일들에 부딪히자 애굽으로 돌아가기를 원하였다. 로마에 사는 이른바 그리스도인이라는 많은 사람들이 필요한 때에 바울을 저버렸다(딤후 4 : 9~18). 그러나 참된 그리스도인들이 시험에도 아랑곳하지 않고 어떻게 버텼는지 살펴보라. 아브라함, 모세, 여호수아, 다윗, 이사야, 예레미야, 다니엘, 베드로, 바울 그밖의 많은 사람들이 폭풍을 통과하여 굳게 서 있음으로써 믿음의 실재를 입증하였다. 그들은 반석 위에 집을 건축하였다 !

기적을 행하시는 그리스도의 능력
- 마태복음 8 장 -

이제, 우리는 마태복음의 새로운 부분으로 옮겨가는데, 여기서는 왕이 그의 능력을 나타내신다(8~10장). 구약 성경에는 메시야가 어떤 능력을 가질 것인가에 대한 약속들이 있는데, 마태는 열 개의 기적을 한 곳에 모아 그의 글을 읽는 사람들이 예수 그리스도께서 그러한 왕의 능력을 소유하고 계심을 입증한다.

주님은 그의 첫 설교에서(눅 4 : 18~19) 무리들의 병을 고치시고 도와 주심으로써 하나님의 영이 자신에게 임하여 있음을 증명할 것이라고 선언하셨다. 이사야서 35장에 보면 소경이 보게 되고, 절름발이가 걷는 왕국시대를 약속하고 있다(5~6절). 이러한 기적들은 그리스도가 하나님께로부터 보내심을 받았음을 증명하는 신임장이었다. 이 부분은 마태복음 4장 23~25절과 연결된다.

1. 질병을 정복하는 능력(8 : 1~17)

① **문둥병** – 예수님 시대에 있어서 가장 무서운 질병이었으며 치료법이 없었다. 예수께서는 문둥병자들을 만져 자신을 더럽히셨다. 그러나 그의 어루만지심은 치료를 의미하는 것이었다. 그는 또한 말씀으로 고치기도 하셨다("깨끗함을 받으라!"). 레위기 13장에 보면 문둥병을 제사장이 검사하도록 되어 있는데 이것은 문둥병이 죄를 상징하고 있음을 보여 준다. 문둥병은 피부 아래로 깊숙히 스며들며(13 : 3), 퍼지고(13 : 7), 썩게 하며(13 : 44~45), 하나님과 사람들로부터 고립시킨다(13 : 46). 그리고 불로 처리가 된다(13 : 52). 이스라엘 국가는 문둥병으로 썩어 가는 것으로 상징되었다(사 1 : 5~6).

② **중풍병**(8 : 5~13) – 여기서는 한 이방인이 도움을 받고자 그리스도께로 나아온다. 마태복음에는 이방인이 그리스도께로 나아오는 경우가 두 군데 있는데 이곳과 15장 21~28절이다. 주목할 것은 두 경우 다 그리스도께서 먼 거리에서 고쳐 주셨다는 것이다. 영적으로 말한다면, 에베소서 2장 12~13절에 언급된 대로 "멀리 있던" 사람들이라는 표현과 비슷하다. 그리스도께서 두 경우 모두 믿음을 칭찬하셨다. 그리고 그의 말씀의 능력으로 이러한 기적들이 일어났다. 그리스도는 8장 10~12절에서 유대인들의 불신앙을 경고하신다. 그들은 왕국을 잃을 것이며, 그들 대신 이방인들이 받을 것이다.

③ **열병**(8 : 14~17) – 무서운 질병인 문둥병에서 일반적인 병으로 상황이 바뀌어 졌는데, 그리스도는 이들을 모두 정복할 힘을 가지고 계신다. 만일 베드로

49

가 아내가 있었는데 이것을 나쁜 본보기라고 하여 "그의 후계자들"인 교황들이 따르지 못할 일이라고 한다면 도대체 누가 결혼할 수 있단 말인가! (고전 9 : 5 참조) 주님께서 그녀를 고치시자 그녀는 주님께 봉사하였다. 이것은 완전히 치료되었음을 뜻하며, 주님이 행하신 일에 대해 그녀가 얼마나 감사하고 있는지를 보여 준다.. 우리도 이렇게 해야 마땅하다.

마태가 이사야 53장 4절을 그리스도의 사역에 관한 구약의 증명으로 삼고 있는 데 유의하자. 어떤 사람들은 이사야 53장 4절을 들어 "구속에는 치료가 따른다"고 말하며, 그리스도의 죽음이 오늘날 우리에게 육신의 질병을 고칠 수 있는 특권을 주시는 것이라고 말하기도 한다. 그런데 마태가 여기서 말한 것은 그리스도의 죽음이 아니라 그의 생애를 지칭한 것이다! 이사야 53장 4절은 갈보리를 가리키는 것이 아니라 그리스도께서 치료하시는 지상 사역을 하실 것임을 뜻한다.

그리고, 베드로전서 2장 24절은 이사야 53장 5절을 우리의 **죄에 대한 치료의 의미**로 적용시키고 있다. 하나님께서 오늘날 질병을 치료할 능력을 가지고 계신 것은 물론이다. 그리고 그리스도의 죽으심 때문에 우리가 어느 날 육신의 구속을 받게 될 것이다(롬 8 : 18~24). 그러나, 이 구절을 오늘날 신유를 뜻한다고 적용시키지는 말자. 마태는 이것을 의미한 것이 아니며 우리도 또한 그러해야 한다.

2. 자연을 정복하는 능력 (8 : 18~27)

예수께서는 군중들에게 자신을 "내세우는" 대신 그들을 떠나셨다! 군중들에게 호소하며 사람들의 칭찬을 받기를 좋아하는 오늘날의 "그리스도인의 명성"과는 얼마나 다른가! 19~22절은 예수께서 그들을 떠나신 이유를 말하고 있다. 사람들은 그리스도를 따르기 위하여 모든 것을 버리기를 즐겨하지 않는다. 그들은 기적에는 흥미가 있었으나 자신을 모두 바치는 데는 관심이 없었다.

어떤 사람들은 그 폭풍을 사단이 일으킨 것이라고 믿기도 하는데, 이는 바다에 대해 전문가들이었던 제자들이 무서워 떨었기 때문이다. 아마도 그리스도를 멸망시키려는 사단의 공격이었을 것이다. 갈릴리에는 갑작스런 폭풍이 자주 인다는 것을 알고 있다. 위험한 폭풍 중에서도 주무실 수 있는 주님의 평화로우심을 보자! 이것은 우리가 하나님의 뜻 가운데 있음을 알 때에 우리도 역시 가질 수 있는 평화이다. 주님은 다시금 그의 말씀으로써 바람과 바다를 조절하셨고, 즉시로 잠잠해졌다. 우리는 위대하신 주님으로 말미암아 사나운 비바람을 벗어나(24절) 고요함에 이를 수가 있다(26절). 그리스도께서 인생의 폭풍을 잔잔케 하실 수 있는 것에 참으로 감사를 드려야 하겠다(시 107 : 23~31 참조).

3. 사단을 정복하는 능력(8 : 28~34)

그리스도는 다시 한 번 그의 원수를 묘지에서 만나게 되었다. 이것은 에베소서 2장 1~3절을 예화로 보여 주는 것이다. 죽음(묘지)이 있고, 귀신들림으로써 사단의 소유이며, 육신이 불결하고, 하나님을 향한 적개심을 무섭게 연출하고 있다! 마태는 두 사람이라고 말했는데 다른 복음서들에는 한 사람으로 나온다. 아마도 보다 뚜렷하게 나타나는 한 사람을 언급한 경우일 것이다. 마태복음은 마가복음과 누가복음에 모순되는 것이 아니라 이들의 설명을 보충하고 있다.

우리는 사단의 능력의 실재(엡 6 : 12)와, 인간의 육체를 멸하려 하며, 영혼을 정죄하여 지옥으로 보내려고 하는 사단의 욕구를 인정해야 한다. 그리스도께서 "때가 되기도 전에 그들을 괴롭히신다"는 귀신들의 두려움은(29절) 사단과 그의 군대들이 앞으로 심판을 받게 될 것임을 시사한다. 귀신들이 이 세상에서 그들의 일을 하기 위해서는 몸을 지녀야 했다. 이것은 마치 성령이 그리스도인의 몸을 필요로 하는 것과 같다(롬 12 : 1~2). 귀신들이 돼지떼에게 들어가기를 간청했던 이유도 여기 있었다. 사단의 눈에는 돼지도 인간과 같이 좋아보이는 것이다! 탕자가 어디서 종말을 짓는지를 보라. 돼지와 함께 있을 때이다!
귀신들도 주님의 말씀에 순종해야 한다. 주님의 "가라!"는 한 마디의 말씀이 사람들에게서 그들을 쫓아 냈다. 사단은 살인자이기 때문에 돼지들은 멸망을 받았다(요 8 : 44). 귀신들이 사람들에게 하려는 일은 그리스도께서 사랑과 은혜를 베푸시는 일을 방해할 수 없었다. 예수께서는 이 사람들을 사단에게서 구하시려고 폭풍을 뚫고 가려고 하셨던 것이다. 그렇다. 주님은 또한 우리의 영혼을 구하시려고 인간들의 미움과 갈보리라는 폭풍을 뚫고 기꺼이 가려고 하시는 것이다!

예수님께 떠나라고 말한 시민들은 얼마나 어리석은가! 이 사건을 누가복음, 마가복음과 비교하여 보면 그 묘지에서 세 가지 기도가 있었음을 발견하게 된다. 귀신이 돼지에게 들어가게 허락해 달라고 기도했고 고침을 받은 사람이 주님을 따르게 해달라고 기도했으며, 시민들은 예수께서 떠나실 것을 구했다.

그리스도는 오늘날 사단을 정복할 힘을 가지고 계시다(요 12 : 31 / 요 14 : 30 / 골 2 : 15). 귀신의 세력은 그리스도가 세상에 계실 때와는 다른 방식으로 역사한다. 그러나 그들이 일하고 있다는 사실에는 변함이 없다. 어떤 사람은 교만의 귀신이 들렸고 다른 이는 육욕의 귀신이 들려 있다. 또 어떤 이는 돈을 사랑한다. 오직 그리스도만이 인간을 구하여 자유롭게 하실 수 있다.

이 장에 나오는 말씀의 능력에 주의하자(8 : 8, 16, 26, 32). 하나님의 말씀은 능력이 있다(히 4 : 12). 우리는 설교를 함에 있어서나, 전도를 함에 있어서나 일상 생활에 있어서 하나님의 말씀에 능통해야 한다.

가버나움에서의 사역
-마태복음 9장-

이 장에서도 왕의 능력을 계속해서 제시하고 있다(8~10장). 앞서 우리는 그리스도의 병을 정복하시는 능력(8:1~17), 자연을 정복하는 능력(8:18~27), 그리고 사단을 정복하는 능력을 보았다(8:28~34).

1. 죄를 정복하는 능력(9:1~17)

1 기적(9:1~8) - 중풍이란 반신불수의 한 형태로서, 그 사람을 폐인이 되게 한다. 예수님을 믿는 친구들이 그를 예수님께로 데려 왔다. 그리고 예수님은 그 사람을 고쳐 주심으로써 그들의 믿음에 응답하셨다. 그런데 주님은 그보다 훨씬 더한 일을 하셨다. 그의 죄를 용서해 주신 것이다! "인자(人子)는 세상에서 죄를 사하는 권세가 있다." 그리스도를 비판하는 자들은 주님께 신성 모독의 죄가 있다고 고발하였으며, 이로써 그들은 주님의 왕이심과 인자되심을 받아들이지 않았음이 증명되었다.

2 결과(9:9~17) - 서기관들과 바리새인들은 그리스도를 고발하고 반대할 이유를 찾기 시작하였다(9:3, 11, 34 참조). 마태가 그리스도를 위하여 만찬을 베풀고 그의 "동료 죄인들"을 초청하였을 때 바리새인들은 문제를 일으키려고 참석하였다. 이 구절에서 그리스도는 자신을 죄악된 마음을 고치는 의사로 비유하며(9:12), 또한 사람들의 생활에 기쁨을 가져다 주는 신랑으로 비유하신다(9:15).

오늘날은 우리의 임무가 교회의 문을 열고 죄인들이 우리에게 **오도록 초청하는 것**이라고 생각하는 사람들이 많다. 그러나 예수께서는 우리들에게 교훈하시기를 잃어버린 사람들에게로 **복음의 멧세지를 들고 가라**고 하신다. "분리" (separation)가 "고립"(isolation)이 되면 그리스도를 위하여 사람들과 접촉해야 하는 일에 실패하게 될 위험이 있다.

세례(침례) 요한은 감옥에 갇혀 있었으며, 요한의 제자들은 혼란을 일으키고 있었다. 그 후로 계속해서 요한은 예수께서 행하시는 일들에 대하여 좀더 알기를 원해 왔었다(11:1~6). 예수님의 사역은 자주 금식하는 바리새인들의 행위와는 달랐으므로(눅 18:12) 요한의 제자들은 설명을 듣고 싶어했다. 예수께서는 그들에게 자신이 새로운 것을 소개하고 있다고 말씀하시면서 새 옷과 새 포도주에 관한 말씀을 하셨다. "율법"이라는 오래된 그릇에 "복음"이라는 새로운 멧세지를 부을 수는 없다. 율법과 은혜를 섞는 것은 혼란과 양자의 파멸을 일으키게 될 따름이다. 그리스도 안에 있는 새 생명은 새로운 형태를 취해야 하는 것이다. 옛 언약과 새 언약을 혼합하는 일은 신앙의 혼란을 일으키게 한다.

2. 죽음을 이기는 능력(9：18～26)

[1] 욕망 (9：18～19) - 이 사람은 종교적이었고 율법에 순종하고 있었으나 죽음이 닥치자 그의 종교는 아무런 도움을 줄 능력이 없었다. 율법은 죽이지만 성령은 살린다. 상세한 내용을 위해서는 누가복음 8장 41～56절과 마태복음 5장 22～43절을 보라.

[2] 지체됨 (9：20～22) - 피의 문제를 가진 여인은 믿음을 가지고 있었으며 주님의 발 앞에 자신을 겸손히 낮추기를 원하였다. 세상의 의사들은 그녀를 고칠 수 없었기 때문에 (막 5：26), 그녀는 크신 의사에게로 온 것이다. 그런데 이 사건은 예수께서 야이로의 집으로 가시는 길을 늦추었다. 야이로는 얼마나 마음을 졸였겠는가.! 그러나 예수님의 지체됨은 언제나 보다 큰 축복을 가져왔다(요 11장에 나오는 나사로의 경우를 참조하라). 단지 그 소녀를 고쳐 주셨을 뿐만 아니라 죽은 자들 가운데서 살리셨다.!

[3] 조롱 (9：23～24) - 죄인들이 예수님을 조롱하는 것을 상상해 보라. 이것은 그 소녀가 정말 죽었음을 입증한다. 그렇지 않았다면 그들은 그리스도를 조롱하지 않았을 것이다. 우리는 죄인들을 죽은 자들 가운데서 일으키려 할 때에 세상이 우리를 조롱할 것을 각오해야 한다(엡 2：1～10).

[4] 증거 (9：25～26) - 주님께서 소녀에게 손을 대고 말씀하시자 소녀는 다시 살아났다. 그리스도는 죽은 자들 가운데서 세 사람을 살려내셨는데, 이들에 대해서는 성경에 충분히 설명되어 있다(소녀 - 이 부분 / 젊은이 - 눅 7：11～16 / 노인 - 요 11장). 죽음은 영적인 죽음을 상징한다(엡 2：1 / 요 5：24～25). 이처럼 죄는 모든 세대에 이르며, 더 나아가 모든 죄인들은 영적으로 죽어 있지만 부패한 정도는 서로 다르다. 어린 소녀는 방금 죽었고 젊은이는 아마도 하루쯤 되었을 것이며, 나사로는 4일 동안 무덤에 있었다.! "도덕적인 죄인"은 소녀와 같다. 부패하지는 않았으나 여전히 죽어 있다. "부도덕한 죄인"은 나사로와 같다. 그의 죄는 냄새가 난다. 세 사람 모두 말씀의 능력으로 살아났으며 이는 요한복음 5장 24절을 잘 표현하고 있다.

3. 어두움을 정복하는 능력(9：27～31)

우리는 이들이 어떻게 해서 소경이 되었는지는 알 수 없다. 질병으로 인해서 또는 나면서부터, 또는 사고로 소경이 되었을 수도 있다. 이들은 예수를 다윗의 아들로 인정하였으며(1∶1) 그를 따라 집으로 들어갔다. 예수께서는 그들이 믿음을 가졌는지 물어보셨고, 그들은 믿었으므로 고침을 받았다.

　8장과 9장에서 믿음을 어떻게 보여 주는지 주목하자. 백부장은 큰믿음을 가지고 있었으나(8∶10), 폭풍 속의 제자들은 믿음이 적었다(8∶26). 친구들의 믿음은 중풍에 걸린 사람을 구원하였으며(9∶2), 여자의 믿음은 병고침을 받게 했다(9∶22). 야이로의 믿음은 길에서 지체함으로 시험을 받았고, 소경들은 믿음을 보상받았다. 누가복음 4장 18절과 이사야 61장 1∼2절에 의하면 소경을 고치신 것은 그리스도가 메시야이심을 증명하는 것이다.

4. 귀신을 정복하는 능력(9∶32∼38)

이 기적은 큰 소동을 야기시켰다. "이스라엘 가운데서 이런 일을 본 때가 없도다!" 그리하여 그리스도는 자신을 제시하며 왕이심을 증명하셨다. 그러나 종교적 지도자들은 주님을 거절하였으며, 사단과 동맹하고 있다고 그를 비난하기조차 하였다. 미래의 어느 날 이스라엘은 사단에게 능력을 받게 되는 거짓 그리스도를 영접할 것이다(요 5∶43). 이 비난이 점점 커지기 시작하여 12장 22∼37절에 나오는 공개적인 반역으로 변하게 된다.

　예수께서는 논쟁하지 않으셨음에 유의하자. 그보다는 그를 받아들이려는 사람들을 도우러 가셨다. 주님은 "천국의 복음"을 전파하셨는데, 이 말은 핍박이 있어도 여전히 그들의 왕으로서 자신을 드려 그 민족을 위하여 일하셨음을 뜻한다. 나중에 주님은 제자들을 보내어 똑같은 복음을 전하게 하셨으며 똑같은 기적을 이루게 하셨다(10∶5∼8). 이 사명은 오늘날 우리의 사명은 아니다. 또한 감히 기적을 베푸는 능력을 주장하지도 않는다. 이 모든 일들은 교회가 아니라 한 민족으로서의 이스라엘과 연관된 일들이다.

　오늘날의 대중은 여전히 목자를 필요로 하고 있다. 그리스도만이 이들을 인도하고 먹일 수 있으시다(겔 34장). 그리스도는 자신을 목자로, 추수하는 사람으로, 추수의 주인으로 비유하신다. 추수는 주님의 일이다(38절). 영혼들을 구원받게 하기를 원한다면 우리는 주님께 순종해야만 한다. 요한복음 4장 31∼38절을 보고 이와 비슷한 교훈을 살펴보자.

첫 선교사들의 파송
-마태복음 10장-

이 장은 마태복음의 첫 부분인 왕의 출현(1∼10장)을 다루는 마지막 장이다. 1∼4장에서 주님은 그의 인격을 나타내셨고, 5∼7장에서는 주님의 원리를, 8 ∼10장에서는 주님의 능력을 계시하셨다. 8∼9장에서 그리스도는 연속된 기적을 통하여 그의 능력을 나타내셨는데, 이 장에서는 그의 대사들을 파송하여 기적들을 이루게 하시며 천국의 멧세지를 전하신다. 표적이 생길 때는 반드시 유대인과 천국의 멧세지를 다루고 있다는 것을 명심하자. "유대인들은 표적을 구하기" 때문이다(고전 1 : 22).

이 장을 읽다 보면 16절과 24절의 교훈들에 변화가 있다는 것에 주목하게 된다. 본 장을 모두 열 두 사도에 적용시킨다면 혼란에 빠지게 된다. 왜냐하면 15 ∼23절에서 예수께서는 수 세기를 뛰어넘어 대환란 기간 중의 왕국 멧세지를 다루시기 때문이다. 본 장은 과거에 살았던 사도에게 주는 교훈(1∼15절), 미래의 환란기에 살 사도들에게 주는 교훈(16∼23절), 오늘날의 제자들과 종들에게 주는 교훈으로(24∼42절) 되어 있다.

1. 과거의 사도들에게 주는 교훈(10 : 1∼15)

그리스도는 9장 36∼38절에서 추수에 대하여 기도할 것을 요구하신다. 그런데 이제는 그들을 추수에 봉사하도록 파송하신다. 잃어버린 자들을 위하여 기도하는 것은 중요한 일이다. 왜냐하면 하나님께서는 이 기도에 응답하심에 있어서 당신을 사용하기를 원하시기 때문이다.

1절의 **"제자"(배우는 사람들)**란 말이 2절에서 **"사도"(보냄을 받은 사람들)**로 변화하고 있음에 유의하자. 이들 열 둘은 최초의 **"선교사들"**이었다. 그리스도는 그들이 주님의 일을 수행하는 데 필요한 신적인 능력을 주셨다. 주님은 언제나 봉사 사역에 부르신 사람들에게 준비를 갖추게 하신다. 배반자 유다를 포함하여 인간이란 참으로 가지각색이다./ 그러나 하나님은 그의 일을 성취하시는 데 서로 다른 종류의 사람들을 사용하신다(고전 3 : 4∼9 / 롬 12 : 3∼8).

그들의 사명은 명백하였다. 왕국을 전파하며 오직 유대인에게만 가는 것이었다. 세례(침례) 요한도 이같이 했으며(3 : 2), 예수께서도 이렇게 하셨고(4 : 17), 이제 그의 제자들이 전국으로 다니며 멧세지를 퍼뜨리려고 하는 것이었다. 그들이 일으키는 기적들은 그들이 왕을 대리하고 있다는 신임장이 될 것이다.

이 사명은 교회를 위한 것이 아니며 또한 오늘날의 각 선교사들에게 해당되는 것도 아니다. 우리는 이러한 기적을 행하는 능력을 가지고 있지 않다. 왜냐하면 이러한 능력은 하나님께서 이스라엘 민족에게 그의 나라를 허락하신 동안에만 주어진 것이기 때문이다. 하나님의 종이 물질적인 일들에 얽매이지 않아야 하는 것은 사실이지만 오늘날 멧세지를 전하려고 한다면 자신과 가족이 쓸 것을 준비하고 제공해야 한다(딤전 5 : 8). 오늘날의 선교사들은 10장 9 ~ 10절의 교훈을 따르도록 되어 있는 것은 아니다. 바울은 오늘날 선교사들이 하듯이 교회들이 자신을 후원해 준 일에 감사를 표했다.

끝으로, 우리는 왕국 복음을 "자격이 있는 사람"에게 전하는 것이 아님을 알아야 한다. 우리는 하나님의 은혜의 복음을 모든 사람에게 알리며 죄인들이 그리스도께 나아오도록 초청한다. 이 부분의 영적인 원리들은 오늘날 우리에게 적용이 될지 모르나, 특정한 교훈들로서는 우리에게 해당되지 않는 것이다.

2. 미래의 사도들에게 주는 교훈 (10 : 16 ~ 23)

성경에서는 아무런 예고도 없이 한 시대에서 다른 시대로 "도약"하는 일이 혼치 않다. 여기서 예수께서는 역사를 내려다 보며 대환란 기간 중에 주님의 증인이 될 유대인들을 보고 계신 것이다. 이 구절들은 열 두 사도들에게 해당되는 것이 아니다. 여기에는 몇 가지 이유가 있다.

1 5절에 보면 그들이 이방인들에게 가는 것을 금하고 있다. 그런데 18절은 이방인들에게 증거하게 된다고 말씀하신다.

2 그리스도께서 십자가에 달리셨다가 부활하시기 전에는 성령이 그들 안에서 말씀하실 수가 없다(요 14 : 17).

3 열 두 사도들이 박해를 받았다는 증거는 없다. 누가복음 9장 10절과 마가복음 6장 30절은 그들이 성공적인 사역을 했으며 즐거워했음을 시사한다.

4 22, 23절은 마태복음 24장 9, 13절과 비슷한데, 이 구절들은 명확히 말세에 해당되는 구절들이다.

이 부분은 "사도행전" 시대 동안에 있을 사도들의 사역, 특히 사도 바울의 사역에 적용시킬 수 있다는 생각이 들기도 한다. 그러나 사실은 대환란 기에 적용시키는 것이 옳다. 22절에 보면 영혼의 구원에 대해서는 아무런 관련이 없음에 유의하자.

이 구절은 대환란 시기의 박해 기간 동안 그의 대사들이 믿음으로 인내해야 함을 말한다. 이러한 박해는 주님의 재림으로 종말을 고할 것이다.

3. 현재의 제자들에게 주는 교훈 (10 : 24~42)

주님께서 다시 제자들이라는 단어를 사용하고 계신 데에 유의하자. 이 단어는 유대인에게만 제한하여 사용하시는 것이 아니다. 이 구절에는 오늘날 그를 따르는 사람들을 위한 격려와 교훈이 들어 있다. 우리는 배우는 사람들(제자)이며 일군들(종)이다.

① **사람들을 두려워하지 말라는 경고**(25~31절) ─주님도 그런 취급을 받으셨음을 말씀하시며 그들이 주님을 위하여 고난을 받는 것이 하나의 특권이라고 확신시키신다(빌 1 : 29 / 행 5 : 41). 28절은 사단에 대하여 말하는 것이 아니다. 왜냐하면 사단은 지옥에서 몸과 혼을 멸망시킬 능력이 없기 때문이다. 이런 일은 하나님이 하시는 것이며 그리스도는 하나님만을 두려워하고 경외하라고 우리에게 말씀하신다. 인간이 하나님을 경외할 때에 다른 것은 아무것도 두려워할 필요가 없다. 그리스도는 아버지 하나님께서 돌보고 계심에 대한 확신을 주신다. 하나님은 참새들조차 돌보시는 분이다.

② **그리스도에 대한 공개적인 고백의 중요성**(31~33절) ─이것은 그의 종들과, 그들로 말미암은 개종자들에게 적용된다(롬 10 : 9~10 / 딤후 2 : 12 참조). 고백으로 인하여 구원을 받는 것은 아니다. 고백은 구원의 자연적인 결과이다.

③ **복음은 사람들을 갈라놓는다**(34~39절) ─그리스도는 평화의 왕이시며 복음은 평화의 소식이지만 사람이 그리스도를 믿기로 고백한 그 순간부터 적들이 생긴다. 그리스도께서는 분리시키시며, 가족과 친구라는 가장 강력해 보이는 자연적인 연관마저도 별 중요성이 없는 것으로 여기게 한다. 참된 그리스도인은 십자가를 짐으로써, 십자가에 달려 그의 수치와 비난을 감수하지 않고는 그리스도를 섬길 수가 없다. 우리의 생명을 이기적으로 구하려는 것은 생명을 잃는 것이다. 그러나 주님을 위하여 우리의 생명을 잃는 것은 생명을 구하는 것이다. 그리스도인들이 이 세상에서는 많은 것을 가지면서도 다음 세상에서는 조금밖에 갖지 못하는 예가 얼마나 많은가!

④ **그리스도인의 종됨의 중요성**(40~42절) ─그 종은 그리스도를 대리한다. 종을 거절하는 것은 바울이 고린도후서 5장 20절에서 언급한 것처럼 그리스도를 거절하는 것이다. 우리가 왕 중의 왕을 대리하고 있다는 사실과, 우리가 주님을 섬길 때에 주께서 우리의 우편에 계신다는 것을 아는 일은 참으로 큰 격려가 된다.

이 부분에서(24~42절), 그리스도는 종의 지위(24~25절), 보호(26~32절), 특권(33~38절), 약속(39절), 그리고 실천할 사항(40~42절)을 요약해서 말씀하신다.

＊　　　＊　　　＊　　　＊　　　＊

■ 실천적인 면

1 **현대의 "신유주의자들"**은 마치 마태복음 10장 8절이 자신의 사명인 것처럼 주장하기를 좋아한다. 하지만 이들이 "죽은 자들을 일으킨 일"이 있는가? 만일 이 구절이 오늘날의 "신유주의자들"에게 적용되는 것이라면 그들은 유대인들에게만 전도를 해야 하고 헌금을 받아서도 안된다./ 이렇게 하고 있는가? 아니다./

2 **하나님의 종을 거절하거나 잘못 취급하는 것**은 중대한 일이다. 종이 주인보다 높은 것은 아니지만 그의 주인을 대리한다.

요한에 대한 그리스도의 증언
-마태복음 11장-

마태가 설명하는 바에 따르면 우리는 그리스도의 사역에 있어 하나의 전환점에 봉착하게 된다. 왕의 출현은 이제 완성되었고(1～10장) 이제는 **왕에 대한 반역**이 나타나기 시작한다(11～13장). 이 부분에서 유대인들은 그리스도께서 자신에 대하여 계시하신 모든 것을 반역한다.

● 요한에 의해 알려지심 － 요한이 체포되도록 방관함 ／ 11장1～19절
● 많은 기적들을 이루심 － 성읍들이 회개하기를 거절함 ／ 11장20～30절
● 자신의 원리를 알리심 － 그들이 원리에 대해 논박함 ／ 12장1～21절
● 자신의 인성을 보이심 － 그를 사단의 공역자로 몰아세움 ／ 12장22～50절

물론 그 결과로 예수께서는 그 백성에게서 돌아 서셨고(14～20장) 십자가로 향하신다. 여기에서 시작된 반역은 후에 노골적인 거절로 변한다.

1. 세례 (침례!) 요한에 대한 설명 (11 : 1～19)

☐1 **의뢰**(1～3절) －이 때 요한은 오랫동안 옥에 갇혀 있었다(4 : 12). 성령께서 그에게 누가 메시야인지를 말씀하셨는데도(요 1 : 29～34) 그는 왜 그리스도의 왕되심을 의심하였는가? 그 답은 "다른 이"라는 말에서 찾아 볼 수 있다. 요한은 "우리가 다른 이를 기다려야 합니까?"라고 물었다. "다른"이란 단어는 신약 성경에서 두 가지로 나오는데, 한 경우는 **같은 종류로 하나 더**란 뜻이고, 예수께서 "나와 같은 다른 보혜사를 너희에게 보낼 것이다"라고 말씀하실 때에 사용하신 단어이다. 마태복음 11장 3절에서 사용된 "다른"은 **다른 종류 하나** 라는 뜻이다. 요한은 왕의 오심을 알렸고 심판과 고난의 날이 온다고 확언했었다(마 3 : 7～12). 그런데 예수께서는 자비의 사역을 하고 계셨다. 요한은 "당신은 메시야이십니까? 아니면 이 백성을 징계하고 죄를 심판할 또다른 종류의 사람을 기다려야 합니까?"라고 물었다. 오랫동안 감옥에 있었으므로 요한의 시각이 어둡게 된 것은 의심할 여지가 없다. 요한에게 임했던 성령이 구약의 엘리야와 달랐던 것은 아니었다(왕상 19 : 1～4참조).

☐2 **대답**(4～6절) －예수께서는 부드럽게 그의 종에게 확신을 주시며 요한의 믿음을 격려하신다. 이 구절을 누가복음 7장 18절과 비교해 보면 요한의 제자들이 그리스도의 병을 고치는 사역에 대하여 요한에게 보고하였음을 알 수 있다.

예수께서 "가서 … 요한에게 다시(우리 말 성경에는 없음) 알리라"고 하신 이유도 이것이다(11 : 4). 다른 말로 한다면, 예수께서는 구약이 이루리라고 말해주던 그 기적들을 성취하고 계심으로써, 자신이 그 왕이라고 요한에게 확신을 주고 계신다(사 35 : 5~6 / 사 61 : 1). "나로 인하여 실족하지 말라"고 예수께서 요한에게 말씀하셨는데 아마도 이사야 8장 14~15절을 가리키신 듯하다. 그리스도는 요한을 격려하기 위하여 이 말씀을 하셨는데, 우리가 의심과 실의에 빠져 있을 때에도 좋은 교훈이 된다.

3 **승인**(7~15절) — 이 구절에서 그리스도께서 요한을 인정하신 말씀은 굉장한 것이다.! 이것은 그리스도를 위하여 자기 생명을 드리려는 착하고 충성된 종에게 "잘하였도다"라고 말씀하시는 것이다. 요한은 잘 흔들리는 갈대가 아니라 그리스도를 위하여 기꺼이 고난을 받으려는 종이었다.! 그리스도는 요한의 사역으로 말라기 3장 1절이 성취된 것이라고 언급하신다. 만일 그 민족이 예수님을 영접하였다면 요한은 하나님께서 약속하신 엘리야였을 것이다(14절 / 마 17 : 10~13참조). 이들이 요한과 예수님을 거절하였기 때문에 말라기 3장 1~3절의 문자적이고 최종적인 성취는 말세에야 이루어지게 될 것이다. 요한은 구약 예언자들의 마지막이었다. 왜냐하면 요한은 왕국을 전파했을 뿐이기 때문이다. 그는 천국 안에서 가장 못한(겸손한) 사람보다 낫지 못하다(11절).

4 **책망**(16~19절) — 그리스도는 그 세대 사람들이 어린 아이인 것을 책망하신다. 민중을 기쁘게 하는 말이라고는 조금도 없었다. 요한과 예수님은 생활이나 사역에 있어서 반대였으나, 그 어느 쪽도 어린 아이인 군중을 만족시킬 수 없었다. 25~26절에서 예수께서는 어린 아이 같은 사람만이 그의 말씀을 이해할 수 있다고 하셨다. 오늘날 세상은 마치 항상 오락과 새 것만을 찾는 응석받이 아이들과 같다. 이들은 삶이나 죽음에 대하여 진지해지기를 거부한다.

2. 성읍들에 대한 저주(11 : 20~24)

예수께서 저주를 담은 말씀을 하시는 것은 이번이 처음이다. 그는 많은 위대한 일들을 행하셨으며 그의 제자들도 기적을 행했다. 그런데도 성읍들은 주님을 거절하였다. 가버나움은 특별한 축복을 받은 곳이었다. 왜냐하면 이곳은 주님의 사역 초기에 그리스도의 사령부를 두었던 곳이기 때문이다(마 8 : 5~17 / 9 : 1 이하).

가장 밝은 빛에 거하는 사람에게 가장 큰 책임이 있다. 심판을 받을 때에는 그 개인이 받은 빛의 정도의 많고 적음에 영향을 받을 것이다. 진리를 알고도 등을 돌리는 것은 심각한 문제이다!

3. 짐진 자들에 대한 초대 (11 : 25~30)

이 시기는 그의 사역에 있어서 하나의 어려운 시기였다. 왕에 대한 반역이 이미 형성되었고 공개적인 거절도 최고도에 이르게 될 것이다. 그리스도는 아버지 하나님을 향하여 감사를 드린다! 우리가 어려운 일을 당했을 때에 따라야 할 참다운 본보기이다.

아버지 하나님의 뜻이 언제나 우리의 생활을 다스려야 한다. 하나님은 지혜 있고 분별 있는 서기관들과 바리새인들을 지나 단순하고 믿음 있는 보통 사람들을 구원을 위하여 택하셨다 (고전 1장). 우리는 아버지 하나님의 뜻에 대한 신비를 설명할 수가 없다. 하지만 주님의 뜻을 찬양하고 순종할 수는 있다. 여기 나오는 그리스도의 초청은 그에게로 나아오는 모든 사람을 위한 것이다. 이제는 더 이상 유대인들에게만 제한되어 있지 않다. 10장 5~6절에 보면 멧세지가 유대인들에게만 제한되어 있었던 것을 알 수 있다. 이제 그리스도는 그에게 나아오게 될 모든 사람에게 문을 열어 놓으신다.

[1] **나의 멍에를 메라** – 바리새인들은 사람들에게 많은 짐을 지웠다 (마 23 : 4). 그런데 그들의 종교는 백성들에게 쉼과 평안을 주지 못했다. 어떤 종교라도 마음에 평화를 줄 수 없다. 그리스도는 괴롭히며 결박하는 바리새인들의 멍에와는 대조적으로 평안한 멍에를 주신다. "쉼"이란 말이 이중으로 사용되고 있음에 유의하자.

[2] **내가 너희를 쉬게 하리라** – 이 쉼이란 구원과 함께 오는 하나님과의 평화이다. "너희 마음이 쉼을 얻으리라"는 말씀 중의 "쉼"이란 헌신(항복)할 때 오는 하나님과의 평화이다 (빌 4 : 6~9). 그리스도의 멍에를 메는 것은 있을 수 있는 가장 큰 축복이다.

*　　*　　*　　*　　*

■ 실천적인 교훈
[1] 하나님의 가장 위대한 사람들이라 할지라도 **실망**에 빠지기도 하며 믿음의 빛을 잃을 때도 있다. 세례 (침례) 요한은 하나님의 위대한 종이었으나 그도 역시 사람이었다. 감옥에 있을 때의 바울의 태도와 비교해 보자 (빌 1장).

[2] **우리의 직무**는 사람들에게 하나님의 말씀을 전하는 것이며, 어린 아이 같은 일시적인 기분을 만족시켜 주는 것이 아니다. 세상의 사람들을 기쁘게 하려고 노력하는 교회는 마태복음 11장 16~20절이 사실임을 발견하게 될 것이다. 사람들에게 지옥을 경고해야 할 필요가 있을 때에 이 세대에게 위안을 주는 것은 죄이다.

③ 음란한 일들로 가득 찼던 소돔은 종교심으로 가득 찬 가버나움보다 심판 때에 견디기 쉬울 것이다! 하나님의 아들이 그들 가운데 사셨는데 그들은 그를 거절하였다! **특권**에는 **책임**이 수반되며 책임은 언제나 해명해야 할 것을 의미한다. 빛이 밝을수록 심판도 크다.

④ **하나님의 지혜**는 우리의 미약한 이해와 설명을 초월해 계신다(롬 11 : 33 ~36). 이상하게도 이스라엘은 눈이 멀었고, 교회가 부름을 받게 되는 일은 우리로 하여금 하나님의 지혜와 은혜에 겸손히 경배하여 절하게 한다.

용서받지 못할 죄
- 마태복음 12장 -

12, 13장에 나오는 사건들은 우리 주님의 사역에 있어서 어려운 날들의 하나였음이 분명하다. 왕에 대한 반역이 점점 더 맹렬해지는 것을 볼 수 있다. 바리새인들은 이미 주님의 사자인 세례(침례) 요한을 거절했다(11 : 1~19). 바리새인들은 주님께서 능력의 일들을 행하셨는데도 회개하지 않았다(11 : 20~30). 이제 그들은 주님의 원리에 대하여 그리스도와 논쟁을 벌이며(안식일의 문제), 주님이 사단과 맺어져 있다고 힐난하기조차 하였다! 이 장은 대결로 가득 채워져 있다.

1. 안식일 문제로 인한 대립(12 : 1~21)

① **그들의 비난**(1~2절) - 유대인들은 안식일을 귀하게 여기고 있었는데 안식일은 하나님께서 그 민족과 맺으신 특별한 언약의 표시였다(출 31 : 12~17). 그러나 유대인들은 이 영적인 축복과 기쁨의 날을 의식 수행의 날로 전환시켰으며, 바리새인들의 법은 이 날을 축복이 아닌 짐으로 만들어 놓았다. 안식일은 교회에 주어진 것이 결코 아님을 명심하기 바란다. **우리의 언약일**은 첫 날, 주의 날(主日), 곧 부활의 날이다.

② **그리스도의 대답**(3~8절) - 예수께서는 적들에게 대답하실 때 하나님의 말씀을 사용하곤 하셨는데, 여기서는 배고팠던 다윗이 안식일에 성막에 들어가 진설병을 먹었던 일에 대하여 언급하신다(삼상 21 : 1 이하). 그 때 다윗은 예수님처럼 거절당한 왕이었다. 그리스도는 또한 제사장이 안식일에 일하며 희생제사를 드리는 것을 허용하는 율법(민 28 : 9~10)에 대해 언급하신다.
　마지막으로는 선지서에서 인용하여(호 6 : 6) 하나님께서 안식일을 정해 주셨음과, 공허한 외적인 의식보다는 마음에 더 관심을 가지고 계신다는 것을 나타내셨다. 그리스도는 담대하게 바리새인들이 아니라 그가 **안식일의 주인**이심을 언급하시는데, 이 말은 자신이 하나님임을 주장하는 한 방편이었다.

③ **그들의 두번째 비난**(9~21절) - 바리새인들은 "일하지 않는 것"을 대단히 엄격하게 규율로 만들어 놓았으므로, 안식일에 병을 고치는 것도 죄라고 주장하였다. 예수께서는 그들의 규율이 잘못임을 보여 주시기 위하여 평범한 논리를 사용하신다. 그들은 주일에 가축을 도와 주었다. 그러나 사람이 양보다 중요하지 않은가! 예수께서는 인간의 영혼이 하나님께 가치 있는 것임을 주장하

셨던 것이다.

14절은 바리새인들이 예수님을 멸하려는 계획을 시작하는 것과 관련이 있는 구절이다. 그리스도는 어떻게 대처하셨는가? 주님은 스스로 철수하셨다. 이것은 이사야가 메시야의 사역에 대하여 설명했던 것을 성취한 것이다(사 42 : 1～3). 주님은 적들과 논쟁을 하거나(19절) 그들을 심판하려 하지 않으셨다(20절). 어떤 이들은 20절의 "상한 갈대와 꺼져가는 심지"가 연약하고 곤핍한 죄인들을 가리킨다고 말한다. 그러나 이것은 그리스도의 적들을 비유해서 말씀하신 것 같다. 그리스도는 정당한 때가 오기까지는 그들을 심판하지 않으실 것이다.

18절과 21절에 나타나 있는 "이방인들"이란 단어에 주목하자. 왕이 그의 민족에게 거절을 당하시고 이방인들을 향하시게 될 것을 시사하는 구절이다. 41～42절에서 이방인들이 다시 나오는데, 주님은 니느웨와 스바의 여왕에 대해 말씀하신다.

2. 사단에 대한 논쟁(12 : 22～27)

오늘날의 세상적인 사람들과 같이 바리새인들은 언제나 무엇인가 비판할 것을 찾아다녔다. 그들은 인간을 치료하는 것을 기뻐하는 대신 그리스도께서 사단과 동맹을 맺고 있다고 비난하였다. 그리스도는 이 논쟁이 논리적이 아님을 지적하신다. 왜냐하면 이 말은 사단이 스스로 싸우고 있다는 뜻이기 때문이다! 믿지 않는 유대인들도 귀신을 내쫓을 수 있었다(27절 / 행 19 : 13 이하). 그렇다면 이 말은 그들도 사단과 결탁하고 있다는 뜻인가?

그리스도께서 최종적으로 언급하신 것은(29절) 주께서 먼저 귀신들의 지도자 사단을 정복하지 않고서는 귀신들을 내쫓을 수 없다는 것인데, 주님이 사단을 이미 정복한 사실은 4장에 나온다.

이 논쟁은 **용서받지 못할 죄**에 대한 무서운 말씀을 하시게 만든다. 용서받지 못할 죄에 대해서 생각할 때는 다음의 사실들을 명심하자.

1 입술의 죄가 아니라 **마음의 죄**이다(34～35절). 입술의 말은 마음의 상태에 대한 증거이다. 그리고 악한 말들은 그들의 악한 마음을 시사하는 것이다.

2 이것은 **밝은 증거의 빛 가운데서 저지른 죄**이다. 이 사람들은 그리스도의 기적들을 보았는데도 주님을 향하여 그들의 마음을 강퍅하게 하였다.

3 이것은 **예수 그리스도에 대한 의지적인 죄**였고, **지속적인 불신앙이며, 결정적인 거부**였다. 간음이나 살인은 용서받지 못할 죄가 아니다(요 8 : 1～11 / 행 9장에서의 바울). 그러나 계속적으로 그리스도를 거절하며 마음이 지나

66

치게 부패한 자리에 이르게 되면 때는 늦은 것이다.

예수께서는 여기서 세례(침례) 요한의 멧세지를 설교하시는 데에 주목하자(3 : 7). 주님께서는 바리새인들을 "독사의 자식들"이라고 부르시는데, 이들은 옛 뱀, 곧 마귀의 자녀들인 것이다(23 : 33). 그들은 형식상으로는 경건하였으나 하나님을 모르고 있었다. 사단처럼 이들은 참된 경건의 흉내자들이었다(고후 11 : 13~15).

3. 표적에 관한 대결(12 : 38~50)

그리스도께서는 많은 기적들을 행하셨는데도 이들은 표적을 구하였다(요 12 : 35~43). 그리스도께서는 한 가지의 표적만을 약속하셨는데, 곧 요나의 표적에 비유한 자신의 죽음과 장사됨, 그리고 부활이었다. 요나가 이방인을 위한 사자였음을 기억하자. 이것은 이스라엘이 그리스도를 거절하게 될 것을 다른 방식으로 표현하는 것이다.

그리스도는 요나보다 얼마나 크신 분이신가?(41절) 주님의 **인격**이 보다 위대하시다. 요나는 단지 인간에 지나지 않았다. 주님은 **헌신**에 있어서 위대하시다. 요나는 하나님께 불순종하였기 때문이다. 주님은 그의 **멧세지에** 있어서 더 위대하시다. 주님은 심판이 임할 것을 전하지 않고 구원을 전하셨기 때문이다.

그리스도는 또다른 이방인으로서 스바의 여왕(왕상 10장 참조)을 언급하시는데 그녀는 솔로몬의 지혜를 듣기 위해 먼 길을 왔었다. 그러나 그 시대의 유대인들은 솔로몬보다 크신 그리스도의 지혜의 말씀에 귀를 기울이려 하지 않았다.

43~45절에 나오는 비유는 **"거듭남이 없는 개혁"**이라고 말하면 어울린다. 유대인들은 구약 시대에 우상을 섬겼기 때문에 추방되었다가 포로 생활에서 돌아왔다. 그 "집"은 깨끗이 청소되어 있었으나 비어 있었다. 이들은 종교를 가지고 있었으며, 외적으로는 도덕적인 생활을 하였지만 그들의 마음은 공허했으며 그들의 종교도 공허하였다. 결국, 사단이 다른 죄들을 가지고 그 집에 들어갈 수가 있었다. 그리하여 그 나라의 나중 형편이 처음보다 나빠졌다. 구약에서 유대인들은 우상을 숭배하였다. 그런데 복음서에서는 그들 자신의 메시아를 죽였다.❗

이와 같은 일들이 각 개인에게도 일어난다. 사람이 마음에 예수 그리스도가 거하지 않는데도 자기의 생애를 "개혁"하고 교회에 등록하여 존경을 받고 살기는 쉽다. 이러한 "거짓 의(義)"는 잠시 동안만 지속될 것이다. 그런 다음에는 사단이 그 공허한 생애를 주장하여 몰락시킬 것이다. **종교**란 외부를 정결케 함을 뜻하나, **구원**이란 새 생명과 내적인 거룩함을 뜻한다. 구원을 참으로 "소유하지" 못한 사람들이 "신앙을 고백할 때" 어떤 일이 생기는지에 대한 비유가 있다.

11장의 끝 부분에서 예수께서는 "수고하고 무거운 짐진 자들을 모두" 초청하고 계신다. 그런데, 여기서(12 : 46~ 50) "누구든지"라는 놀라운 단어를 사용하신다. 주님은 본성적으로 묶여진 모든 것들을 풀어 놓으신다. 그 민족은 주님의 멧세지와 주님의 사역을 반역하였다. 이제 주님은 하나님의 뜻을 행하는 사람은 "누구든지" 하나님의 세계적인 가족이 됨을 말씀하고 계신다.

천국 비유
-마태복음 13장-

본 장은 성경에서 이해하기에 대단히 어려운 장이며 모든 믿는 사람들이 철저하게 이해해야 하는 장이기도 하다. 그리스도를 향한 반역은 그 절정을 이루고 있었고, 주님은 그 민족으로부터 방향을 바꾸어 그에게 오는 모든 사람을 향하시게 되었다(마 11 : 28～30). 이제 문제가 되는 것은 "왕이 거절을 당한 마당에 왕국은 어떻게 될 것인가" 하는 문제이다. 이 문제에 대한 대답이 곧 마태복음 13장인 것이다. 이 장에서 그리스도는 "그 나라의 비밀"을 요약하며 이 시대 동안의 천국(Kingdom of Heaven)이 어떠할 것임을 설명하신다.

1. 비유를 사용하신 배경

1 집에서 나가사—여기서 집이란 예수께서 가르치고 계시던 문자적인 집을 의미하는 것이지만, 이스라엘 집을 상징하는 것이기도 하다(10 : 6). 그 집을 떠남으로써 예수께서는 그 민족을 떠나 이제는 이방인을 향하리라는 것을 상징적으로 말씀하시는 것이다.

2 바닷가에—성경에 나오는 바다는 세상의 이방 나라들을 상징한다(계 17 : 15 / 사 60 : 5). 그리스도는 이제 이방인에게 가셔서 그의 사역의 새로운 국면을 맞으신다(10 : 5～6 / 12 : 17～21, 39～42 참조).

2. 비유를 사용하신 이유

1 인간적인 이유(13 : 10～17)—사람들의 마음 상태가 그리스도로 하여금 비유를 사용할 필요를 느끼게 하였다(비유란 "이 땅의 일들을 사용하여 하늘의 의미"를 전하는 것임을 기억하자). 그리스도는 이사야 6장 9～10절을 인용하여 왜 비유를 사용하는지 그 이유를 밝히신다. 사람들의 마음, 귀, 그리고 눈이 어두워지고, 굳어지며, 멀게 되었던 것이다. 비유를 사용함으로써 관계자들, 다시 말하자면 진리를 참으로 알기 원하는 사람들의 호기심을 일으키시는 것이다. 그리고 한편으로는 반역하는 사람들에게 참된 진리를 숨기는 방편이었다. 그는 이 진리의 진주를 돼지에게 던지려 하지 않으시는 것이다(7 : 6).
 비유를 사용했다고 해서 사람들이 진리를 몰랐던 것은 아니다. 오히려 그들의 흥미를 자아내어 배우려는 마음을 일으키게 했다. 이 일은 11장 25절이 성취된 것이다. 교만한 자들은 보지 못할 것이요, 젖먹이들은 진리를 알고 구원을 받게 될 것이다.

2 **신적인 이유**(13 : 34~ 35) - 그리스도는 시편 78편 2절의 예언을 성취하셨다. 마태복음 13장에 나오는 진리들은 세상의 기초가 놓여진 때로부터 비밀로 숨겨져 왔던 일임에 유의하자. 이 진리들은 사람들이 모르도록 숨겨져 온 "비밀"이었는데 이제 계시된 것이다. 이러한 이유 때문에 구약에서는 이러한 진리들을 찾아 볼 수가 없다. 성경에서 "비밀"이라 하면 과거 시대에는 숨겨져 왔으나, 이제 하나님의 종으로 말미암아 계시된 진리를 뜻한다. 구약에서는 "비밀"이 발견되지 않으며 다만 상징과 모형이 있을 뿐이다.

3. 천국에 관한 비밀

1 **용어** - 마태복음 13장에 나오는 "천국"(Kingdom oi Heaven)이 "비밀"의 형식을 취하고 있음에 유의하기 바란다. 즉, 이것은 지상적인 메시아의 왕국에 대한 언급이 아니라, 왕(그리스도)의 부재 기간 중의 이 땅에서의 왕국을 가리킨다. 이 천국(Kingdon of Heaven)에는 선과 악, 진리와 거짓이 서로 섞여 있다. 이것은 교회가 아니다. 교회는 천국 안에 있으나 천국과는 분명히 구별된다. "천국"(Kingdon of Heaven)은 "기독교세계"(Christendom) 라는 용어에 해당된다. 이 나라는 진실이건 거짓이건 왕이신 그리스도께 충성을 고백한 모든 사람들로 이루어진다.

2 **시기** - 마태복음 13장을 다른 면으로 분석해 보면 그리스도의 날에 말씀을 심는 것으로 시작하여 이 시대의 종말까지 지속됨을 주목하게 된다. 이 비유는 이 시대 동안에 있을 하나님의 계획과 사단의 반대를 요약해 준다.

■ 사단의 반대

개인에의 적용 (씨뿌리는 비유)	공격의 요지	세상에의 적용 (가라지, 겨자씨, 누룩의 비유)
1 씨를 빼앗김	**파종**	모조품을 심음: **가라지**
2 식물이 쇠약해짐 - 성장하지 못함	**성장**	헤아릴 수 없게 성장함 : **겨자씨**
3 열매가 질식함 - 결실이 없음	**결실**	거짓 교리를 주입함 : **누룩** - 씨로 만든 가루 안에 섞임

■ 하나님의 계획

		서 론(1~2절)	
개인에의 적용 "보라 씨뿌리는 자가 뿌리러 나가서…"	그 나라의 시작	씨뿌리는 비유(3~9절) 설명(10~17절):비유 사용의 이유 - 인간적인 이유 설명(18~23절):씨뿌리는 비유	공적 강론 "바닷가에서"
세상에의 적용 "천국은 마치 …과 같으니…" "밭은 세상이니…"	반대	가라지의 비유(24~30절) - 거짓 그리스도인 겨자씨의 비유(31~32절) - 거짓 성장 누룩의 비유(33절) - 거짓 교리 설명(34~35절):비유 사용의 이유 - 신적인 이유 설명(36~43절):누룩의 비유	인간의 견해 : 실패
	결과	보화의 비유(44절) -이스라엘 진주의 비유(45~46절) -교회 그물의 비유(47~50절) -이방 민족	사적 강론 "집에서" 하나님의 견해 : 성공
		결 론(51~52절)	

이 비유의 상세한 연구를 위해서는 스코필드 해설(Scofield notes)이나, 아더 핑크의 탁월한 저서인 『마태복음 13장의 비유』(Arther Pink 『The Parables of Matthew 13』)를 참조하기 바란다.

가라지의 비유

-마태복음 13장 24 ~ 30, 36 ~ 43절 -

이 비유를 통하여 예수께서 천국(the Kingdom of Heaven)에 대해 의미하시는 것을 설명하려 한다.

1. 사용된 상징들

1 **상징에 대한 설명** - 예수께서는 우리를 위해 상징들을 설명하신다.
- 사람은 그리스도이시다(37절).
- 그가 뿌린 씨는 신자들이며 천국의 자녀들이다(38절).
- 밭은 세상이다(38절).
- 원수는 사단이다(39절).
- 가라지는 마귀의 자녀들이다(38절).
- 추수꾼들은 천사들이다(39절).
- 추수란 그 시대의 종말이다(39절).

2 **씨뿌리는 비유**에서 사용된 상징들과 혼동하지 말자. 씨뿌리는 사람의 비유에서 씨는 하나님의 말씀을 상징하고, 땅은 각기 다른 여러 종류의 마음을 상징한다.

3 **주된 교훈**은 그리스도께서 그의 영광을 위한 열매를 맺기 위하여 참된 신자들을 "심는" 곳에는 사단이 그 일을 반대하여, 참된 씨의 성장을 방해하는 거짓 그리스도인들을 심는다는 뜻이다. 모든 그리스도인들은 씨이며, 다른 사람들을 인도함으로써 자신을 재생산하는 것이다. "천국"에는 참된 씨(그리스도인들)와 모조 그리스도인들(마귀의 자녀들)이 섞여 있다.

2. 성경에 나타난 두 가지 씨

1 **창세기 3장 15절** - 이것이 성경에 나타난 두 가지 씨에 대한 최초의 언급이다. 하나님은 여자가 한 씨를 가질 것이며(그리스도 - 갈 4 : 4 / 갈 3 : 16) 뱀(사탄)도 역시 한 씨를 가질 것이라고 말씀하신다. 뱀의 씨와 여자의 씨 사이에 지속적인 적대 행위가 있을 것 또한 언급하셨다.

2 **가인과 아벨** - 가인이 아벨을 살해했을 때(창 4 : 1 ~ 15) 두 씨 사이의 적

개심이 시작되었다. 요한일서 3장 12절은 가인이 "악한 씨", 곧 마귀의 자녀였다고 명백하게 말한다./ 이 대결은 구약 전체를 통하여 지속된다.

③ **바리새인들과 예수 그리스도**—사단의 씨(마귀의 자녀들)는 세례(침례) 요한을 반대하였고(마 3:7) 헤롯에게 죽임을 당할 때 그대로 버려 두었다. 그들은 그리스도를 반대하였으며(마 12:34/마 23:33/요 8:44), 마침내는 그를 십자가에 못박았다. 십자가의 일로써 사단은 그리스도의 발꿈치를 상하게 하였으나, 그리스도는 사단의 머리를 상하게 하여 영원히 멸망시키셨다.

④ **사도 바울**—사단의 씨는 바울이 처음으로 선교 사역을 시작했을 때에 바울을 반대하였고(행 13:10) 그의 생애를 내내 따라다녔다. 사단은 오늘날 우리에게 하듯이 거짓 복음(갈 1:6~9)과 거짓 사역자들(고후 11:13~26), 거짓된 의(롬 10:3), 거짓 형제들(고후 11:26)과 심지어 거짓 기적들로도(행 19:11~16) 바울을 반대하였다.

⑤ **최종적인 결과**—두 씨들 사이의 이러한 적개심은 **거짓 그리스도**(살후 2:1~12/"멸망의 아들"대 "하나님의 아들", "사악함의 비밀"대"거룩함의 비밀")와, 참된 신부로서의 교회에 반대되는 **음녀 교회**(계 17장)와, **거짓 삼위 일체**(사단, 짐승, 거짓 선지자—계 19:20/계 20:1~3)에서 그 극에 달한다. 종말에 그리스도는 모든 사단의 세력을 무찌르실 것이며 적개심은 그칠 것이다.

3. 우리가 배워야 할 교훈들

① **사단은 다양한 방법으로 하나님을 반대한다.**
 (1) 사단은 마음들로부터 말씀을 낚아 채며, 세상적인 일들로 말씀이 숨을 쉬지 못하게 하며, 박해로 말씀을 시들게 한다.
 (2) 사단은 말씀을 이길 수 없으면 하나님의 일을 반대할 거짓 그리스도인들을 심는다. 수 많은 사람들이 도박을 하거나 술취해서가 아니라 예수 그리스도를 믿는 믿음과 동떨어진 채 "종교적인 의"를 지니기 때문에 지옥으로 가고 있다.
 (3) 사단은 "기독교 세계"의 조직체 각 지점에 앉아서 진행되는 일들을 감독하고 있다.
 (4) 사단은 사람들을 속이는 거짓 교리를 심는다.

② **하나님을 반대하는 사단의 주된 방법은 흉내내는 것이다.** 사단은 모조 복음을 전파하며 모조 교회를 세우고 모조 그리스도인을 심는다.

③ **참과 거짓**은 종말에 이를 때까지 함께 자라다가 하나님께서 나누실 것이다.

우리가 할 일은 세상을 "깨끗하게" 하려고 시도하는 것이 아니라 사람들의 마음에 말씀을 심는 것이며, "재생산"할 수 있는 곳에, 그리고 다른 사람들을 인도할 수 있는 곳에 자신을 "심는" 일이다. 기독교 세계를 "깨끗하게" 하려는 것은 시간 낭비일 뿐이다.

여기에 주의할 점이 있다. 이 말은 지교회에서 징계하지 말아야 한다는 뜻이 아니다. 교회는 천국이 아니다. 하나님은 죄를 심판할 것과 불경건한 생활을 통하여 교회의 성장을 방해하는 그리스도인들을 징계할 것을 명령하신다(고전 5장/마 18: 15~18).

④ **"가라지"는 시대의 종말이 이르기까지 함께 있게 될 것이다.** 오늘날처럼 잘 "연합하는" 때가 있었던가./ 세계 교회 기구들, 세계 은행들, 세계 노동 운동들, 세계 무역 기구들 등이 조직되어 있다. 종교계에서는 교파들이 서로 연합하며, 기구들이 상호 보호를 위하여 합병한다. 가라지들이 불에 태워지기 위해 다발로 묶이고 있는 것이다./

⑤ **우리가 자는 동안 사단은 일한다.** 교회가 잘 때는 사단이 거짓 그리스도인들을 심을 기회이다(잠 24: 30~34 참조). 깨어 있다는 것은 중요한 일이다(롬 13: 11~14).

⑥ 우리는 사단이 일하는 때를 간파하기 위하여 **"영들을 시험"하여야 한다**(요일 4: 1~6). 이것은 심판하는 것이 아니라(마 7: 1~5), 사람들이 진실로 그리스도께 속했는지의 여부를 알아보는 우리의 영적인 감각을 행사하는 것이다(히 5: 14).

＊　　　＊　　　＊　　　＊　　　＊

■ 성경에 나오는 네 가지의 자녀
우리는 "하나님의 자녀가 아니면 마귀의 자녀이다"는 말을 많이 듣게 된다. 그러나, 이 말은 사실이 아니다.
● **진노의 자녀**(엡 2: 3)─우리는 본질상 진노의 자녀들로 태어났다. 아담으로부터 죄의 본성을 물려받았기 때문이다.
● **불순종의 자녀**(엡 2: 2)─죄가 무엇인지 알 만큼 충분히 나이가 들어서 그리스도를 거절하면 불순종의 자녀들이 된다.
● **마귀의 자녀**─인간은 죄악된 본성을 가지고 있기 때문에 지옥에 가는 것이 아니라, 그리스도를 거절하기 때문에 지옥에 가는 것이다. 그러나, 만일 사람이 진리를 알고 성령의 깨우쳐 주심을 느끼고도 그리스도를 거절하며 그를 십자가에 못박는다면(히 6: 4~8), 그리고 행위를 내세워 "스스로 의롭다"고 한다면, 그 사람은 마귀의 자녀가 되며, 모조 그리스도인이 되는 것이다.

● **하나님의 자녀**(요 1 : 10~13) —바리새인들은 신앙적인 사람들이었으나 그리스도를 영접하지 않았다. 가인은 신앙적인 사람이었다. 그러나, 희생의 피를 믿지 않았다. 그리스도를 마음에 영접함으로써 하나님의 자녀가 된다.

오천 명을 먹이심

-마태복음 14장-

우리는 이제 마태복음에서 **왕의 은신**(14~20장)이라는 새롭고 중요한 국면에 들어 선다. 이 부분에서 우리는 무리들로부터 물러나 계시며 제자들과만 많은 시간을 보내시면서 다가오는 예루살렘에서의 위기(십자가에 달리심)를 준비하시는 예수님을 보게 된다. 이러한 상황에서 제자들조차 지상의 정치적인 왕국을 생각하고 있었음을 기억하자. 십자가에 대한 주님의 가르침은 그들에게는 무관한 것 같았다. 믿음을 시험하는 이 같은 경험을 잘 감당하도록 이들을 준비시키는 것은 필요한 일이었다.

14장은 세 가지 중요한 부분으로 되어 있다. 첫째는 세례(침례) 요한의 죽음에 대한 것이며(1~12절) 두번째는 5,000명을 먹이심에 대하여(13~21절), 세번째는 폭풍의 기적(22~36절)에 대한 것이다. 이 세 가지 사건들에서 우리는 현 시대의 과정을 보게 되는데, 이제 왕은 채이며, 거절당한다. 이를 하나님의 종들과 연관지어 볼 때 현 시대의 세 가지 특징을 볼 수 있다.

● **핍박**(1~12절) : 그리스도의 종들이 그를 위하여 고난을 당하며 죽는다.
● **양식**(13~21절) : 그리스도의 종들이 사람들에게 줄 생명의 떡을 관리한다.
● **보호**(22~36절) : 그리스도는 그의 종들을 위하여 기도하시며, 그들을 구하실 것이다.

1. 핍박(14 : 1~12)

요한이 여러 달 동안 감옥에 갇혀 있었고(4 : 12 참조), 여기 기록된 사건이 있기 몇 주 전에 목베임을 당했을 것임에는 의심의 여지가 없다(3~12절은 이미 발생한 사건을 묘사하는 "과거 회상"이다).

마태는 요한의 죽음을 이 지점에서 삽입하고 있는데 그것은 왕에 대한 사람들의 태도를 설명하려는 것이다. 왕의 사자를 죽임으로써 왕을 거절하고 있는 것이기 때문이다./ 예수께서는 "너희를 영접하는 자는 나를 영접하는 것이요"라고 10장 40절에서 말씀하셨다. 그 반대도 사실이다. 사자를 거절하는 것은 그리스도를 거절하는 것이다. 말하자면, 요한의 죽음은 그리스도의 죽음에 대한 예고인 것이다. 그리스도의 죽음은 이 은거의 시기에 제자들과 논의하신 일의 주제이기도 했다.

이제 요한의 사역은 완성되었다. 그는 왕의 오심을 전하였고 하나님의 진리를   77

충성스럽게 설교하였다. 그리스도는 흥하여야 하고 그는 쇠해야만 했다(요 3 : 30). 요한이 그러했듯이 하나님의 말씀에 충성스러운 그리스도인들은 누구나 핍박을 받을 것이다. 세상은 그리스도인의 친구가 아니다. 그들은 왕을 거절하였고, 그들의 대부분이 주님의 사자들을 거절한다.

2. 양식 (14 : 13~21)

1 예수 그리스도의 철수 (13절) – 이제 예수께서는 철수하신다. 여기에는 몇 가지 이유가 있다.

● 요한의 죽음에 대한 보고
● 점증하는 헤롯의 적의
● 설교 여행 이후 제자들이 쉬어야 할 필요성 (막 6 : 31)
● 제자들을 가르치기 위해 제자들과만 같이 있어야 할 필요성

때때로 우리가 하나님의 음성을 들으며 자신을 육체적으로나 정신적으로 소성케 하기 위해 혼자 있다는 것은 중요한 일이다. "만일 우리가 떨어져서 쉬지 않으면 우리는 떨어져 나가게 될 것이다./"(반스 하브너)

2 5,000명을 먹이심 – 요한복음 6장은 이 기적이 행동으로 설교하신 것임을 분명히 하고 있다. 그리스도는 우리를 하나님의 말씀으로 먹이시는 생명의 떡이다. 이 떡을 굶주린 군중들에게 주어 먹게 하는 것은 그리스도의 종들이 지니는 특권이며 책임이다. 그의 종들은 그리스도로부터 개인적으로 떡을 받아서, 그것을 다른 이들에게 건네 주는 것이다.

3 이 기적의 교훈 – 여기에는 몇 가지의 교훈들이 있다.
(1) 그리스도는 우리에게서 적은 것을 취하셔서 그것을 많게 하신다.
(2) 주님은 축복하시는 것을 또한 쪼개신다. 쪼개어질 준비가 되어 있는가?
(3) 오늘날 사람들은 죄의 광야에 있어 (15절), 그리스도를 필요로 한다.
(4) 그리스도는 모든 어려움을 극복하시고 군중들을 먹이신다. 제자들은 충분한 돈이 없고, 장소로나 시간적으로나 나쁘다는 등의 많은 핑계를 대었다. 그러나 그리스도는 그들에게서 취하신 것으로 필요를 만족시키셨다. 그리스도는 오늘날도 이같이 하신다!

3. 보호 (14 : 22~36)

요한복음 6장 15절은 그리스도께서 무리들을 떠나시는 것에 그처럼 마음을 쓰셨던 이유를 우리에게 밝혀 준다. 그들은 떡으로 배불렀고 주님을 왕으로 세우기를 원했다! 사람들은 그들에게 생의 물질적인 것들을 약속하는 사람을 따를

것이지만, 예수께서는 "빵과 버터"만의 제자들을 가지려 하지는 않으신다.

이 부분에는 **오늘날의 교회에 대한 아름다운 모형**이 나온다. 제자들이 호수에서 폭풍과 더불어 싸우고 있을 동안 그리스도는 산에서 기도하고 계셨다. 오늘날 예수께서는 우리가 이 땅 위에서 죄의 폭풍과 싸우고 있을 동안 하늘에서 우리를 위하여 중재하고 계신다. 주님의 재림은 아직 먼 것 같아 보이지만, 가장 어두운 시간에(네번째 파숫군이 서는 오전 3～6시) 주님은 돌아오셔서 폭풍을 잔잔케 하시며 자기에게 속한 사람들을 안전하게 예정된 곳으로 데리고 가신다(요 6 : 21은 그리스도께서 한 걸음 들여 놓으시자 배가 기적적으로 해변에 닿았음을 암시하고 있다).

베드로의 경험은 우리에게 개인적으로 적용된다. 베드로는 "오라!"는 그리스도의 말씀을 믿었으므로 물 위를 걸을 수 있었다. "믿음은 들음에서 나며 들음은 하나님의 말씀으로 말미암았느니라"(롬 10 : 17).
베드로가 말씀을 잊었을 때, 예수님을 쳐다보기를 멈추었을 때(히 12 : 1 ～ 2), 그는 가라앉기 시작하였다. 폭풍우를 극복하고 불가능한 일을 행하는 비결은 단순히 하나님의 말씀을 믿고 하나님의 아들을 계속해서 지켜보는 것이다. 우리가 실패할 때조차도 예수께서는 은혜롭게 도와 주신다. 베드로는 베드로전서 5장 7절을 기록하기에 적절하도록 훈련을 받은 셈이다. "너희 염려를 다 주께 맡겨 버리라 이는 저가 너희를 권고하심(돌보심)이라!"

오늘날의 시대는 교회에게 있어서 폭풍의 시대일 것이다. 제자들도 폭풍 가운데 있었다는 것을 명심하자. 이것은 그들이 요나처럼 그리스도께 불순종했기 때문이 아니라 주님께 순종하였기 때문이었다. 우리가 하나님의 말씀을 순종한다면 고난과 핍박이 따를 것이다. 그러나, 그리스도는 우리를 위하여 기도하고 계시며, 어느 날 우리를 집으로 데려가기 위하여 오실 것이다. 비결은 믿음에 있다. 의심과 두려움은 반드시 함께 다니며 평화와 믿음도 함께 다닌다. "믿음이 적은" 그리스도인들이 되지 않기를 빈다!

다음으로, 본 장 전체는 이 시대가 겪어 나아가는 과정을 나타내고 있다. 왕은 철수하였고 그의 종들에게는 박해가 있다. 그의 종들을 통하여 주님은 굶주린 세상에 귀중한 생명의 떡을 나누어 주신다. 주님의 종들은 폭풍우와 시련들을 통과하지만 그리스도는 다시 오셔서 그들에게 평화를 주시며 원수들에게서 구하실 것이다. 할렐루야! 얼마나 놀라운 구세주이신가!

*　　　*　　　*　　　*　　　*

■ 헤롯 : "헤롯"이란 이름은 일 가족의 "성"(性)으로서, 신약에서의 서로 다　　79

른 헤롯들은 혼동을 일으키게 되기 쉽다.

"**헤롯 대왕**"은 아이들을 살육한 사람이며, "**헤롯 안디바스**"는 헤롯 대왕의 차자이다. 그는 실제로 왕이 아니었고, 단지 왕국의 4분의 1을 통치하는 영주에 불과했다. 그가 요한을 죽인 헤롯이며, 예수께서는 그의 앞에서 잠잠히 침묵을 지키신 일이 있다(눅 23 : 5~12).

"**헤롯 아그립바**"는 야고보를 죽이고 베드로를 감옥에 가둔 왕으로서(행 12장), 헤롯 대왕의 손자이다.

마지막으로, "**헤롯 아그립바 2세**"는 헤롯 대왕의 증손자였으며, 사도 바울을 재판하였다(행 25 : 13이하).

이 모든 헤롯들은 에돔인의 혈통으로서, 유대인들을 증오하였다. 그들은 배반을 일삼는 통치자들로서 성경에서는 "이 시대의 신"과 "적그리스도의 영"의 모형으로 나타난다. 이들은 모두 거짓말장이요 살인자들이었다(요 8 : 44참조).

거짓 선지자들에 대한 정죄

- 마태복음 15장 -

우리는 계속해서 **왕의 은신**(14~20장)을 다루고 있다. 본 장을 통하여 우리는 그리스도께서 바리새인들로부터 철수하셔서(21절) 두로와 시돈 지역으로 가셨고 거기서 갈릴리로(29절), 마침내 갈릴리에서 마가단 해변으로 가셨음을 본다(39절). 이 기간 동안에 주님은 유대 지도자들과의 공개적인 마찰을 피하셨으며, 제자들을 가르치시며 십자가에서의 그의 죽음을 준비시키고 계셨다.

본 장은 두 부분으로 되어 있다.
● 예수 그리스도와 유대 지도자들(진리 대 전통) / 1~20절
● 예수 그리스도와 이방인들 / 21~39절

1. 예수 그리스도와 유대 지도자들 – 진리 대 전통(15 : 1~20)

1 **그들의 비난**(1~2절) – 이 종교적 지도자들은 계속해서 그리스도에게 불리한 어떤 허물을 찾고 있었다. 아마도 예루살렘 공회에서 공식적인 위원회가 이루어졌던 것이 분명하다. 이들은 그리스도의 제자들이 먹을 때에 씻는 예식을 행하지 않음이 유대 장로들의 전통을 위반한 것이라고 비난하였다. 이 사건과 몇 주 전의 5,000명을 먹이신 사건과 무슨 연관이 있는 듯하다.

유대인들은 전통을 더 존중하였다. 미슈나(유대인의 전통 모음집)에는 "랍비들의 교훈과 모순되는 것을 가르치는 것은 성경에 모순되는 것보다도 더 큰 범죄이다"라고 되어 있다. 랍비 엘르아셀은 "전통과 반대되게 성경을 해석하는 사람에게는 장차 올 세상에서 받을 분깃이 없다"고 말했다. 그리스도는 마태복음 23장 25~26절에서 그들의 씻는 전통을 정죄하셨다.

2 **그리스도의 응답**(3~9절) – 그리스도는 언제나 고발자들을 침묵시키는 데 하나님의 말씀을 사용하셨음을 명심하자. 주님은 그들 자신의 불순종을 출애굽기 20장 12절과 21장 17절에서 지적하신다. 자신의 소유를 하나님께 "헌납"함으로써 바리새인들은 그들의 부모를 돌보아야 할 의무에서 벗어났던 것이다.

오늘날에도 얼마나 많은 종교적인 사람들이 전통을 주의깊게 지키면서도 공개적으로 하나님의 말씀에 불순종하는가! 그리스도는 이사야 29장 13절을 들어 그들의 종교가 마음에 있지 않고 다만 외적인 행위일 뿐임을 나타내신다. 그들은 "참된 의는 안으로부터 온다"는 산상 수훈의 교훈을 놓친 것이다.

3 **그리스도의 공지 사항**(10~11절) – 그리스도는 전체 대중에게 연설하시며

바리새인의 전통이 무익하고 공허한 것이라고 선언하신다. 앞서 그는 성경을 인용하여 말씀하셨지만 이제는 그들의 과오를 나타내기 위하여 명백한 논리를 사용하신다. 음식은 마음으로 들어가는 것이 아니므로 인간을 더럽힐 수가 없는 것이다. 바리새인들은 이것을 전쟁의 선포로 보았다./

4 **그리스도의 설명**(12~20절) — 제자들까지도 대경실색하였다./ 베드로조차 그의 명백한 가르침을 "비유"라고 불렀다. 인간의 전통을 깨뜨리고 하나님의 단순한 진리를 믿기란 얼마나 어려운가? 그리스도는 거룩함이란 마음에서 나오는 문제라고 설명하신다. 사람들은 흔히 여기 열거된 죄들에 대해 마귀를 탓한다. 그러나 그리스도는 인간의 마음의 사악함을 탓하신다. 이는 곧 사람들이 다시 태어나야 하며 새로운 마음을 가져야 하는 이유이다.

오늘날 세계는 종교적인 전통들에 묶여 있으며 도전을 받고 있다. 따라서 하나님의 말씀, 곧 영감받은 진리를 공표하는 것은 우리가 해야 할 중요한 일이다. 하나님의 진리와 인간의 전통 사이의 모순을 눈여겨보자.

인간의 전통	하나님의 진리
1 멍에를 씌우는 외적인 형식	1 자유를 가져오는 내적인 믿음
2 율법의 문자에 구속받는 하찮은 규율	2 율법의 정신인 기본적인 원리
3 인간을 높이는 인간이 만든 율법	3 인간을 겸손케 하는 하나님의 영감된 말씀
4 "종교적인 경건"을 산출함 — 사망	4 참된 거룩함을 가져옴 — 생명
5 인간을 통하여 왔으나 비인격적임	5 인격적임 — 하나님과의 교제

우리는 참된 종교가 마음에서 온다는 사실을 계속적으로 상기해야 할 것이다. 우리는 마음으로 믿으며(롬 10：9~10), 마음으로 사랑하고(마 22：37), 마음에서 찬송하고(골 3：16), 마음으로부터 순종하고(롬 6：17), 마음으로부터 드리며(고후 9：7), 마음으로부터 기도한다(시 51：10, 17).

2. 예수 그리스도와 이방인(15：21~39)

예수께서 이제 이방인의 지역을 향하여 출발하시려고 하는 것은 의미심장한 일이다. 이 여인의 영적인 상태는 에베소서 2장 11~12절에 묘사되어 있다.

이방인을 고치신 두 경우에 있어서 모두 먼 거리에서 고치셨음은 주목할 일이다(본문 / 마 8 : 5~13). 영적으로 말할 때 이방인들은 "저멀리 떨어져" 있는 사람들이었다. 그리스도께서 이방 사람들에게 가시게 되는 일은 비밀이 아니었다(마 12 : 17~21).

그리스도는 이 여인의 간청을 네 가지 다른 방법으로 응수하셨다. 첫째는 침묵을 지키셨고 다음으로는 거절하셨고, 그 다음에는 그 여자를 책망하시는 듯했으며, 마침내는 그녀의 믿음을 상으로 갚아 주셨다.
주님께서 그녀의 간청에 즉각적으로 응답하지 않으신 이유는 무엇인가? 한 가지는 이방인인 그녀가 유대인의 용어인 "다윗의 아들"이란 말로 접근해왔기 때문이다. 이방인들이 먼저 유대인이 됨으로 구원을 받는 것은 아니다./ 그녀가 "주님"이라고 부르자 주님은 그녀의 간청에 응답하셨다(롬 10 : 12~13 참조).
물론 주님의 지체하심은 그녀의 믿음을 시험하는 것이기도 했다. 그녀는 이방인들은 유대 민족을 통하여 구원을 받는 것으로 알고 있었으며, 그들의 식탁에서 떨어지는 부스러기라도 기꺼이 취하려 했었다. 주께서 큰 믿음을 지녔다고 추천하신 두 사람이 모두 이방인이라는 사실은 유대인에 대한 기소장이 아닐 수 없었다./ (마 8 : 10 / 마 15 : 28)

32~39절에 나오는 군중은 주로 이방인들이었다. 그리스도의 사역으로인하여 이들은 이스라엘의 하나님께 영광을 돌렸다. 4,000명을 먹이신 사건을 앞서 행하신 5,000명을 먹이신 사건과 혼동하지 말사. 다음의 도표는 두 사건의 대표적인 면을 보여 준다.

오천 명을 먹이심 (마 14 : 15~21)	대조점	사천 명을 먹이심 (마 15 : 32~39)
유대인	주요 대상	이방인
갈릴리 벳새다	장 소	데가볼리 (막 8 : 31 이하)
떡 다섯 개, 물고기 두 마리	사용된 것	떡 일곱 개, 작은 생선 두어 마리
열 두 바구니	남은 양	일곱 바구니
봄	시 기	여름
하루	모인 기간	사흘

제자들이 주님의 능력을 깨닫는 데에 참으로 느리다./ 33절에 나오는 그들의 불신앙은 5,000명을 먹이신 이전의 기적에서 교훈을 배우지 못했음을 보여 준다. 주님이 이방인들을 먹이지 않으실 것이라고 생각했는지도 모른다. 따라서 이 사건은 그리스도의 사역에 변화가 있음을 제자들이 배워야 할 또하나의 교훈

이기도 했다. 그리스도는 유대인을 구원하고 만족시켜 줄 것을 원하셨을 뿐아니라, 이방인들도 구원하시며 만족을 주기를 원하시는 것이다. 이 기적에 내포된 영적인 교훈들에 대하여 마태복음 14장에 나온 대목을 점검해 보자.

*   *   *   *   *

■ 실천적인 교훈

1 **하나님의 말씀은 인간의 전통보다 중요하다.** 바울이 그의 서신서에서 "전통"이란 말을 썼을 때는 인간의 전통이 아니라 사도들이 말로 전한 교훈을 가리킨다(살후 2：15 / 살후 3：16 / 고전 11：2). 그 교훈은 지금 하나님의 말씀이다.

2 **하나님의 말씀에 무엇을 첨가하거나 전통으로 인하여 말씀에 힘을 잃게 하는 것은 위험하다.** 누군가 다음과 같은 말을 하였다. "당신의 성경을 단단히 제본하는 것은 중대한 일이다. 하나님 말씀에 전통을 첨부한다는 것은 당신의 영혼에 진노를 첨부하는 것이기 때문이다."

3 **인간이 전통을 깨는 데에는 참으로 느리다.** 사실상, 다른 사람들의 말은 믿으면서도 하나님을 의심하기란 얼마나 쉬운 일인가./ 만약 하나님께서 우리의 삶과 교회를 축복해 주시기를 원한다면, 우리는 어떤 값을 치를지라도 오직 하나님의 말씀만을 순종해야 한다.

위대한 고백
- 마태복음 16장 -

본 장에서의 가장 핵심이 되는 교훈은 베드로의 신앙 고백이지만, 그래도 배경을 바로 이해하기 위해서는 장 전체를 생각해 보아야 한다. 그리스도와 그의 제자들은 "은신" 중에 있으며, 주님은 다가오는 죽음과 고난을 위해 제자들을 준비시키고 계심을 기억하자. 이 지점에서의 베드로의 신앙 고백은 은신 기간의 절정을 이루고 있다. 그 순간으로부터 그리스도는 십자가를 지시게 될 것을 공개적으로 가르치셨으며, 예루살렘을 향하여 그들의 길을 가기 시작하였다.

본 장에는 **대립**(Conflict/ 1~ 5절), **혼란**(Confusion/ 6~ 12절), **고백**(Confession/ 13~ 20절), **바로잡음**(Correction/ 21~ 28절)의 네 가지 뚜렷한 움직임이 보인다.

1. 대립 - 대적들에게 시험당하시는 그리스도 (18 : 1~5)

서로 원수 관계인 바리새인들과 사두개인들이 그리스도를 시험하기 위하여 서로 연합한 것을 주목하자./ 이와 같은 이유로 빌라도와 헤롯은 "친구가 되었다"(눅 23 : 6~ 12). "하늘로부터 오는" 표적을 구하는 것은 그리스도께서 행하신 기적들을 이 땅에 속한 표적들로 여겨 신용하지 않는다는 뜻이다. 어쩌면 이들은 과거에 엘리야가 했던 대로 하늘로부터 불이 내려오거나, 또는 모세가 했듯이 하늘로부터 떡이 내려오기를 원하였는지도 모른다.

예수께서는 그들의 영적인 상태를 다음과 같이 묘사하신다.
- 이들은 육신적이고 세상적인 일들은 해석할 수가 있으나 영적인 일들을 해석할 수가 없다.
- 그들은 사악하여 하나님을 시험하였다.
- 그들의 공허한 종교를 위하여 참되신 하나님을 버렸으므로 우상을 숭배하는 것과 같다. 오늘날의 종교적인 사람들과 얼마나 유사한가 /

주님은 다시금 그의 죽으심과 장사와 부활을 지적하셨고, 선지자 요나를 언급하심으로써 그의 사역이 이방인을 위한 것이 될 것을 나타내셨다(본 서의 12장 해설 참조).

2. 혼란 - 제자들의 불신앙 (16 : 6~ 12)

제자들은 영적인 일보다 육신적인 일들에 관하여 관심을 많이 가지고 있었던 것   *85*

이 분명하다. 예수께서는 바리새인들의 통탄할 상태에 관하여 유감으로 생각하고 계신 동안에, 제자들은 떡을 가져오는 것을 잊은 일로 안달하고 있었다.

4,000명을 먹이고 남은 일곱 광주리는(마 15 : 37) 아마도 가난한 사람들에게 주었을 것이다. 예수께서 영적인 일들을 바리새인과 사두개인들의 누룩으로 말씀하실 때 제자들은 오직 육신적인 떡만을 생각하였다.

이러한 일들은 모두 마태복음 13장 22절의 예증이 되는 일들이었다. 즉, 세상의 염려로 말씀이 막히는 것이다. 그들은 믿음이 없음을 인하여 책망을 들었다. 떡이 필요하다면 주님이 그것을 공급하실 것을 의지할 수가 없었단 말인가! 예수께서는 떡 몇 조각과 생선 몇 마리로 4,000명을 먹이지 않으셨던가!

누가복음 12장 1절은 누룩을 외식이라고 명명하는데, 왜냐하면 외식(거짓된 삶)이라는 누룩과 거짓 교리들이 신자들의 마음에, 그리고 교회에 들어가게 되면 은밀하게 자라나 전체를 부패시키기 때문이다(고전 5 : 6).

3. 고백 - 그리스도에 대한 베드로의 고백 (16 : 13~20)

민중은 그리스도에 대하여 얼마나 혼돈을 일으키고 있었는지 모른다! 그들은 주님을 높이 존중해야 할 사람으로 여겼으며 위대한 선지자의 위치에 그를 두었으나, 그분이 바로 살아계신 하나님의 아들이라는 점을 볼 수 있는 인식력은 결여되어 있었다. 민중은 주님을 세례(침례) 요한과도 비교하였으나 이들 두 사람의 사역은 비슷하지 않았다(마 11 : 18~19). 아버지 하나님의 계시와(마 11 : 27이하) 성령의 증거가 없이는(고전 12 : 3) 아무도 그리스도이심을 고백할 수가 없다. 그리스도에 대한 올바른 고백은 구원을 받는 데 중요한 일이다(요일 5 : 10 / 요일 2 : 22~23 / 요 20 : 31).

18~19절은 수십 세기를 내려오며 논란이 되고 있다. 카톨릭 교도들은 이 구절들로부터 교황의 직무와 인간의 삶을 다스릴 교회의 권한을 주장하지만, 복음주의자들은 이 구절을 완전히 다르게 보고 있다. 이 구절의 상징들을 살펴봄으로써, 성경이 있는 그대로를 스스로 말하게 하자.

1 **반석** - 반석은 예수 그리스도이시다. 그리스도께서 이사야 28장 16절을 인용하시면서 이를 언급하셨으며(마 21 : 42) 베드로 자신도 그렇게 말했다(벧전 2 : 4~8 / 행 4 : 11~12 / 시 118 : 22). 바울은 고린도전서 10장 4절에서 그리스도를 반석이라고 지칭했으며, 반복해서 말하기를 교회의 머리라고 하였다(엡 1 : 20~23 / 4 : 8~16 / 5 : 23 / 골 1 : 18 참조). 구약 전체를 통하여 반석은 인간의 상징이 아니라, 하나님을 상징하는 것이었다(신 32 : 4, 15 / 단 2 : 45 / 시 18 : 2).

예수께서는 "너는 베드로(페트로스 - 작은 바위)라, 내가 이 반석(페트라 - 기초가 되는 거대한 암석) 위에 내 교회를 세우리라"고 말씀하셨다(고전 3 : 11 참조).

2 열쇠 — 이것은 왕국에서의 베드로의 청지기 직분을 가리킨다. 이 열쇠들은 교회의 열쇠가 아니라 왕국의 열쇠이며, 죽게 하거나 영원히 살게 하는 열쇠가 아니다. 그러한 열쇠는 그리스도께서 가지셨다(계 1：18).

성경에서 열쇠는 권한과 청지기 직분을 상징한다(사 22：22／눅 11：52). 베드로는 이 열쇠를 유대인들과(행 2장), 사마리아인들(행 8장), 이방인들에게 (행 10장), "믿음의 문을 열어 줄" 때(행 14：27) 사용하였다. 이것은 청지기 직분으로서, 주인 노릇을 뜻하는 것은 아니다.

3 매고 푼다는 의미 — 이는 하나님의 말씀을 사람들에게 적용하는 것을 뜻한다. 18장 18절에서 이 말은 교회에서의 징계에 사용되었으며, 그 권한은 베드로에게만이 아니라 모든 제자들에게 주어졌다.

그 시대에는 랍비가 무엇을 하지 말라고 금하거나 허락할 때에 "매고 푼다"는 말을 사용하였다. 윌리암의 신약 성경을 보면 더욱 상세하게 번역이 되어 있다. "…무엇이든지 땅에서 네가 금하는 것은 천국에서는 이미 금지된 것임이 분명하다. 그리고 네가 땅에서 허락하는 것은 천국에서는 이미 허락된 것임이 분명하다." 이러므로 교회는 천국이 무엇을 하는 곳인가를 말하지 않으며 천국이 교회에게 하라고 명령하는 것을 이 땅 위에서 순종한다./ (Amplified NT와 West's Expanded NT 참조)

베드로는 교황이 되겠다고 주장한 일은 결코 없다(벧전 5：1~4). 베드로가 아니라 그리스도께서 교회를 세우신 것에 유의하자. 이 구절은 신약에서 "교회"에 대한 최초의 언급이다. 이 단어야말로 바울의 사역에 보다 큰 의미를 가져다 준 것이다.

4. 바로잡음 – 거치는 돌이 된 베드로(16：21~28)

그리스도는 그에게 다가오는 고난과 죽음을 공개적으로 알리신다. 주님은 이미 여러 가지 상징들로 자신의 죽음을 알리셨으나(요 2：19／요 3：14／요 6：15 ／마 9：15／마 12：40~41), 이제는 공개적으로 말씀하셨다(막 8：32). 그 말씀을 듣고 제자들이 충격을 받았음은 물론이다. 특히 베드로는 십자가를 지는 대신 우회해 가실 것을 권함으로써 마태복음 4장 8~10절에 나오는 사단의 시험을 반복하였다. 사단은 베드로를 사용하여 그리스도의 순종의 좁은 길에 거치는 돌이 되게 한 것이 분명하다. 사단은 다시 베드로를 사용하여 그리스도의 사역을 방해하였다(눅 22：31이하).

그리스도는 베드로를 꾸짖으셨고 신자의 삶에 놓여 있는 십자가의 중요성을 가르치셨다. **"십자가를 진다는 것"**은 자아를 부인하고, 그리스도의 치욕을 짊어지고 순종하며 주님을 따름에 있어 세상과 육신을 십자가에 못박는 것을 뜻한다. 베드로는 고난과 영광이 언제나 함께 다닌다는 것을 배워야 했다(벧전 4 : 12~19 / 벧전 5 : 1, 10).

*　　　*　　　*　　　*　　　*

■ 반석에 대한 부가적 연구
1 에베소서 2장 20절은 가끔 베드로가 교회의 기초석이었음을 "입증"하는 데에 사용되곤 한다. 그러나, 만일 그러하다면 다른 사도들과 신약 예언자들도 포함되어야 한다. **"사도들과 선지자들의 기초석"**이란 사도들과 선지자들로 구성된 기초란 뜻이 아니라, 그들의 사역을 통하여 놓여진 기초, 즉 예수 그리스도를 뜻한다(고전 3 : 11).

2 믿지 않는 유대인들에게 그리스도는 거침이 되는 돌이었다(롬 9 : 32). 이방 민족들에게는 다니엘 2장 34절에 나오는 쳐부수는 돌일 것이며, 잃어버린 자들에게는 마태복음 21장 44절에 나오는 가루로 만드는 돌이다. 그러나 교회에 있어서 그리스도는 기초석이며 으뜸되는 모퉁이 돌이시다(고전 3 : 11 / 엡 2 : 20). 그는 어느 날 이스라엘 지상 왕국의 택함받은 돌이 되실 것이다(사 28 : 16).

변화산 상의 그리스도
- 마태복음 17장 -

1. 영광의 왕 (17 : 1~13)

그리스도의 변화는 그의 지상 사역 중 핵심적인 사건의 하나로서, 인간의 육신에 가리워진 그의 영광이 빛을 발한 유일한 경우이다 (요 1 : 14 참조).
  "변화하다"라는 단어는 우리가 보통 변형이라고 쓰는 말과 같은 뜻으로, "내면 세계의 변화"를 말한다. 이 영광은 외부에서 온 빛의 반사가 아니라, 내적인 거룩함이 나타난 것이다. 같은 단어가 로마서 12장 2절 (transformed)과 고린도후서 3장 18절 (Changed)에서 사용되고 있는데 그리스도인의 거룩한 성장을 가리킨다.

1 **동참자들** – 그리스도, 베드로, 야고보, 요한, 모세, 엘리야, 그리고 성부 하나님으로서, 모두 일곱이다. 베드로, 야고보, 요한은 그리스도와 더불어 세 가지 특별한 경험을 한다. 곧 변화산에서, 야이로의 집에서 (막 5 : 37 이하), 겟세마네 동산에서 (마 26 : 36~46) 이다. 각 경우마다 예수께서는 자신에 대한 새로운 교훈을 주셨다.

2 **목적** – 무엇보다도 변화는 **다가오는 왕국의 상징**이다. 예수께서는 그의 제자들 중 더러는 왕국에 계신 주님의 모습을 볼 때까지 죽음을 보지 않을 사람도 있다고 말씀하셨었다 (마 16 : 28). 베드로후서 1장 16~20절을 주의깊게 읽으면 이 구절이 약속된 왕국과 관계가 있음을 알게 된다.
  베드로는 그리스도를 하나님의 아들로 고백하였었고 (16 : 16), 그리스도의 죽음이 사실이라는 것을 배웠다 (16 : 21~23). 그와 다른 제자들은 아마도 이렇게 묻고 있었을 것이다. "만일 그리스도께서 십자가에서 죽음을 맞는다면 왕국에 대한 모든 약속들은 어떻게 될 것인가? 이 약속들이 성취될 것인가?" 그리스도는 그의 변화를 통하여 말씀이 굳게 설 것이며 왕국이 임할 것임을 확신시키셨다.
  이 장면은 실제로 왕국의 모형이다. 그리스도가 영화롭게 되셨다. 세 사도들은 구속받은 이스라엘을 대표하며, 모세는 그리스도 안에서 죽은 성도들을 대표한다. 엘리야는 휴거된 성도들을 대표하고 (엘리야는 죽지 않았기 때문이다), 산기슭에 있는 군중들은 다른 민족들을 대표하고 있다.

  또다른 목적은 주께서 받을 고난을 위하여 힘을 북돋아 주는 데에 있었다.

모세와 엘리야는 다가오는 예루살렘에서의 죽음(문자적으로 말한다면 "탈출")에 대하여 주님과 대화를 나누었다. 또한 아버지의 음성이 아들을 격려하였다. 이것은 또한 **제자들에게도 격려**가 되었는데, 주님이 고난과 죽음을 경험할 때에 이들은 주님으로부터 분리되어야 하는 것이었다.

만일 이들이 이 장면을 기억했다면 주님을 저버리거나 주께서 죽으셨을 때 희망을 잃지는 않았을 것이다.

③ **위험** – 베드로는 다시 육적인 관점으로 말하면서 예수님께서 십자가를 지시지 못하게 하려고 부추긴다. / 아버지 하나님께서 그를 꾸짖으신다. "너희는 저의 말을 들으라." 이 말은 오늘날도 여전히 하나님께서 인간들에게 주시는 멧세지이다. 왜냐하면 그리스도는 인간에게 주시는 하나님의 "마지막 말씀"이기 때문이다(히 1 : 1~3).

구약을 대표하는 율법(모세)과 선지자(엘리야)가 그리스도를 증거한다(눅 24 : 27, 44). 그런데 그리스도는 모세와 엘리야보다 우월하시다(롬 10 : 4 / 행 10 : 43). "오직 예수"(8절)라는 말은 그리스도인이 가져야 할 오직 한 가지 안전한 마음가짐이다.

④ **당황** – 산을 내려오며 제자들은 말라기 4장 5~6절과 3장 1절에 나오는 약속을 가리키며 엘리야에 대하여 주님께 물었다. 그리스도는 세례(침례) 요한이 영적으로 이 약속들을 성취한 것이라고 언급하신다(눅 1 : 17). 그런데 엘리야 자신도 왔었다(마 11장 / 본 서의 『말라기』참조).

2. 능력의 왕(17 : 14~21)

우리는 왕과 더불어 영광의 산에 언제까지나 머무를 수는 없다. 우리는 사단이 역사하고 있어 도움이 필요한 골짜기로 주님과 더불어 내려가야만 한다. "휘장 안"과 "영문 밖"은 승리를 위한 필수적인 두 가지 요소이다(히 10 : 19~22 / 히 13 : 13).

산기슭에 남아 있던 아홉 제자들은 실패로 인하여 부끄러움을 당했다. 그리스도께서 그들에게 주신 귀신을 극복하는 능력을 잃었던 것이다(10 : 8). 원인은 그들의 불신앙과 헌신의 결여에 있었다. 아마도 그들은 다른 세 제자들이 예수님과 함께 산에 올라갔기 때문에 시기했을런지도 모른다. 은밀한 죄가 우리에게서 능력을 훔쳐간다.

여기 **상징적인 모습**이 나온다. 왕이 다시 오실 때 그가 사단을 결박하실 것이며 마귀의 능력으로부터 세상을 자유롭게 하실 것이다(계 19 : 11~ 20 : 3).

3. 겸손의 왕(17 : 22~27)

얼마나 역설적인가./ 왕은 그의 성전세를 지불하지 못할 만큼 빈곤에 처해 있다./ 진실로 주님이 가난해지심으로 우리를 부요케 하셨다(고후 8 : 9).이 기적에는 주목해야 할 네 가지 특징적인 성격이 있다.

[1] 주님이 자신의 필요를 위하여 행하신 유일한 기적이다. 반 세겔의 성전 세금은 모든 유대 남자들이 내는 것이었다(출 30 : 11 이하). 예수께서는 너무나 가난해서 이 정도의 금전도 없으셨다. 예수께서는 얼마나 겸손하신가(빌 2 : 5~8).

[2] 마태만이 이 사실을 기록하고 있다. 마태복음은 왕의 복음이다. 이 기적도 그리스도의 왕권과 관련이 있음이 틀림없다. 예수께서는 여기서 그가 "왕의 자녀"이므로 세금을 낼 필요가 없음을 확실히 하신다.

그리스도는 복잡한 기적을 행하심으로 자신의 왕권을 입증하셨다. 동전이 바다에서 분실되었고, 물고기가 그것을 입 속에 넣었으며, 다음으로 그 물고기가 베드로의 낚시를 물어야 했다./ 그리스도는 "바다의 물고기들"을 다스리신다(시 8 : 6~8 / 히 2 :6 이하).

[3] 돈을 사용하신 유일한 기적이다. 이 세금은 유대인들이 애굽의 노예에서 구속받은 일을 상기시키기 위한 것이었다. 그들은 어린 양의 피로 구원을 받았으며, 은이나 금으로 받은 것이 아니었다. 그러나 은 한 세겔은 그러한 구속의 상징이었다. 베드로는 이 교훈을 알게 되었다(벧전 1 : 18~19).

[4] 이 기적은 베드로를 위해서도 행해졌다. 예수께서는 특히 베드로를 위하여 많은 기적을 행하셨다. 그의 장모를 고치셨고 바다 위를 걷도록 도우셨으며, 가라앉을 때 구해 주셨고 물고기가 많이 잡히게 하셨다. 사도행전에서도 그리스도는 여러 번 베드로를 구해 주셨다. 예수께서 베드로를 위하여 이 모든 일들을 행하신 이유는 무엇인가? "나와 너를 위하여," 즉 베드로에게 유익이 되고 하나님께 영광이 되게 하기 위하여(벧전 5 : 7)라고 말씀하셨다. 필요한 것이 무엇이든지 간에 그리스도는 그것을 해결하실 수 있다.

*　　　*　　　*　　　*　　　*

■ 변화산의 일에 대한 부가적 연구
[1] 우리는 영광 중에 있을 때 서로를 알아 보게 된다. 제자들은 모세와 엘리야를 알아 보았다.

2 예수께서 변화되었을 때 그는 기도하고 계셨다(눅 9 : 29). 기도는 하늘의 영광을 우리의 생활에 가져다 준다.

3 이것은 모세가 약속된 땅에 발을 디딘 첫번째 일로 알려져 있다.

4 베드로, 야고보, 요한은 그리스도를 위하여 고난을 통과했어야 했다. 그러나 이러한 고난은 영광으로 인도해 갈 뿐이다(벧전 4 : 12 이하).

교회와 천국에 대한 가르침
-마태복음 18장-

1. 큰 자에 대한 교훈(18 : 1~14)

1 제자들의 질문(1절) - 이 질문은 최근에 있었던 베드로, 야고보, 요한의 변화산 상의 경험이나 성전 세금과 관련된 베드로의 경험에 자극을 받아 하게 되었을 것이다. 다른 제자들은 예수 그리스도께서 "편애"를 하며 자기들을 무시한다고 생각했는지도 모른다. 물론 우리들은 제자들에게 왕국이 임할 것이며 그들도 왕국에 있게 될 것이라는 주님의 말씀을 믿으라고 권하고 싶다. 하지만 높은 지위와 위대해질 것을 추구하는 것은 영적인 것이 아니다(롬 12 : 10, 16).

2 실물 교습(2~6절) - 그리스도는 어린 아이를 위대함의 예증으로 삼으신다. 명예는 겸손에서 온다. 하나님께서 우리를 올리시기 전에 우리는 낮아져야 한다(벧전 5 : 5~6). 위대한 성도들은 모두 겸손한 성도들이었다. 어린 아이가 죄가 없거나 완전한 것은 아니지만 마땅히 이루어져야 할 그리스도인의 생활의 특성들을 보여 준다.
　즉, 어린 아이는 잘 배우며 요구하는 것이 단순하다. 또한 기대하는 마음을 가지며, 그는 자기의 필요를 해결하기 위하여 아버지를 의존한다. 물론, 우리가 어린 아이들이 되는 유일한 길은 거듭나는 것이다(요 3장).

3 경고(7~10절) - "이 소자 중의 하나"라고 하실 때 어린 아이들만을 뜻하는 것이 아니라 하나님의 자녀들을 뜻하는 것이다. 다른 신자를 걸려 넘어지게 하는 것은 무서운 일이다(롬 14 : 1~23 / 고전 8 : 1~13). 몸의 지체들이 죄를 짓게 할 때는 "잘라 버리라"고 그리스도께서 명령하시는 것은 문자 그대로 말씀하고 계신 것이 아니다. 왜냐하면 죄는 손이나 발에서 오는 것이 아니라 마음에서 오는 것이기 때문이다.
　"잘라 버리라"는 명령에서 주님은 죄를 철저하고 완전하게, 무자비하게 다루라는 말씀을 하고 계신다. 우리는 "죄를 가지고 놀아서는 안 된다." 또는 오랜 시간을 두고 제거하려고 노력해서는 안 된다. 우리의 죄를 정직하게 직면하고 고백하고 버려야 한다.

4 비유(11~14절) - 11절을 누가복음 19장 10절과 비교한다면 "구한다"(to seek)는 말이 빠져 있음을 알게 될 것이다. 그리스도는 어린 아이들에 대하여 말씀하고 계시며 어린 아이들은 책임 있는 나이가 된 후 잃어진 영혼이 되기는　93

하지만, 어른들처럼 멀리 방황하는 경향이 있지는 않다. 이들 역시 선한 목자에게 구원을 받아야만 한다.

이 전체 구절은 어린 아이들의 감정을 상하게 하지 말 것(6절), 업신여기지 말 것(10절), 그리스도 밖에서 멸망받지 않게 할 것(14절)을 경고한다.

주님은 어린 아이들이 왜 중요한지 몇 가지 이유들을 말씀하신다. 이들은 참된 위대함의 본보기이며(4절), 그리스도를 대리한다(5절). 천사들이 아버지 하나님 앞에 그들을 대신한다(10절). 그리스도는 그들을 구원하시기를 원하시며(11절), 그들이 구원을 받는 것이 아버지 하나님의 뜻이다(14절).

부모들이(또는 다른 어른들이) 자녀들에게 거침이 되어 구원의 길을 잃게 하는 것은 위험한 일이다. 가정에서 좋은 본보기가 되는 것은 얼마나 중요한 일인가. 타락하는 부모들이나 세상적인 마음을 가진 어른들이 심판 때에 많은 것으로 책임 추궁을 받을 것이다.

2. 용서에 대한 교훈(18 : 15~35)

그리스도는 "가족의 문제"를 다루시며 이제 어린 아이로부터 형제 사이의 관계로 옮겨 가신다. 만일 모든 그리스도인들이 완전하다면 이러한 교훈을 할 필요가 없을 것이다. 우리는 실패하며 죄를 짓기 때문에 교회라는 가정을 행복하고 거룩하게 유지해 나갈 방법을 알아야 할 필요가 있다.

[1] **교회의 징계**(15~20절) − 권징의 형식이 명백하게 나와 있다. 먼저 개인적으로 면담을 하고, 다음으로 두 세 증인을 데리고 가며, 다음으로 그 문제를 교회에 상정한다.

"네 형제를 얻는다"는 목적에 유의하자. 교회의 징계의 동기는 사랑이다. 우리는 죄를 범하는 형제를 도와야 한다. 그리스도께서 교회의 중심에 계시기 때문에(20절) 교회가 순종적이고 순전해야 한다는 것은 중요하다. 우리의 태도는 체포하려고 나온 경찰의 태도와는 달라야 한다. 의사가 그리스도의 몸의 상처를 치료하려는 것 같아야 하며, 이 상처를 그냥 두면 병과 죽음을 퍼치게 될 것이다.

18절은 "매고 푸는 일"이 이 징계의 문제에 하나님의 말씀을 적용하는 일과 관계가 있음을 나타낸다. 바울은 고린도전서 5장에서 고린도의 범죄한 형제를 "매고", 고린도후서 2장에서 그가 자신의 태도를 표명한 후에 "푼다". 이것은 영혼의 영원한 운명과는 관계가 없는 일이다.

19절은 기도가 교회의 징계의 중요한 요소임을 암시하고 있다. 물론 우리는 위반자와 우리 자신들을 위해 기도함으로써 영적으로 그를 지원하기를 원한다 (갈 6 : 1). 교회의 징계에 대한 다른 구절들을 위해서는 로마서 16장 17절과 데살로니가후서 3장 14절, 그리고 고린도전서 5장을 보자.

② **마음으로부터의 용서**(21~35절) – 베드로는 일곱 번 용서한다는 말을 함으로써 영적으로 특출하다고 생각했다. 왜냐하면 유대의 랍비들은 세 번으로 충분하다고 말했기 때문이다. 그러나, 예수께서는 용서에 제한이 없다고 말씀하셨다. 왜냐하면 참 용서는 사랑하는 마음에서 오며, 사랑은 잘못한 일들을 기록해 두지 않기 때문이다(고전 13장).

비유가 주는 교훈은 명백하다. 왕이 그 종의 천 이백만 달러의 빚을 탕감해 주었으면 그 종은 친구의 15달러 정도는 탕감해 줄 수 있어야 했다. 그리스도께서 우리를 용서해 주셨기 때문에 우리도 다른 사람들을 용서한다(엡 4 : 32 /골 3 : 13).

이 문제는 구원과는 아무 관련이 없다는 것을 명심하자. 이것은 그리스도 안에서 형제된 사람 사이의 용서에 관한 문제이며 하나님과 죄인 사이의 문제가 아니다. 34절을 지옥이나 영원한 저주로 보지 말자. 하나님은 물론 용서하지 않는 마음을 숨기고 있는 신자를 처리하실 것임은 물론이다.

어떤 사람이 구원을 받았다는 증거 중의 하나는 그가 형제를 사랑하는 것이다(요일 3 : 10~ 17). 다른 사람들을 용서할 수 없는 그리스도인들은 그리스도께서 그들을 위하여 십자가에서 행하신 일들을 잊어버린 사람들이다. 교회는 조용히 자라나 전체의 친교를 타락시키는 "괴악하고 악독한 누룩"을 삼가해야 한다.

*   *   *   *   *

■ 부가적 연구
① 18장 3절의 **"돌이켜"**라는 말은 회심한다(converted, to turn)는 뜻이다. 그리스도인조차 돌이켜야만 한다! 예수께서는 베드로에게 사단을 따르는 데서 돌이켜 주님을 따르라고 말씀하셨다(눅 22 : 32). 죄인들이 죄로부터 돌이켜 그리스도께 합할 때 그는 회심하는 것이다.

② **천사들**은 하나님의 성도들을 위하여 특별한 사역을 한다(마 18 : 10 /히 1 : 4 / 시 34 : 7 / 시 91 : 11 참조). 죄인들이 구원받으면 천사들이 기뻐한다(눅 15 : 7~ 10). 사도행전 12장 15절과 더불어 마태복음 18장 10절은 "보호하는 천사들"(수호 천사)이라는 개념의 기초가 되어 왔다.

천사들이 신자들을 보호한다는 사실은 하나님의 말씀에서 명백하게 가르치고 있다. 그러나 각 신자들에게 할당된 특별한 천사들이 있다는 말은 명확하게 나와 있지 않다.

이혼과 부자들에 대한 가르침

-마태복음 19장-

1. 결혼과 이혼(19 : 1~15)

바리새인들은 결혼에 대한 질문을 했는데, 이 문제는 그 시대에 있어서 격심하게 논의되고 있는 문제 중의 하나였다. 그들은 그리스도가 꼼짝하지 못할 곤경에 빠지고, 사람들이 주님을 떠나 흩어지게 되기를 원했다.

랍비인 힐렐을 따르는 사람들은 신명기 24장 1절을 어떠한 이유에서라도 아내와 이혼할 수 있다고 해석하였고, 랍비 샴마이의 추종자들은 결혼은 간음 사건이 있을 때에만 파기될 수 있다고 엄격한 해석을 했다. 예수께서는 랍비의 가르침도, 모세의 가르침도 초월하여 에덴 동산에서 설정된 결혼의 근본 법칙을 상기시키셨다. 이 구절은 결혼의 세 가지 "법칙"을 논의한다.

[1] **에덴에서의 본래의 법칙**(19 : 4~6 / 창 1 : 27 ~ 28 / 창 2 : 18~ 25) - 하나님은 결혼을 모세의 율법이 있기 오래 전에 에덴에서부터 창설하셨다. 성경은 최소한 네 가지의 결혼의 이유와 목적을 제시한다.
● 경주를 지속하기 위하여(창 1 : 28).
● 동반자 관계와 즐거움(창 2 : 18).
● 간음을 피하기 위하여(고전 7 : 1~6).
● 그리스도와 그의 교회와의 관계를 예시하기 위하여(엡 5 : 22~ 23).

하나님의 본래 목적은 한 남자가 한 여자와 결혼하는 것이며, 죽음만이 결합을 깨뜨릴 수 있다(롬 7 : 1~3). 결혼이란 근본적으로 육체적인 결합이다("둘이 한 몸이 될찌니"). 물론 마음과 정신의 결합이 되어야 하는 것이기도 하다. 결혼을 통한 결합은 가족보다도 더욱 강하게 묶여진다. 왜냐하면 남자가 부모를 떠나 아내에게로 가서 결합되는 것이기 때문이다. 이것은 신성한 결합이다. 예수께서는 남자와 여자를 짝지우시는 분이 하나님이심을 말씀하셨다.

[2] **임시적인 모세의 율법**(19 : 7~ 8 / 신 24 : 1~ 4) - 죄인들은 언제나 핑계들을 찾아내는데, 바리새인들은 신명기 24장 1절을 적용하여 그리스도는 모세와 서로 대립된 것을 나타내려고 하였다. 모세가 왜 이런 법을 주었으며 율법에는 실제로 어떻게 언급되어 있는지를 알아보는 것은 중요한 일이다.

모세는 이혼을 명령하지는 않았다. 그리스도는 하나님께서 "인간의 마음의 완악함을 인하여" 허용하셨다고 말씀하셨다. 모세가 이혼한 여성에게 이혼 증서를 주라고 명령한 것은 그녀를 보호하며, 변덕스러운 이유로 이혼하려고 할 때 이 일을 좀 더 어렵게 하기 위함이다. 그녀가 첫 남편에게 돌아오는 것은 금지되지만 다른 남자와 결혼할 수는 있음에 주목하자. 이 구절(수치되는 일)의 문자적인 뜻은 "노출의 문제"라는 뜻인데 여자 편에서의 부도덕을 암시하고 있다.

이 법은 이스라엘을 위한 임시적인 것이었으며 모든 사람들을 위한 연속적인 것은 아니었다.

③ 결혼에 대한 그리스도의 법(19:9~12) - 그리스도는 음행의 경우에만 이혼이 허가된다고 말씀하신다. 이것은 몸에 대하여 죄를 짓는 것이며(고전 6:15~18) 결혼을 통하여 하나가 되는 일, 곧 육체의 결합에 대한 범죄가 된다.

성경에서 사용된 "음행"이란 단어는 여러 가지 성적인 죄들을 포함하고 있는 듯하다. 마가복음 7장 21절에는 "음행들"(복수)이라고 되어 있으며, 사도행전 15장 20절과 로마서 1장 29절, 고린도전서 6장 13절은 "음행"이 일반적으로 성적인 죄들을 말하는 것으로서 대체적으로는 결혼하지 않은 사람들에 의해 저질러 지는 죄, 또는 결혼한 사람들의 간음을 말할 때 사용된다고 보고 있다. 어떤 경우이든 예수께서는 다른 이유로 이혼을 하고 쌍방이 다시 결혼하는 것이 간음의 죄가 된다고 말씀하신다(마 5:27~31/눅 16:18/막 10:1~2). 그러므로 결혼의 결합을 깨뜨릴 수 있는 두 가지 길은 죽음과 음행뿐이다.

제자들의 반응을 보아서는 그들이 결혼에 관한 하나님의 뜻을 이해하지 못한 것 같다(10~12절). 성경은 독신 생활을 가르치는 것은 아니지만 모두가 결혼을 해야 할 것으로 보지는 않고 있다. 바울은 고린도전서 7장 7절에서 이러한 뜻을 비친다. 바울은 하나님께 더 잘 봉사하기 위하여 결혼을 절제한 것 같다. 그러나 이것은 주님의 모든 종들에 대한 하나님의 뜻은 아니다. 사람은 자기 삶에 대한 하나님의 뜻을 발견해야만 하며, "주님 안에서 결혼해야 함"(고전 7:39)을 명심해야 한다.

2. 부자와 구원(19:16~30)

이 구절들은 다섯 개의 질문들과 이 질문들에 대한 그리스도의 답변을 맴돌고 있다.

① 내가 무슨 선한 일을 하여야 하리이까?(16~17절) - 이 부유한 관리가 겸손하고, 정직하며, 영적인 진리를 갈망하고, 용기가 있음을 칭찬하지 않을 수 없다. 그리스도의 응답은 주님 자신의 신성에 강조를 두는 경향이 있었다. "나는 선하다. 그렇지 않으면 나는 하나님이 아니다." 주님은 이런 뜻으로 말씀하신 것이다. 주님은 그 젊은이가 지금 하나님을 상대하고 있으며, 단순히 인간으로서의 율법선생을 대하고 있는 것이 아니라는 사실을 깨닫기를 원하셨다.

2 **어느 계명이오니까?** (18~19절) – 그리스도께서 그에게 율법을 지키라고 하신 것은 율법으로 말미암아 구원을 받기 때문이 아니라, 은혜로 구원을 받아야 하겠다는 생각이 들기 이전에 율법으로 말미암아 죄를 깨달아야 하기 때문이다. 이 젊은이는 율법을 알았는데, 그 율법은 그를 그리스도께로 인도하는 몽학선생으로서 작용하였다(갈 3: 24). 이제 율법은 거울로서의 역할을 하여(약 1: 22~25) 젊은이에게 참으로 필요한 것이 무엇인지를 보여 준다.

그리스도께서 안식일을 지키는 문제에 대해서는 아무 말씀이 없으셨던 것에 유의하자. 십계명 중에서 아홉 계명은 신약에 반복되고 있으나 안식일에 대한 계명은 없다. 이 계명은 의식을 위한 율법으로서, 도덕률이 아니다.

3 **아직도 무엇이 부족하니이까?** (20~22절) – 이 젊은이가 적어도 외적으로는 계명들을 지켰음을 의심할 만한 아무런 이유가 없다. 하지만 하나님의 완전한 율법에 직면하여 "탐내지 말라," "내 앞에 다른 신을 두지 말라"는 크신 계명에 대하여 생각해 보았어야 할 것이다. 그에게 있어서 부유함은 그의 신이었다. 그런데 그는 그것을 인정하지 않는 것이다.

예수께서 그에게 모든 것을 팔아서 가난한 사람들에게 나누어 주라고 말씀하신 이유는 무엇인가? 이렇게 하여 구원을 받는 것은 아니다. 그런데 이 질문은 그의 참된 문제를 지적해 내었다. 그는 욕심이 많았다. 그리스도는 범죄한 우물가의 여인에게 남편을 불러오라고 말씀하셨다. 이 명령이 그녀로 하여금 고백과 회개의 자리에 이르게 한 것이다. 유감스럽게도 젊은 관리는 죄를 고백하거나 마음을 고치지 않았다. 그는 슬프게 떠나갔으나, 요한복음 4장에 나오는 여인은 기쁨으로 떠나갔다.

4 **누가 구원을 얻을 수 있으리이까?** (23~26절) – 제자들은 놀랐다. 부자가 구원을 받을 수 없다면 누가 구원을 받을 것인가? 그들은 부유함이란 삶에 대한 하나님의 축복을 의미한다는 구약적 사상에 사로잡혀 있었다. 마가복음 10장 24절은 부자들이 자신의 부를 의지하기 때문에 구원받기 어렵다는 것을 시사한다.

디모데전서 6장 6~10절에 있는 사도 바울의 권고를 보자. 하나님은 부자가 하나님을 믿고 신뢰할 때에 그를 구원하실 수 있다. 하나님은 부자인 아브라함을 구원하셨고 니고데모와 아리마대 요셉을 구원하셨다.

5 **우리가 무엇을 얻으리이까?** (27~30절) – 베드로는 자신과 부자 관원을 재빨리 비교하였다. 그리고는 자신이 스스로 희생하였음을 지적한다. 예수께서는 자기에게 속한 자들에게 그들이 왕국시대("재생" / 이 땅이 "다시 태어나는 때")에 보상을 받게 될 것임을 부드럽게 확신시키신다.

그러나 스스로 "첫째"가 되려 하지 말 것을 조심시키신다. 왜냐하면 "처음된 자"는 "나중된 자"가 될 것이기 때문이다. 주님은 이에 대해 다음 장에 나오는   *99*

비유를 예로 들어 봉사의 동기가 무엇보다도 중요한 것임을 보여 주신다.

만일 베드로가 약속된 상급 때문에 그리스도께 봉사한다면 마음과 동기를 검토해 볼 필요가 있다. 다행스럽게도 베드로는 19장의 "나는 얼마나 얻을까?" 라는 태도에서 사도행전 3장 6절의 "내게 있는 것으로 네게 주노니"의 태도로 성장하였다. 우리도 그러해야 하겠다.

일꾼에 대한 비유
-마태복음 20장-

이 비유와 그 다음에 나오는 사건들은 19장 16~30절에 나오는 젊은 부자와의 만남에서 생겨난 것이다. 이 비유는 처음과 나중에 대한 주님의 역설적인 언급을 주께서 설명하시는 것이다(19 : 30 / 20 : 16).

1. 포도원의 비유(20 : 1~16)

1 **배경** - 부자 관원은 자기 소유를 포기하고 그리스도를 따를 것을 거절하였다. 그래서 주님은 부유함의 위험에 대하여 제자들을 경계하신 것이다. 베드로는 자신과 그의 동료들이 모든 것을 버리고 주님을 좇은 것을 자랑하며 담대하게 물었다. "우리가 무엇을 얻으리이까?"

이 질문은 동기가 잘못되었음을 드러내었다. 그가 그리스도를 섬긴 것은 무엇을 얻을 수 있기 위함이었고 충성과 사랑의 동기에서 나온 것이 아니었다. 그리스도는 사람들이 보기에 "처음된 자"들은 최종적인 계산에서 "나중된 자"가 될 것이라고 경고하셨다.

2 **의미** - 이 비유에 나와 있는 모든 것이 무엇인가를 의미한다고 해석해서는 안된다. 그리스도께서 말씀하시려는 주된 영적인 진리는 하나님께서 그의 종들에 대하여 그 봉사의 동기에 따라서 하나님의 뜻하신 대로 다루실 권한이 있다는 것이다.

이 비유는 구원에 관한 것이 아니라 **봉사**에 관한 것이다. "데나리온"은 구원이나 영생을 뜻하는 것이 아니다. 구원이란 공로에 의한 것이 아니기 때문이다 (엡 2 : 8~9 / 딛 3 : 5~6 참조).

그리스도는 봉사에 대한 상급을 말씀하신 것이 아니다. 하나님은 사람들에게 그들의 섬김에 따라 다르게 보상하실 것이다(고전 3 : 8 / 요 4 : 36). 만약 "데나리온"이 상급을 나타내는 것이라면, 하나님은 공정하지 못한 분이시다. 모든 일꾼들이 동일한 보상을 받았기 때문이다!

20장 10절을 19장 27절에서의 베드로의 말과 연관시키면 **이 비유의 교훈**을 알 수 있다. "첫번째 온 사람들", 즉 처음된 자들은 그들이 더 많이 받게 되리라고 생각하였다. 베드로가 하려는 말이 그것이 아닌가? 그는 "우리가 모든 것을 버렸는데, 우리는 무엇을 얻게 됩니까?"라고 말했다. 그는 분명히 자신에게 "우리는 더 받을 것이 분명해.!"라고 말했을 것이다. 그리스도는 베드로에게 다음의 사실을 가르쳐 주셨다. "하나님은 그의 종들에게 자신이 기쁘신대로 대할 권리가 있으시며, 그릇된 동기(악한 소견 / 15절)는 죄이다."

③ 생활 – 그리스도는 우리를 불러 주님을 위해 일하게 하셨다. 해야 할 일이 많이 있는데도 하루 종일 빈둥거리고 서 있는 그리스도인들이 있다는 것은 참으로 잘못된 일이다. 이 비유는 우리가 상을 위해서가 아니라 사랑과 충성에서 그리스도를 섬겨야 함을 상기시킨다. 상을 받는다는 것은 죄가 아니다. 하나님은 충성스러운 종들에게 은혜로 상을 주실 것이다(고전 3 : 12～15). 우리의 마음에 상 자체가 아니라 상 주시는 이가 채워져야 한다.

우리는 그리스도인의 봉사 사역을 위한 우리의 동기를 살펴보아야 하겠다. 잘못된 동기가 있으면 일이 잘 되었다고 해도 하나님의 영광을 가리우며 우리에게서 축복을 훔쳐간다. 우리가 칭찬하는 그리스도인들이 그리스도의 심판대에서 최종적인 계산을 할 때에 그들의 동기가 잘못되었기 때문에 "나중된 자"가 될 것을 생각할 때 숙연한 일이 아닐 수 없다. 우리는 동기를 판단할 수는 없다(마 7 : 1～3). 그러나 우리의 마음을 판단할 수는 있다. 이 모든 일들을 하나님의 영광을 위하여 하자. 우리는 주님을 사랑하기 때문이다.

2. 명예를 구하는 기도(20 : 17～28)

① 알림(20 : 17～19) – 이 구절은 그리스도께서 그의 제자들에게 십자가를 지실 일에 대하여 세번째로 알리는 구절이다(마 16 : 21 이하 / 17 : 22～23). 주님은 예루살렘에서 맞이하게 될 위기에 대처하여 그들을 준비시키셨다. 주님이 첫번째로 십자가에 대하여 말씀하셨을 때 베드로가 주님을 힐책했었다. 그런데 이번 경우에는 야고보와 요한의 어머니가 이기적인 기도를 가지고 나왔다. 우리는 십자가의 멧세지를 이해하는 데 얼마나 느린가.!

② 요청(20 : 20～21) – 이 여인의 주님께 대한 믿음과, 또한 마태복음 19장 28절에 나오는 왕국의 약속을 믿고 신뢰하는 것은 칭찬할 만하다. 그러나, 그녀의 동기는 옳지 않았다. 왜냐하면 하나님을 영광을 위하여 구하지 않고 자기 자신을 위하여 구했기 때문이다.

③ 응답(20 : 22～23) – 예수께서는 그 어머니에게 말씀하시지 않고 제자들(야고보와 요한)에게 말씀하셨는데 이것은 그들이 어머니를 졸라서 구하게 한 것임을 암시해 준다. 물론, 그들은 예수께서 "잔"과 "세례"(침례)라고 말씀하실 때 무슨 뜻인지 몰랐다. 잔과 세례(침례)는 갈보리에서의 주님의 고난과 죽음을 가리키는 것이었다(26 : 39～42 /눅 12 : 50 참조).

예수께서는 그들도 주님의 잔과 세례(침례)를 맛볼 것이라고 약속하신다. 또한 맛본 것이 사실이다. 야고보는 첫번째로 순교한 제자였다(행 12 : 2). 요한도 참혹한 박해를 받고 밧모섬에 유배당하였다(계 1장).

우리는 어떻게 기도해야 하는지, 주께서 어떻게 응답하시는가에 주의를 기울여야 한다. 주께서 우리가 했던 말 앞에 우리를 세우실 것이다(전 5 : 1~6).

4 **결과**(20 : 24~28) - "작은 불이 어떻게 많은 나무를 태우는가./"라고 야고보서 3장 5절은 말한다./ 신자 한 사람의 입장에서 나온 이기심이 다른 사람의 삶에 괴로움을 끼치는 원인이 될 수 있는 것이다. 예수께서는 이 기회를 사용하여 제자들에게 겸손에 대하여 가르치셨다. 진실로 위대한 사람은 다른 사람들을 섬긴다. 그리스도 자신은 이 교훈의 본보기이셨다(빌 2장 참조).

이 세상의 사람들처럼 "주인 정신"을 행사하는 것은 그리스도인의 생활 정신에 있어서는 이질적인 것이다. 그리스도인의 지도자들이 "감독의 역할"을 하지만(행 20 : 28 / 벧전 5 : 2), 그들은 자기 뜻과 교만으로 다스리지 않고 "목자들 밑에 있듯이" 겸손하게 치리한다.

3. 병고침의 기적(20 : 29~34)

마가복음 10장 46~52절은 소경이 한 명이었음을 시사하는 반면, 마태복음은 두 사람이라고 언급한다. 두 사람 중에서 바디매오(마가복음에 언급된)가 더 잘 알려진 사람이었던 것 같고, 그가 예수께로 인도되어진 사람인 듯하다.

이 기적은 **구원**의 아름다운 상징이다. 그들은 눈먼 소경들이었으며 모든 잃어버려진 죄인은 소경이다(고후 4 : 1~6). 이들은 가난한 거지들이었으며, 잃어버려진 죄인들은 그리스도를 떠나 빈곤으로 괴로워하고 있다. 그들은 인간의 눈을 뜨게 할 유일한 분이신 그리스도께 외쳤으며, 주님은 그들에게 자비를 나타내 보이셨다. 그들이 고침을 받은 것은 기도를 했거나 소리를 질렀기 때문이 아니었다. 군중들은 그렇게 하지 못하도록 막으려고 했다. 오늘날 세상은 죄인들이 그리스도께로 오지 못하게 하려고 한다. 그리스도께서 손을 대심으로 그들을 고치셨다. 이들은 그리스도를 따름으로써 삶이 변화된다는 것을 입증하였다.

여기 **경륜적인 한 교훈**이 있다. 소경들은 예수께서 다윗의 자손이심을 알고 있었으나, 이 민족은 바로 다음 장에서 주님을 거부한다. 이 나라는 소경이었고(고후 3 : 14~16 / 롬 11 : 8~10) 왕을 거절함으로써 소경으로 남아 있게 된다.

왕에 대한 거절
-21~27장에 대한 보충 자료-

■ 개요

마태복음에 나오는 본 장들은 왕이 거절당하는 내용을 기록하고 있는데, 그 범위를 이해하는 것은 중요한 일이다. 그리스도는 그를 십자가로 이끌어 갈 마지막 대결에서 원수들을 만난다. 이 부분은 다음과 같이 요약될 수 있겠다.

1. 세 가지 표적 / 21장 1~22절

　① 왕의 출현 / 21장 1~11절
　　-이스라엘의 영적인 소경 상태
　② 성전의 정화 / 21장 12~16절
　　-이스라엘의 내적인 부패
　③ 무화과나무에 대한 저주 / 21장 17~22절
　　-이스라엘의 열매 없는 외적 상태

2. 세 가지 비유 / 21장 23절~22장 14절

　① 두 아들의 비유 / 21장 23~32절
　　-성부에 대한 거절
　② 포도원의 비유 / 21장 33~46절
　　-성자에 대한 거절
　③ 혼인 잔치의 비유 / 22장 1~14절
　　-성령에 대한 거절

3. 세 가지 질문 / 22장 15~46절

　① 가이사에게 바침 / 22장 15~22절
　　-헤롯당의 정치적인 질문
　② 부활 / 22장 23~33절
　　-사두개인들의 교리적인 질문
　③ 큰 계명 / 22장 34~46절
　　-바리새인들의 법적인 질문

4. 세 가지 강론 / 23장 1절~26장 46절

 1 바리새인들에 대한 정죄 / 23장
 2 장래의 왕국에 대한 설명 / 24~25장
 3 십자가를 위한 제자들의 준비 / 26장 1~46절

5. 세 가지 재판 / 26장 47절~27장 66절

 1 가야바와 공회 앞에서 / 26장 47~7:절
 2 아침에 공회 앞에서 / 27장 1~10절
 3 빌라도 앞에서 / 27장 11~66절
  -그리스도를 죽음으로 인도함

■ 고난 주간에 대한 해설
물론 이 개요는 사건들을 상세하게 다루지 않고 대강 훑어 보고 있다. 마태복음에는 주님의 사역의 마지막 주간의 사건들이 전부 기록되어 있지 않으므로 다른 복음서들을 읽으면 사건의 결말을 조화있게 알 수 있다. 고난주간에 대한 전통적인 연표는 다음과 같다.

● **일요일** / 예루살렘 입성
● **월요일** / 성전의 정화, 무화과나무를 저주함
● **화요일** / 지도자들과의 대립, 비유로 강론함, 바리새인에 대해 정죄함, 왕
       국에 대한 강론(마 24~25장)
● **수요일** / 말씀이나 행하심에 대한 기록이 없음, 휴식하신 날
● **목요일** / 최후의 만찬, 다락방에서의 강론
● **금요일** / 체포되어 재판받음, 십자가에 못박히고 장사됨
● **토요일** / 무덤에 머물러 있음
● **일요일** / 부활

■ 전통적 연표에 대한 고찰
그런데, 이름난 성경 학자들 중에 이러한 전통적인 연표가 성경으로 보면 사실이 아니라고 생각하는 사람들도 많이 있다. 물론 중요한 것은 예수께서 우리의 죄를 위해 죽으셨다가 다시 사셨다는 점이다. 그러나 진실에 대한 흥미로서도 우리는 말씀을 연구하고 우리가 할 수 있는 모든 것을 배워야 한다. 각 날들에 대한 기록은 로마 카톨릭적인 관점이며, 이 전통적인 연표는 몇 가지 약점을 가지고 있다.

1 **무덤에 머무른 기간**-그리스도는 "밤낮 사흘"을 무덤 속에 계실 것과(마 12

: 40), "삼 일만에" 죽음으로부터 살아나실 것을 말씀하셨다(막 8 : 31 / 막 9 : 31 / 막 10 : 34 / 마 27 : 63 / 요 2 : 19). 또한 "제 삼일에" 부활하신다고 말씀하셨다(마 16 : 21 / 마 17 : 23 / 마 20 : 19 / 눅 9 : 22 / 눅 13 : 32 / 눅 18 : 33 / 눅 24 : 46 / 행 10 : 40 / 고전 15 : 4). 마태복음 27장 63~64절에는 이러한 언급들이 연합되어 있다.

"밤낮 사흘"에 대한 전통적인 입장은 하루 중의 일부를 포함할 수 있는 통속적인 표현이라고 설명한다. 따라서, 사흘이라는 기간은 금요일의 세 시간과 토요일의 하루, 일요일의 일부로서 설명된다. 그러나, 만약 그리스도가 금요일 오후 3시에 장사되었다면 무덤에서 단지 하룻밤을 지내신 것이 된다. 우리가 성경의 축자영감설을 믿는다면, "밤낮 사흘"은 "사흘의 일부"가 아닌 온전한 삼 일을 의미하는 것으로 믿어야 한다.

② **사건 발생일에 대한 논란**—전통적인 견해에 있어서 또다른 분규점은 그리스도의 운명 시각으로부터 안식일이 시작되는 금요일 오후 6시 사이에 20여 가지의 사건이 발생해야만 하는 것이다. 이 사건들은 요한복음 19장 31~42절, 마가복음 15장 42~47절, 누가복음 23장 50~56절, 마태복음 27장 57~66절에 기록되어 있다.

그 대답은 그리스도께서 십자가에 못박히신 날은 "금요일"이 아니라 **수요일**일 수 있다는 것이다.

혼란은 "안식일"이라는 단어에 있다. 요한복음 19장 31절은 십자가에 달리신 그 다음 날이 레위기 23장 6~7절에 언급된 "큰 안식일"이라고 말하고 있다. 이 "큰 안식일"이란 유월절 안식일로서, 매주일마다 지키는 안식일(토요일)이 아니었다. 매주의 안식일은 "큰 날"이 아니다.

유대인들은 그 달의 10일에 양을 선택해서(출 12 : 3~8) 14일에 죽였고, 15일은 무교절 또는 유월절이었다. 우리는 우리의 유월절 양이신 그리스도께서 그 달의 14일, 곧 유월절에 죽임을 당하셨음을 알고 있다. 만약 그가 밤낮 사흘이 지난 후에 죽음으로부터 살아나셨다면, 그의 부활의 날(주의 첫날, 일요일)은 그 달의 18일이 된다. 다시 일요일에서 삼 일을 돌이켜 계산해 보면 십자가에 달리신 날은 금요일이 아니라 수요일이 된다.

그렇다면 그 주간의 일을 다음과 같이 정리할 수 있다(유대인들은 전날 해질 무렵부터 하루가 시작된다는 것을 기억하자).

날짜 (요일)	사 건
9일(목~금)	베다니에 오심 – 유월절 6일 전 (요 12 : 1)
10일(금~토)	승리의 입성 – "…그 이튿날에는…"(요 12 : 12~19)

11일 (토~일)	성전을 정결케 하심, 무화과나무를 저주하심 (막 11 : 12~18)
12일 (일~월)	비유, 질의, 감람산에서의 강론 (마 21 : 23~25 : 46)
13일 (월~화)	유월절 준비 – "…이틀을 지나면…" (마 26 : 2)
14일 (화~수)	다락방의 일, 겟세마네, 체포됨, 재판받음, 십자가에 못박힘
15일 (수~목)	무덤에 머무심, 유월절 안식일 – "큰 날" (요 19 : 31)
16일 (목~금)	●유월절 안식일이 지난 후 여인들이 향료를 가져옴 (막 16 : 1) ●막 16 : 2은 그들이 주일 아침에 두번째 방문한 일을 말함
17일 (금~토)	매 주일의 정규적인 안식일, 모든 사람이 안식함
18일 (토~일)	그 저녁의 해진 후에 예수께서 살아나셨고, 주일 아침에 빈 무덤이 발견됨

이렇게 되어 그리스도는 삼 일 밤낮을 무덤에 계셨다. 다시 한 번 말하지만, 이 일은 형제들을 분리시킬 만한 문제가 아니다. 중요한 것은 그리스도께서 우리의 죄를 위하여 죽으셨으며 다시 살아나셨다는 점이다. 그러나, 하나님의 영감된 말씀으로 전통의 사실성 여부를 판단하는 것은 유익한 일이다.

승리의 입성

-마태복음 21장-

이제 우리는 **왕에 대한 거절**이란 표제를 단 부분으로 이동한다(21~27장). 21 장은 이스라엘 민족에 대한 분명한 세 가지의 표적으로 시작되는 것을 눈여겨 보게 될 것이다. 다음으로는 세 가지 비유들이 나온다. 이 비유들은 성전을 정 결케 하신 일에 의해 형성된 서기관들과 바리새인들의 적의를 더욱 확대시켰다.

1. 이스라엘에 관한 세 가지 표적(21 : 1~22)

1 **왕의 출현**(1~11절)—이 구절은 스가랴 9장 9절의 성취이다. 그런데 마태가 스가랴서를 인용하면서 "공의로우며 구원을 베풀며"란 구절을 빼놓은 것 에 유의하자. 그리스도께서 승리의 흰 말을 타고 계시록 19장 11~21절에서 돌아오실 때까지 이스라엘을 위해 공의와 구원(승리)을 가지고 오시지는 않을 것이다.

요한복음 12장 17~18절은 나사로 때문에 많은 군중이 모여들었음을 시사한 다. 군중들은 찬양하며 시편 118편 25절을 인용하였다. 나중에(42절) 그리스 도는 지도자들을 논박하며 똑같은 시편을 인용하셨다. 이 성읍은 주님을 왕이 아니라 선지자로 불렀음에 유의하자. 며칠 후이면 이 동일한 군중이 "그를 십 자가에 못박으라"고 소리를 칠 것이었다.

유감스럽게도 유대인들은 "고난의 날"(눅 19 : 41~44)을 알지 못하고 그들 의 왕을 거절하였다. 우리는 이스라엘이 영적으로 눈먼 것을 본다.

2 **성전을 정결케 하심**(12~16절)—이스라엘의 내적인 타락은 성전을 장 사하는 집으로 만든 것에서도 나타난다. 그리스도의 사역 초기에 정결케 하셨 으나, 그 정결함이 지속되지 못했다(요 2장). 유대인들의 마음이 변화되지 않 았기 때문이다.

그리스도는 이사야 56장 7절을 인용하시며 성전을 "나의 집"이라고 불러 자 신을 하나님으로 삼는다. 예레미야 7장 11절도 여기서 언급된다. 후에 그리스 도는 이렇게 말씀하셨다. "너희 집이 황폐하여 버린 바 되리라"(마 23 : 38). 이는 왕을 거절하였기 때문이다. 이스라엘은 뜻 없이 공허한 성전을 지니고 있었 다.

지도자들이 비난하자 그리스도는 메시야적 시편인 시편 82편(히 2 : 5~9 참 조)을 인용하시며 그리스도께서 왕으로 이 땅을 지배하시게 될 때를 지적하 신다.

3 **무화과나무에 대한 저주**(17～ 22절) – 마태복음 24장 32～33절과 누가복음 13장 6～10절은 그 무화과나무가 이스라엘을 상징하는 것임을 알 수 있다. 이 나무는 잎은 무성했으나 열매가 없었는데, 이스라엘이 외적으로는 "종교적으로 보이나" 열매가 없는 것을 상징한다.

누가복음 13장 6～10절에는 이스라엘에게 열매를 맺도록 3년이라는 기간을 주셨다는 암시가 나온다. 그러나 이스라엘 민족은 열매를 맺는 데 실패했다. 그리스도는 이 기적을 믿음에 대한 교훈으로 삼으시며 이스라엘의 불신앙이 심판을 가져올 것임을 암시하신다. "경건의 모양"은 있으면서도 열매를 맺지 못하게 되기는 참으로 쉬운 일이다./ 많은 모조 그리스도인들은 그리스도로부터 "너희 저주받은 사람들아 내게서 떠나가라"는 말씀을 듣게 될 것이다./ "잎사귀밖에 없기" 때문이다.

이 세 가지 표적들을 통하여 그리스도는 이스라엘이 영적으로 소경의 상태이며 내적으로 부패했음을, 외부적으로는 열매가 없음을 나타내셨다.

2. 이스라엘에 관한 세 가지 비유(21 : 23～22 : 14)

21장 23절부터 23장 39절까지에서 그리스도는 지도자들이 참석한 가운데 성전에 계신다. 24장 1절에서 주님은 성전을 떠나셨고, 다시는 들어가지 않으셨다. "이가봇"(영광이 떠나갔다"/삼상 4 : 19～22)이란 말이 이제 성전에 대한 말이 되었다. 물론 유대인들은 예수님의 권위를 의심하였고 주님은 세례(침례) 요한의 문제로 몰아가셨다. 왜 그렇게 하셨을까? 왜냐하면 그들은 요한이 진리를 말했음을 알고 있으면서도 그를 배척하였기 때문이다. 하나님은 이미 계시하신 바를 우리가 순종할 때까지 새로운 진리를 결코 제시하지 않으실 것이다. 또한 유대인들은 요한을 배척하였기 때문에 예수께로부터 대답을 들을 자격이 없었다.

이제 예수께서는 이스라엘 민족과 하나님에 대한 **세 가지 비유**를 말씀하신다.

1 **두 아들**(21 : 28 ～ 32) – 여기서는 아버지께 불순종하는 아들인 이스라엘을 보게 된다. 포도원은 언제나 이스라엘을 가리킨다(사 5 : 1～7/시 80 : 8～16). 세례(침례) 요한을 거절함으로써 유대인들은 아버지 하나님께 불순종하였다. 그러나 죄인들은 요한의 말에 귀를 기울였으며, 하나님의 왕국에 들어갔다./

2 **포도원과 농부**(21 : 33～46) – 하나님은 이스라엘을 위하여 많은 일을 행하셨으며 이 민족이 주님의 영광을 위하여 열매를 맺을 것을 기대하셨다. 그러나 이 민족은 하나님을 대적했으며 열매 맺기를 거절하였다. 하나님은 이들을 처

리하도록 선지자들과 종들을 보내셨는데 이스라엘은 그들을 잘못 취급하였고 죽이기까지 하였다. 다음으로는 하나님이 아들을 보내셨는데 그들은 주님을 죽였다./ 그들은 "포도원 밖에 버리기"까지 하였다(히 13 : 11~13).

유대인들은 41절에서 스스로 판결을 내렸다. 이 일은 하나님께서 행하신 일임이 분명하다. 주님은 이스라엘로부터 영적인 축복을 빼앗아 가셨으며 예루살렘을 파괴하셨고, 이 축복들을 이방 사람들에게로 가져가셨다.

그리스도는 시편 118편 22~23절을 인용하시며 자신을 "건축자들이 버린 돌"이라고 부르셨다. 이것은 이사야 28장 16절에 언급되어 있다. 베드로는 이스라엘의 지도자들을 사도행전 4장 11절에서 "너희 건축자들"이라고 부르고 있으며, 로마서 9장 33절과 베드로전서 2장 4~8절은 모두 그리스도가 이스라엘에게 거치는 돌이 되었으나 교회에는 기초석이 되었음을 지적하고 있다. 겸손하게 "이 돌에 떨어지는" 죄인들은 부서질 것이다(그리스도께서 반석이신 것을 보려면 본 서의 스가랴서 부분을 참조하라).

이 두 가지 비유를 통하여 이스라엘이 하나님 아버지께 불순종하는 것과 아들을 십자가에 못박는 것을 본다. 다음의 비유에서는(22 : 1~14) 주님이 이들을 잔치에 초대하는 데도 성령(하나님의 사자)께 저항하는 것을 보게 된다.

③ 혼인 잔치(22 : 1~14) — 이 비유를 얼마 후에 나타나게 될 그리스도의 신부로서의 교회에 관한 축복된 진리로 보지는 말자.

이 비유의 사상을 간단하게 말한다면 아버지 하나님께서 아들의 혼인으로 복됨을 즐기도록 손님들(이스라엘)을 초청하지만 그 민족이 초청을 거절한다는 내용이다.

초청이 여러 번 있었음에 유의하자. 3절은 아마도 복음시대 동안의 사도들이 초청하는 것을 뜻할 것이며 4~6절은 왕국이 다시금 유대인들에게 주어졌을 때인 사도행전 처음 몇 장의 초청임을 시사한다.

이스라엘은 성령께 저항했으며(행 7 : 51~52), 이것이 예루살렘의 멸망을 포함하여 이 민족의 붕괴를 가져오게 했다(7절). 왕은 이방인들을 향하게 되었고, 사도행전에 나와 있는 대로 이스라엘 민족은 스데반을 죽이고 교회를 핍박함으로써 그들이 결정한 바를 드러내어 인을 쳤다.

이 비유가 끝나는 구절은(11~14절) 손님들이 영접을 받기 위해서는 왕이 주시는 옷(예복)을 입어야 한다는 사실을 강조한다. 왕은 "악한 자나 선한 자"를 다 초청하였으며 그들이 영접을 받을 수 있도록 옷을 주었다. 이는 하나님께서 모든 믿는 자에게 그리스도를 통하여 주시는 의의 선물에 대한 말이다(고후 5 : 20).

이 비유는 천국(Kingdom of heaven)을 상징하고 있다(2절). 천국은 참과 거짓이 섞여 있다. 이것이 하늘(낙원)의 한 장면이라고 갖다 붙이지는 말자. 그리스도의 의가 없이는 아무도 하늘에 들어가지 못하는 것이 확실하기 때문이다. 또한 거기에서는 쫓겨나는 일도 없다. 이 구절들은 초청에 응하면서도 주님을 모셔들이지 않고 거짓된 고백을 하는 일을 피하라는 경고이다.

이 세 가지 비유들은 이스라엘의 영적인 역사를 보여 준다. 이스라엘은 열매를 맺도록 하나님께 부름을 받고 선택을 받았다(포도원과 무화과나무). 그런데 열매를 맺지 못하고, 아버지 하나님께 불순종하였다(두 아들의 비유). 아들을 십자가에 못박고(포도원의 비유), 성령을 거역하였다(혼인 잔치의 비유). 이방인의 수가 충분히 차기까지 (롬 11 : 25 이하) 그리스도의 축복은 이방인들에게 주어졌으며 이스라엘 민족은 제쳐졌다.

비판자들에 대한 대답
- 마태복음 22장 -

앞 부분에서 14절까지를 생각해 보았다. 이 장의 나머지 부분은 바리새인과 서기관들이 "말에 올무를 씌우려고" 예수께 물은 질문들을 다룬다.

1. 조공에 대한 질문 (22 : 15 ~ 22)

이 질문은 헤롯당원이 물은 것으로서, 이들은 정치적인 야망을 가진 종교 집단이었다. 신약 성경에는 이들에 대한 자료가 많이 나오지 않으나, 로마에 대하여 헤롯과 결탁하고 있었다. 따라서 로마의 통치를 미워하는 바리새인들로부터 반대를 받고 있는 처지였으나 그리스도를 반대하는 자리에 이르러서는 이 두 적수들이 서로 연합하였다.

조공에 대한 질문은 "까다로운" 것이었다. 만일 그리스도가 로마에 바치는 조공을 반대한다면 주님은 반역자요 정부에 대한 위험 인물로서 체포될 것이었다. 대신, 가이사에게 조공을 바치는 일에 우호적이라면 로마 통치자들을 업신여기는 유대인들의 마음을 잃을 것이다.

이러한 까다로운 질문에 응하여, 그리스도의 대답은 참된 하나님의 자녀에게 하나님과 또한 그들의 나라 양쪽에 의무가 있음을 보여 준다. 디.엘.무디는 이렇게 말하곤 했다. "그리스도인은 지나치게 경건해서는 안된다. 세상에 유익을 주지 못하기 때문이다". 로마서 13장과 베드로전서 2장 13절 이하는 그리스도인들이 법에 순종해야 하고 지도자들을 존중해야 한다고 가르친다.

가이사가 자기의 형상을 동전에 새긴 것처럼 하나님은 그의 형상을 인간에 새기셨다(창 1 : 26~27). 죄는 이 형상을 망쳐 놓았지만 그리스도를 통하여 우리는 잃어 버렸던 그 형상을 다시 찾게 되었다(엡 4 : 24 / 골 3 : 10). 누가복음 15장 8~10절에 나오는 잃어버린 동전의 비유는 하나님의 형상으로 이루어진 인간이 잃어버림을 당하였으며, 참된 형상을 되찾으려면 우선 발견되어야 한다는 암시이다.

2. 부활에 관한 질문 (22 : 23~33)

사두개인들은 교리적인 문제로 돌입한다. 바리새인과 사두개인들이 원수지간인데도 그리스도를 반대하려고 다시 연합하는 것을 보자. 그들은 내세의 결혼에 대하여 가상적인 질문을 던진다. 구약 율법에 의하면 형의 대를 잇기 위하여 과 부된 형수와 결혼하도록 되어 있었다(창 38 : 8 / 신 25 : 5~10).

　예수께서는 그들이 하나님의 말씀과 하나님의 능력에 대하여 무지하다고 말씀하셨다. 우리가 아는 대로의 인간의 결혼은 내세에서는 존재하지 않을 것이다. 천사들과 같게 될 것이며 성별이 없고, 인간의 율법으로 통치를 받지 않는 영적인 세계에서 살게 될 것이다. 이 말은 우리가 천사들이 된다는 뜻이 아니라 결혼 문제에 있어서 그들과 같게 될 것이라는 뜻이다. 성도는 천사들과 같은 종으로서가 아니라, 하나님의 자녀들로서 언제나 다스릴 것이다.

　그리스도는 출애굽기 3장 6절과 15~16절을 참고하여 성경으로부터 비판자들에게 대답하셨다. 하나님은 "나는 아브라함의 하나님, 이삭의 하나님, 야곱의 하나님이라"고 말씀하셨으며 "나는…의 하나님이었다"고 말씀하지 않으셨다. 이 말은 이 사람들이 아직 살아 있다는 뜻이다.／ 죽음은 비록 육신을 흙으로 돌아가게 하더라도 그 사람의 실제의 인격을 파괴하는 것이 아니다. 이리하여 예수께서는 죽음 후에도 영혼이 존속함과, 믿음이 있는 사람은 하나님과 함께 있게 될 것임을 가르치신다. 물론 하나님의 능력은 이들을 죽은 자들로부터 부활시키기에 충분하다.／

3. 큰 계명에 관한 질문(22 : 34~46)

이제 바리새인들은 공개적으로 구약 율법에 대한 법적인 질문을 가져왔다("대답할 수 없게 하셨다"는 34절의 말씀은 그리스도께서 적들을 어떻게 침묵시켰는지를 보여 주며 문자적으로는 "망을 씌우다"란 뜻이다).

　율법 학자들은 계명 중에서 어떤 것이 가장 큰가에 대하여 계속해서 끊임없이 논쟁하고 있었다. 그들은 계명들을 "무거운" 계명과 "가벼운" 계명으로 나누었으며 "의식법"과 "도덕법"으로 분리하였다(오늘날의 종교적인 단체들과도 같아 보인다). 결국, 의식법 중 가장 작은 세부 사항이 하나님의 큰 도덕법 만큼 구속력이 있게 되었다.／ 바리새인들은 이 어려운 신학적인 항목으로 예수님을 함정에 빠뜨릴 수 있을 것이라고 생각했다.

　예수께서는 다시 구약 성경에 호소하시며 신명기 6장 5절과 레위기 19장 18절을 인용하신다. 하나님을 사랑하고 이웃을 사랑하는 것이 전체 구약 율법을 종합하는 것이다.／ 바울은 로마서 13장 8~10절에서 이것을 의미했을 것이다. 예수께서는 "사소한 죄"와 "도덕적인 죄" 또는 그밖에 어떤 이름을 붙이든지 이러한 죄들의 인공적인 구분을 피할 것을 말씀하시며, 하나님을 사랑하고 이웃을 사랑하도록 확인하신다.

　하나님과 이웃을 사랑하는 것, 이것은 참된 마음의 종교이다. 예수 그리스도를 구세주로 알지 않고서는 아무도 하나님을 사랑할 수가 없다(요 8 : 42). 인간이 하나님을 알고 사랑할 때 하나님의 사랑은 성령으로 말미암아 그의 마음으로부터 외부로 흘러 나갈 것이다(롬 5 : 5). 그리스도께서 말씀하시는 사랑은 현대

주의 설교자들이 말하는 하나님과 인간에 대한 피상적이고 감성적인 사랑이 아니라, 십자가를 지신 그리스도의 사역을 생각하고 하나님을 마음 깊이 사랑하는 것을 뜻한다.

헤롯당원, 사두개인, 바리새인을 침묵시키시고 이제 그리스도는 친히 질문하신다(22 : 41~42). 그리고 아무도 대답하지 못했다./ 예수께서는 그에 대하여 다윗이 "주"라고 불렀던 시편 110편 1절을 언급하셨다. 그리스도께서 그 시편을 다윗이 썼으며 그가 성령의 영감을 받아 기록하였음과(43절), 다윗의 자손이신 그리스도에 대해 기록하였다고 말씀하신 데에 유의하자.

예수께서는 "다윗이 그리스도를 하나님이라는 의미로서「주」라고 칭하였은즉 어찌 그의 자손이 되겠느냐"고 질문하셨다. 물론 그 대답은 마태복음 1~2장에 기록된 그리스도의 동정녀 탄생에 있다. 영원하신 하나님으로서 그리스도는 다윗의 하나님이시나, 하나님이신 인간으로서 육신을 입고 다윗의 자손으로 오셨다.

만일 서기관들과 바리새인들이 이 질문에 바르게 대답했다면 그리스도의 메시야되심을 인정했을 것이다. 그러나 그들은 마음이 굳어서 진리를 거절하였고, 주님을 침묵시킬 보다 극악무도한 방법으로 돌이켰다. 그들은 마귀의 자녀였으며(요 8 : 44), 거짓말을 하려다가 실패하자 이제는 그를 죽이려 한다.

시편 110편 전체를 읽으면 이 시가 그리스도께서 적들을 정복하실 것과 아울러 예수 그리스도께서 대제사장되심을 다루고 있음을 알 수 있다. 베드로는 그리스도의 부활을 증명하기 위하여 사도행전 2장 32~36절에서 이 시편을 인용한다. 이 구절은 또한 히브리서 10장 12~13절에서도 인용된다. 유대인들에게 왕으로서 거절당하신 그리스도는 이방인들을 향하시게 될 것이며 그들의 대제사장이 되실 것이었다. 이 땅에 돌아오실 때 주님은 그의 원수들로 발등상이 되게 하실 것이다. 그 사이에 주님은 심판과 승리의 날이 오기까지 인내로 기다리신다(바라고 기대하신다/ 히 10 : 13).

*   *   *   *   *

■ 실천적인 교훈
1 **하나님과 논쟁하는 것은 어리석고 위험하다.** 이 사람들은 진리에 저항하였고 자신의 왕을 십자가에 못박는 것으로 종말을 고한다.

2 **원수에게는 하나님의 말씀으로 답하라.** 이것은 예수께서 행하신 일이며, 능력이 있다.

3 **신자됨의 표지는 사랑이다**(요 13 : 35). 하나님의 사랑을 아는 그리스도인은
하찮은 율법이나 규율을 육적으로 지키는 것으로 표지를 삼을 수는 없다.

거짓 선생들에게 선고된 저주

- 마태복음 23장 -

원수들을 침묵시키신 후, 그리스도께서는 이제 공개적으로 그들을 드러내 보이시는 일을 진행시키신다. 산상 수훈에서 그리스도는 천국에 들어가려면 그 사람의 의(義)가 서기관들과 바리새인의 의보다 앞서야 한다고 말씀하셨다(마 5 : 20). 여기서 주님은 그들의 위선을 노출시키시며, 단순히 "종교"로써는 인간을 거룩하게 만들 수 없음을 결론적으로 나타내 보이신다. 이러한 공식적인 노출이 바리새인들을 분노케 한 것은 물론이며, 그리스도를 십자가에 못박는 데 최종적인 역할을 한 것이 분명하다.

1. 군중과 제자들에게 설명하심(23 : 1~12)

바리새파는 이스라엘의 역사에 있어서 헬라인들로부터 율법을 버리고 "자유주의자"가 되라는 압박을 당하고 있을 때 성립되었다. 이 사람들은 믿음에 참되게 남아 있었고 율법을 보호하며 이방의 영향력이나 오염으로부터 자신을 분리시켰다.

이들은 이스라엘에 선지자들이 없었던 기간 동안에 율법의 해석자들이 되었으며, 제사장들을 가르쳤다. 이런 의미에서 바리새인들은 "모세의 자리"에 앉았다. 예수께서는 백성들에게 바리새인들이 가르치는 모든 것을 순종하지 말고 오직 모세의 율법에 합당한 것만을 지키라고 말씀하신다. 그리스도 자신이 바리새인들의 가르침 가운데에서 많은 것들을 거절하셨다(마 5 : 21~6 : 18 / 12 : 1 이하).

바리새인들의 큰 죄는 교만에 근거를 둔 **위선**이었다. 그들의 종교는 내적인 것이 아니라 외적인 것이었으며, 인간들을 위한 것이고 하나님을 위한 것이 아니었다. 그들은 사람들을 무거운 짐으로 속박한 반면에, 예수께서는 사람들을 자유케 하셨다(눅 4 : 18~19). 그들은 경칭으로 불리워지는 것과 공식적으로 인정받는 것을 좋아했으며, 다른 사람들을 희생시켜 자신들을 높였다. 그들은 구약의 성구를 담은 상자를 차고 다녔으며(경문 / 출 13 : 16 / 신 6 : 8 / 신 11 : 18) 그들의 경문을 더욱 넓게 만들어(민 15 : 38) 사람들이 그들의 종교적인 열심을 알도록 하였다./ 그들은 경건의 모양은 가졌으나 능력은 없었다(딤후 3 : 5). 그 반면에, 그리스도의 옷자락은 사람들의 삶을 변화시키는 능력이 있었다(마 9 : 20 / 14 : 36).

8~10절에서 우리는 삼위일체를 본다. 우리에게는 성령이신 한 "랍비"가 있

으며 (8절 — 선생이라는 뜻, 그리스도와 동격이 아님), 한 아버지와 (9절), 그리스도이신 한 지도자 (여기서 랍비는 지도자의 뜻임)가 있다. 성부와 성자와 또는 성령의 자리를 차지하는 사람들은 하나님의 말씀에 불순종하고 사람들을 그릇된 길로 이끌어 간다.

2. 바리새인들을 저주하심 (23 : 13~36)

여기에는 "화있을진저"가 여덟 번 나오는데, 마태복음 5장 3~12절에 나오는 여덟 번의 "복이 있나니"와 대조가 된다.

예수께서는 증오심이나 적대감으로 "화있을진저"라고 말씀하신 것이 아님을 기억하자. 이 귀절들에는 "연민의 슬픔"이 담겨져 있어, 원수들의 사악한 마음에 대한 그리스도의 사랑어린 마음을 나타내고 있다.

마태복음 5 장의 복 (팔복)		마태복음 23장의 화	
3절	심령이 가난한 자는 천국을 유업으로 받음	13절	교만한 자는 천국 문을 닫음
4절	애통하는 자는 위로를 받음	14절	탐하는 자는 저주를 받음 (주 — 한글 성경에는 없음)
5절	온유한 자는 땅을 기업으로 받음	15절	교만한 자는 사람들을 지옥으로 보냄
6절	의 (거룩함)에 주린 자는 배부를 것임	16~22절	물질을 얻기에 탐하는 자는 비게 됨
7절	긍휼히 여기는 자 (자비한 자)는 긍휼히 여김을 받음	23~24절	작은 일에 대해 자비롭지 못함
8절	마음이 깨끗한 자는 하나님을 봄	25~28절	외적으로는 순전하나 내적으로 부패함
9~12절	화평케 하는 자와 핍박을 받는 자는 "하나님의 자녀"로 불리워짐	29~33절	살인자와 핍박하는 자들은 "마귀의 자녀들"로 불리움

1 13절 — 그들은 천국 문을 닫았다. 어떻게 그들이 이런 일을 행하였다는 것인가? 첫째로, 그들은 세례 (침례) 요한을 거절하였고 (21 : 25~27/ 11 : 16~19) 둘째로, 그리스도 자신을 거절하였으며 (요 7 : 47 이하) 셋째로, 그들은 백성들을 성경의 참된 진리에 대해 막았다 (눅 11 : 52). 하나님의 말씀의 "지식

의 열쇠"를 그들의 인간적인 전통의 뒤에 숨겨둠으로써, 서기관들과 바리새인들은 천국의 문을 실제로 잠갔던 것이다./

　오늘날 그리스도를 거절하고, 그의 종들에게 저항하며, 또한 하나님의 말씀을 전파하며 가르치기를 거절함으로 천국 문을 닫아 놓는 "종교적인 지도자들"이 얼마나 많은가./

② 14절 – 바리새인들은 가난한 과부들을 먹이로 삼아 하나님을 위하여 사용한다는 명목으로 그들의 소유를 취하였다.

③ 16～22절 – 그들의 가치관은 혼란을 일으키고 있었다./ 이들은 황금과 선물들에는 관심이 있었으나, 성전에서의 영적인 예배에는 관심이 없었다(눅 16：14 이하).

④ 27절 – "회칠한 무덤"은 무덤을 회게 칠하는 행위를 가리키는 것으로, 유대인들이 우연하게 자신들을 더럽힌 것이 아니라, 알면서 고의적으로 했음을 나타낸다(민 19：16).

⑤ 32절 – "너희 조상의 양"(量)이란 구약 시대부터 그들이 결정적으로 성령을 거절하여 하나님께서 이스라엘을 제쳐 놓으시는 사도행전 7장(7：51／스데반의 설교 참조)에 이르기까지 그들의 죄가 증가됨을 가리킨다.
　그들은 구약 선지자들을 죽였고 요한이 살해되도록 방치해 두었으며, 그리스도를 십자가에 못박았다. 그들은 또한 사도들을 옥에 가두고 스데반을 죽이며, 마침내 "분량을 채울 것이다."

⑥ 33절 – "독사의 새끼들"이란 "마귀의 자녀"를 의미한다(3：7／12：34／요 8：44／본 서에서 마태복음 13장의 "가라지의 비유" 참조).

⑦ 35절 – "마귀의 자녀"는 항상 "하나님의 자녀"를 핍박한다. 가인은 마귀의 자녀였다(요일 3：11～12).

3. 예루살렘을 향해 비통해 하심 (23：37～39)

그리스도의 이 마지막 슬픔의 말씀은 하나님께서 그 백성에게 구원받을 기회를 많이 주셨으나 그들이 그 제안을 받아들이지 않았음을 시사한다. 하나님이 사람들을 지옥으로 보내시는 것이 아니라, 그들이 스스로 마음을 굳게 함으로써 지옥으로 가는 것이다.
　"너희 집"이란 아마도 이스라엘 집을 가리키는 것으로 성전을 상징하는 것일 수도 있다. 24장 1절에서 성전을 떠나신 그리스도는 더이상 성전으로 돌아오지 않으신다. 이 말은 상징적으로 "너희가 나를 거절하였으므로 너희 성전은 비어 있다"는 뜻이 된다. 마태복음 13장 1절에서 그리스도는 집(이스라엘)을 떠나 바닷가(이방인)로 가셨다. 예수께서는 21장 13절에서 성전을 "나의 집"이라고 하셨으나 이제는 "너희 집"이라고 하신다.

이스라엘은 주님께서 이 땅 위에 나라를 세우기 위하여 다시 돌아오실 때 메시야를 영접할 것이다(슥 12 : 10). 마태복음 21장 9절의 "찬송하리로다 … 으로 오시는 이여"와 마태복음 21장 39절의 "찬송하리로다 주의 이름으로 오시는 이여"(미래임)라는 두 구절 사이에는 그 때 아직 나타나지는 않았지만 교회시대가 놓여 있는 것이다. 오늘날의 신자들은 지상의 왕을 기다리고 있지는 않으나 눈깜짝할 동안에 오실 하늘의 신랑을 기다린다.✎

*　　*　　*　　*　　*

■ 실제적인 적용
본 장은 사람이 종교적이며 도덕적인 생활을 할 수는 있으나 하나님의 저주 아래 있음을 보여 준다. 단순한 외적인 종교는 결코 구원할 수 없다. 변화된 마음, 새로운 출생이 있어야만 한다. 이것은 그리스도께서 바리새인의 관원인 니고데모에게 요한복음 3장에서 하신 말씀이다.

그리스도의 산상 예언

— 마태복음 24~25장 —

13장 이후로 24장과 25장 만큼 어려운 장도 없다. 대부분의 주된 이단들은 그리스도께서 이미 재림하였음을 "증명하기" 위하여 마태복음 24장 1~41절과 아울러 다니엘 9장 20~27절을 사용하고 있다. 선의의 복음주의자들도 이 부분을 현 시대의 교회들에 적용시킴으로 혼돈을 일으키고 있다. 감람산의 강론을 전체적인 관점으로 살펴보는 것은 중요한 일이다.

마태복음 24~25장을 조심해서 읽으면 이 강론이 세 부분으로 나뉘어져 있음을 발견하게 된다. 24장 1~44절은 주로 유대적이다. 24장 45절~25장 30절은 기독교 세계를 다루며 25장 31~46절은 이방인들을 다룬다. 이렇게 볼때, 유대인, 이방인, 교회라는 오늘날의 삼중의 구분으로 되어 있는 셈이다(고전 10 : 32 참조). 24장 1~44절에 나오는 **유대적인 특징**은 아래와 같다.

1 이 강론은 유대인의 성전에 대한 토론에서 발전한 것이다(24 : 1~2).
2 제자들이 주님의 재림과 시대의 종말에 대하여 물었는데, 이것은 주님께서 교회를 위하여 돌아오시거나 교회시대의 종말에 돌아오신다는 뜻이 아니다. 왜냐하면 이러한 진리들은 아직 비밀로 되어 있기 때문이다(엡 3장 참조).
3 주님은 지구 전체가 아니라 유대 땅에 대하여 논의하셨다(16절).
4 주님은 안식일을 언급하셨고, 이것은 유대인의 법령이었다(20절).
5 주님은 선지자 다니엘을 언급하시는데(15절), 그는 유대인과 예루살렘에 관하여 예언했다(단 9 : 24 이하).
6 주님은 거짓 그리스도들과(3~5절) 거짓 예언자들을 경계하신다(11절). 이것은 유대인을 위한 것이다. 그리스도인이라면 거짓 그리스도를 따르지 않는다. 우리는 거짓 선생들과 거짓 영들을 조심해야 한다(요일 4 : 1~3 / 벧후 2 : 1 이하).
7 주님은 왕국 복음을 언급하시는데(13절), 이것은 요한이 전파했고(3 : 2), 그리스도께서 전파하셨으며(4 : 12~17), 그리고 제자들이 전파한 것이다(10 : 7). 이것은 이스라엘 민족이 그리스도를 배척하기 전의 일이었으며, 오늘날 교회가 전하는 하나님의 은혜의 복음이 아니다.
8 주님은 감람산에서 멧세지를 전하셨는데 그 멧세지는 스가랴 14장 4절에 나오는 것으로, 주님께서 유대적인 왕국을 세우기 위하여 이 땅 위에 돌아오시는 것과 관련되어 있다.

그렇다면 첫 44절은 유대적이며 주님이 왕국을 세우기 위하여 다시 오심을 다룬다는 것이 분명하다. 이 구절에서 교회의 휴거를 생각해서는 안 된다. 이것은 나중에 계시될 비밀(mystery)이다(고전 15 : 51 이하).

이제 두번째 부분이 첫번째 부분과는 분위기가 달라졌음을 알 수 있을 것이다(24 : 45~ 25 : 30). 한 가지는, 이 비유들 각각은 모두 재림을 늦추고 계시는 그리스도를 표현하고 있다는 점이다(24 : 48/ 25 : 5, 19). 앞 부분의 사건이 7년 환란 기간에 발생할 사건들이므로 (뒷부분의 개요 참조) 이 세 가지 비유를 같은 시기에 둘 수는 없다. 7년이란 세월은 "재림이 늦어진다거나" "오랜 후에"라는 말을 쓰기는 어울리지 않는다.

첫 부분은 제시된 표적에 따라 지정된 때에 돌아오실 왕되신 그리스도에 대하여 말한다. 그러나, 둘째 부분은 그리스도를 어떤 주인, 신랑, 돌아옴이 지체되고 언제 올지 모르는 부유한 주인으로 묘사하였다. 이 세 가지 비유들은 그리스도께서 주님의 교회를 위하여 돌아오실 때의 "기독교 세계"(Christendom)를 상징한다. 마태복음 13장에서도 발견되는 기독교 세계는 진리와 거짓, 선과 악이 섞여 있으며, 이 구절들은 오늘날 우리들에게 적용된다.

마지막 부분(25 : 31~ 46)은 아무런 문제가 없다. 이것은 왕국이 세워지기 전에 있을 이방인들의 심판을 뜻한다.

그러므로 첫 부분은 유대인의 미래에 해당되는 것이며 교회의 휴거 후에 발생될 환란 기간에 적용되는 것이다. 둘째 부분은 자기에게 속한 사람들을 위하여 오실 그리스도를 기다리는 것이며 오늘날의 기독교 세계에 적용된다. 세째 부분은 환란의 종말과 이 땅 위에 왕국이 건설되기를 고대하는 이방인들을 다룬다.

마태복음 24~25장 분석

■ 서론 / 24장 1~3절

　1 예수께서 성전의 파괴를 예언하심 / 1~2절
　2 제자들의 세 가지 질문 / 3절
　(1) 성전이 언제 파괴될 것인가?
　● 답변 : 누가복음 21장 20~24절
　　(마태복음에는 답변이 기록되어 있지 않음)
　(2) 그리스도께서 오실 때의 징조는 무엇인가?
　● 답변 : 마태복음 24장 29~44절
　(3) 시대의 종말의 징조는 무엇인가?
　● 답변 : 마태복음 24장 4~28절
　3 예수께서 제자들이 묻지 않은 두 가지 일을 더 논의하심
　(1) 교회를 위해 그리스도께서 다시 오심 / 24장 45절~25장 30절
　(2) 이방인에 대한 그리스도의 심판 / 25장 31~46절

1. 그리스도의 재림과 이스라엘 / 24장 4~44절

다니엘서의 70주간 중 전반기 3년 반(4~14절)

　1 슬픔의 시작 / 4~8절
　(1) 거짓 그리스도 / 4~5절(계 6 : 1~2, 적그리스도)
　(2) 전쟁 / 6절(계 6 : 3~4)
　(3) 기근 / 7상반절(계 6 : 5~6)
　(4) 죽음 / 7하반절~8절(계 6 : 7~8)
　2 "종말"로 이끌어 가는 사건들 / 9~14절
　(1) 순교자들 / 9절(계 6 : 9~11)
　(2) 세계적인 혼란 / 10~13절(계 6 : 12~17)
　(3) 세계적인 말씀 전파 / 14절(계 7장, 144, 000명의 유대인)
　　"그제야 끝이 오리니…"

다니엘서의 70주간 중 후반기 3 년 반(15~31절)

③ 대환란 / 15~28절
 (1) 멸망의 가증한 것 / 15절 (계 13장)
 (2) 유대인들에게 도망하라는 경고 / 16~20절
 (3) 환란에 대한 대처 / 21~27절 (계 16장)
 (4) 아마겟돈에 나라들이 모임 / 28절 (계 19 : 17~18)
④ 환란 이후 / 29~31절
 (1) 하늘의 징조 / 29절
 (2) 그리스도께서 능력으로 재림하심 / 30절 (계 19 : 11~21)
 (3) (선택된) 이스라엘을 모으심 / 31절
⑤ 이스라엘에게 보내는 결론적인 권고 / 32~44절
 (1) 무화과나무 / 32~35절
  "그 때가 가까이 이른 줄 알라"(33절)
 (2) 노아의 때 / 36~42절
  "그러므로 깨어 있으라 !"(42 절)
 (3) 주인 / 43~44절
  "예비하고 있으라 !" (44절)

2. 그리스도의 재림과 기독교 세계 / 24장 45절~25장 30절

이 비유들은 그리스도께서 그의 교회를 위해 오실 때의 "기독교 세계"를 상징한다. 여기에는 선과 악이 섞여 있고, 구원받은 자와 구원받지 못한 자가 혼합되어 있으며, 마태복음 13장에 나오는 천국과 유사하다.

① 충성된 종과 악한 종 / 24장 45~51절
② 지혜로운 처녀와 미련한 처녀 / 25장 1~13절
③ 유익한 종과 무익한 종 / 25장 14~30절

3. 그리스도의 재림과 이방 민족들 / 25장 31~46절

이 심판을 요한계시록 20장에서의 흰 보좌의 심판과 혼동해서는 안된다. 여기에는 세 가지의 구별된 부류가 나온다.

① 형제 : 유대인
② 양 : 환란 기간 중에 유대인을 용납했던 사람
③ 염소 : 유대인들을 핍박하고 멧세지를 거절했던 사람

그리스도의 재림
- 마태복음 24장 -

마태복음 24~25장의 개요를 연구하였으면, 그리스도께서 이 강론을 통하여 24장 3절에서 제기된 제자들의 질문에 대해 답변하고 계심을 알 것이다.

제자들은 "이런 일들이 (성전의 파괴 / 2절) 언제 일어나겠나이까?"라고 묻는다. 주님께서는 그에 대해 대답하셨으나 (눅 21 : 20~24 참조), 마태복음에는 기록되어 있지 않다. 이 일은 티투스가 주후 70년에 예루살렘을 정복하여 이 성을 파괴할 때 이루어졌다. "주의 임하실 때에는 어떤 징조가 있겠읍니까?"라는 질문에 대해서는 마태복음 24장 29~44절에 대답이 있다. 그리고 "세상 끝에는 무슨 징조가 있사오리까?"라는 질문에 대해서는 마태복음 24장 4~28절에 대답이 있다.

마태복음 24장 4~31절에 묘사된 사건은 교회가 휴거된 후 7년간의 환란 기간 동안에 발생할 것임을 명심하자. 이것은 다니엘 9장 20~27절에 묘사되어 있는 70주간이다 (다니엘서에 대한 본 서의 해설 참조). 이와 똑같은 시대가 요한계시록 6~19장에 묘사되어 있다. 이는 이스라엘이 다시 무대로 돌아오며, 하나님께서 거역하는 세상에 저주를 쏟아 부으시는 때이다.

1. 그리스도의 재림과 이스라엘 (24 : 4~44)

1 슬픔의 시작 (24 : 4~8) — 심판이 시작됨을 세상에 알리는 징조들이 있다. 이 징조들이 계시록 6장에 묘사된 사건들과 비슷한 것에 유의하자 (개요 참조). 우리는 이러한 징조들을 이 세상에서 본다. 그리고 이러한 징조들은 점점 강렬해지고 있어서 종말이 가까와 왔음을 시사해 주고 있다. 그러나 이러한 징조들이 언제나 있어 왔다는 것을 인정해야만 할 것이다. 다만 이러한 일들이 점점 강렬해지는 것을 볼 때 주님의 오심이 가까와 온 것을 안다.

2 종말로 인도해 가는 사건들 (24 : 9~14) — 세상에 천국의 복음을 전함으로써 받는 유대인들의 박해 (9절)는 더욱 커질 것이다. 환란 기간 동안에 하나님은 144,000명의 유대인들을 선교사들로 인칠 것이며 (계 7장 참조), 이들의 수고로 많은 사람들이 구원을 받을 것이다. 그러나 이 기간 동안에 본성적 자비심은 사라질 것이며 신앙을 위하여 생명을 바치는 사람들도 많이 있을 것이다.

13~14절을 오늘날 교회의 사역에 적용시키지 말라. 13절은 은혜로 말미암은 구원과는 아무 관련이 없으며, 14절은 그리스도께서 돌아오시기 전에 교회가 온 세계에 복음을 전해야 한다는 뜻이 아니다. 두 구절들은 모두 환란 기

간 동안의 유대인들에게 적용된다.

3 **대 환란**(24 : 15~18) - 적그리스도가 아직 불신앙 가운데 있는 유대 나라와 7년 동안(일 주일 / 단 9 : 27) 언약을 맺고 3년 반 후 또는 환란 기간의 중간에 그 언약을 깨뜨릴 것이다. 적그리스도는 자신의 형상을 유대인의 성전에 세울 것이며(단 11 : 31 / 단 12 : 11) 세상이 자기를 섬기도록 강요할 것이다(계 13장 / 살후 2 : 3~4 참조). "읽는 자는 깨달을찐저"라는 짤막한 삽입구에 유의하자.

이 기간 동안의 유대인들은 마태복음 24장을 읽을 것이며, 무엇을 해야 할지 알 것이다./ 또한 우리를 매우 난처하게 하는 마태복음 24~25장, 요한계시록, 다니엘서의 여러 언급들을 환란 기간에 사는 신자들은 이해하게 될 것이다. 그리스도는 유대인들에게 도망하라고 경고하신다(16~20절). 왜냐하면 이 시기의 마지막 반은 대환란이 될 것이기 때문이다. 22절에 나오는 "선택된 자"는 이스라엘의 구원받은 자들로, 교회의 신자들을 말하는 것은 아니다. 사단의 힘을 입은 적그리스도는 기적을 행할 것이다(24절 / 계 13 : 13~14 / 살후 2 : 8 ~10). 사단에게 속은 나라들은 그리스도와 싸우려고 아마겟돈에 모일 것이며(28절 / 계 19 : 17~18), 결국은 멸망될 것이다.

4 **환란 후**(24 : 29~31) - 하늘에 혼란이 있을 것이며(욜 3 : 11~21), 주님이 오시는 징조가 나타날 것이다. 이 징조가 무엇이라고 말씀하지는 않으셨다. 어떤 신자들은 이것이 전에 성막과 성전에 머물렀던 쉐키나 영광(하나님의 현현으로 인한 영광)이라고 생각한다. 그 후에 그리스도는 그의 성도들과 함께 그의 약속된 왕국을 건설하기 위하여 이 땅에 돌아오실 것인데, 그 때에 큰 통곡이 있을 것이다(슥 12 : 10 / 계 1 : 7).

이것은 공식적인 재림이다. 주님은 신랑이 아니라 왕으로 오시며, 천사들의 사역으로 이스라엘은 함께 모이게 된다(이스라엘을 다시 모음에 대해 사 27 : 12~13 / 사 11 : 11~12 / 렘 16 : 4~16 / 신 30 : 1~5 참조). 환란을 통해 정화된 이스라엘이 그리스도를 영접하게 되는 때는 바로 이 때이다. 백성이 정해지고 왕국이 세워질 것이며, 이방인의 심판(마 25 : 31~46)도 이 때 시행될 것이다.

5 **이스라엘에 대한 세 가지 권면**(24 : 32~44) - 무화과나무는 이스라엘의 상징이다(눅 13 : 6~10 / 욜 1 : 6~7 / 호 9 : 10). 우리가 이스라엘이 "생명으로 돌아오는 것을 볼 때" 우리는 주님의 재림이 다가오는 것을 안다. 이런 일은 우리의 시대에 일어나고 있는 일들이다. 34절은 이러한 사건들이 시간적으로는 한 세대에 해당될 것임을 가르친다. "이 세대"란 예수께서 말씀하셨을 당시에 살아있는 세대가 아니라 **심판 때에 살아 있는 세대**를 뜻한다. 어떤 이들은 "세대"라는 단어가 결코 멸망하지 않을 이스라엘 국가를 뜻한다고도 본다.

노아와 그의 가족이 홍수 중에서도 생존한 것같이 이스라엘도 환란 중에서 생존할 것이다. 휴거한 에녹은 심판이 임하기 전에 세상에서 들림받는 교회를 상징한다. 40~41절에 나오는 "데려감을 당한다"는 말이 교회의 휴거를 가리킨다고 연관시키지 말자.! 39절은 홍수가 저희를 다 "멸했다"(데려갔다)고 말한다. 환란 중 하나님의 심판이 이 땅에 임할 때 한 사람은 심판을 받아서 데려감을 당하고, 다른 사람은 영광스러운 왕국에 들어가기 위하여 이 땅에 남겨질 것이다.

　주님의 마지막 권고는 신자들에게 깨어 있으라는 것이다. 그리스도인으로서 우리들은 징조를 기다리는 것이 아니라 주님, 곧 실제 사람(a person)을 기다린다(빌 3:20). 우리는 징조들에 신경을 쓰는 것이 아니라 주님이 돌아오시는 것을 기다린다. 그러나 우리가 사는 세계가 되어가는 상황을 볼 때에 주님의 재림이 가까와졌음을 안다.

2. 그리스도의 재림과 기독교 세계 (24:45~25:30)

　이 부분에 나오는 세 가지 비유들은 그리스도께서 교회를 위하여 다시 돌아오실 때를 언급한다(살전 4:13~18). 기독교 세계는 마태복음 13장에서와 마찬가지로 믿음을 고백하여 그리스도를 아는 모든 사람들, 곧 참된 그리스도인과 거짓 그리스도인들이 섞여 있는 집단을 말한다. 이 부분에서는 주님의 재림이 늦어지는 것으로 묘사한다(24:48 / 25:5, 19). 따라서 앞선 부분에서의 7년 환란 기간에 해당될 수 없다. 징조에 대한 언급은 없다. 만일 징조가 있다면 사람들은 주님이 언제 오실지 알아서 준비를 갖출 것이다.!

　이 비유들은 신앙을 고백한 그리스도인들의 내적이며 영적인 마음가짐을 묘사한다. 그리고 주님의 오심을 준비하라고 우리를 권고한다. 요한일서 2장 28절은 주님이 돌아오실 때 부끄러움을 당하게 될 그리스도인들도 있음을 시사한다.

1 **충성된 종과 악한 종들**(24:45~51) - 교회는 믿음의 집안이며(갈 6:10/ 엡 2:19), 종은 자기의 영적인 가족을 먹이는 목회자이다. 그의 마음이 식어지면 그의 생활은 부주의해지고, 그리스도께서 돌아오심을 잊을 때 세속적인 삶이 시작된다(요일 3:1~3). 51절에서의 "따로 떼어 놓는다"는 것은 신랄하게 꾸중을 듣는다는 뜻으로 읽어야 한다. 이것은 주님께서 상을 주시려고 돌아오실 때 불충성한 종들에게 행하실 징계를 말하는 것이다. "외식"이란 단어는 "불충성하다"는 뜻이며 불충성한 그리스도인들은 그리스도의 심판에 대면하여 울며 이를 갈 것임을 시사한다(고전 3:11~18 / 고후 5:9~11 참조). 이것은 지옥을 말하는 것은 아니다. 물론 참된 신자들이 지옥에 갈 사람은 아무도 없다(요 5:24).

　이 비유는 매일 주님이 돌아오실 것을 기다리며 그리스도를 충성스럽게 섬 　*127*

기도록 권고한다. "잘 하였도다.✓"란 말을 듣기 위해서 하는 것이 얼마나 훌륭한 봉사의 동기인가.✓ 우리가 사람을 기쁘게 하기 위하여 또는 무엇을 얻기 위하여 봉사를 한다면 상을 잃을 것이다. 계속 위를 바라보자.✓

이방 민족의 심판
-마태복음 25장-

앞 부분의 내용이 계속된다.

1. 그리스도의 재림과 기독교 세계

2 지혜로운 처녀와 미련한 처녀들(25 : 1~13) - 교회와 신랑이신 그리스도에 대한 온전한 계시는 후에까지도 주어지지 않고 있지만 제자들은 그리스도께 속한 자들과의 관계에 있어 그리스도는 신랑이심을 알고 있었다(마 9 : 15/ 요 3 : 29). 25장 1절에서는 "분리"가 나오고(그들은 처녀들이었다), 빛을 비춤 또는 증거(등불을 가졌음 / 빌 2 : 15~16)와 고대함(신랑을 만나러 갔다)이 나온다. 이것은 오늘날 교회가 해야 하는 일들의 모습이 아니겠는가?

그런데, 여기에 오늘의 "교회"(기독교 세계)와 마찬가지로 준비되지 않은 사람들이 있었다. 물론 모든 신자들은 참된 교회 안에 있으며 천국에 갈 준비가 되어 있다. 그러나 세상이 말하는 "교회" 또는 기독교 세계에는 외적으로는 그리스도인처럼 보이지만 마음이 거듭나지 않은 사람들이 많다. 마태복음 13장에서와 같이 곡식 사이에 가라지가 있는 것이다.

그리스도께서 돌아오시겠다고 약속하신 이래로 거의 2, 000년이 흐르고 있다. 이 기간 동안에 "교회"는 잠에 빠져 있었다. 참된 그리스도의 재림에 관한 위대한 진리에 잠깨어야 하는 마지막 세기가 바로 지금이다. "보라, 신랑이 오신다"는 외침이 이미 있었다.

하나의 비유에 나오는 세부적인 사항들 모두가 반드시 무엇인가를 의미하는 것은 아니다. 기름은 성령을 말하는 것인데 모든 참된 신자들 안에 계신다(롬 8 : 9). 이 비유에서의 그리스도의 주된 교훈은 "깨어 있어 준비하라"는 것이다. 주님이 돌아오실 때 참된 그리스도인으로 알았던 사람들이 전혀 그렇지 않은 것을 발견하고 놀라게 될 것이다. 그리고 우리가 알지 못하던 사람들이 주님을 만날 준비가 되어 있는 것이다.

3 유익한 종과 무익한 종들(25 : 14~30) - 첫비유는 집안에서의 봉사에 대하여 말하는 반면, 이 비유는 세상에서의 봉사를 다룬다. "재능(달란트)"은 "능력"(가능성)과는 다르다는 사실에 유의하자. 왜냐하면 15절에서 "그는 각자에게 **그 능력에 따라**" 주었다는 말이 나오기 때문이다. "재능"이란 그리스도께 봉

사하는 데 우리의 능력을 사용하는 다른 기회들을 나타낸다. 우리는 선천적으로 각기 다른 재능을 지니고 있다. 그러나 그리스도는 우리의 재능에 적합한 기회들을 주신다. 그리고 중요한 것은 충성이다(고전 4 : 2 참조).

처음 두 종들은 충성스러웠으며 이들은 달란트를 두 배로 늘렸다. 따라서 있는 달란트 그대로를 상으로 받았다(21, 23절). 비록 작더라도 자기의 봉사 영역에서 충성스러운 그리스도인은 위대한 사역을 한 것으로 보이는 사람들과 같은 상을 받을 것이다. 세번째 종을 그리스도인이라고 부를 수 있을지에 대해서는 의심의 여지가 있다. 그는 주님을 "굳은 사람"이라고 불렀고 "두렵다"고 말했다. 사실상, 그는 그리스도께서 그에게 주신 기회를 사용하지 않음으로써 상을 거절하였다.

26절에서 그리스도는 종의 주인에 대한 부당한 고발을 반복해서 말씀하시며 (그 말이 사실이어서 반복한 것은 아님) 27절에서 "그래, 이러한 일들이 사실이라면 나를 기쁘게 하기 위해서 훨씬 더 열심히 일했어야 하지 않는가./"라고 말씀하신다. 이 원리는 29절에서 주어진다. "많이 받은 자들에게는 많이 요구할 것이다." 주님이 주신 것을 사용하지 않으면 다른 사람들에게 그것을 빼앗길 것이다.

2. 그리스도의 재림과 이방인들(25 : 31∼46)

사람들은 이 구절을 요한 계시록 20장 11∼15절에 나오는 흰 보좌의 심판과 같은 것이라고 생각하며 "종합적인 심판"이라고 불러 혼돈을 일으킨다. 성경에는 "종합 심판"(General Judgement)이란 말은 나오지 않는다. 성도들은 휴거 직후에 그리스도의 심판대 앞에서 그 행한 일들을 심판받는다(고후 5 : 1∼11). 구원받지 않고 죽은 사람들은 그리스도의 천년통치가 끝날 때, 흰 보좌의 심판 때에 그리스도를 대면하기 위하여 부활하게 된다(계 20 : 1∼15). 마태복음 25장이 언급하고 있는 심판은 환란 끝에 오는 이방 나라들에 대한 심판이다.

하나님께서 아브라함과 언약하실 때 이스라엘을 통하여 땅의 모든 나라들이 (이방인들) 축복을 받게 될 것이라고 약속하셨다(창 12 : 1∼3). 환란 기간 동안에 하나님께서 이스라엘을 정화하심으로, 7년 기간의 종말에 가면 그리스도를 만나려고 기다리는 남은 신자들이 있게 된다. 이스라엘 민족은 왕을 영접할 것이며 그리스도는 그의 왕국을 누가복음 1장 31∼33절과 67∼80절에 약속된 대로 이 땅 위에 설립하실 것이다. 문제는 이방 나라들 중에서 어떤 나라가 이 왕국에 들어갈 것인가 하는 것이다.

이 장면에 나오는 양과 염소와 그리스도께서 "내 형제들"이라고 부른 이들(40절)로 구별되는 **세 부류의 사람들**에 유의하자. 의심할 나위 없이 "나의 형제들"이란 환란 기간 동안에 그리스도를 위해 증거한 믿는 유대인들이다. 이들은 적그리스도의 원수들이었을 것이므로 하나님께 인을 맞고 보호를 받았을 것이지만, 대 환란의 고난을 당하는 것이다. 그들은 사지도 팔지도 못하므로 배가 고팠을 것이다. 이들은 가정을 떠나야 했고(마 24 : 15~21) 거처할 장소를 필요로 할 것이다. 일자리가 없고 짐승의 표를 받지 않았으므로(계 13 : 17), 옷을 구할 수도 없어 벗었을 것이며, 감옥에 던져진 이들도 많을 것이다.

그 때의 상황은 명확하다. 이 기간 동안에 많은 이방 사람들이 유대 선교사들의 멧세지를 믿을 것이다(마 24 : 14 / 계 7 : 9~17). 이 때 이들은 고난당하는 유대 사람들에게 사랑과 자비를 보일 것이며, 먹이고, 옷을 입히고, 감옥으로 그들을 방문할 것이다. 바울이 주님의 성도들을 방해함으로써 그리스도를 박해했던 것처럼 이방인들은 주님의 형제들에게 사랑을 보임으로써 그리스도에 대한 사랑을 보일 것이다. 이러한 친절한 행위들이 그들을 구원하는 선한 행실은 아니다(엡 2 : 8~9). 이런 행위들은 멧세지를 믿는 그들의 신앙의 증거이며 그리스도를 향한 사랑의 증거이다. 사자들을 거절한 이방인들은 그리스도를 거절한 것이다(마 10 : 16~23, 40~42). 그들의 종말은 바깥 어두운 곳, 지옥이다.

그리스도께서 이방 나라들을 민족이라는 단위로 심판하시지 않고 개인으로 하실 것임에 유의하는 것이 중요하다. 32절에 나오는 "모든 민족"이란 말은 헬라어에서는 개인들 각자를 가리키는 중성 명사이며 "그들"은 남성 명사이다. "양 나라"가 있고 "염소 나라"가 있는 것이 아니라 각 나라의 "염소들"로부터 분리된 양들이 있다. 하나님께서 이스라엘을 잘못 취급한 모든 나라들(애굽, 바벨론, 독일·등)을 심판하실 것임은 분명한 사실이다. 그러나, 여기에서 시사하는 내용은 그 나라들 안에 있는 개인들이 심판을 받을 것과 "형제들"을 향한 그들의 사랑으로써 그리스도를 믿는 믿음을 증거한 사람들만이 왕국에 들어갈 수 있다는 것이다. 이들은 영원한 생명을 얻게 될 것이나, 다른 사람들은 영원한 형벌에 처하게 될 것이다.

그리스도를 해치려는 모의

-마태복음 26장-

갈보리로 가기 전, 주님의 마지막 몇 시간에 대한 설명에는 세 사람이 뚜렷하게 부각된다. 즉, 예수님 자신과 베드로와 가룟 유다이다. 베드로와 유다가 이 장에서 대조를 이루고 있음에 주목하자. 두 사람 각각의 실패는 우리에게 영적인 교훈을 준다. 유다는 하나님의 말씀에 대항하고 그리스도를 거절하는 일에 대한 경고이다. 베드로는 신자가 어떻게 타락하여 간증을 잃게 되는가를 보여 주는 사례이다.

이 장을 가장 명료하게 요약하는 방법은 이 사건들이 발생한 각기 다른 장소들을 눈여겨보는 것이다.

1. 베다니에서 (마 26 : 1~19)

이 사건은 요한복음 12장에도 나오는데, 그리스도께 기름을 부은 여자가 마리아라고 분명히 밝힌다. "종교적인" 유대 지도자들이 그리스도를 죽이려고 모의하는 동안 베다니에 있는 신자들은 주님께 찬양을 돌리고 있었다. 문둥이 시몬이 누구였는지는 모른다. 그러나 주님께 치료를 받은 사람임에는 틀림이 없다. 왜냐하면 유대인들은 결코 문둥이의 집에서 잔치를 하는 일이라고는 없기 때문이다. 여기는 마리아와 마르다의 집은 아니지만 세 친구가 그 집에 있었고 마르다는 봉사를 했다(요 12: 2).

마리아의 사랑으로 말미암은 행위를 그리스도는 받아들이셨으나 제자들은 비판하였는데, 유다가 주로 비난하였다(요 12: 4~6). 요한은 왜 유다가 그녀를 비판했는지의 이유를 설명한다. 그는 도둑이었고 공금을 꺼내어 자신만을 위한 돈을 챙기려 했다./

베드로가 유다와 동의하며 "악인 (거룩하지 않은)의 꾀대로 행하는 것"(시 1 : 1)을 보기란 유감스러운 일이다. 머지않아 그는 죄인의 자리에 서며(요 18: 18), 오만한 자의 자리에 앉게 되는데(눅 22: 55), 거기서 그는 주님을 세 번 부인한다.

그리스도인들이 서로를 판단하는 것은 위험한 일이다. 자신이 한 그 심판이 반드시 자기 자신에게로 돌아 오기때문이다(마 7: 1~5). 유다는 마리아의 예배를 "낭비"라고 했으나 예수께서는 지속될 기념이라고 말씀하셨다./ 복음이 전파되는 곳에는 어디나 마리아와 그녀의 사랑의 행위가 언급될 것이다. "하나님의 뜻을 행하는 자는 영원히 거하느니라."

그리스도의 신랄한 꾸중은 유다로 하여금 더욱더 배반으로 치닫게 했다. 그는 베다니를 떠나 유대 지도자들과 함께 그리스도를 체포할 음모를 꾸미러 갔다. 그는 성경에 약속되어 있듯이 (슥 11 : 12) 은 30냥에 타협을 보았다.

한편, 베드로는 그리스도를 위하여 유월절을 준비하러 갔다(눅 22 : 8). 여러 가지 실패에도 불구하고 베드로는 그리스도를 사랑했으며 주님을 믿고 신뢰하였다. 반면에 유다는 "저희에게 속하지 않았으므로 저희에게서 나갔다"(요일 2 : 18~19).

2. 다락방에서 (26 : 20 ~ 35)

여기서 우리는 거짓말하는 유다와 장담하는 베드로를 본다. 예수께서는 누군가 자기를 배반할 것이라고 알리신다. 이것은 시편 41편 9절에 예언되어 있었다. 유다가 "주여 (여기서는 하나님이란 뜻이 아니라 랍비라는 뜻) 내니이까?"라고 물었을 때 그의 말로 보아 아니라는 대답을 듣고 싶었던 것 같다. 다른 말로 하면, 유다는 자신을 마귀에게 넘겨준 후 충성스러운 체 가장하고 있었다(요 13 : 2, 27).

그리스도께서 만찬을 시작하신 것은 유다가 그리스도를 떠난 후였다. 29절에서, 주님이 유대인들에게 문자 그대로의 왕국을 약속하시는 것에 유의하자. 그들은 시편 115 ~ 118편에 있는 찬송을 노래했는데, 이 시편들을 읽고 메시야적 교훈들을 알아보자 (특히 118편). 베드로가 장담하는 것은 겟세마네를 향하여 떠날 때인데, 그는 제자들이 주님을 버릴 것이라는 그리스도의 말씀을 부인하였다(슥 13 : 7). 그리스도인이 하나님의 말씀에 반대할 때 문제를 초래한다.

3. 동산에서 (26 : 36 ~ 56)

유다는 계속해서 주님께 입맞추면서 그리스도를 존경하는 체하였다. 그리고 베드로는 기도를 해야 할 때에 잠을 잤고, 그럼으로써 그리스도를 실망시킨 것이 분명하다. 그는 항복해야 할 때에 칼로 싸우고, 주를 위해 죽겠다고 장담하고는 달아났다.

"잔" (39절)은 십자가에서 죄인 취급을 받음으로써 치르게 될 값이었다. 주님의 거룩한 성품은 죄인 취급을 받게 될 것을 예상하고 이에 저항감을 느꼈으나 주님의 거룩한 뜻은 아버지 하나님과 하나였으므로, 주님은 기꺼이 자신의 생명을 내놓으셨다.

어부인 베드로는 군사가 되려고 하며 육신의 무기로써 영적인 승리를 거두려 하였다! 그리스도께는 방어가 필요없다는 것을 상기해야 할 것이다. 우리는 혈과 육에 대해서가 아니라 사단을 대적하는 것이며(엡 6 : 10~18), 또한 우리가 사용할 무기는 육체가 아니라 영적인 것이다(고후 10 : 3~5 / 히 4 : 12). 모세도 이 같은 실수를 범하였는데 (행 7 : 22~28), 그의 전쟁을 하나님께서 싸우시도록 내어맡기는 것을 배우는 데에 40년을 보내어야 했다.

4. 대제사장의 집에서 (26 : 57~75)

어쨌든 베드로는 따르지 말았어야 했다. 스가랴 13장 7절 (마 26 : 31)에는 양들이 흩어질 것이라고 예언되어 있으며, 예수께서는 제자들이 "각기 제 길로 갈 것"을 고통스럽게 말씀하셨었다. 그리스도께서는 베드로에게 사단이 그의 배후에 있음을 경고하셨는데 (눅 22 : 31~34), 그 밤에 그는 주님을 부인하였다. 하나님의 말씀에 유의하지 않는 신자는 항상 문제에 빠진다.

유대인의 공회 (산헤드린)가 밤에 소집되어 판결을 내린다는 것은 불법적이었다. 그래서 그들은 그들의 결정사항이 백성들 보기에 "적법한" 것이 되도록 이튿날 아침에 다시 소집하였다 (27 : 1). 대적 앞에서 보이신 그리스도의 침묵은 이사야 53장 7절을 성취하였다. 64절에서의 그리스도의 말씀은 다니엘 7장 13절과, 마태복음 22장 41~46절에서 "주의 우편에 앉는다"는 것에 대해 바리새인들에게 말씀하셨던 내용을 상기시키신 것이다. 주님께서 하나님이심을 주장하시자, 대제사장은 신성 모독 죄를 언도하였다 (레 24 : 16).

베드로는 "속수무책"으로 원수들의 틈에 끼어 불을 쬐고 있었다 (요 18 : 18). 그 추운 밤에 그리스도는 많은 피를 흘리셨다! 베드로는 냉정한 사람이었고 그의 마음이 바르지 못했으므로, 그는 자기에게 질문하고 있는 사람들에게 대답하기가 어려웠다 (벧전 3 : 15). 닭이 울기 시작하자, 베드로는 주님의 말씀을 기억해 냈다! 그가 죄에 빠졌던 까닭은 말씀을 잊어버린 때문이었다. 이제 말씀을 다시 기억하게 되자 그의 마음은 다시 따뜻해졌고 (눅 24 : 32) 회개하며 울었다.

예수께서는 부활하신 후에 베드로를 만나 교제를 회복하셨다. 유다와는 대조적이다! 유다가 죄를 깨달았을 때는 그리스도께가 아니라 제사장에게 죄를 고백하였으며 나가서 스스로 목을 매었다! 베드로의 슬픔은 회개와 용서를 가져온 경건한 슬픔이었고, 유다의 슬픔은 죽음을 가져오는 세상적인 슬픔이었다 (고후 7 : 10).

베드로가 내리막길을 가기 시작한 것은 베다니에서 유다가 마리아를 비판할 때 이에 동조한 일로부터였음을 명심하자. 다음으로, 자신의 헌신을 장담했으며 하나님의 말씀에 귀를 기울이는 데에 실패하였다. 특히, 그리스도의 경고에 귀를 기울이지 않았다. 깨어 기도하는 대신 잠에 빠졌다. 그러면서도 검을 사용하여 자신의 영성을 과시하려고 했다. 주님은 그 곳을 떠나가라고 주의를 주셨는데도 그리스도를 따라 갔다. 그리스도께서 큰 고통과 수치를 견디고 계실 때 베드로는 육신적인 위로를 얻으려고 원수들과 섞여 있었다. 그러나, 베드로는 자신의 죄를 인정할 만큼 정직하였고, 죄를 고백하였다 (요일 1 : 9). 베드로는 아들의 권한이 아니라 제자의 권한을 잃었으며, 요한복음 21장에서 회복되었다. 유다는 그리스도를 거부하였고 지옥으로 갔다(행 1 : 15～25).

재판과 십자가 처형
- 마태복음 27장 -

1. 그리스도와 유다 (27 : 1~10)

어떤 이들은 유다가 예언을 확실하게 성취시키기 위하여 예수님을 고의적으로 팔았다고 말함으로써, 그를 영웅으로 삼으려 한다. 그러나 예수께서는 유다를 가리켜 영웅이 아니라 "마귀"라고 분명하게 말씀하셨다 (요 6 : 70). 따라서, 예언이 성취되었을지라도 유다는 여전히 고의적인 죄를 범한 죄인인 것이다 (마 26 : 24). 돈에 대한 사랑 (어쩌면 주님의 나라에서 지도자가 되려는 욕망) 때문에 그는 제자들 가운데 끼어 있었으나, 그의 마음은 결코 그리스도와 함께 하지 않았다.

후에 유다는 "내가 죄를 범하였도다"라고 말하지만 엎질러진 물이기 때문에 이런 말을 한 것이지 진지한 회개의 증거로서 한 말은 아니었다. 그는 진리를 거부하고 거짓말을 믿었다. 사단은 그를 자기의 소유물로 삼았다 (요 13 : 3, 27). 사단은 살인자이며 (요 8 : 44), 유다는 자기의 생명을 빼앗겼다. 그런데 유다가 그리스도는 무죄하다고 말하는 것에 주목하자. 그는 예수님을 "주님"(25 : 25은 "랍비"를 의미)이라고 부르지 않았다. 그렇지만 어느 날 그를 주님이라고 부르지 않을 수 없을 것이다 (빌 2 : 9~11).

토기장이의 밭을 산 것은 스가랴 11장 13절의 예언이 성취된 것이다. 예레미야 18장과 19장 역시 토기장이의 밭과 관련이 있다. 따라서 예레미야가 당대에 했던 말을 스가랴가 나중에 다시 썼을 가능성도 있다. 그리스도의 죽음은 세상을 구속하는 일에 지불되었으나, 유다의 죽음으로는 나그네의 묘지를 샀다./ 사단이 실제로 줄 수 있는 유일한 유산은 멸망과 죽음에 대한 말뿐이다.

2. 예수 그리스도와 빌라도 (27 : 11~32)

이 로마 총독의 불안정하고 우유부단함을 알아보려면 복음서에 언급된 모든 부분을 읽어야 한다. 매 번 군중들 앞에 나가게 될 때마다 그는 예수님에게 의문을 가지게 되면서도, 어떻게 하든지 결정을 피할 방도만을 모색한다. 그러나, 그리스도에 대한 결정을 피할 수 있는 사람은 아무도 없다./ 빌라도는 자기의 양심과 아내의 경고를 받았으나, 고의적으로 그리스도를 십자가에 넘겨 주었다. 이것이 하나님의 계획인 것은 사실이다 (행 2 : 23). 그러나 빌라도에게 죄가 없다고 할 수는 없다. 사도행전 3장 13절은 유대인들 자신에게 허물을 돌린다. 하나님의 영원한 계획은 인간의 자의적인 선택이나 그에 따른 죄책을 결코 부인하지 않는다.

빌라도는 군중이 바라바가 아니라 예수님을 놓아 달라고 할 것으로 생각했다. 그러나 이것은 실수였다. 예수님은 "백성들이 선택하는 대상"이 결코 아니다. 인간들은 언제나 구세주가 아니라 죄인을 요구한다. "바라바"는 "아버지의 아들"이란 뜻이다. 백성들은 살인자를 위하여 하나님의 아들을 거절하였다./ 바라바가 도둑떼의 두목이었을 수 있고 그리스도와 함께 십자가에 달린 두 강도들과 한패였을 수도 있다. 빌라도 역시 그리스도가 무죄하다고 증거한다(24절).

25절에 나오는 유대인의 요구는 응답되었다. 그리스도의 피는 그들과 그들의 후손들에게 돌려졌고 그 민족은 "자신들이 찔렀던 주님을 바라보며 회개할 날이 이르기까지" 피값을 치러야 할 것이었다(슥 12: 10). 주후 70년에 예루살렘이 멸망한 것, 유대인들의 흩어짐과 박해, 앞으로 환란 기간 동안에 이스라엘 땅에 내려질 하나님의 진노, 이러한 일들은 모두 그들이 요구한 것에 대한 응답인 것이다.

판결이 난 죄인이 자신의 십자가를 지는 것은 관례였으며 자신의 죄를 공개적으로 증거하는 일이었다(요 19: 17). 그러나 중도에 군인들은 시몬에게 주님의 십자가를 지게 하였다. 여기서도 그리스도는 죄가 없는 것이 나타났다. 시몬이 참 죄인이었다(예수께서 십자가 아래 쓰러져서 도움이 필요했다고 말하는 것은 성경이 아니고 로마 카톨릭의 전설임에 유의하자).

3. 예수 그리스도와 구경꾼들(27: 33∼54)

십자가에 달리실 것이라는 생생한 예언들은 시편 22편에 나와 있다. 본 장에서 이러한 예언들이 얼마나 많이 성취되었는지 알아보자. 갈보리는 오늘날의 인간의 모습을 보여 주는 훌륭한 상징이다./ 하나님의 아들이 인간의 죄 때문에 괴로워하고 있는 동안, 군인들은 주님께서 세상에서 가지고 계셨던 적은 소유를 제비뽑고 있었으며, 유대인들은 주님께 욕을 하고 백성들은 앉아서 침을 뱉는데, 로마의 군사 한 사람은 "이 사람은 진실로 하나님의 아들이었도다"라고 고백하였다.

선지자와 왕으로서의 **그리스도의 직분**이 조롱당하는 것에 유의하자. 그들은 성전에 대한 주님의 예언을 부인하였으며(40절/요 2: 19/마 26: 61 참조), 왕권에 대한 주님의 주장을 되풀이하여 비웃었다(37, 42절).

어두움이 임한 것은 초자연적인 일이었다(45절). 유월절은 음력 보름에 열리므로 빛이 사라질 수 없는 일이었다. 주님의 아들이 세상의 죄를 지고 인류를 위하여 하나님의 진노를 맛보는 동안 하나님께서는 십자가를 가리우고 계셨던 것이다. 하나님 아버지께서 자기 아들을 버리시는 비밀은 우리가 헤아려 알기에 너무도 깊은 것이다.

주님이 죽으실 때 생긴 세 가지 사건들은 감명을 준다. 휘장이 찢어진 것은 주님의 피로 말미암아 하나님께로 가는 새롭고 생명력 있는 길이 열려졌기 때문이다(히 10 : 19~ 25). 이 기적이 나중에 많은 제사장들로 하여금 그리스도를 믿게 하는 근거가 되었을 것이다(행 6 : 7). 무덤이 열린 것은 주님의 죽으심이 사망을 정복했기 때문이다(히 2 : 14~ 18). 그리스도께서 첫열매이시기 때문에 주님이 부활하신 후까지 성도들은 무덤에서 나오지 않았다(고전 15 : 20, 23). 유다와 빌라도가 그리스도께서 무죄임을 고백한 것처럼 로마 군인도 주님께서 하나님의 아들이심을 증거하였다(54절). 이처럼 진노의 인간조차 하나님을 찬양하고 있는 것이다.

4. 예수 그리스도와 그 친구들(27 : 55 ~ 66)

주님께서 구속 사역을 끝마치셨을 때, 그리스도는 다시는 적들의 손에 닿지 않으셨다. 그리스도께서 우리를 대신하여 죄를 담당하신 동안 하나님은 인간이 죄악을 행하도록 버려 두셨으나 그 일이 끝나자, 하나님은 그리스도의 친구들로 하여금 그를 돌보도록 하셨다. 요셉과 니고데모는 신자들이었음이 분명하다. 그렇지 않고는 예수님의 시신을 장사지냄으로서 유월절을 더럽히려고 하지는 않았을 것이다. 그들은 더이상 유월절 어린 양을 필요로 하지 않았으며 하나님의 어린 양을 발견하였던 것이다. 니고데모는 주님의 사역 초기에 주님을 만나러 밤에 왔었으며(요 3장), 공회에서 주님을 옹호하였다(요 7 : 45~ 53).

니고데모와 아리마대 요셉은 공회가 제안한 "상고하여 보라"(요 7 : 52)는 일을 실행했을 것이다. 그들이 구약 성경을 상고하였을 때 성령의 조명으로 말미암아 그리스도의 고난과 영광을 이해했을 것임이 분명하다. 다니엘의 예언에서 주님이 언제 죽으실 것인가를 이해했을 것이며 다른 성경들을 통하여 왜, 그리고 어떻게 죽으실 것인가를 이해했을 것이다. 이렇게 하여 이들은 무덤과 향료를 준비하였으며 예수께서 죽으시자 곧바로 손을 쓸 수가 있었다. 하나님은 그의 섭리 안에서 이처럼 자신의 아들의 시신을 돌보셨으며, 그리하여 이사야 53장 9절이 성취되었다.

유대의 지도자들은 제자들이 잊어버린 것을 기억해 냈다. 곧, 그리스도가 3일 후에 무덤에서 나올 것이라는 약속이었다. 사단과 그의 자녀가 성경을 그리스도인들보다 더 잘 안다는 것은 얼마나 불행한 일인가./ 유대인들은 그리스도를 "사기꾼"이라고 불렀는데 이들은 어느 날인가 그 민족이 간교한 사기꾼인 적그리스도를 영접할 것과, 그와 언약을 세울 것을 거의 모르고 있었다. "너희가 할 수 있는 대로"라는 말은 빌라도가 말할 수 있는 전부였다. 그러나 이 땅의 인봉은 주님께서 약속하신 대로 무덤에서 나오는 것을 방해할 수는 없었다.

*   *   *   *   *

■ 마태복음 27장 32절에 대한 추가 연구

로마 군인들에게는 어떤 임무를 수행하기 위하여 아무 시민이라도 "징발"할 수 있도록 허용되어 있었다. 그리고 시민들은 순종해야만 했다. 구레네 시몬이 십자가를 질 때 부끄러움에 가득 찼을 것은 분명하다. 그러나 그리스도와의 이러한 대면이 그의 생애를 변화시켰을 것이라고 믿는 것이 불합리한 것은 아니다. 어떤 이들은 로마서 16장 13절과 마가복음 15장 21절에서, 그리스도인이 된 시몬이 그의 아들들을 주님께로 인도했음을 시사한다고 본다.

그리스도의 부활
- 마태복음 28장 -

이 장은 왕의 부활에 대해 기록하고 있는데, 이것은 복음의 위대한 절정 부분이다.

1. 그리스도의 부활의 중요성

① 부활은 주님께서 **하나님의 아들이심**을 증명한다(요 10 : 17~18).
② 부활은 **성경의 진실성**을 증거한다(행 2 : 31 / 시 16 : 10).
③ 부활은 우리가 죽을지라도 **장차 부활할 것**을 확신시킨다(살전 4 : 14 이하).
④ 부활은 사악한 자들이 받을 **미래의 심판**을 입증한다(행 17 : 30~31).
⑤ 부활은 **복음의 핵심적인 진리**이다(고전 15 : 1~6).
⑥ 부활은 우리가 받을 **미래의 유업의 기초**이다(벧전 1 : 3 이하).
⑦ 부활은 **그리스도의 하늘의 제사장 직분의 기반**이다(히 7 : 23~28).
⑧ 부활은 **그리스도인의 생활**에 능력을 준다(갈 2 : 20 / 엡 1 : 18~20).

2. 그리스도의 부활에 대한 증명

① 그리스도의 부활은 **역사적인 사실**로 받아들여지고 있으며 주님의 부활에 의문을 제기하거나 부인하는 사람은 그가 죽은 자들 가운데서 부활하지 않았다는 증거를 제시해야만 한다. 그리스도를 십자가에서 멸망시키려 했던 그 사단은 이제는 사람들이 그리스도께서 아직 죽어 있다고 믿기를 원한다. 유대인과 군인들 사이에 마태복음 28장 11~15절의 소문을 퍼뜨린 장본인이 바로 거짓말장이인 사단이다.

② **그리스도의 인격**은 죽은 자들 가운데서 부활할 것을 요구한다. 하나님의 아들로서 주님은 죽음의 주관을 받으실 수는 없는 것이다(행 2 : 24).

③ 그리스도는 죽은 자로부터 부활하시겠다고 **약속**하셨다. 주님의 덕스러운 생활은 주님께서 언제나 진리를 말씀하셨음을 입증한다. 그의 원수들조차도 그에게서 아무런 잘못을 찾아내지 못했다. 주님은 무덤에서 나왔든지 아니면 거짓말장이였든지 둘 중의 하나이다.

④ **목격자가 그리스도를 보았다고 증거하였다**(눅 24 : 33~36 / 요 20 : 19, 26

/행 1 : 3, 21～22). 500명 이상의 사람들이 동시에 그리스도께서 살아 계신 것을 보았다(고전 15 : 6). 어떤 불신자들은 이 초기 목격자들이 "최면"에 걸려 있었거나 또는 "스스로 만들어 낸 환상"으로 괴로움을 당하고 있었다고 말한다. 그러나 500명이 동시에 바보가 될 수 있다는 것은 불가능한 일이다./

5 **초기 신자들의 변화된 생활**은 주님이 죽은 자들로부터 살아나셨음을 입증한다. 베드로와 다른 사도들이 부활을 기대하지 않았다고 본다 해도 그들의 생애에 일어난 괄목할 만한 변화는 그들이 그리스도를 만났다는 점에 대한 증거가 된다. 베드로는 한 때 무서워 떠는 겁장이였으나 다음에는 위대한 설교자가 되었다.

6 **바울의 개종**은 그리스도께서 살아 계심을 입증한다(행 9장). 만일 환상이나 신화였다면 이 헌신적인 유대 랍비를 그리스도의 열정적인 설교자로 변화시킬 수는 없었다.

7 **신약 성경**이 존재하고 있다는 사실, **교회**가 지속되어 온 일, **주일날**을 중시해 온 역사 등은 모두 그리스도께서 살아 계시다는 증거이다.

8 물론 가장 훌륭한 증거는 **죄인이 회개하는 것**이다. "주님이 살아 계심을 어떻게 알 수 있느냐고요? 그분은 나의 마음 속에 살아 계십니다./"

3. 빈 무덤

우리는 그리스도께 헌신적이었던 이 여인들을 칭찬하지 않을 수 없다. 하나님께서는 이들이 빈 무덤을 보며 천사들로부터 부활의 소식을 듣게 하심으로 이들의 사랑에 보상하셨다. 돌은 그리스도께서 밖으로 나오실 수 있도록 굴러간 것이 아니라 사람들이 보고 주님께서 안 계신 것을 알게 하기 위해 굴러갔다./ 부활의 참된 멧세지는 "와서 보라…가서 말하라./"는 것이다. 신자들에게 있어서는 매 주일이 부활의 날이다

무덤 안의 세마포는 누에고치의 껍데기와 같이 그리스도의 몸의 형체대로 거기 있었던 것을 명심하자. 이것은 주님의 시체를 누군가 훔쳐간 것이 아님을 입증한다. 주님은 수의를 통과하여 부활하셨고, 세마포만 남겨졌다. 만일 시체가 도난당하였다면 친구들이나 원수들이 훔쳐갔을 것인데, 만일 친구들이 가져갔다면 거짓말을 위하여 자기의 생명을 기꺼이 내놓지는 못했을 것이다.

4. 지상 명령(28 : 16～20)

마태복음에 나오는 산의 장면에 주목한 일이 있는가? 5～7장에서는 산상설교

가 베풀어졌고 17장에서는 변화가, 감람산에서는 24～25장의 예언들이 행해졌다. 27장의 갈보리산에서는 십자가에 달리셨으며, 이제 제자들과의 마지막 만남이 갈릴리의 어느 산에서 이루어졌다. 이 구절에 나오는 "만국"(보편성) 이라는 말에 유의하자.

① **모든 능력**(권세) - 이분은 이제 더이상 갈릴리의 비천한 하층민이 아니라, 전능하신 하나님의 아들이시다./ 죽으심과 부활하심을 통하여 그리스도는 사단과 죄와 사망을 정복하셨으며, 그 손에 모든 권세를 받으셨다. 마태복음 4장 8～10절에서는 사단이 그리스도를 산으로 이끌어 세상의 모든 나라들에 대해 제의하였다. 이제 갈릴리산에서 그리스도는 모든 능력을 갖고 계시다는 것과 사단을 패배시키셨음을 선포하셨다.

② **모든 민족** - "제자를 삼으라"는 말은 사실상 "가르치라"는 의미이다. 이것은 모든 민족에게 복음을 전하라는 사명인데, 10장 5～6절에서 오직 유대인에게만 전하도록 한정되어 있던 것으로부터의 뚜렷한 변화를 보여 준다. 복음 전도만이 그 사명인 것은 아니다. 사람들을 그리스도께로 인도한 후에는 세례(침례)를 주어야 하는데, 이는 지교회의 회원으로서 교제하는 것을 나타낸다. 또한 이들은 가르침을 받아야 하는데 이는 하나님의 말씀을 전하고 가르치는 것을 나타낸다.

우리의 사명이 다만 "영혼들을 인도하는 것"만이 아니라, "제자를 삼는 것"임을 명심하자. 주님께 인도하여 그리스도인의 교제를 하게 하며 믿음으로 육성하는 일을 지교회보다 더 잘 감당할 수 있는 기관은 없다.

③ **모든 것** - 제자란 배우는 사람이며 이들에게는 "예수께서 분부한 모든 것"을 배워야만 한다. 이 말에는 하나님의 말씀 전체가 포함되어 있다. 사람은 하나님의 입에서 나오는 "모든 말씀으로 살아야 한다." "모든 성경은…하기에 유익하다." 사람들에게 하나님의 전체 뜻을 가르치지 않는 교회는(행 20：27) 지상 명령을 순종하는 것이 아니다.

④ **항상** - "내가 항상 너희와 함께 있으리라!"는 것은 굉장한 약속이다. 마태복음 1장 23절에서 주님은 "임마누엘"이라고 불리웠는데, 이 말은 "하나님이 우리와 함께 계시다"는 뜻이다. 여기서 주님은 그 이름을 재확인하신다. 주님은 그의 성령을 통하여, 말씀을 통하여, 섭리하시는 돌보심을 통하여, 우리와 함께 계신다. 이 말씀은 리빙스턴으로 하여금 가장 암흑의 대륙인 아프리카의 한복판으로 가게 한 약속이었고, 시대를 통해 내려오며 그리스도의 사자들을 격려하고 능력을 준 약속이었다.

마태복음은 그리스도의 복음과 아울러, 모든 사람들에게 복음을 전해야 할 그리스도인의 책임에 대해 언급하며 끝맺고 있다. 그러나 모든 사람이 구원을 받

는 것은 아니며, 모든 사람이 적어도 한 번은 복음을 들을 기회를 갖게 되는 것
도 아니다.

요 한 복 음
- 개요와 서론 -

요한복음 개요

■ 머리말 / 1장 1~18절

1. 상고의 시기 / 1장 19절~ 6장 71절
   "내 때가 아직 이르지 아니하였다" (2 : 4)

   ① 그리스도와 제자들 / 1장 19절~2장 12절
      첫번째 표적을 보이심 (2 : 1~12)
   ② 그리스도와 유대인들 / 2장 13절~ 3장 36절
   ③ 그리스도와 사마리아인들 / 4장 1~54절
      두번째 표적을 보이심 (4 : 43~ 54)
   ④ 그리스도와 유대 지도자들 / 5장 1~47절
      세번째 표적을 보이심 (5 : 1~9)
   ⑤ 그리스도와 군중 / 6장 1~71절
      네번째, 다섯번째 표적을 보이심 (6 : 1~21)

   ● 첫번째 위기 - 그들이 그리스도와 함께 다니기를 회피함 / 6장 66~71절

2. 갈등의 시기 / 7장 1절~12장 50절
   "손대는 자가 없으니 이는 그의 때가 이르지 아니하였음이라" (7 : 30)
   (유대인들이 그리스도를 어떻게 대적했는지에 주목하라 : 7장 1, 19, 23, 30,
   32, 44절 / 8장 6, 37, 48, 59절 / 9장 22, 34절 / 10장 20, 31~33, 39절 /
   11장 8, 16, 46~57절 / 12장 10)

   ① 모세에 대한 논쟁 / 7장 1절~8장 11절
   ② 아브라함에 대한 논쟁 / 8장 12~59절
   ③ 그리스도의 성자이심에 대한 논쟁 / 9장 1절~ 10장 42절
      여섯번째 표적을 보이심 (9 : 1~7)
   ④ 그의 능력에 대한 논쟁 / 11장 1절~12장 11절
      일곱번째 표적을 보이심 (11 : 38~44)

● 두번째 위기 – 그들이 주님을 믿으려 하지 않음 / 12장 12~50절

3. 절정의 시기 / 13장 1절~20장 42절
"예수께서 자기의 때가 이른 것을 아시고"(13 : 1)
"아버지여 때가 이르렀사오니…"(17 : 1)

1 십자가에 대한 준비의 절정 / 13장 1절~17장 26절
2 유대인들의 불신앙의 절정 / 18장 1절~19장 42절

● 세번째 위기 – 그들이 그리스도를 십자가에 못박음 / 19장 13~22절

3 제자들의 신앙의 절정 / 20장 1~31절
여덟번째 표적을 보이심 (21 : 1~6)

■ 맺음말 / 21장 1~25절

요한복음 서론

1. 요한복음의 주제

1 핵심구절(20 : 30~31) – 본 서의 주제는 하나님의 신성한 아들로서의 그리스도이다. 여기서는 그리스도께서 사역하시는 동안 자신의 신성을 증거하는 표적들을 다루고 있다. 이 표적들은 목격자들(제자들)에 의해 목도되었으므로, 진실이며 정당한 것이다. 요한은 본 서를 기록하며, 사람들이 그리스도를 믿고 그의 이름을 통하여 생명을 받기를 원한다.

2 다른 복음서와의 비교 – 첫 세 복음서는 "공관복음"이라고 불리우는데, 이것은 "함께 본다"는 의미의 헬라어에서 온 말이다. 마태, 마가, 누가복음은 각기 다른 강조점을 가지고 유사한 방법으로 그리스도의 생애에 대해서 보여 준다.
- **마태복음** / 유대인의 왕으로서의 그리스도
- **마가복음** / 종으로서의 그리스도 (특히 로마인을 대상으로 기록됨)
- **누가복음** / 인간로서의 그리스도 (특히 헬라인을 대상으로 기록됨)
- **요한복음** / 하나님의 아들로서의 그리스도 (전 세계를 대상으로 기록함)

첫 세 복음서가 그리스도의 생애에 있었던 사건들을 우선적으로 기록한 반면에, 요한복음은 그러한 **사건들의 의미**를 다루고 있다. 게다가 요한복음은 더 깊이 들어가서, 다른 복음서에서 강조하지 않은 그리스도에 대한 진리들을 제시한다. 예를 들면, 네 복음서가 모두 5,000명을 먹이신 사건에 대해 기록하고 있다. 그런데 요한복음만이 "생명의 떡"에 대한 위대한 설교를 보유하고 있어 이 기적의 의미를 설명해 준다.

3 핵심 단어 – 요한복음에는 "생명, 믿음, 빛과 어두움, 진리, 증거, 세상, 영광, 영접, 아버지, 오라, 영원한 영생"이라는 말이 반복되어 씌어져 있음을 유의하자. 이 단어들은 요한복음의 멧세지를 요약하고 있다.

2. 요한복음에 나타난 그리스도

요한복음은 그리스도의 사역 만큼이나 그리스도의 인격을 강조하고 있다. 본 서에는 그리스도께서 친히 자신에 대해 말씀하신 내용과 자신의 사역에 대해 설명하신 몇 가지 설교들을 담고 있다. 그리스도께서 "나는…이다"라고 일곱 가지로 말씀하신 데에 유의하자.
- 나는 생명의 떡이다 – 6장 35, 41, 48, 51절
- 나는 세상의 빛이다 – 8장 12절 / 9장 5절

●나는 양의 문이다－10장 7, 9절

●나는 선한 목자이다－10장 11, 14절

●나는 부활이요 생명이다－11장 25절

●나는 길이요 진리요 생명이다－14장 6절

●나는 참 포도나무이다－15장 1, 5절

물론 이러한 이름들은 그리스도의 신성을 말해 준다. 사실 하나님의 이름이 "나는…이다"로 나타나 있기 때문이다 (출 3 : 14 참조). 이와는 다른 경우, 그리스도께서 자신을 설명하는 데에 "나는…이다"를 사용하신 것 또한 눈여겨 보자 (4 : 26 / 8 : 28, 58 / 13 : 19 / 18 : 5, 6, 8). 이 복음을 읽을 때에, 우리는 그가 참으로 하나님의 아들이심을 알게 된다.

3. 요한복음에 나타난 표적들

본 서에는 그리스도께서 행하신 많은 기적들 가운데서 그의 신성을 증거하는 일곱 가지의 표적만이 실려 있다 (21장에 나오는 여덟번째의 표적은 제자들만을 위한 것으로서, 요한복음의 후주곡을 이룬다). 이 일곱 가지의 표적은 특별한 순서가 주어져 있으며 (4 : 54 / "이것은…두번째 표적이니라"), 구원에 대한 완전한 상징을 이루고 있다. 첫 세 가지 기적들은 **구원이 오는 방법**에 대해 보여 준다.

1 **물이 포도주가 됨** (2 : 1~11) － 말씀에 의한 구원

2 **신하의 아들을 고침** (4 : 46~54) － 믿음에 의한 구원

3 **38년 된 병자를 고침** (5 : 1~9) － 은혜에 의한 구원

뒷부분의 세 가지 기적들은 신자에게 있어서의 **구원의 결과**를 보여 준다.

5 **폭풍을 잠잠케 함** (6 : 15~21) － 구원은 평화를 가져옴

6 **소경을 고침** (9 : 1~7) － 구원은 빛을 가져옴

7 **나사로를 살림** (11 : 38~45) － 구원은 생명을 가져옴

네번째의 기적 (**5,000명을 먹임** / 6 : 1~14)은 전환점으로서, 그리스도께서는 잃어버린 세상을 구원하시는 기적을 베푸시는 데에 인간의 도구를 사용하신다는 것과, 헌신한 사람은 죄인들에게 생명의 떡을 주어야만 한다는 것을 보여 준다.

물론, 각 기적들마다 예수 그리스도의 신성을 드러낸다 (5 : 20, 36). 또한 이러한 표적들은 그리스도께서 설교를 하시게 되는 출발점이 된다. 예를 들면, 니

고데모는 그리스도께서 이루신 표적을 보고 그리스도께로 나아왔다(3 : 2). 그리고 38년된 병자를 고치신 일(5 : 1～9)도 5장 10～47절에 기록된 설교로 이끌어갔으며, 5,000명을 먹이신 것은 6장에서의 생명의 떡에 대한 설교의 기초가 된다. 고침받은 소경이 파문을 당했던 일은 어느 하나도 결코 내어쫓지 않는 선한 목자에 대한 설교로 이끈다(10장).

4. 요한복음에 나타난 믿음과 불신앙

요한복음의 주제는 믿음과 불신앙 사이의 갈등이다. 본 서는 이스라엘의 일부의 배척으로 시작하여(1 : 11) 종국에는 십자가에서 정점에 이른다. 본 서를 통하여 유대인들이 증거를 받아들이기를 거부하며 불신앙으로 더욱 더 마음이 굳어져가는 것을 알게 된다. 반면에, 제자들과, 신하와 그의 가족, 사마리아인, 38년 된 병자, 소경 등 그리스도를 믿은 소수의 무리들 또한 보게 된다. 이와 똑같은 상황이 오늘날에도 전개되고 있다. 거대한 "종교적인 세계"는 그리스도를 믿지 않지만, 그를 하나님의 아들로서 증거하며 받아들이는 사람들을 곳곳에서 볼 수가 있다.

개요에서도 볼 수 있듯이, 유대인들은 5장의 기적이 있은 후, 그리스도께서 안식일에 사람을 치료하셨다는 것 때문에 그리스도와 논쟁을 벌이기 시작한다. 7장으로부터 12장까지 그러한 갈등은 더욱 심화되어, 그들은 몇 차례나 그리스도를 체포하거나 돌로 치려 하였다. 18～19장에서 그들이 그리스도를 체포하여 십자가에 못박는 때에 그것은 절정에 이른다. 요한복음에는 세 번의 위기가 제시되어 있다(개요 참조).

1 군중들이 그리스도를 왕으로 삼으려 한 후 그를 떠났을 때 / 6장 66～71절
2 사람들이 그리스도를 믿기를 거절했을 때 / 12장 12～50절
3 그들이 그리스도를 십자가에 못박았을 때 / 19장 13～22절

첫번째 위기에서 사람들은 그리스도를 왕으로 삼으려 했다가 그를 떠나간다. 두번째 위기에서 그들은 그리스도를 왕으로 칭송했으나 그를 거절하였고, 세번째 위기에서 그들은 "가이사 외에는 우리에게 왕이 없나이다!"라고 외친다.

예수 그리스도의 신성
-요한복음 1장-

요한복음의 주제는 예수께서 하나님의 아들이시라는 것이며(20 : 30~31) 1장에서 이 주장을 증명하고 있다. 이 놀라운 장을 읽으면, 그리스도께서 하나님의 아들이시라는 사실을 그의 이름과, 이루신 일들과, 그를 개인적으로 아는 증인들에 의해서 알게 되지 않을 수 없다.

1. 하나님의 아들이심을 증명하는 그리스도의 이름들

1 **그는 말씀이시다**(1 : 1~3, 14) – 사람의 말이 그의 생각과 마음을 다른 사람에게 보여 주는 것과 같이, 그리스도는 인간에게 하나님의 생각과 마음을 보여 주신다. "나를 본 자는 곧 아버지를 본 것이니"(요 14 : 9). 말은 문자들로 구성되어 지는데, 그리스도는 하나님의 사랑을 우리에게 나타내는 알파요 오메가(헬라어의 처음과 마지막 글자)이시다.

　창세기 1장에서 하나님은 그의 말씀으로 창조하셨는데, 골로새서 1장 16절과 베드로후서 3장 5절은 이 말씀이 곧 그리스도이심을 시사한다. 하나님께서는 자연과 인간의 가르침과 교훈을 통하여 부분적으로 자신을 알리시지만, 자신의 아들을 통하여 완전하게 알리신다(히 1 : 1~2).

　말씀으로서 그리스도는 은혜와 진리를 가져오지만 인간이 그를 받아들이지 않는다면, 이 동일한 말씀은 곧 진노와 심판을 가져온다(계 19 : 13). 성경은 하나님의 말씀이 기록된 것이지만, 그리스도는 살아 있는, 육신을 입은 하나님의 말씀이다.

2 **그는 빛이시다**(1 : 4~13) – 창세기 1장에서의 하나님의 첫번째 창조적 행위는 빛을 만드신 것이었는데, 이는 생명이 빛으로부터 오기 때문이다. 예수께서는 참 빛이시며, 모든 빛이 그 근원으로 하는 원래의 빛이시다. 요한복음에서 우리는 빛(하나님, 영원한 생명)과 어두움(사단, 영원한 죽음) 간의 투쟁을 보게 된다. 1장 5절에서 시사하고 있는 바, 직역하면 "빛이 어두움에 비취고(현재시제) 어두움은 빛을 쫓아내지도, 붙잡지도 못하고 있다"고 되어 있다(3 : 19~21 / 8 : 12 / 12 : 46 참조). 고린도후서 4장 3~6절은 구원을 죄인의 어두운 마음에 빛이 드는 것으로 묘사한다.

3 **그는 하나님의 아들이시다**(1 : 15~18, 30~34, 49) – 유대인들로 하여금 그리스도를 핍박하게 만든 것이 바로 이 주장이다(10 : 30~36). 요한복음에

서 그리스도를 하나님의 아들로 부른 사람이 여섯 명이 있다. 즉, 세례(침례) 요한과 나다나엘 (1 : 34, 49), 베드로 (6 : 69), 치유된 소경 (9 : 35~38), 마르다 (11 : 27), 그리고 도마 (20 : 28)이다. 예수님을 하나님의 아들로 믿지 않는 사람은 구원받을 수가 없다 (8 : 24).

4 **그는 그리스도이시다** (1 : 19~28, 35~42) - 이 말은 메시야, 곧 기름부음을 받은 자라는 뜻이다. 유대인들은 메시야가 오기를 기대하였는데, 이 때문에 그들은 요한에게 메시야인가를 물었다. 사마리아인들조차 메시야를 갈망하고 있었다 (4 : 25, 42). 예수님을 그리스도라고 말하는 유대인들은 누구이거나 간에 회당에서 출회되었다 (9 : 22).

5 **그는 하나님의 어린 양이시다** (1 : 29, 35~36) - 요한의 선포는 "번제할 어린 양은 어디 있나이까?"라는 이삭의 질문에 대한 답변이다 (창 22 : 8). 출애굽기 12장의 유월절 양과 이사야 53장의 어린 양은 그리스도를 향한 길을 지적하였다. 구약의 어린 양들은 단지 죄를 덮어 가리울 뿐이지만 (히 10 : 1~4) 그리스도는 죄를 담당하셨다. 또한 구약의 어린 양은 이스라엘만을 위한 것이었으나, 그리스도는 온 세상을 위해 죽으셨다.

6 **그는 이스라엘의 왕이시다** (1 : 43~49) - 이스라엘은 로마의 통치에 시달렸고 한 왕을 원하였다. 그리스도께서 그들을 먹이셨기 때문에 그들은 주님으로 왕을 삼으려 하였으나 (6 : 15), 그리스도는 떠나셨다. 12장 12~19절에서 그리스도는 자신을 그들의 왕으로 제공하셨으나, 그를 환영하였던 바로 그 군중들이 후에는 "가이사 외에는 우리에게 왕이 없다 !"고 소리쳤다.

7 **그는 인자 (인간의 아들) 이시다** (1 : 50~51) - 이 명칭은 다니엘 7장 13~14절에서 온 것으로서, 모든 유대인들은 그것이 신성을 의미한다는 것을 알고 있었다 (12장 34절에서의 유대인의 질문에 주목하자). 그리스도는 여기서 창세기 28장 10~17절의 "야곱의 사닥다리"를 언급하신다. 그리스도는 땅과 하늘 사이에 있는 "하나님의 사닥다리"로서, 하나님을 인간에게 계시하시며 인간을 하나님께로 데려가신다.

2. 하나님의 아들이심을 입증하는 그리스도의 행적

1 **그는 세상을 창조하셨다** (1 : 1~4) - 태초에 그는 하나님과 함께 계셨고, 세상이 그로 말미암아 창조되었던 신성한 대리자였다.

2 **그는 인간을 구원하셨다** (1 : 9~13) - 그는 자기 땅에 오셨고, 자기 백성 (유대인)에게서 거부당하셨다. 구원은 죄인이 그리스도를 믿어 영접할 때에 받

게 되는 값없는 선물이다. "믿는 것"과 "영접하는 것"은 같은 일이다. 그러므로, 새로운 탄생은 혈과 육으로, 또는 사람의 뜻대로 되는 것이 아니라 하나님으로 말미암는다.

③ **그는 하나님을 계시하신다**(1 : 15~18)-그리스도는 하나님의 은혜와 하나님의 진리를 계시하신다. 모세는 죄와 정죄를 나타내는 율법을 주었으나, 그리스도는 구속의 진리를 계시하셨다.

④ **그는 성령으로 세례(침례)를 주신다**(1 : 33) - 우리는 여기에서 성부(1 : 14, 18)와 성자와 (1 : 14, 18) 성령(1 : 32~34)의 삼위일체를 본다. 성령이 내려왔던 것은 요한에게 그리스도를 확인시키기 위함이었는데, 오늘날도 성령이 눈을 열어 주기까지는 참되게 그리스도를 볼 수 있는 사람은 아무도 없다.

⑤ **그는 사람들에 대해 정통한 지식을 가지셨다**(1 : 42, 47~48) - 그는 베드로와 나다나엘을 그 자신들이 아는 것보다도 더 잘 알고 계셨다(2 : 23~25). 오직 하나님만이 인간의 마음을 알 수 있으시다.

⑥ **그는 죄를 용서하신다**(1 : 29) - 이 땅에 사는 그 어느 누구도 인간의 죄를 제거할 수 없다.

⑦ **그는 하늘로 가는 길을 여신다**(1 : 50~51) - 창세기 28장 10~17절에서의 야곱처럼, 죄인들은 집을 떠나 죄의 어두움 속으로 달려들어갔다. 그러나 그리스도는 우리에게 하늘의 영광을 보이시며 그리로 들어가도록 하늘을 여신다. 그리스도는 하나님의 "영광에 이르는 사다리"이시다.

3. 그리스도가 하나님의 아들이심을 입증하는 증인들

요한복음에는 종종 "증거"라는 말이 사용되어 있다(1 : 7~8, 15 / 3 : 26, 28 / 5 : 31~37 / 8 : 18 / 10 : 25 / 15 : 27 /18 : 23, 37). 이 증인들은 믿을 만하다. 왜냐하면 그들은 그리스도와 개인적으로 접촉했던 사람들이며, 그들이 그리스도에 대해 증거함으로써 사람들에게서 무엇을 얻을 수 있는 것도 아니었기 때문이다. 오히려 그 때문에 고난을 받았다 . 또한 그들이 거짓말을 하였다는 증거도 없다. 그들의 증거는 오늘날의 어떠한 법정에서도 설 수 있는 것이다.

① **세례(침례) 요한** (1 : 7, 15, 29 / 5 : 35)
② **사도 요한** (1 : 14 / "우리가 그의 영광을 보니…")
③ **구약 선지자들** (1 : 23, 45) - 나다나엘은 빌립이 그를 찾아냈을 때에 모세오경을 읽고 있었다.

4 **성경** (1 : 33~34)

5 **안드레** (1 : 41) - 그는 구령자 (전도자) 였으며, 그 일을 자기의 가정에서부터 시작하였다. 그가 베드로에게 조용히 증거하여 그리스도께로 데려가지 않았더라면, 오순절 사건이 없었을지도 모른다.

6 **빌립** (1 : 45) - 빌립은 그의 증거를 하나님의 말씀으로 후원하였는데, 이는 현명한 방법이다.

7 **나다나엘** (1 : 49) - 요한과 안드레는 한 설교자, 곧 세례 (침례) 요한을 통하여 구원받았는데, 베드로는 안드레의 개인적인 사역으로 그리스도를 발견하였다. 빌립은 그리스도에 의해 개인적으로 부름을 받았으며, 나다나엘은 하나님의 말씀과 빌립의 증언으로 그리스도를 발견했다. 하나님은 사람들을 그리스도께로 이끄는 데에 각기 다른 사람과 각기 다른 환경들을 사용하신다.

그리스도의 첫기적

-요한복음 2 장-

어떤 교회들은 그리스도께서 어린아이였을 때 기적들을 행하셨다고 거짓되게 가르친다. 그러나, 요한복음 2장 11절은 물로 포도주가 되게 한 것이 그의 기적들 가운데 최초의 것이었다고 명백히 진술한다. 요한이 그리스도의 신성을 증명하고 사람들이 그를 믿어 구원받게 하기 위해 이 표적들을 기록했다는 것을 명심하자 (요 20 : 30～31).

우리는 이 첫기적의 세 가지면을 연구함으로 경륜적 교훈(이스라엘의 실패상)과 교리적 교훈(죄인을 구원하는 방법), 실천적 교훈(그리스도를 섬기는 방법)을 배우게 될 것이다.

1. 경륜적 교훈 - 이스라엘의 실패

이스라엘은 그들 자신의 메시아에 대해 무지하였다. "너희 가운데 너희가 알지 못하는 한 분이 계시다"라고 요한복음 1장 26절에서 세례(침례) 요한은 말하였다.

이 혼인잔치는 이스라엘의 한 상징이다. 포도주가 떨어진 것처럼 그들의 공급은 비어 있었으나 그들의 메시아는 그들을 돕기 위해 그 곳에 계셨다. 여섯 개의 돌항아리는 결례를 위해 사용되었다 (막 7 : 3). 그러나 그 유대 의식이 도울 수는 없었다. 나라는 영적으로 파산되어 기쁨도 희망도 없었다(포도주는 성경에서 기쁨의 상징이다 / 시 104 : 15 / 삿 7 : 13). 그들은 외적 의식을 가지고 있었으나 내적으로 만족시킬 것이 전혀 없었다.

그리스도께서는 그들이 그를 왕으로 받아들일 어느 날 이스라엘에게 다시 기쁨을 가져오실 것이다. 잔치가 "세째날"에 (2 : 1) 있었던 것을 주목하자. 역사는 이제 "이틀 동안"을 흘러 왔다 (하나님께는 천 년이 하루와 같다 / 벧후 3:8). 그리고 그리스도께서는 "세째날"이 밝아올 때 되돌아 오실 것이다. 이스라엘은 다시 자기의 하나님과 결혼하게 될 것이고(사 54장 / 호 2장), 기쁨의 포도주가 값없이 넘칠 것이며 그리스도의 영광이 나타날 것이다(요 2 : 11).

그 날이 오기까지 그리스도는 이스라엘에게 "나와 무슨 상관이 있나이까?" (요 2 : 4) 라고 물으셔야만 한다. 그 민족이 그를 거절하였으며, 그들은 주님께서 영광과 능력으로 되돌아 오실 날까지 그를 영접하지 않을 것이다.

2. 교리적 교훈들 - 죄인이 구원받는 방법

앞의 요한복음 서론을 참조하면 일곱 가지 표적들이 죄인이 구원받는 법과, 그 결과가 그의 일생에 어떠한가를 보여 주고 있음을 알게 될 것이다. 이 첫 기적은 우리에게 구원이 하나님의 말씀을 통하여 온다는 것을 가르친다. 상징들에 사용된 것들을 눈여겨보자.

① **목마른 사람들** - 이것은 오늘날 잃어버린 세상의 모습이 아닌가? 그들은 죄로부터 오는 쾌락을 즐거워하고 있다. 그러나, 그들은 만족하지 못하며 쾌락들은 마침내 다 비워 지게 된다. 성경은 목마른 죄인들이 구원과 만족을 얻기 위해 그리스도께로 오도록 초청한다(요 4 : 13~14 / 요 7 : 37 / 사 55 : 1 / 계 22 : 17).

② **빈 항아리** - 돌같이 굳으며 비어 있는 인간의 마음을 상징한다. 하나님의 말씀은 인간을 토기에 비유하신다(고후 4 : 7 / 딤후 2 : 20~21). 죄인의 생활은 외면적으로는 사랑스럽게 보일지 모르지만, 하나님은 그것이 비어 있고 딱딱하며 하나님의 신적인 기적 없이는 희망이 없다고 보신다.

③ **물로 채워짐** - 성경에서 깨끗케 하는 물은 하나님의 말씀을 상징한다(엡 5 : 26 / 요 15 : 3). 종들이 해야 할 일이란 빈 항아리에 물을 채우는 것이 전부였다. 그리고 그것은 하나님의 종들이 믿지 않는 자들의 빈 마음을 말씀으로 채우는 것을 말한다. 우리의 일은 영혼을 구원하는 것이 아니라, 말씀을 사람들에게 주어 그리스도께서 구원의 기적을 행하시도록 하는 것이다.

④ **물이 포도주가 됨** - 죄인의 마음이 말씀으로 채워 졌을 때 그리스도께서 죄인을 변화시키고 기쁨을 가져오는 기적을 행하실 수 있다. 사도행전 8장 26~40절에서 빌립은 말씀으로 구스(이디오피아) 내시를 채웠고, 그 사람이 믿었을 때 구원의 기적이 일어났으며, 그 구스인은 기뻐하며 자기의 길을 갔다. 요한복음 1장 17절을 주목하여 보자. 율법은 모세로부터 왔고 구약 성경에서 변화되는 최초의 기적 중 하나는 물이 피가 되는 것이었다(출 7 : 19). 그것은 진노와 심판을 말한다. 그러나, 그리스도는 은혜와 기쁨을 뜻하는 것으로서 물로 포도주를 만드셨다.

⑤ **세째날** - 이것은 항상 부활을 말한다. 이는 그리스도께서 세째날에 죽은 자들 가운데서 살아나셨기 때문이다. 이 사건은 주일(主日)에 일어났을 것으로 보인다. 요한복음 1장 19절~2장 11절을 주의깊게 읽어 보면 8일간의 일이 적혀 있다. 1장 19~28절은 첫째날, 29~34절은 둘째날, 35~39절은 세째날, 40~42절은 안드레가 베드로를 그리스도께 인도한 네째날이며, 43~51절은

다섯째날이고, 3일 후 또는 여덟째날에 혼인 잔치가 열렸다. 이것은 죽음에서 부활하여, 은혜로 새로운 피조물이 된 것을 말하고 있다(고후 5 : 17).

⑥ **기적들의 시작** – 구원은 기적들의 시작이다. 왜냐하면, 사람들이 구원받은 후에야 하나님은 그를 위해 또다른 기적들을 수행하시기 때문이다. 그리고 우리가 체험한 기적들은 그리스도께 영광을 돌리게 된다.

3. 실천적인 교훈들 – 그리스도를 섬기는 방법

"너희에게 무슨 말씀을 하시든지 그대로 하라"(2 : 5)는 마리아의 말은 그리스도를 섬기고자 하는 모든 사람들이 앞세워야만 할 것이다. 종들이 그 항아리에 물을 채우는 것은 분명히 어리석게 보였을 것이다. 그러나 하나님은 우둔한 것들을 사용하셔서 강한 것들을 부끄럽게 하신다(고전 1 : 27). 만일 우리가 사람들이 구원받기를 원한다면, 우리는 그리스도께 순종하여 사람들에게 하나님의 말씀을 주어야만 한다. 영혼을 구원하는 것은 여흥이나 오락이 아니라 하나님의 말씀을 전파하고 가르치는 것이다. 만일 우리가 우리의 몫을 다한다면 그리스도께서 그 나머지의 일을 하실 것이다.

종들은 포도주가 어디서 왔는지 알았지만 그 연회장의 주빈들은 알지 못했다. 사람이 그리스도를 섬길 때 그는 하나님의 비밀을 배운다(암 3 : 7). 우리는 그리스도의 종들이며 친구이다(요 15 : 15). 그는 우리에게 그가 하고 계신 일을 알리신다. 성대한 잔치의 주인으로 앉아 있는 것보다는 그리스도의 겸손한 종이 되어 그의 기적들에 참여하는 것이 더 낫다. 우리는 "때를 얻든지 못 얻든지" 모든 기회를 그리스도를 섬기는 데 사용하여야 한다.

*　　　*　　　*　　　*　　　*

■ **부가적 사항**

① 예수께서는 2장 4절에서 마리아에게 무례하지 않다. **"여자여"**는 인사말에서의 존칭어였다.

② 요한복음에서 **그리스도의 "때"**를 추적해 보자(2 : 4 / 7 : 30 / 8 : 20 / 12 : 23, 27 / 16 : 32 / 17 : 1). 그리스도는 하나님의 시간표에 따라 사셨고 누구도 그의 때가 오기 전에 그를 손대지 못했다.

③ 그리스도께서 **물로 포도주가 되게 하신 것**은 술(알코올)을 사용하는 일을 정당화하지는 않는다. 성경에는 순수한 포도즙으로부터 취하게 하는 독주에 이르기까지 "포도주"에 대한 여러 가지의 말씀들이 있다. 이것들을 구별하기란 늘 쉽지만은 않다.

구약과 신약은 둘 다 금주를 높이고 있다. 나실인이 술마시는 것은 금지되어 있었으며, 사무엘과 세례(침례) 요한도 그 가운데에 포함된다. 성경은 술마시는 것이 악함을 경고하고 있다. 우리는 적당한 절제가 아니라 전적인 금주를 가르치는 것이 옳다. 왜냐하면 사람을 술꾼으로 만드는 것은 바로 첫번째의 한 잔이기 때문이다.

거듭남 (중생)

- 요한복음 3장 -

이 장은 아마도 요한복음에서 가장 중요한 장일 것이다. 왜냐하면 이 장이 거듭남을 주제로서 다루기 때문이다. 종교적인 제도들은 이 문제를 아주 혼란시켰기 때문에 거리의 평범한 사람들은 말할 것도 없고 니고데모 같은 종교 지도자들조차 다시 태어나는 것이 무엇을 의미하는지 상상도 못하고 있었다.

1. 중생의 필요성 (3 : 1~5)

1 **하나님의 나라를 보기 위해서**(3절) — 니고데모는 도덕적이고 종교적인 사람이었으며, 유대인 가운데 우수한 선생들(관원들) 중의 한 사람이었다. 그러나 그는 아직 거듭남에 대한 진리를 알지 못했다. 오늘날 신학의 "학위"를 가지고 있는 수 많은 "신학교 졸업생"들도 이와 똑같다. 영적 진리는 죄인의 육적인 마음으로 파악할 수가 없기 때문이다 (고전 2 : 10~14).

니고데모는 "밤에" 왔는데 이것은 구원받지 못한 사람들의 상징이다. 그는 영적으로 어두운 가운데 있었다 (엡 4 : 18 / 고후 4 : 3~6). 종교적이고 도덕적인 것으로 사람이 하늘나라에 들어가기에 합당하게 되지는 않는다. 그는 다시 태어나야만 한다. 즉, 위로부터 태어나야만 한다.

오늘날의 많은 사람들처럼 니고데모는 영적인 것과 육적인 것을 혼동하고 있었다(4절). 그는 육적인 탄생의 개념으로 생각한 반면에, 그리스도는 영적인 탄생에 대해 말씀하셨다. 사람들은 우리 모두가 합당치 못하게 태어났다는 것을 알 필요가 있다. "첫번째 태어남"은 우리를 아담의 후손으로서, 우리가 진노의 자녀이며 불순종의 자녀인 것을 의미한다 (엡 2 : 1~3). 어떤 정도의 교육이나 깨끗게 함이나, 훈련이나 종교적인 활동도 우리가 가진 옛 성품을 변화시킬 수 없다. 우리는 우리가 하나님 나라를 보거나 들어갈 수 있기 전에 하나님으로부터 새로운 성품을 받아야 한다.

2 **하나님의 나라에 들어가기 위하여**(5절) — 예수께서 말씀하신 "하나님의 나라"는 지상 왕국을 의미하지 않는다. 바울은 로마서 14장 17절에서 이 나라를 묘사하고 있다. "하나님의 나라는 먹는 것과 마시는 것이 아니요 오직 성령 안에서 의와 평강과 희락이라." 사람이 다시 태어날 때 그는 즉시 하나님의 나라에 들어간다. 그리고 어느 날 낙원에 들어갈 것이며 영원한 나라에서 분깃을 나눌 것이다.

니고데모는 그의 동료들처럼 유대인으로 태어난 것과 율법대로 산 것이 하나님을 만족하게 해드린 것으로 생각했다(마 3 : 7~12 / 요 8 : 33~39). 창세기 3장에서 아담이 범죄한 이래, 많은 사람은 낙원 밖에서 태어났다. 우리는 오직 거듭남으로써만 하나님의 나라에 들어갈 수 있다.

2. 중생의 특성 (3 : 6~13)

1 **영적인 탄생**(6~7절) – 육신으로부터 태어나는 것은 옛 성품으로 정죄된 것이다. 영으로부터 태어나는 것은 새 성품이며(벧후 1 : 4), 영원한 것이다. 육체적인 수단들로써는 영적인 탄생을 얻을 수 없다.

5절에서의 "물로 태어남"은 문자적인 뜻으로의 물을 의미하지 않는다. 이는 세례(침례)가 물이라는 하나의 물질이 육체에 적용되는 것이므로 결코 영적 탄생을 가져오지 못하기 때문이다(요 1 : 11~13 / 요 6 : 63 참조). "물로 태어나는 것"은 결코 물 세례(침례)를 말하는 것이 아니다. 여기에는 몇 가지 근거가 있다.

● 성경에서 "세례"(침례)란 탄생이 아니라 죽음을 뜻한다(롬 6 : 1 이하).
● 구약에서는 어느 누구도 구원받을 수가 없게 된다. 구약 시대에는 세례(침례) 의식이 없었기 때문이다.
● 구원은 행위로 말미암는 것이 아닌데(엡 2 : 8~10), 세례(침례)는 인간적인 행위이다.
● 그리스도는 구원하러 오셨기 때문에 세례(침례)를 주지 않으셨다(요 4 : 2).

중생은 다만 영적인 수단으로 이루어진다. 영적인 수단이란 곧 하나님의 성령(요 3 : 6 / 6 : 63)과 하나님의 말씀(벧전 1 : 23 / 약 1 : 18)이다. 5절에서의 "물"은 하나님의 말씀을 나타낸다(엡 5 : 26 / 딛 3 : 5 – "중생의 씻음"). 사람은 믿음을 산출하기 위해 하나님의 성령께서 하나님의 말씀을 사용할 때 거듭나며, 그 사람이 믿을 때에 새 성품이 부여된다. 성령께서는 말씀을 주시기 위해서 신자들을 사용하지만, 오직 성령만이 생명을 주실 수 있다(고전 4 : 15).

2 **신비로운 탄생**(8~10절)–어떤 사람도 바람을 설명할 수 없으며 어느 누구도 성령의 일을 설명할 수 없다. 성령은 여기서 바람에 비유된다(행 2장). 니고데모가 구약의 가르침을 받았다면 성령의 새롭게 하시는 일의 진리를 알았을 것이다. 에스겔 37장에서 바람은 이스라엘의 마른 뼈들에게 생명을 준다. 우리가 중생에 대해 모든 것을 설명할 수 없다는 사실이 그것이 참되지 않다는 것을 의미하지는 않는다. 그리스도는 이것을 다음에서 다루신다.

3 **참된 탄생**(11~13절) – 많은 것이 신비롭지만 그러나 여전히 참되다. 예

수께서는 니고데모에게 거듭남은 학설이 아니라 실제라고 확언하신다. 만일 사람이 그리스도의 말씀을 다만 믿고 그를 영접한다면 그는 중생이 얼마나 참되며 놀라운 것인지 발견하게 될 것이다.

3. 중생의 토대(3 : 14～21)

1 그리스도께서 죽으셔야만 했다(14～17절) - 그리스도는 다시 니고데모에게 구약을 참조하여 민수기 21장의 놋뱀 이야기를 언급하셨다. 그 뱀은 유대인을 죽이고 있었다. 그 문제의 기이한 해결은 모세가 놋뱀을 만드는 것이었다. 믿음으로 놋뱀을 바라본즉 치료가 되었다. 이처럼 그리스도는 우리를 위해서 죄가 되셨다. 왜냐하면 우리를 죽이고 있는 것은 바로 죄이기 때문이다. 우리는 믿음으로 그리스도를 보자마자 구원받았다.

놋뱀은 심판에 대해 말한다. 그리고 그리스도께서 십자가 위에 들리셨을 때 우리의 심판을 경험하셨다. 그리스도는 사람이 다시 태어나기 전에 죽으셔야만 했다. 그의 죽음은 생명을 가져온다.

2 죄인은 그를 믿어야만 한다(18～21절) - 그리스도를 믿는 것이 유일한 구원의 수단이다. 하나님께서 민수기 21장에서 모세에게 명하신 것은 그가 뱀을 죽이고 상처에 고약을 바르거나 유대인을 보호하라는 것이 아니었다. 그것은 모세가 뱀을 들어올리고, 사람들에게 믿음으로 바라보라고 말하는 것이었다. 보지 않는 것이 정죄를 의미하나, 믿음은 구원을 의미한다.

요한복음 1장 4～13절의 빛과 생명, 어두움과 죽음의 상징을 여기서 다시 회고해 보자. 죄인들은 어두움 가운데서 살 뿐만 아니라 어두움을 사랑하기 때문에, 그들의 죄가 드러나고 용서될 그 빛으로 오기를 거절한다.

4. 중생에 대한 갈등(3 : 22～26)

가장 좋은 번역판들은 25절을 "요한의 제자들과 한 유대인 사이에 의식적인 결례에 대한 논의가 일어났다"고 번역한다. 우리는 이 유대인이 니고데모였을 것이며 여전히 진리를 추구하고 있었다고 믿는다. 오늘날의 많은 사람들처럼 니고데모는 세례(침례)와 종교의식에 대해 혼돈되어 있었다. 아마도 그는 물로 태어남이 세례(침례) 또는 유대의 결례의식이라고 생각했다. 세례(침례) 요한이 유대인을 그리스도에게 인도한 방법을 눈여겨보자. 만일 세례(침례)가 구원에 필요하다면 이 부분이야말로 성경이 그렇게 말할 장소이다. 그러나, 아무 말도 없다! 그 대신, 믿는 것에 강조를 두고 있다(36절).

니고데모가 어둠으로부터 나와서 마침내 거듭난 그리스도인이 되었다는 것은 명백하다. 여기 요한복음 3장에서 우리는 니고데모가 혼란의 어두움 속에 있는 것을 보지만 7장 45～53절에서는 그가 확신의 새벽녘에 있는 것을 본다. 그는 그리스도의 말씀을 공평하게 들어 주려고 한다. 그리고 19장 38~42절에서는 니고데모가 공개적으로 그리스도와 연합된 고백의 대낮에 있는 것을 보게 된다.

다섯 남편과 함께 한 여인

-요한복음 4장-

이 장은 사마리아 여인에 대한 그리스도의 사역 부분(4 : 1~42)과, 귀족을 위해 그리스도께서 기적을 베푸신 부분(1 : 43~54)으로 구분된다. 어떤 면에서, 두 부분 모두 기적을 내포하고 있는데, 사마리아 여인의 변화는 왕의 신하의 아들을 위한 "먼 거리에서의" 치료 만큼이나 놀라운 것이다.

1. 사마리아 여인에 대한 그리스도의 사역(4 : 1~42)

사마리아인들은 유대인과 이방인들의 혼혈인이었으므로 유대인들에게서 배척되고 증오받는 대상이었다. 그들은 유대인과 경쟁하느라 그들 자신의 종교 체계를 가지고 있었으며(4 : 20~24) 메시야가 오실 것을 믿고 있었다(4 : 25).

예수께서는 "사마리아로 통행하셔야 했는데"(4절), 이는 하나님께서 죄 많은 여인을 위하여 그녀가 그리스도를 만나 그에게서 생수를 발견하게 되는 일을 계획하셨기 때문이다. 이 만남에 대한 기록에서 우리는 이 여인이 그리스도를 믿게 되는 각기 다른 단계들을 보게 된다.

1 "당신은 유대인으로서"(1~9절) - 유대의 랍비가 사마리아 여인에게 호의를 요청했다는 것은 그녀를 놀라게 하였다. 그녀는 그리스도에게서 유대인이라는 사실 이상의 것을 전혀 발견하지 못했다. 그처럼, 죄인은 그리스도에 대해 장님이며, 영원한 것보다는 단지 물을 얻으려는 것과 같은 생활에 관한 일에 더 관심을 갖는다.

2 "당신이 야곱보다 더 크니이까?"(10~15절) - 예수께서는 10절에서 그녀의 무지함을 두 가지로 말씀하신다. 즉, 하나님의 선물인 구원과, 그녀의 면전에 있는 구세주에 대한 것이었다. 예수께서는 생수(생명수)를 말씀하셨으나, 그 여인은 문자 그대로의 물로 받아들였다. 죄인은 육적인 것과 영적인 것을 얼마나 잘 혼동하는가! 니고데모는 예수님의 말씀을 육적인 탄생으로 생각했으며(3 : 4), 제자들조차 후에 예수님의 말씀을 문자적인 떡으로 생각하였다 (4 : 31~34).

예수께서는 그녀에게 세상 것들은 만족을 주지 못함과, 그리스도가 없이는 사람들이 항상 "다시 목마를 것"을 지적하셨다. 누가복음 16장 19~31절은 이 사실을 매우 명확하게 규명한다. 이 생에서 쾌락의 갈증을 느꼈던 부자는 지옥에서조차도 다시 목말라하는 자신을 발견하고 있다!

예수께서는 그 생수가 신자의 속에서 솟아나서 그를 계속적으로 소생시키며 만족시킬 것을 약속하셨는데, 여전히 이 여인은 혼동하면서 그 물을 요청하였다.

③ "당신은 선지자로소이다！"(16～24절) – 비록 혼동하고는 있었으나 생수에 대해 관심을 나타내었던 그녀는 스스로 자신의 죄에 직면하였다. "가서 네 남편을 데려오라！"는 그리스도의 명령은 그녀의 양심을 자극시키기 위한 것이었으며, 그녀는 자신의 죄를 직시하였다. 어느 누구도 자신의 죄를 숨기고는 구원받을 수 없다(잠 28：13).

이 여인의 화젯거리가 어떻게 변하는지를 눈여겨보라. 오늘날의 회심한 죄인처럼, 그들은 종교에 있어서의 차이점에 대해 논하기 시작했다！ "우리가 어디서 예배하리이까？" "어느 종교가 옳은지요？"

예수께서는 하나님 아버지를 아는 것이 중요하다는 점과, 이 일은 다만 구원을 통해서만 가능하며, 구원은 유대인으로 말미암는다는 것을 지적하셨다. 이제 그리스도께서는 그녀가 자신의 죄와, 만족을 추구하는 욕망과, 그녀의 종교적 신앙의 공허함(헛됨)을 직면하게 하셨다.

④ "내가 그(그리스도)로라！"(25～42절) – 이제 그리스도의 인격과 그 말씀의 권위에 눈이 뜨인 그녀는 그리스도를 믿고 구원받았다. 그녀는 그 동네의 사람들에게 공적으로 간증을 함으로써 자신의 믿음을 입증하였다. 그들은 그녀의 성격을 알고 있었음이 분명한데, 그들 역시 그리스도를 믿게 되었다. 이 신자들의 마지막 간증을 보자. "이는 그가 참으로 세상의 구주신 줄 앎이니라！"

이 장에서 제자들에 대해 주목해 보는 것도 흥미있는 일이다. 그들은 영적인 음식보다도 육적인 음식에 더 관심이 있었다. 그리스도는 피곤하셨고(6절) 목 말랐으며, 분명히 배고프셨다. 그러나, 육적인 것 이상의 영적인 것들을 두셨다. 제자들은 식품(유익한 것)을 사 온 반면, 그리스도는 영혼(보다 나은 것)을 구하셨다.

사마리아로 올 때에 제자들은 아마도 "여기서는 아무도 구원할 수 없을 겁니다. 이곳 사람들은 마음이 굳은 사람들이고 유대인들의 적이니까요"라고 말했을 것이다. 그러나 그리스도께서는 그들에게 추수하도록 무르익은 들을 보라고 말씀하셨다. 그리고 그들에게 뿌린 이들과 거둔 이들 모두가 추수할 밭에서 함께 일해야 함을 상기시키셨다. 자라게 하시는 이는 하나님이시다(고전 3：5～9). 모든 사람이 그리스도의 심판대 앞에서 자신의 적절한 상급을 받게 될 것이다.

영혼 구원자로서의 그리스도의 모범을 주목해 보자. 그리스도께서는 그를 가

리우는 개인적인 편견이나 육적인 필요들을 허용하지 않으셨다. 그리스도는 그

여인과 우호적인 방법으로 만나셨고, 결정하도록 그녀를 강압하지 않으셨다. 현명하게도, 그리스도는 대화를 이끌어 그녀의 마음에 효과적인 말씀을 하셨다. 또한 그녀에게 구원의 방법에 대해서 개인적이고 애정있게 제시하셨다. 그리스도는 물과 같은 일상적이고 직접적인 것에 대해 말씀하심으로써 그녀의 주의를 사로잡아, 이것으로 영원한 생명에 대한 실례로 사용하셨다(추운 밤중에 그리스도는 니고데모에게 바람에 대해서 말씀하셨다). 그는 죄에 대해 말씀하시기를 피하지 않았고, 그녀의 필요에 직면하게 하셨다.

2. 왕의 신하를 위해 베푸신 그리스도의 기적

이것은 요한복음에 나오는 일곱 가지의 기적 가운데 두번째의 것이다. 그리고 이러한 기적들은 사람이 구원받는 방도와 그에 따르는 결과를 묘사하고 있음을 상기하게 될 것이다(요한복음 서론 참조). 첫번째의 두 가지 기적은 갈보리의 가나에서 일어났다. 물이 포도주로 바뀐 것은 구원이 하나님의 말씀으로 말미암는다는 것을 예증하며, 이 장에서 아들을 고치심은 구원이 믿음에 의한 것임을 보여 준다.

그 아들은 가나에서 27km 떨어진 가버나움에서 죽어가고 있었다. 그 사람은 그리스도께서 자기와 함께 가시기를 원하였는데, 이는 그가 그리스도께서 거리상 멀리 떨어져 있어도 소년을 치료하실 수 있다는 것을 믿지 못했기 때문이다(11 : 21 참조). 예수께서는 그와 함께 가지 않으셨으나 그 대신 "가라 네 아들이 살았다"고 말씀하셨다. 그는 그 말씀을 믿었다!

그가 집으로 돌아가는 데에 서너 시간밖에 걸리지 않았을 터인데 52절의 "어제"라는 말은 그가 가나에서 하루 내내 머물러 있었다는 것을 시사한다. 그 소년은 1시에 치료를 받았는데, 그 다음날에야 아버지는 집에 당도하였다! 이것은 그가 그리스도의 말씀을 실제로 믿었음을 나타내는데, 그는 무슨 일이 일어나는지를 보려고 집으로 내달리지 않았기 때문이다.

이것은 하나님의 말씀을 믿음으로 말미암아 구원받는 길을 보여 준다. **"그리스도께서 말씀하셨으니 그대로 이룰 것을 나는 믿는다."** 그 귀족은 분명히 가나에 머무르면서 어떤 업무를 처리한 후, 그 다음날 집으로 돌아갔다. 그는 "믿음 안에서 기쁨과 평강"을 소유하였다(롬 15 : 13). 그의 신뢰가 오직 그리스도의 말씀 안에 있었기 때문이다.

그는 종들에게서 "당신의 아들이 살았나이다"라는 말을 들었을 때에 놀라지 않았다. 그는 단지 언제 치료되었는가를 그들에게 물었고, 그 시각이 그리스도께서 말씀하셨던 바로 그 때임을 확인하였다. 그 결과, 그의 온 집안이 그리스도를 신뢰하였다. "믿음은 들음에서 나며 들음은 그리스도의 말씀으로 말미암았느니라"(롬 10 : 17).

예수께서는 42절에서 사람들이 믿지 않는 이유가, 그들이 무엇인가를 보며 표적과 기사들을 경험하기를 원하는 데에 있다고 말씀하신다. 사단도 속이기 위해 표적과 기사를 이룰 수 있음을 기억하자(살후 2 : 9~10). 만약 당신의 구원이 느낌, 꿈, 환상, 음성 또는 어떤 다른 육적인 증거들에 근거하고 있다면 매우 위험한 바탕 위에 서 있는 것이다. 오직 하나님의 말씀 안에서의 믿음만이 우리에게 영생의 확신을 줄 뿐이다(요일 5 : 9~13).

무력한 자의 고백
- 요한복음 5 장 -

요한복음의 다른 장들처럼 이 장에는 한 기적과, 기적에 근거한 멧세지가 있다 (5 : 17~47).

1. 기적 - 구원은 은혜에 의한다(5 : 1~16)

이 표적은 사람이 구원받는 방도를 보이는 세 가지의 기적을 완성한다. 첫번째 (물이 포도주가 됨)는 구원이 말씀으로 말미암음을, 두번째 (귀족의 아들을 고치심)는 구원이 믿음에 의한 것임을 보인다. 그리고 이 세번째 기적은 구원이 은혜에 의한 것임을 보여 준다.

이 사람은 가련한 처지에 놓여 있었다. 그는 과거의 죄 때문에 38 년간이나 고통을 당해 왔다. 그는 심신이 괴로운 사람들로 둘러싸여 있었는데, 이들 모두는 구원받지 못한 자들의 슬픈 상태를 주는 실례로서, 병자 (연약한 자 / 롬 5 : 6)와, 소경과 절름발이 (올바로 걸을 수 없는 자 / 엡 2 : 1~3), 혈기 마른 자 (중풍병), 그리고 기다리는 자 (소망 없는 자 / 엡 2 : 12) 등이다. 만약 그들이 천사가 왔을 때에 물에 들어갈 수만 있다면 고침을 받았을 것이나, 그들에게는 거기까지 갈 힘이 없었다. 오늘날의 죄인들과 얼마나 흡사한 모습인가! 만약 하나님의 완전한 법을 지킬 수 있다면 구원받을 수 있을 것이지만, 그렇게 행할 수가 없는 것이다.

하나님의 은혜가 일하는 것을 보라. "베데스다"란 "은혜의 집"이란 뜻이다. 그리고 이것은 한 사람을 위해서 온 것이다. "은혜"란 **받을 자격이 없는 사람들에게 주어지는 친절**을 의미한다. 예수께서는 병든 많은 무리를 보셨으나, 오직 한 사람을 택하셔서 그를 고쳐 주셨다! 그는 결코 다른 사람들보다 더 받을 만하지 못했으나, 하나님은 그를 택하셨다. 이것은 구원의 놀라운 상징이며, 우리가 우리의 장점 때문이 아니라 "그 안에서" 택함을 받았음을 아는 것은 우리를 겸손케 한다 (엡 1 : 4).

그리스도께서 5장 21절에서 하신 말씀은 여기서 적용되는데, 그는 원하시는 자를 살리신다 (생명을 주신다). 우리는 하나님의 은혜를 설명할 수는 없으나 (롬 9 : 14~16), 만약 하나님의 은혜가 없었더라면 어느 누구도 구원받지 못했을 것이다 (롬 11 : 32~36).

몇 가지 다른 점들을 살펴보자.

● **다섯 행각** – 성경에서 "다섯"은 은혜를 나타내는 숫자이다.

● **양문 곁의 물웅덩이** – 희생을 나타낸다. 하나님의 어린 양은 하나님의 은혜가 죄인들에게 부어지기 전에 죽어야 했다.

● **안식일에 병고치심** – 이는 율법이 치료와는 무관함을 입증한다. 우리는 율법을 지킴으로 구원받은 것이 아니다. 예수께서는 혼자서 그를 치료하셨는데, 구원은 오직 그리스도만으로 말미암기 때문이다. 그 사람도 "나를 도울 사람이 없다"고 불평했는데, 그를 도울 사람이 열 둘이나 있었다고 해도 그들은 그리스도께서 하신 일을 할 수가 없다. 잃어버린 죄인에게는 도움이 필요한 것이 아니라 고침이 필요하다.

그리스도는 그의 구주일 뿐만 아니라 또한 그의 주님이셨다. 그는 반대에도 불구하고 그리스도의 말씀에 순종했기 때문이다. 그리스도는 우리를 구원하고자 하실 뿐아니라 우리의 삶을 인도하기를 원하신다. 그는 성전으로 갔다. 이는 하나님의 집에서 예배드리는 것이 구원의 확실한 한 증거이기 때문이다(행 3 : 1~8). 그는 공공연히 그리스도가 그를 고치셨음을 증거하였는데(15절), 입술의 증거는 매우 중요한 것이다(롬 10 : 9~10).

이 사건은 그리스도를 미워하고 반대하는 것의 시작이었다. 이 갈등은 7~12장에서 더욱 악화되어 결국은 그리스도의 십자가로 이끌어간다.

2. 멧세지 – 그리스도는 아버지와 동등하시다(5 : 17~47)

① **그리스도는 세 가지 면에서 아버지와 동등하시다**(5 : 17~23) – 안식일에 병자를 고치신 일은 유대 바리새인들의 율법에 저촉되는 것이었으므로 유대인들은 그리스도를 율법 파기자로 핍박하였다. 그리스도는 멧세지의 첫부분에서, 세 가지 면에서 성부 하나님과 동등하심을 나타낸다.

● **사역에 있어서의 동등함**(17~21절) – 하나님의 안식일의 안식은 창세기 3장에서의 아담과 하와의 범죄함으로 깨뜨려 졌다. 그 때 이후로 하나님은 잃어버린 자들을 찾고 구하시는 작업을 해오셨다. 그리스도는 자신의 일에 대해, 하나님께서 하도록 하신 것이며 하나님을 개인적으로 계시해 보이는 일이라고 말씀하셨다. 그의 사역(기적들)은 죽은 자를 살리는(소생시키는) 기적을 포함하여 하나님으로부터 온 것이다.

● **심판에 있어서의 동등함**(22절) – 하나님은 모든 심판을 아들에게 위임하셨다. 오직 하나님만이 사람을 죄에 따라 심판하실 수 있으므로, 이것은 성자를 성부와 동등하게 하는 것이다(27절 참조).

● **영광에 있어서의 동등함**(23절) – 죽을 운명에 있는 인간으로서 어느 누구

도 감히 하나님만이 받으실 영광을 자기에게로 돌리라고 말할 수는 없다. 그리스도를 멸시하면서도 하나님께 예배 드리기를 주장하는 사람은 거짓말장이이며 속고 있는 것이다.

2 삼중의 부활 (5 : 24~29)

● **오늘날의 죄인들의 부활** (24~27절) – 이것은 영적인 부활로서 (엡 2 : 1~3), 죄인들이 하나님의 말씀을 듣고 믿을 때에 일어난다. 그리스도께서 고치신 그 사람은 실제로 "살아 있는 죽은 자"였다. 그가 말씀을 듣고 믿었을 때에 그에게 새 생명이 주어졌다. 아무도 생명을 다른 사람에게 줄 수가 없다. 그리스도는 그 안에 생명을 가진 분이시며, 그리스도는 "생명"이시므로 다른 사람들에게 생명을 주실 수 있다.

● **생명의 부활** (28~29상반절) – 이것은 장차의 신자들의 부활로서, 데살로니가전서 4장 13~18절과 고린도전서 15장 51~58절에 설명되어 있다. 성경은 "전체적인 심판"을 가르치지 않는 것과 마찬가지로 "전체적인 부활"도 가르치지 않는다. "생명의 부활"은 "첫번째 부활"과 같다 (계 20 : 4~6).

● **심판의 부활** (29하반절) – 이것은 요한계시록 20장 11~15절에 설명되어 있는 것으로서, 하나님께서 새 하늘과 새 **땅을** 만드시기 이전에 일어난다. 그리스도를 거절한 모든 사람이 심판받을 것인데, 이 심판은 그들이 천국에 들어갈지의 여부를 보이는 것이 아니라 (이미 정해져 있으므로) 지옥에서 어떤 형벌을 받게 될지를 보여 주는 것이다.

지옥은 "두번째 사망"으로 불리워지는 것으로서 하나님과의 완전한 분리이다. 그리스도인은 아무도 이 심판을 받게 되지 않는다.

3 그리스도의 신성에 대한 삼중의 증거 (5 : 30~47)

● **세례 (침례) 요한** (30~35절) – 그들은 요한의 말에 귀를 기울이고 그의 사역을 즐거워하기조차 했으나, 그와 그의 멧세지를 거절하였다. 1장 15~34절을 다시 읽고 그가 그리스도에 대하여 사람들에게 어떻게 지시하였는지를 보라 (3 : 27~36 참조).

● **그리스도의 사역** (36절) – 니고데모조차도 그리스도의 기적이 그가 하나님께로부터 온 분임을 입증한다는 데에 동의하였다 (3 : 2).

● **하나님의 말씀** (37~47절) – 구약 성경은 아들에 대한 아버지의 증언이다. 유대인들은 성경을 읽었으나, 그들의 눈이 멀어 진리를 보는 데에는 실패하였다. 모세는 그리스도에 대해 기록하였으며 심판대에서 모세는 그들을 기소할 것인데도, 왜 그들은 믿지 않았는가? 그들은 말씀을 거절했고 (38절) 오지 않았으며 (40절) 하나님을 사랑하지 않았고 (42절), 그를 영접하지 않았다 (43절). 그들은 하나님으로부터 오는 영광이 아니라 서로 사람들에게서 영광을 받고 (44

절) 말씀을 청종하려 하지 않았다(47절).

생명의 떡

-요한복음 6장-

1. 표적들(6 : 1~21)

첫번째의 세 가지 기적은 말씀과 믿음, 은혜로 말미암는 구원의 방법을 예증한다. 네번째 표적(5,000명을 먹이심)은 잃어버린 사람들을 구원하는 데 있어 사람과 하나님 사이의 협력을 예증한다. 그리스도는 떡을 가지사 축사하시고 제자들에게 나눠 주신 후, 제자들은 군중에게 떡을 먹였다. 구원과 모든 은혜가 주님께 속하였지만 주님은 복음의 멧세지를 사람에게 가져다 주기 위해 아직도 인간이라는 기구들을 사용하신다. "전파하는 자가 없으니 어찌 들으리요?"(롬 10 : 14).

아주 실제적인 의미에서, 그리스도는 굶주린 영혼에게 생명의 떡을 먹이는 데 우리의 손이 아닌 어떤 손도 가지고 계시지 않다. 만일 그 작은 아이처럼 우리가 주님께 우리의 모든 것을 드리면 그는 그것을 취하여 쪼개셔서 다른 사람을 축복하는 데에 사용하신다. 요한복음에서의 마지막 세 표적은 구원의 결과를 예증한다.

- ●**폭풍을 잠잠케 하심**(6 : 15~21) – 구원은 평안을 가져온다.
- ●**소경을 고치심**(9 : 1~7) – 구원은 빛을 가져온다.
- ●**나사로를 죽은 자들로부터 일으키심**(11 : 34~46) – 구원은 생명을 가져온다.

예수께서는 단지 배를 채우는 데에만 관심이 있는 무리들의 왕이 되려 하지 않으신다(26절). 그리스도는 군중들을 해산시키고, 폭풍이 오고 있음을 잘 아시면서도 제자들을 바다 건너로 보내셨다. 오늘날의 교회와 대단히 유사하다. 우리는 사단의 폭풍에 거스려 애쓰지만, 우리의 주님은 우리를 위하여 산 위에서 기도하시며, 어느 날 평화를 가져오실 것이다. 또한 그리스도께서 배에 오르셨을 때에 배가 기적적으로 목적지에 이른 데에도 주목하자.

구원은 그 마음에 하나님과의 평화(롬 5 : 1)와 하나님의 평강(빌 4 : 4~7)을 가져온다.

2. 설교(6 : 22~65)

22~31절에서 우리는 설교에 대한 본을 갖는다. 먹을 것에만 관심있는 그사람

들은 바다 건너편의 가버나움까지 그리스도를 따라와서 회당에 모였다(59절).
그리스도는 그들의 천박한 육적 동기(26~27절)와, 믿음으로 구원받는 것이
무엇을 의미하는지를 모르는 그들의 무지를 나타내신다(28~29절). 그리스도
는 그들에게 떡을 은혜로써 먹이셨으며, 그들이 해야 할 모든 것은 믿음으로 그
것을 받는 것이다. 마찬가지로 그리스도는 그들에게 영생을 주시기를 원하셨다.
그러나 그들은 영생을 위해 일해야만 한다고 생각했다.

유대인들은 예수님께 "우리에게 표적을 보이라!"고 도전하였다. 이들은 모
세가 유대인들을 먹이기 위해 하늘로부터 떡(만나)을 가져온 것을 상기시켰는
데(출 16장), 예수께서는 이것을 자신의 설교를 위한 기초로 사용하셨다. 이
설교는 세 가지로 분류되는데, 각기 군중들의 반응이 나타난다.

1 **그는 자신의 인격을 나타내신다**(생명의 떡 / 6 : 32~40) - 이것은 그가
바로 하나님의 아들이시라는 대담한 주장이다. 하나님의 생명의 떡은 하늘로부
터 오신 한 인격이다(33절). 그리고 그는 생명을 주시되, 모세가 했듯이 유대
인에게만 주는 것이 아니라 온 세상에게 주신다. 이 떡을 받는 방법은 와서 취
하는 것이다. 이 떡은 오늘날에도 생명을 줄 뿐만 아니라 미래에도 부활의 때에
생명을 준다.

유대인들의 반응에 주목하자(41~42절). 예수께서는 하나님이 곧 자신의 아
버지이심(32절)을 말씀하셨으나, 그들은 요셉이 그의 아버지라고 말하였다(42
절).

예수 그리스도의 상징적인 모형으로서 **구약의 만나**를 연구해 보는 것은 흥미
로운 일이다.
- 만나는 밤에 하늘로부터 왔고, 그리스도께서는 사람이 어두움 가운데 있을
  때 하늘로부터 오셨다.
- 만나는 이슬 위에 떨어졌다. 그리스도께서는 하나님의 성령으로 태어나셨다.
- 만나는 땅에 의해 더럽혀지지 않았다. 그리스도께서는 죄가 없으셨고 죄인
  들과 구분되었다.
- 만나는 작고 둥글고 희었다. 이것은 그리스도의 겸손, 영원, 순결을 말한다.
- 만나는 맛이 달았다. 그리스도는 자기를 믿는 자들에게 달콤하시다.
- 만나는 취해지고 먹혀야만 한다. 그리스도는 영접되고 소유되어져야 한다.
- 만나는 값없는 선물로 왔다. 예수 그리스도는 세상에 대해 값없는 하나님의
  선물이시다.
- 모든 사람을 위해 충분했다. 그리스도께서는 모든 사람을 위해 충분하시다.
- 만일 만나를 줍지 않으면 만나를 밟게 된다. 그리스도를 영접지 않으면 그
  를 거절하고 그를 밟게 된다(히 10 : 26~31).
- 만나는 광야 음식이었다. 그리스도는 하늘까지 가는 순례길에 있는 우리의
  양식이다.

② **그는 구원의 순서를 나타내신다** (6 : 43～52) - 잃어버린 죄인은 하나님을 찾지 않는다. 따라서, 구원은 하나님과 함께 시작된다. 하나님은 어떻게 사람들을 그리스도께로 이끄시는가? 그는 말씀을 사용하신다 (45절). 데살로니가후서 2장 13～14절을 주의깊게 읽고, 그리스도께서 의미하시는 "사람들을 이끄는 것"의 명백한 설명을 보라.

육적인 떡은 생명을 잠시동안만 유지시킬 뿐이며 사람은 여전히 죽는다. 영적인 떡 (그리스도)을 받아들이는 것은 영생을 준다. 그리스도는 51절에서 그가 자신의 몸을 온 세상의 생명을 위해 내어주리라는 것을 분명하게 말씀하셨다. 유대인들은 이에 반발하였다 (52절). 사람의 몸을 먹는 것은 유대의 율법에 저촉되는 것이기 때문이었다. 니고데모와 같이 그들은 영적인 것을 육적인 것으로 혼동하였다.

③ **그는 구원의 능력을 나타낸다** (6 : 53～65) - 예수께서는 그의 살을 "먹는 것"으로, 그의 피를 "마시는 것"으로 의미하셨는가? 예수께서 문자적으로 말씀하신 것이 아니다! "살리는 것은 영이다" (63절). "내가 너희에게 이른 말이 영이요 생명이라." 다른 말로 하자면, 사람이 그리스도의 살을 먹고 그의 피를 마신다는 것은 성령에 의해 가르침을 받은 것으로서 그 말씀을 받아들임이 곧 그리스도를 먹으며 그를 받아들이는 것이다.

그리스도는 성찬에서의 떡과 잔에 대해서나, 또는 로마 카톨릭의 미사에 대해 말씀하신 것이 아니다. 성찬은 단지 예수께서 그것을 기념하라고 말씀하셔서 설치된 것에 지나지 않는다. 고것은 생명을 주지 않는다. 사람이 떡을 먹고 포도주를 마심으로써 영생을 얻었다고 말하는 것은 "육체는 결코 유익이 없다"는 하나님의 말씀을 부인하는 것이다.

예수 그리스도는 살아 있는 말씀이시며 (1 : 1～4) 우리를 위해 "육체가 되신" 분이시다 (1 : 14). 성경은 기록된 말씀이다. 성경이 예수님에 대해 말씀하시는 것은 또한 그 자신에 대해 말씀하시는 것이다. 둘 다 거룩하고 (눅 1 : 35 / 딤후 3 : 15) 진리이며 (요 14 : 6 / 17 : 17), 둘 다 빛이며 (요 8 : 12 / 시 119 : 105) 생명을 주고 (요 5 : 21 / 시 119 : 93) 거듭나게 한다 (요일 5 : 18 / 벧전 1 : 23). 둘 다 영원하며 (계 4 : 10 / 벧전 1 : 23) 하나님의 능력이다 (고전 1 : 24 / 롬 1 : 16).

결론은 분명하다. 사람이 그 마음에 말씀을 받아들일 때에 곧 예수 그리스도를 받아들이는 것이다. 우리가 말씀을 취함으로써 "그의 살을 먹게 된다." 예수께서는 51절에서 "나는 산 떡이라"고 하셨으며, 마태복음 4장 4절에서 "사람이 떡으로만 살 것이 아니요 하나님의 입으로 나오는 모든 말씀으로 살 것이라"고 말씀하셨다. 베드로는 설교의 의미를 파악하여, 68절에서 "영생의 말씀이 계시매 우리가 어디로 가리이까?"라고 말했다.

사람들의 반응에 대해 주목해 보자. 그들은 그 교리에 마음이 상해서 (61절) 더이상 그리스도와 함께 하려 하지 않았다. 이것은 요한복음에 나타난 첫번째의 위기였다(개요 참조).

3. 체질(6 : 66~71)

그리스도의 인격을 나타내는 하나님의 말씀은 항상 거짓으로부터 참을 분리해
낸다. 육체를 위해 떡을 원하였던 군중들은 영혼을 위한 생명의 떡을 거절하였
다. 베드로와 열 명의 제자들은 그리스도 안에서 그들의 믿음을 확고히 하였다.
그들의 믿음은 말씀을 들음에서 왔다(롬 10 : 17). 그러나 유다는 위선자였으
며 결국에는 그리스도를 배반하였다.

66절에 있는 **"제자들"**이란 말은 열 두 사도들을 의미하는 것이 아니라 군중
들 중에서 "추종자들"을 가리키고 있음에 유의하자.

생명수이신 그리스도

-요한복음 7장-

우리는 이제 요한복음의 첫단락인 "상고의 시기"를 마치고, "갈등의 시기"인 두번째 단락으로 접어들었다. 유대인들은 예수님의 표적을 보고, 설교를 들었으나, 이제 그리스도와의 투쟁을 시작한다(7 : 1, 19, 23, 30, 32, 44/ 8 : 6, 37, 48, 59 / 9 : 22, 34 / 10 : 20, 31~33, 39 / 11 : 8, 16, 46~57 / 12 : 10 참조).

1. 절기 이전 - 의혹 (7 : 1~9)

초막절은 일곱째 달(9~10월)의 15일부터 시작하여 8일간 계속된다(레 23 : 34~44 / 신 16 : 13~16 / 민 29 : 12~40). 이 절기는 이스라엘이 광야에서 방황할 때에 살았던 장막 시절을 기념하기 위한 것으로, 출애굽기 23장 16절은 이 절기가 또한 추수의 축제(초실절)임을 시사한다. 이것은 유대의 모든 남자가 반드시 참석해야 하는 세 절기 중의 하나였다.

여기서의 **그리스도의 "형제들"**이란 요셉에 의해 태어난 마리아의 자녀들이다. 누가복음 2장 7절은 그리스도를 마리아의 "맏아들"이라고 부르고 있는데, 이것은 마리아가 다른 자녀들을 낳았음을 시사한다. 마가복음 3장 31~35절과 마태복음 13장 55~56절 또한 이를 지적한다. 이 형제들은 어떤 이들이 마리아의 "완전한 동정녀"를 입증하려 하여 가르치는 대로 주님의 "사촌"이 아니다. 그리스도의 형제들은 비록 사도행전 1장 14절에서 그리스도의 부활 후에 그리스도를 영접하였음을 나타내고는 있으나 그 당시에는 그를 믿지 않았다. 시편 69편 8~9절은 그들의 불신앙을 예언하고 있는데, 아뭏든 마리아가 다른 자녀들을 낳았음에 대한 또다른 증거이다.

그리스도는 하나님의 때에 따라서 사셨다. 구원받지 못한 사람은 자기 뜻대로 오고 갈 수 있지만, 하나님의 자녀는 주께서 인도하시도록 해야 한다. 그리스도의 형제들이 종교적인 절기에 참석하기 위해 그들의 구세주를 뒤에 남겨 두었다는 것은 얼마나 슬픈 일인가!

2. 절기 도중 - 논쟁 (7 : 10~36)

5,000명을 먹이신 일과 병자를 고치신 것은 (5 : 1~9 / 7 : 23) 군중들의 홍미를 일으켰다. 예수께서 안식일에 병자를 고치셨으므로 유대인들은 그리스도가

175

하나님께로서 온 사람이 아니라고 말했다. 그들은 그리스도를 귀신들렸다고 불렀으며 그를 죽이려고 모의하였지만 아직은 하나님의 정한 때가 아니었다(30절). 유대인들은 다섯 가지의 다른 논제를 놓고 논쟁을 벌였다.

1 **그의 성품**(10~13절) – 어떤 이들은 그를 "선하다"고 하였고, 다른 이들은 "사기꾼"이라고 했다. 그들은 왜 혼동하고 있는가? 이는 그들이 유대의 지도자들을 두려워했기 때문이다. 잠언 29장 25절은 "사람을 두려워함이 올무에 걸리게 한다"고 경고하고 있다. 그리스도의 성품은 흠이 없었으므로 그들이 결국 체포하였을 때에는 그에 대하여 거짓 증인들을 데려와야 했다. 빌라도와 유다, 로마의 군사조차도 모두 다 그를 무죄하다고 선언하였다.

2 **그의 교리**(14~18절) – 유대인들은 그리스도의 영적인 지식에 대해 깜짝 놀랐다. 왜냐하면 그리스도는 결코 그들의 "선지학교"를 다니거나 "학교를 졸업한 일"이 없기 때문이다. 교육이란 축복임에는 틀림없지만, 하나님께로부터 개인적으로 가르침을 받는 것은 단지 인간의 사상들을 빌리는 것보다 훨씬 낫다.
  그리스도의 교리는 하늘로부터 온 것이나, 인간의 가르침은 인간의 어두운 마음에서 온 것이다. 바울은 "거짓되이 일컫는 지식(과학)"을 경고한다(딤전 6 : 20 / 골 2 : 8 이하). 17절은 "만일 사람이 나의 뜻을 기꺼이 행하려 한다면…"이라고 읽을 수 있다. 순종하려는 의지는 하나님의 진리를 배우는 비결이다.

3 **그의 사역**(19~24절) – 그들은 그리스도께서 안식일에 일하신 것을 비난함으로써 그들이 율법 준수자인 체하였으나, 그리스도는 그를 죽이려는 그들의 욕구가 곧 그들이 존중하는 그 율법을 어기는 것임을 보이셨다. 그리스도를 반대하며 그의 말씀을 거절하는 사람들이란 얼마나 모순된가! 안식일에 할례를 줄 수는 있으나 안식일에 병을 고칠 수는 없나니! 오늘날의 많은 사람들처럼 그들은 진실이 아닌 외모로 얄팍하게 심판하고 있었다.

4 **그의 근원**(25~31절) – 27절은 42절과 모순되지 않는다. 유대인들은 메시야가 태어나실 곳을 알고 있었으며, 또한 그의 탄생이 신비하고 초자연적일 것도 알았다(사 7 : 14). 달리 말해서, 그들은 그가 "어디서부터 왔는지"를 알지 못하고 것이다. 그 기록은 그리스도께서 처녀인 마리아에게서 탄생하심을 말하였으나, 유대인들은 이를 믿지 않았다.
  요한복음 8장 41절은 유대인들이 예수께서 범죄함으로 인하여 태어났다고 비난하고 있음을 시사하는데, 아마도 요셉과 결혼하기 이전의 마리아의 상황이 이들로 하여금 이런 말을 하게 하였을 것이다. 28~29절에서 그리스도는 그가 하나님으로부터 보내심을 받았으며, 그들이 아버지를 안다면 아들도 알 것임을 확언하셨다.

5 **그의 경고**(32~36절) – 그리스도께서 말씀하신 "조금 더"는 약 6개월 간 계속되었다. 사람들이 주님을 "찾을 만한 때에" 찾는 것은 중요한 일이다(사 55 : 6 참조). 오늘날 그리스도를 거절한 많은 잃어버린 죄인들이 다음 날 그를 찾을 것이지만, 이미 그들 가운데서 떠나신 후일 것이다(잠 1 : 24~28).

유대인들은 영적 진리에는 무지하였으므로 그리스도께서 유대인들이 나라들 중에 흩어질 것을 말씀하신다고 생각하였다. 그들이 진리에 대해 순종하려 하지 않았으므로 그들은 진리를 알 수가 없었다. 그들은 그리스도께 순복하는 대신 그리스도와 논쟁을 하고, 그들의 영혼을 잃었다.

3. 절기의 마지막 날－분리(7 : 37~53)

절기의 일곱째 날은 가장 큰 날이었다(8일째 날은 장엄한 총회 중의 하나였다 /레 23 : 36 /민 29 : 35). 절기의 아침마다 희생이 드려지고 제사장들은 실로암 못에서 금대접으로 물을 길어 성전에 붓도록 운반하였다. 이것은 하나님께서 유대인에게 광야에서 주신 놀라운 물의 공급을 기념하는 것이었다. 이 일곱째 날은 "큰 호산나의 때"로 알려져 있으며, 그 절기의 절정을 이룬다.

"누구든지 목마르거든 내게로 와서 마시라"고 그리스도께서 외치셨을 때에 어떤 일이 발생했으리라는 것을 알기에는 별로 상상력을 동원할 필요가 없다. 이는 제사장들이 물을 붓는 것과도 같은 것이다. 그리스도는 물을 흘려낸 반석이시다(출 17 : 1~7 / 고전 10 : 4). 그는 생명의 영이 죄인들을 구원하고 만족케 하기 위해 십자가 위에서 침을 당하셨다. 성경에서 정결케 하는 물은 하나님의 말씀을 나타내며(요 13 : 1~17 / 15 : 3), 마시는 물은 하나님의 성령을 상징한다(요 7 : 37~38).

그리스도의 초청에 귀를 기울이는 대신 사람들은 논쟁하고 다투었으며, 그들 간에는 분리가 일어났다. 어떤 이들은 믿었고, 어떤 이들은 거절하였다(마 10 : 31~35/눅 12 : 51~52). 병사들은 그의 말씀이 그들의 마음을 압도했기 때문에 체포할 수가 없었다(46절). 유대의 종교지도자들이 그리스도를 거절함으로써 그들을 따르는 다른 이들에게 구원의 문을 닫았다(마 23 : 13).

니고데모가 이 상황에 다시 들어오는데, 그는 그리스도의 법적인 특권을 옹호하고 있다. 요한복음 3장에서 그는 혼란의 어두움에 있었으나, 여기서는 확신의 여명기를 경험하고 있었다. 그는 그리스도에게 정당한 기회를 드리려 하였다. 말씀에 순종하는 것이 **하나님의 진리를 배우는 비결**이므로, 이로 인하여 니고데모는 진리를 배우게 되었다(17절).

요한복음 19장에서 니고데모는 고백의 한낮에 있는데, 공개적으로 그 자신을 그리스도와 동일시하고 있다. 어떻게 그는 이러한 결심을 하게 되었는가? 그는 말씀을 읽고 연구하기 시작하였다. 그의 관원들은 그에게 "조사해 보라"고 말하였으며, 그는 그렇게 하였다. 하나님의 말씀을 읽고 순종하는 사람은 누구나 어두움에서부터 하나님의 기이한 빛 속으로 이동하게 된다.

생명의 빛과 자유이신 그리스도

- 요한복음 8 장-

이 장은 유대 지도자들과 대립되어 있는 그리스도를 보여 주며, 일련의 중요한 대조점들을 제시한다.

1. 빛과 어두움(8 : 1~20)

그들은 이 여인을 성전의 보배로운 부분인 여인의 뜰에 계신 예수께로 데려왔다(20절). 그들의 동기는 그리스도를 고소하고 곤경에 빠뜨리려는 것이었다. 만약 그리스도가 그 여인을 놓아 주면 모세의 율법을 범할 것이며(레 20 : 10 / 신 22 : 22), 그녀를 돌로 치면 죄를 사하시는 분임을 주장할 수가 없게 된다.

아더 핑크(Arther Pink)는 그리스도께서 땅 위에 두 번 손가락으로 쓰신 것은 율법의 두 돌판과 하나님의 손가락으로 기록하심을 그들에게 상기시키기 위한 행동이었다고 말한다(출 31 : 18 /32 : 15~ 18 / 34 : 1). 유대인들이 범죄함으로 인해 모세는 첫판을 깨뜨렸지만, 하나님은 피의 제사를 준비하고 두번째 돌판을 주심으로써 그들의 죄를 용서하셨다. 그리스도는 이 여인의 죄를 대신하여 죽으셨으며, 그녀가 그리스도를 "주여"라고 불렀을 때에 용서할 수 있으셨다.

12절의 위대한 "나는…이다"는 그리스도의 선언이 이 사건 뒤에 나온다. 하나님은 빛이시므로, 세상의 빛으로서의 그리스도는 하나님이심을 주장하였다(요일 1 : 5). 어두움은 죽음과 무지와 죄를 말하지만, 빛은 생명과 지식과 거룩함을 말한다. 빛은 죄를 드러낸다(요 3 : 20). 잃어버린 죄인은 어두움 가운데 살며(엡 2 : 1~3 / 4 : 17~19 / 5 : 8), 그리스도를 거절하면 영원한 어두움 가운데 지내게 될 것이다(마 25 : 30). 유대인들은 그리스도께 순복하는 대신 성전에서 그와 더불어 논쟁하였다!

2. 하늘과 땅(8 : 21~30)

여기에는 두 가지의 출생이 나오는데, 즉 하나님의 영에 의한 출생인 위로부터의 태어남과, 육에 의한 출생인 아래로부터의 태어남이다. 그리고 두 가지의 죽음의 길이 있는데, 즉 죄인이 그의 죄로 죽는 것과, 신자가 주님 안에서 죽는 것이다(계 14 : 13). 예수 그리스도 안에서의 믿음은 차이점들을 만들어낸다.

예수께서는 그들에게 그가 하늘로부터 오셨음을 말씀하셨다. 아버지께서 그 *179*

를 보내셨고 (26절) 그를 가르치셨으며 (28절) 그와 함께 계신다 (29절). 아버지는 그리스도가 십자가에서 우리를 위해 죄를 지셨을 때에 그 아들을 버리셨다. 28절에서 그리스도는 "들려질 것"에 대해 말씀하시는데, 이는 물론 십자가 형을 의미한다. 그리스도는 이 사실에 대해 3장 14~16절에서 니고데모에게 말씀하셨으며, 12장 32~34절에서도 재차 언급하셨다.

3. 자유와 속박(8:31~40)

믿는 유대인들은 그들의 신실함으로 그들의 믿음을 증거하라고 조언을 받았다. 그리스도 안에서의 믿음은 사람으로 **하나님의 자녀**가 되게 하지만, 말씀에 거하고 진리를 아는 것 (살아가는 것)은 **제자**가 되게 한다. 그리스도는 영적인 자유와 구속을 말씀하신 것으로, 육적인 의미나 또는 정치적인 뜻이 아니었다. 잃어버린 죄인은 육체와 죄, 사단과 세상의 속박을 받고 있다 (엡 2:1~3). 그리스도 안의 진리를 받아들임으로써 그는 자유롭게 된다!

물론, 그리스도의 반대자들은 그들의 육체적인 이점만을 드러내어 "우리는 아브라함의 자손이다"고 말한다. 그들은 세례(침례) 요한에게도 똑같은 말을 하였다 (마 3:8~9). 예수께서는 여기서 아브라함의 자손을 육적 (37절), 영적 (39절)으로 주의깊게 구분하신다. 바울은 로마서와 갈라디아서에서 이와 같은 구분을 하고 있다 (롬 2:28~29 / 4:9~12 / 9:6 / 갈 4:22~29).

사람들은 육적인 것과 영적인 것을 혼동하기 때문에 지옥으로 간다. 예수께서는 니고데모에게 영적 탄생에 대해 말씀하셨으나, 그는 육적인 출생에 대해 물었다 (요 3:4). 그리스도께서 여인에게 영생의 물 (산 물)에 대해 말씀하셨으나, 그녀는 문자적으로 육적인 물로 받아들였다 (4:15). 육은 무익하다! (6:63) 구원은 영적인 경험이며 인간으로서의 탄생과는 아무런 관계가 없다.

4. 하나님의 자녀와 사단의 자녀 (8:41~47)

성경에서 **"영적인 자녀"의 네 가지 종류**에 대해 말하고 있음을 기억하자. 우리는 본래 진노의 자녀로 태어난다 (엡 2:3). 우리가 고의적인 죄와 반역의 나이에 이르면 불순종의 자녀가 되며 (엡 2:2), 그리스도 안에서 믿음을 갖게 되면 하나님의 자녀가 된다 (요 1:12). 그러나, 최종적으로 그리스도를 거절하고 자기 의 (義 / 마귀의 대용품)를 더 좋아하는 사람은 마귀의 자녀가 된다.

마귀의 자녀가 거짓된 그리스도인으로 여겨지는 경우도 있다 (마 13:24~30, 36~43절 참조). 예수께서는 **마귀의 자녀들의 특성**에 대해 지적하셨다.
1 하나님의 말씀이 거할 곳을 주지 않는다 (37절).
2 인간적인 출생, 공로, 의식 등 육적인 일을 신뢰한다 (39절).
3 그리스도를 미워하고 그를 죽이려 한다 - 사단은 살인자이다 (40, 44절).

④ 그리스도 또는 그리스도의 일을 사랑하지 않는다 (42절).
⑤ 말씀을 깨닫지 못한다—사단이 그들을 눈멀게 했다 (43절).
⑥ 거짓말장이이며 진리보다 거짓말을 더 좋아한다 (44절).
⑦ 하나님의 말씀을 들으려 하지 않고 말씀을 미워한다 (47절).

　이 마귀의 자녀들은 부도덕하며 술취하거나 도박꾼들이 아님을 기억하자. **그
들은 그리스도를 거절한 자기 의를 지닌 사람들이다!** 오늘날 참으로 영적이
고 성경에 근거한 종교가 아니면서 "기독교"로 간주되는 많은 것들이 마귀의
모조품이다 (고후 11 : 14). 수 많은 사람들이 오늘날 복음의 능력이 없는 "경
건한 모습"으로 사단에게 미혹되고 있다.

5. 공경과 무시 (8 : 48~59)

하나님은 그 아들을 높이셨으나, 자기 의를 가진 인간들은 그를 무시하였다. 그
들은 그리스도를 사마리아인이라 부르고 귀신이 들렸다고 비난함으로, 그를 멸
시하였다. 사마리아인이란 유대인들에게 있어서 그 땅의 찌꺼기였다. 예수께서
는 그들에게 아브라함이 그의 날을 보고 즐거워하였다고 말씀하셨다. 어떻게 아
브라함이 그리스도의 날을 볼 수가 있는가? 이는 믿음으로써 가능하다 (히 11 :
10~16). 그는 제단 위에 이삭을 드릴 때에 모형으로서의 그리스도를 보았다.
그의 약속된 아들인 이삭이 태어난 그것은 바로 그리스도의 오심에 대한 상징이
었다. 하나님께서는 아브라함의 믿음과 순종 때문에, 그를 친구라 부르시며 그
와 많은 비밀을 나누셨다 (창 18 : 16~22).

　하나님의 말씀의 밝은 빛이 마음에 비췰 때에 사람들은 그것을 받아들여 구
원을 얻든지, 아니면 거절하여 잃어버린 바된다. 이 종교적인 유대인들이 어떻
게 그리스도를 미워했으며 그를 죽이려 했었는지를 보라! 이것은 실로 그들이
살인자인 사단의 자녀임에 대한 증거이다.
　예수께서는 "아브라함이 나기 전부터 내가 있느니라"고 말씀하심으로써 여호
와 하나님이심을 주장하셨다 (출 3 : 14). 24절에서도 역시 "너희가 만일 내가
그인줄 믿지 아니하면 너희 죄 가운데서 죽으리라"고 말씀하셨으며, 28절에서
는 "너희는 인자를 든 후에 (십자가) 내가 그인 줄 알고…"라고 말씀하셨다. 사
단의 거짓말은 예수 그리스도가 하나님의 아들이 아니라는 것이다 (요일 2 : 22
/요일 4 : 1~3). 하나님을 공경하는 동시에 그리스도를 무시하고 거절하기란
불가능하다 (5 : 23).

　　　*　　　*　　　*　　　*　　　*

■ 실제적인 적용

1 당신은 빛 가운데 행하는가 아니면 죄의 어두움 가운데 있는가?

2 당신은 육적 탄생에 의존하는가 아니면 하늘로부터 온 탄생을 의지하는가?

3 당신은 하나님의 자유하는 아들인가 아니면 사단의 노예인가?

4 당신은 마귀의 자녀가 되어 영원히 잃어버리게 될 위험에 처해 있는가?

5 오늘 당신은 그리스도를 믿고 그가 받으실 영광을 돌리려 하는가?

소경의 고침
- 요한복음 9장 -

이것은 그리스도의 신성을 증명하기 위해서 (요 20 : 30~31) 요한복음에 기록된 일곱 가지의 기적 중 여섯번째 기적이다. 앞의 세 기적은 사람이 구원얻는 방법, 즉 말씀을 통해서 (물이 포도주가 됨), 믿음으로 (신하의 아들), 은혜로 (병자) 말미암는 것을 보여 주었다.

이제 뒷부분의 세 기적은 구원의 결과로서 평화 (폭풍을 잠잠케 함), 빛 (소경의 고침), 생명 (나사로를 살리심)을 보여 준다. 5,000명을 먹이신 일은 복음이 세상에 주어지는 데에 사람과 그리스도와의 협력이 요구됨을 보여 준다.

1. 치료 (9 : 1~7)

1 **이 사람은 잃어버린 죄인의 상징이다.**
● **그는 소경이었다** (엡 4 : 14 / 요 3 : 3 / 고후 4 : 3~6) — 니고데모와 같은 지식층일지라도 구원받지 못한 사람은 영적인 것들을 보거나 이해할 수 없다 (고전 2 : 14~16).
● **그는 구걸하였다** — 구원받지 못한 사람은 비록 세상적으로 보기에는 부유한 사람일지라도 하나님 보시기에 빈곤하다. 그는 만족을 위해서 구걸한다.
● **그는 무기력했다** — 그는 스스로 치료할 수 없었으며, 이에 대해서는 다른 사람들도 불가능했다.

2 **이 치료는 그리스도께서 죄인을 구원하시는 방법을 보여 준다.**
● **은혜 가운데 그에게로 오심** — 그 날은 안식일이었고 그리스도는 쉬려고 생각하셨으므로 그를 지나치실 수도 있었다 (14절). 제자들은 그의 실명의 원인에 대해 논하였으나, 예수께서는 그를 위해 무엇인가를 하셨다.
● **그를 자극시키심** — 진흙이 눈을 자극하였다. 진흙덩이가 어떤 느낌을 갖게 했을지 상상해 보라. 그의 눈에 발려진 진흙은 씻으러 가고 싶은 충동을 일으키게 하였다. 말씀을 전하는 것도 그와 같다. 그것은 사람들을 자극하여 그에 대해 무엇인가를 하고 싶도록 만든다 (행 2 : 37).
● **그리스도의 능력으로 그를 치료하심** — 말씀에 순종함으로써 그는 그리스도 안에서의 자신의 믿음을 입증했다. 그리스도는 그에게 안경을 주시거나, 의사에게로 그를 보내거나, 실례를 들어 보이시거나, 또는 안내자를 붙이지 않으셨다. 그리스도는 그를 치료하셨다. 오늘날의 "종교"는 구원을 위해서 사람들에게 대용품들을 주지만, 오직 그리스도만이 죄와 지옥의 어두움으로부터 건질

수 있으시다.

● **치료가 하나님을 영화롭게 함** – 모든 참된 회심은 오직 하나님의 영광만을 위한 것이다 (엡 1 : 6, 12, 14 / 2 : 8~10).

● **그 치료가 다른 사람의 주목을 받음** – 그의 부모와 이웃들은 그의 삶에서의 변화를 보았다. 이렇듯이 사람이 거듭날 때에는 다른 사람들도 그것을 알게 된다.

2. 논쟁 (9 : 8~34)

종교 지도자들은 누구든지 그리스도를 고백하는 자는 회당에서 출회당한다는 것을 알렸다 (22절). 물론 이것은 친구들과 가족, 그리고 유대 종교로 인한 모든 이점들을 잃게 됨을 의미했다. 이 선언은 그 부모와 이웃들이 아들의 놀라운 치료에 대해 다루게 되어졌을 때에 변죽만 울리고 회피하게 만들었다.

비록 그 때에는 예수라고 불리우는 이가 실제로 누구인지 충분히 알지 못하였지만, 11절에서의 아들의 단순한 고백은 그리스도를 높였다. 바리새인들은 그리스도를 하나님이 아니라고 말하며 (16절) 죄인이라고 함으로써 (24절) 그를 공박하였다. 그 아들은 그가 아는 사실을 말하며 (25절), 바리새인들이 얼마나 어리석은 생각을 하고 있는지를 보여 주었다 (30~33절). 언제든지 단순한 마음을 가진 신자는 잘 교육받은 신학자들보다 영적 진리를 더 잘 안다는 것이 사실이다 (시 119 : 97~104). 결국, 그들은 그를 회당에서 출회시켰다.

그 아들에게 있어서는 변죽을 울리거나 그의 고백을 숨기고 논쟁을 피하기가 더 쉬웠을 것이다. 그러나 그는 두려워하지 않고, 자기의 주장을 내세웠다. 그는 그리스도께서 자기의 삶에 어떤 차이를 만들어 내셨는지를 알고 있었으며, 그것을 부인할 수 없었다. 그리스도를 만나고, 그를 믿는 모든 사람은 그 사실을 공개적으로 알리게 된다.

3. 그의 고백 (9 : 35~41)

그는 당시에는 깨닫지 못하였으나, 그에게 있어서 가장 안전한 곳은 유대교의 밖에 있는 것이었다. 유대인들은 그를 추방했으나, 그리스도는 그를 영접하셨다. 바울처럼 (빌 3 : 1~10) 그는 "그의 종교"는 잃었으나, 구원을 알았고 하늘나라로 갔다.

이 사람이 그리스도를 아는 지식에서 어떻게 성장해 가는지를 주의깊게 보자.
1 **예수라 하는 사람** (11절) – 이것은 그리스도께서 그를 치료하셨을 때에 그가 알고 있던 전부였다.
2 **선지자** (17절) – 바리새인들이 물어왔을 때에 그는 그리스도를 선지자라고 불렀다.

③ **하나님께로서 온 사람**(31~33절) - 그는 그리스도에 대해 이렇게 결론지었다.

④ **하나님의 아들**(35~38절) - 이것은 그의 최종적이고 완전한 신앙고백이다.

잠언 4장 18절은 "의인 (구원받은 자)의 길은 돋는 햇볕 같아서 점점 빛나서 원만한 광명에 이른다"고 말한다. 이 사람의 "빛" 가운데서 자라난 것은 이것을 증명한다. 그리스도인은 마음에 빛을 품은 사람이며 (고후 4 : 6) 세상의 빛이다 (마 5 : 14). 그는 빛 가운데서 행하며 (요일 1장) 빛의 열매를 맺는다(엡 5 : 8~9). "주여 내가 믿나이다"는 그의 말은 그의 생애에서의 전환점이었다.

어떤 사람을 인도하는 그 빛이 다른 사람을 눈멀게 한다(39~41절). 바리새인들은 볼 수 있으면서도 그로 인하여 정죄되었다. 이는 그들이 증거를 거절하고 그리스도를 영접하지 않았기 때문이다. 복음은 각기 다른 종류의 마음에 각기 다른 반응을 가져온다. 가난하고 눈먼 죄인은 복음을 받아들이고 보게 되지만, 자기 의를 가진 종교적인 사람은 복음을 거절하고 영적인 소경이 된다. 빛을 거절하는 것은 위험한 일이다.

      ＊   ＊   ＊   ＊   ＊

■ **요한복음에 나타난 네 종류의 영적인 어두움**

① **심령의 어두움**(1 : 5~9) - 빛이 비취었으나, 사람들은 그것을 깨닫지 못한다. 이들은 고린도후서 4장 3~6절이 가르치는 바와 같이 심령적으로 어두운 상태에 있다.

② **도덕적 어두움**(3 : 19~21) - 사람들은 어두움 가운데 살고 있을 뿐만 아니라 어두움을 사랑한다. 이것은 고의적으로 하나님께 불순종하면서 매 순간마다 어두움을 사랑하는 인간의 마음의 부패함에 대해 말하는 것이다.

③ **판단력의 어두움**(12 : 35~41) - 사람들은 항상 빛을 가지게 되지는 않는다. 빛을 지닌 동안 그들은 믿지만, 그들이 거절하면 하나님은 자신을 숨기시며 어두움이 임하게 된다. 12장 37~41절에는 두려운 결과가 나타나 있다.

● **믿지 않음** / 37절 - 그들에게 기회가 있었을 때
● **믿을 수 없음** / 39절 - 그들의 마음이 더욱 어두워짐
● **믿지 못하게 하심** / 40절 - 하나님의 인내가 끝남

④ **영원한 어두움**(12 : 46) - 어두움에 거하는 것은 바깥 어두운 곳, 즉 지옥에 사는 것을 의미한다. "유다가…나가니…밤이러라"(13 : 30). 그가 끝까지 그리스도를 거절하였으므로 그의 영혼은 어두움에 속하게 되었다.

문이신 그리스도
- 요한복음 10장 -

이 장의 전반부(1~21절)는 9장 34절에서 그 사람이 출회당한 후 즉시 일어난 일이지만, 후반부(22~42절)는 두세 달 후의 일이다. 전 장은 목자와 그의 양에 대한 상징으로 묶여져 있다.

1. 예증(10 : 1~6)

처음 여섯 절은 목자와 양의 관계에 대한 상징이다. 6절은 이것을 "비유"로 부르지만 더 적절한 말은 격언 또는 풍유라 할 수 있다. 예수께서는 사람들에게 단지 목자와 양이 어떻게 행동하는가를 상기시키신다. 그리고 후에 그 적용을 말씀하셨다.

　동양의 양 우리는 무척 단순하다. 약 3m 높이의 돌담이 둘려져 있고 열려진 틈이 문으로 사용되었다. 마을에 사는 목자들은 해질 무렵에 그들의 양을 우리에 몰아 넣고 문지기에게 지키게 한다. 아침이면 목자들은 자기의 양들을 부르는데, 양들은 목자의 음성을 알아듣고 우리 밖으로 나온다. 문지기(또는 목자)는 입구에서 잠자기 때문에 사실상 "문"이 되는 것이다. 목자를 지나지 않고는 어느 누구도 들어가거나 나갈 수가 없다.

　예수께서는 참 목자는 문을 통해 들어오며(1절), 양의 이름을 불러 모으고 양들이 그를 알아들으며(3절), 양을 인도하고 양들이 그를 따른다(4~5절)는 것을 지적하신다. 거짓 목자와 타인들, 즉 도둑이나 강도들은 다른 교묘한 방법으로 들어오려 하며, 양들은 그들을 분별하지도 따르지도 않는다.

2. 설명(10 : 7~21)

① 문(7~10절) - 그리스도는 문이시며, 문으로 양을 "들어오며 나가도록" 인도하신다. 9장에서의 소경은 그리스도를 믿었기 때문에 이스라엘에게서 추방(출회)되었으나, 그리스도에 의해 새 우리로 들어가게 되었다. 아더 핑크(Arther Pink)는 이 장에 실제로 세 가지의 문이 언급되어 있다고 지적하는데, 충분한 설명을 얻으려면 이것들을 구분해야 한다.

● **양 우리로 들어가는 문**(1절) - 여기서 양 우리는 천국이 아니라 이스라엘 민족이다. 그리스도는 지시되어 있는 성경적인 길을 통해 이스라엘에 오셨으며, 문지기인 세례(침례) 요한은 그를 위해 문을 열었다.

● **양의 문**(7절) - 이것은 현재의 그들의 우리 밖으로, 이 경우 유대교의 밖

으로 사람들을 인도하는 문이다. 그리스도는 무리들을 위하여 구 종교 체제를 떠나 새로운 생명을 발견하도록 길을 여셨다.

● **구원의 문**(9절) – 양들은 들어가고 나가는 데에 이 문을 사용한다. 그것은 자유에 대해 말한다. 그들은 영생을 얻게 되며 하나님의 말씀의 꼴을 즐긴다. 사단은 자기의 거짓 교사들(도적이나 강도들)을 통하여 양들을 훔치고 죽이며 파멸시키기를 원하지만, 그리스도는 풍성한 생명을 주시며 양들을 돌보신다.

2 **목자**(11~15절) – 여기에는 양에 대해서는 관심도 없는 삯군 목자인 바리 새인과 선한 목자이신 그리스도 간의 대조가 나온다. 그들은 원수가 올 때에 도 망치며 자신만을 보호하지만, 그리스도는 양을 위해 자기의 목숨을 기꺼이 포기 하신다(행 20 : 29). 선한 목자이신 그리스도는 십자가에서 자기의 생명을 주 셨다(시 22편). 큰 목자로서 그는 양을 돌보시며(히 13 : 20 / 시 23편), 목 자장으로서 그의 양을 위하여 영광 중에 다시 오실 것이다(시 24편 / 벧전 5 : 4). 18절에서 그리스도는 자신의 죽음과 부활에 대해 말씀하신다.

3 **한 무리**(16~21절) – "다른 양들"이란 유대인의 우리에 속하지 않은 이방 인들이다. 그리스도는 그들을 데려와야만 하시며, 그의 목소리, 즉 말씀으로 그 일을 하신다. 이것은 우리를 사도행전 10장에서 베드로가 이방인들에게로 가서 그들을 구원받게 하는 데에서 본다. 16절은 "그리고 한 무리(참 교회)가 되어 한 목자(그리스도)와 함께 있을 것이라"고 읽을 수 있다. 교회는 유대인과 이 방인들로 구성되었고, 한 몸과 한 떼, 그리고 한 공통적인 영적 생명이 있다(엡 4 : 1~5).

그리스도는 양을 위해 죽는 선한 목자이시다. 구약에서는 양이 목자를 위해 죽었다는 사실을 기억하자. 그리스도는 그의 말씀으로 부르시며, 믿는 이들을 그 문을 통하여 그들의 종교 집단에서 나와 그리스도의 참된 떼 곧 교회로 들어 가게 하신다.

3. 적용(10 : 22~42)

두세 달 후에도 유대인들은 여전히 그리스도께서 말씀하신 데에 대하여 논쟁하 였다. 그리스도는 그들이 "그의 양"이 아니므로 믿을 수 없다고 그들에게 말씀 하셨다. 여기서 그리스도는 그의 양인 참된 그리스도인에 대해 아름답게 묘사 하신다.

1 **그들은 그리스도의 목소리를 듣는다** – 이 말은 그들이 그리스도의 말씀 을 듣고 그에 대해 반응한다는 뜻이다. 구원받지 못한 자는 성경에 대해 무관심 하나, 참된 양은 그의 말씀으로 산다.

② **그들은 그리스도를 알며 또한 그리스도도 그들을 아신다**(14, 27절) – 따라서, 그들은 거짓 목자를 따르지 않는다. 한 종교 체계에서 다른 데로, 그리고 다른 이단 신앙으로 달려가는 교회 회원들은 그들이 참된 양이 아님을 증명하고 있다.

③ **그들은 그리스도를 따른다** – 이것은 순종에 대해 말하는 것이다. 어느 누구도 고집과 저항, 노골적인 불순종, 또한 순종에 대해서는 아무것도 하려 하지 않으면서 그리스도의 양이라고 주장할 수는 없다. 거짓 목자들이 있듯이 "양"으로 간주되려는 "염소"들이 있다. 그러나 어느 날, 그리스도는 그들에게 "내가 너희를 결코 알지 못한다"고 말씀하실 것이다(마 7 : 23).

④ **그들은 영생을 가졌으며 안전하다** – 28, 29절은 참된 신자들이 그리스도 안에서 갖는 놀라운 안전에 대해 나타낸다. 우리는 "죄를 짓지 않는 한" 생명을 갖는 것이 아니라 영원한 생명을 가진다. 우리는 그리스도의 양으로서, 영원한 보호에 대한 이중의 확신으로서 그리스도와 하나님의 손 안에 있다. 우리는 아들에게 주신 하나님의 선물이며, 하나님은 그 선물을 다시 빼앗지 않으신다.

양은 그리스도인에 대한 완전한 상징이다. 성경에서 양은 정한 동물이며, 그리스도인은 그들의 죄로부터 깨끗함을 받았다. 양떼는 함께 모여 있는데, 참된 신자들도 그와 같다. 양들은 순전한데, 그리스도인들 역시 그러해야 한다. 양들은 배회하는데, 우리 또한 그러하다. 양들에게 목자의 보호와 안내와 꼴이 필요하듯이, 우리도 영적인 보호와 매일의 인도와 영적 양식을 위해 그리스도가 필요하다. 양들이 유용하고 생산적이듯 참 그리스도인도 그러하다. 마지막으로, 양들은 희생제물로 사용되는데, 그리스도인들은 그리스도를 위해서 자신들을 기꺼이 포기해야 한다.

유대인들은 그리스도를 죽이려 함으로써 그들의 불신앙을 드러내었다. 그리스도는 시편 82편 6절을 인용하셔서 구약성경으로부터 그들을 논파하셨다. 만약 여호와께서 이 세상의 재판관들을 "신들"이라고 부르셨다면 그리스도께서 자신을 하나님의 아들로 부를 수 있음은 분명한 사실이다.

그리스도께서 그 장면을 떠나심으로써, 불필요한 위험 속에 자신을 내놓지 않으셨음을 주의하자. 많은 사람들이 그리스도께로 모여들어 그리스도를 신뢰하였다. 그들은 유대 종교의 무리를 빠져 나와 그 문을 통하여 믿음으로 들어섰으며, 오직 그리스도만이 주실 수 있는 자유와 영생으로 들어갔다.

생명을 주는 분이신 그리스도

- 요한복음 11장 -

이것은 그리스도께서 부활하시기 이전 요한이 기록한 기적들 중의 일곱번째의 것으로서, 구원의 계획을 보여 준다. 여기서 우리는 구원이 죽음으로부터 부활하여 생명을 얻는 것으로 묘사되어 있음을 본다. 요한복음이 생명에 대해 얼마나 많이 말하고 있는지를 성구사전을 사용해서 알아보라. 나사로는 일곱 가지 면에 있어서 잃어버린 죄인의 구원을 상징하고 있다.

1. 그는 죽었다

구원받지 못한 사람은 병들어 있는 것이 아니라 영적으로 죽어 있는 상태이다 (엡 2：1～3 / 골 2：13). 사람이 육체적으로 죽을 때에 육체적인 것들, 즉 음식이나 기온, 고통 등에 반응하지 않는 것과 마찬가지로, 영적으로 죽으면 영적인 것들에 대해 반응하지 않는다. 그는 하나님과 성경, 그리스도인, 교회 등에 대해 관심이 없다. 하나님께서는 아담에게 불순종이 죽음을 가져올 것임을 경고하셨는데 (창 2：15～17), 이는 영혼이 몸과 분리되는 **육체적인 죽음**과, 하나님으로부터 영혼이 분리되는 **영적인 죽음**이다. 요한계시록 20장 14절은 지옥을 두번째 사망, 영원한 죽음이라고 부른다. 실로, 죄인에게는 교육이나 의약품, 도덕성 또는 종교가 필요한 것이 아니라, 생명이 필요하다.

2. 그는 부패하였다

복음서에는 주님의 부활 이외에 세 번의 부활 사건이 기록되어 있는데, 그리스도는 방금 죽은 열 두 살된 소녀를 살리셨으며 (눅 8：49～56), 죽은 지 몇 시간이 지난 청년 (눅 7：11～17)과, 무덤에서 4일이나 지난 노인 (요 11장)을 살리셨다. 여기서 우리는 죄인들의 각기 다른 세 종류의 상징을 보게 된다.

- **어린 소녀** – 아직 공개적으로 부패되지는 않았다.
- **청년** – 외부적으로 부패됨이 보이기 시작한다.
- **노인** – 외부적으로 부패된 것이 분명하게 보인다.

요점은 **이들 모두가 죽어 있다**는 사실이다 ! 어떤 사람이 다른 사람보다 "더 많이 죽어 있는" 일이란 있을 수 없다. 다만 차이점은 부패된 정도에 있다. 이것은 오늘날의 죄인들에게도 사실이다. 도덕적인 교회 회원도 나사로처럼 부패되어 있지는 않을지라도 여전히 죽어 있는 것이다.

3. 그는 일으켜져 생명을 받았다

누이들의 유대 친구들은 다만 동정하며 눈물을 흘릴 수 있었다. 사람에게 생명을 주는 데에는 그리스도를 요한다. 종교 체계는 결코 생명을 줄 수 없다. 그리스도께서는 그에게 어떻게 생명을 주셨는가? 그는 말씀을 하셨을 뿐이다! 이것은 위에 언급된 세 명의 죽은 이들을 살려 내는 데에 사용하신 방법이다(요 5 : 24 / 엡 2 : 1∼10).

그리스도께서 나사로를 살리신 이유는 무엇인가? 이는 그를 사랑하셨기 때문이며 (5, 36절), 또한 하나님께 영광을 돌리기 위함이었다(4절). 이것은 그리스도께서 우리를 구원하시는 이유이기도 하다. 우리는 죽어서 지옥에 가기에 마땅하지만, 그리스도는 그의 크신 사랑으로 우리를 구원하셨다(엡 1 : 3∼14 / 엡 2 : 1∼10).

구원은 규범이 아니라 생명임을 기억하자.(요 3 : 14∼21, 36 / 5 : 24 / 10 : 10 / 요일 5 : 10∼13). 이 생명은 한 인격으로서 곧 예수 그리스도이시다. 죽은 죄인이 하나님의 아들의 음성을 듣고 믿을 때에 그에게 영원한 생명이 주어진다(요 5 : 25). 말씀을 거절하는 자는 영원히 죽게 된다.

4. 그는 매임에서 풀려졌다

나사로는 손발을 묶였으므로 스스로는 자유롭게 될 수가 없었다. 신자는 옛 생활의 수의로 묶여 있는 것이 아니라, 새 생활의 자유로움 안에서 행해야 한다. 골로새서 3장 1∼15절은 그리스도인이 수의를 벗고 새 생활의 "은혜의 옷"을 입었다고 설명한다. 그리스도인들에게 있어서 옛 생활의 일들을 가지고 다니는 것은 가련한 간증이다.

5. 그는 다른 이들에게 증거했다

11장 45절, 12장 9∼11, 17절에서, 우리는 나사로가 그 지역에 물의를 빚어 놓았음을 보게 된다. 사람들은 그를 보고 그리스도를 믿었다! 사실상, 그는 걸어다니는 기적이었는데, 모든 그리스도인이 그렇게 되어야 한다. 종려 주일에 거대한 군중들이 모였던 이유는 예수님 때문만이 아니라 나사로 때문이기도 하였다. 12장 11절에서 우리는 나사로가 다른 이들을 그리스도의 구원의 지식으로 인도하였음을 보게 되는데, 이는 그리스도인의 특권이며 의무이다.

6. 그는 핍박을 받았다

유대인들은 나사로가 다른 이들에게 그리스도의 신성에 대하여 납득시켰기 때문에 그를 미워하였다(12 : 10~11). 중심적인 제사장들 중의 다수가 사두개인들이었으며, 그들은 부활을 믿지 않는 사람들이었는데, 나사로는 그들의 어리석은 논의에 있어서 산 대답이었다.

하나님에 의해 그 제사장들이 조정을 받지 않았다면, 그들은 갈보리에 나사로를 위한 특별한 십자가를 세웠을 것이다. 이처럼 그리스도 예수 안에서 경건하게 살려는 사람들은 박해를 받을 것이다(딤후 3 : 12). 사단은 항상 살아 있는 기적과 싸운다.

7. 그는 그리스도와 친교하였다

12장 1~2절에서 우리는 나사로가 그리스도와 함께 한 상에 앉아 축연을 즐기고 있음을 본다. 이는 "일으켜져서, 그리스도 예수 안에서 하늘에 함께 앉게 된"(엡 2 : 5~6) 그리스도인이 있을 올바른 장소이다.

그리스도와 함께 시간을 보냄으로써, 나사로는 그리스도의 자비와 사랑에 감사를 보이고 있다. 그는 그리스도의 말씀으로 교훈을 받으며, 그리스도와 함께 동행하면서 증거할 새 힘을 얻었다. 구원의 기적은 우리에게 영원한 생명을 준다. 그러나, 우리는 영적인 생명 안에서 성장할 수 있도록 그리스도와 매일 교제를 나누어야만 한다.

베다니의 온 가족이 그리스도인의 생활이 어떠해야 함을 보여 주고 있음에 주목하는 일은 흥미있다. 마리아는 늘 예수님의 발치에 앉아서 말씀을 듣고 있다(눅 10 : 38~42 / 요 11 : 32 / 요 12 : 3). 그리고 마르다는 봉사의 상징으로서, 항상 그리스도를 위해 바삐 무엇인가를 하고 있다. 나사로는 간증하며 날마다 그리스도께로 다른 사람들을 인도한다. 이 세 가지 실례 곧 예배(마리아), 봉사(마르다), 행함(나사로)은 우리 그리스도인의 경험에 있어야 할 일들이다.

*　　　*　　　*　　　*　　　*

■ 부가적 연구
이 기적의 또다른 의미는 그리스도께서 그의 교회를 본향으로 데려가시려 돌아오실 날을 예시하는 것이다. 마리아와 마르다는 그리스도 안에서 살아 있는 성도이며 나사로는 잠들어 있는 자들을 상징한다(요 11 : 11~14 / 살전 4 : 13~18). 마리아와 마르다가 그리스도를 맞으러 나오듯, 살아 있는 성도들은 공중에서 그리스도를 만날 것이다. 나사로는 "큰 소리"에 의해 불려졌는데(43절), 그리스도께서 돌아오실 때에도 "외침"이 있을 것이다(살전 4 : 16). 그리스도께서는 나사로의 죽음에 대해 탄식하셨는데, 오늘날 모든 피조물들은 탄식하며 마지막 구속의 날을 기다리고 있다(롬 8 : 8~25).

그리스도의 오심이 지연되는 것은 오직 우리에게 유익이 되게 함과 하나님의 영광을 위해서이다. 그 자매들은 왜 주님께서 나흘씩이나 지체하셨는지를 이해할 수 없었으나, 이사야 30장 18절은 그 대답을 주고 있다.

예수께서 이 때 외에 눈물을 흘리신 다른 두 번의 경우를 눈여겨보라(눅 19 : 41 / 히 5 : 7).

그리스도의 기름부음

- 요한복음 12장 -

이 장은 풍성한 장이므로 우리는 단지 두드러진 요점들만을 다룰 뿐이다. 요한은 십자가에 앞서 그리스도의 공적 사역에 있어서의 마지막 사건들을 기록하고 있다.

1. 그리스도와 그의 친구들 (12 : 1~11)

유대 지도자들이 그리스도를 살해할 음모를 꾸미고 있는 동안, 그리스도의 친구들은 베다니의 잔치에서 그를 영화롭게 하고 있었다. 마가복음 14장 3절은 분명히 예수께서 치료하신 문둥병자 시몬의 집에서의 일임을 말하고 있다.

마르다는 식사를 대접하고 있었는데, 이번에는 전의 식사 때와 같이 화를 내거나 불만스러워하지 않는다 (눅 10 : 38~42). 과거에 그녀는 그리스도와 나사로, 마리아와 자신의 4명 분을 준비했었으나, 여기서는 그리스도와 열 두 제자, 나사로, 마리아, 시몬과 자신을 위해 17명 분의 음식을 준비하면서도 불평이 없다. 그녀는 그리스도께서 자신의 생활을 조정하시도록 내어맡기는 비결을 배웠다. 11장에서도 언급하였듯이, 마르다는 그리스도를 위해 봉사하는 일의 상징이며, 마리아는 예배를 상징하고, 나사로는 우리의 행함과 증거에 대해 말해 주고 있다.

마리아가 사용한 향유는 보통 노동자의 일 년 품삯에 해당될 수도 있다. 마리아는 그것을 그리스도께 사랑으로 부어드리기 위해서 비축하여 두었다. 사람들에게 그들이 죽기 전에 사랑을 보여 준다는 것은 얼마나 좋은 일인가! 그녀는 이 향유를 오라비가 죽었을 때에 사용할 수도 있었으나, 그리스도를 위해 최선의 것을 아껴 두었다.

신자들이 그리스도께 대한 사랑을 보일 때에는 항상 비난의 소리들이 있기 마련이다. 유다의 마음이 바르지 못했으므로 그의 입술은 잘못된 것을 말하였다. 우리의 변호자이신 예수께서 어떻게 마리아를 변호하시는지를 보라 (요일 2 : 1). "만약 하나님께서 우리를 위하시면 누가 우리를 대적할 것인가?" 스가랴 3장에서도 역시 우리는 사단이 여호수아를 비방하나 주님께서 그를 옹호하시는 것을 볼 수 있다.

마리아의 헌신에 대한 모범은 우리가 따라야 할 것이다. 그녀는 자기의 최고의 것을 아낌없이, 그리고 비판에도 불구하고 애정을 기울여서 드렸다. 따라서, 그리스도께서는 그녀의 예배로 인하여 그녀를 높이셨으며 (막 14 : 7) 사단의 공격으로부터 그녀를 옹호하셨다.

분명히 유다는 자기 소유의 집을 사려고 금고에서 돈을 훔쳐왔을 것이다. 사도행전 1장 18절의 "밭"은 "소유지, 농장"을 의미하는데, 이것은 유다가 되돌려 준 은 30전으로 제사장들이 매입한 공동묘지와 혼동되어서는 안된다. 유다는 은거하려고 하였다. 그는 세상을 얻고, 자기의 영혼을 잃었다.

2. 예수 그리스도와 이방인들(12 : 12~36)

그리스도께서 탄생하실 때에 동방으로부터 이방인들이 왔었는데, 이제 그가 죽으실 때에도 이방인들이 다시 온다. 이 시점에서 요한이 **이방인들에 대해 언급하는 이유**는 그 왕이 이제 이스라엘에게서 거절당하셨기 때문이다! 유대인들은 "우리에게 표적을 보이라!"(마 12 : 38)고 말했으나, 이방인들은 "우리가 예수를 보리라!"고 말한다.

빌립은 헬라 이름을 가지고 있었으므로 그들은 빌립에게로 왔다. 그리고 빌립은 역시 헬라 이름을 가진 안드레에게로 그 문제를 가지고 갔다(요한복음에서 안드레가 나올 때마다 예수께로 누군가를 데려가고 있는데, 이는 참으로 영혼 구원자의 실례이다 / 1 : 40~42 / 6 : 8~9 / 12 : 22).

그리스도는 **십자가 위에 "들리울 것"**을 말씀으로 대답하셨다. 마태복음 10장 5절과 15장 24절에서, 그리스도는 제자들에게 이방인들을 피하라고 가르치셨으나, 이제 이방인들이 십자가를 통하여 구원받게 될 것을 말씀하신다. 그리스도는 열매 맺을 수 있기 전에 죽어야만 하는 밀알이시며, 세상에 구원을 얻을 기회를 주셨다.

그리스도는 "모든 사람"이 자신에게로 이끌어지기 전에 들려져야만 했다. 여기서의 모든 사람이란 "예외가 없다"는 뜻이 아니라, 인종적인 차별이 없이 유대인이나 이방인 모두를 포함한다는 뜻이다. 그리스도는 2장 5절에서 처음 언급하셨던 "때"에 대해 다시 말씀하시며(23, 27절), 이것은 그리스도의 죽음의 때였으나, 그리스도는 그의 영광의 때라고 부르셨다.

그리스도께서 "누구나" 초대하셨음을 주목하자(26절). 배경이란 십자가 아래서 동일하다. 여기에서는 유대인이나 헬라인에게 로마인이나 특별한 지위를 갖지 않는다. "모든 사람이 죄를 범하였으며…의인은 하나도 없다."

3. 그리스도와 유대인(12 : 37~50)

그리스도의 공적인 사역의 마지막 말씀들은 구원의 기회를 지나게 하는 데에 대한 두려운 경고이다(35~36절). "예수께서 이 말씀을 하시고 저희를 떠나가서 숨으시니라"는 말씀에 주목하라. 그 다음 구절은 그리스도께서 숨으신 이유와 유대인들을 정죄하신 까닭을 말해 주고 있다.

그들은 증거를 거절하였다(37절). 빛이 수 년간 비춰왔으나, 그들은 그 빛을 믿고 따르기를 거절하였다. 그리스도의 말씀을 반복해서 거절하는 데 대한 두려운 결과들을 눈여겨보자. 그들은 그리스도께서 하나님의 아들이심을 보았음에도 불구하고 **믿지 않았다**(37절). 그들은 **믿을 수 없었다**(39절). 이는 그들의 마음이 굳어지고 눈이 멀었기 때문이다. 이들은 하나님의 은혜를 일축해 버렸으므로, 하나님은 "**그들이 믿지 못하게 하리라**"고 말씀하셨다(40절).

이사야 53장 1절은 이들의 불신앙을 예언하였으며, 이사야 6장 10절은 그들의 마음이 완고함을 말하였다. 요한복음 12장 40절은 이사야 6장 10절을 인용하여, 하나님께서 그리스도를 거절하기를 고집하는 이들의 눈을 멀게 하시며 마음을 굳게 하심을 말하고 있음에 주목하자. 이 구절은 성경에서 일곱 번 발견되는데, 그 때마다 심판을 선언하고 있다(사 6 : 10 / 마 13 : 14 / 막 4 : 12 / 눅 8 : 10 / 요 12 : 40 / 행 28 : 26 / 롬 11 : 8). 이것은 구원받지 못한 자들이 영적인 기회들을 경시할 수 없다는 반복적인 경고이다. "빛이 있을 동안에 빛을 믿으라!" "주를 찾을 만한 때에 그를 찾으라!"

우리는 앞에서 빛과 어두움 간의 갈등에 대해 주목했었다. 빛은 구원과 거룩함, 생명을 상징하며, 어두움은 정죄와 죄, 죽음을 상징한다. 요한은 **어두움의 네 가지 종류**에 대해 말하고 있다.

- **심령의 어두움**(1:5∼ 8, 26) - 구원받지 못한 사람의 마음은 사단으로 인해 소경이 되었으며(고후 4 : 3∼6), 영적 진리를 보지 못한다.
- **도덕적 어두움**(3 : 18∼21) - 구원받지 못한 사람은 죄를 사랑하고 빛을 미워한다.
- **판단력의 어두움**(12 : 35∼36) -빛에 순종하지 않으면, 하나님은 어두움을 보내셔서 그리스도를 그들에게서 숨기신다.
- **영원한 어두움**(12 : 46) - 어두움 가운데 거하는 것은 지옥에서 사는 것을 뜻한다.

42∼50절에서, 요한은 그리스도의 말씀을 인용하여, 많은 사람들이 빛을 거절하는 이유를 보여 준다. 어떤 이들은 그리스도를 사단에 대한 두려움 때문에 거절하는데(42∼43절), 요한계시록 21장 8절은 지옥에 갈 사람들에 대해서, 목록의 서두에 "두려워함"을 기록하고 있다. 48절에서 그리스도는 말씀을 거절하는 것이 정죄로 인도함을 진술하신다. 구원은 말씀을 통해 오며(요 5 : 25), 심판 때에 바로 그 말씀이 오늘 거절한 사람들의 앞에 펼쳐질 것이다(48절/계 20 : 12).

이 장은 그리스도의 공적 사역을 기록함으로 끝맺는다. 이것은 엄숙한 장이   *197*

다. 이것은 우리에게 영적인 기회를 경솔히 여기지 말 것을 다시 상기시킨다. 빛은 항상 비치지 않을 것이며, 그리스도는 어느 날 그의 구원이나 그의 말씀에 관심을 갖지 않은 사람들로부터 자신을 숨기실 것이다. 잠언 1장 20~33절은 이 점에 대해 읽는 데에 유익한 구절이다.

*   *   *   *   *

■ 12장 32절에 대한 설명

"들려진다"는 것은 "영광을 받는다"는 뜻이 아니라, 오히려 "십자가에 못박힌다"는 의미이다(33절이하). 모든 사람들이 그리스도를 끌어 내리기 때문에 그리스도인들은 좋은 의미로 "목사님이 그리스도를 높이 들도록 도우소서"라고 기도하지만, 그들은 이 말을 잘못 사용하고 있는 것이다. 여기서 말해지고 있는 것은 그리스도의 죽음을 뜻하고 있으며, 어느 목회자도 그리스도를 다시 십자가에 못박기를 원치 않는 것은 확실하다.

제자들의 발을 씻기심

- 요한복음 13장 -

본 장을 1장 11~12절, 12장 36절과 대조해 보면, 이제 요한복음의 새로운 부분에 들어섰음을 알게 될 것이다. 그리스도는 "자신의 땅(세상)에 오셨으되 자기의 백성이 그를 거절하였다." 이제 그리스도는 이스라엘과 공적 사역으로 부터 떠나셔서 개인적으로 "자기의 사람들", 즉 제자들과 함께 계신다.

13~17장은 제자들에 대한 그리스도의 "다락방 사역"에 대하여 기록하고 있다. 이 기간 동안 그리스도는 자신의 죽으심과, 그 후에 제자들이 해야 할 사역에 대해 준비시키셨다. 13장에서는 **모든 그리스도인에게 해당되는 3가지의 중요한 교훈**이 담겨져 있다.

1. 겸손에 대한 교훈

발을 씻기신 것은 규례가 아니라 한 모범이었다(15절). 동양에서는 노예들이 방문자의 발을 씻겼다. 그리스도는 여기서 종의 위치에 서신 것이다. 그리스도는 그가 그들의 발을 씻길지라도 그들의 주님이실진대, 그들이 서로의 발을 씻기며 서로 겸손히 대해야 한다는 점을 제자들에게 분명히 하신다(13~16절). 이것은 열 두 제자들에게는 따끔한 꾸지람이었다. 이들은 바로 그 날 저녁에 누가 가장 큰 자인가를 놓고 다투었기 때문이다(눅 22 : 24~27 참조).

1~5절에서의 그리스도의 행동은 그가 하늘을 떠나 베들레헴에 태어나셨을 때에 하신 일을 상징하고 있다. 그는 그의 보좌에서 일어나셔서, 그의 영광의 외모를 버리고 종이 되어 사람들 앞에 겸손히 자신을 낮추셨다. 빌립보서 2장 5~11절에는 이 단계들이 아름답게 요약되어 있다. 발을 씻기신 후에 그리스도는 옷을 입고 자리에 앉으셨는데(12절), 이것은 그의 부활과 영광으로의 승귀와 아버지의 우편 보좌에 오르심을 상징한다.

베드로는 수 년 후에 베드로전서 5장 5~6절에서 이 겸손에 대한 교훈을 회고해야만 했다(이 구절들을 주의깊게 읽어 보라). 오늘날 너무도 많은 그리스도인들이 인정받기와 지위를 위해서 쟁론하는데, 이 겸손에 대한 교훈을 회고해야 할 필요가 있다. 하나님은 거만한 자를 물리치시고 겸손한 자에게 은혜를 주신다.

2. 거룩함에 대한 교훈

8절에서 베드로에게 하신 그리스도의 말씀은 중요하다. "만약 내가 너를 씻기 *199*

지 아니하면 네가 나와 상관(교제)이 없느니라" 성경에서 연합(union)과 교제(communion)에는 차이점이 있다. 베드로는 믿음을 통해서 "그리스도의 사람들" 중의 하나로 그리스도와 연합(union) 되어 있었다. 그러나, 그의 죄는 주님과의 교제(communion)를 파괴하였다.

"아들됨"과 "친교"에는 차이가 있다. 다만 그리스도께서 우리를 깨끗게 하시도록 내어맡김으로써, 우리는 그리스도와 더불어 친교를 나누며 그의 임재하심과 능력을 누릴 수 있다.

10절에서 그리스도는 **"씻음"과 "깨끗함"**에 대해 중요한 구분을 짓고 계신다. 직역을 하자면 "온 몸을 한 번 씻은 사람은 발밖에 더 깨끗게 할 필요가 없다"는 뜻이 된다.

동양 지역에서는 사람들이 공중 목욕탕을 사용하는데, 그들이 집으로 돌아갈 때에 흙길을 걸어가므로 발이 더러워진다. 집에 도착하면 그들은 다시 목욕할 필요가 없으나 다만 발만은 씻을 필요가 있다. 이것은 신자에게도 마찬가지이다. 그가 구원받으면 그는 온 몸을 목욕한 것이다(고전 6 : 9~11 / 딛 3 : 5~6). 그가 일상적인 죄들을 주님께 고백할 때에 그는 그의 행함(걸음)이 깨끗하도록 그의 발을 씻는 것이다(요일 1 : 7~9).

구약의 제사장들이 임명받을 때에 온 몸을 씻는다는 것을 기억하자(출 29 : 4). 이것은 우리가 온 몸을 씻는 것을 상징한다. 그러나 하나님은 또한 물대야를 준비하셔서(출 30 : 17~21), 그들이 손발을 씻는 데에 매일 사용하도록 하셨다. 오늘날, 그리스도는 그 말씀의 물로 그의 교회를 깨끗게 하신다(엡 5 : 25~26 / 요 15 : 3). 그리스도인들은 매일 말씀을 읽음으로써 그 말씀이 자신을 찾아내도록 맡기며(히 4 : 12), 그의 죄를 고백함으로써 그는 발을 깨끗케 하여 빛 가운데 행하게 된다(시 119 : 9).

이렇게 매일 깨끗케 함은 신자들이 그리스도와 교제하도록 유지해 준다. 이 교훈이 구원을 얻거나 "잃는 것"과는 아무런 관계가 없음을 기억하자. 이것은 **그리스도와의 교제와 친교의 문제**이다. 많은 무지한 신자들이 베드로가 했던 것과 같은 실수를 범했다(9절). 그들은 다시 구원받기를 원한다.

3. 위선에 대한 교훈

유다는 그리스도의 사람들 중의 하나인 양 가장하고 다락방에 있었다. 10~11절에서 그리스도는 그들 중의 한 명은 구원받지 못했음을 알고 계신다는 것을 분명하게 말씀하셨다. 유다의 속임수는 매우 교묘해서 다른 사람들은 그가 위선자인 것조차도 깨닫지 못하고 있었다.

그리스도는 먼저 시편 41편 9절을 인용하셔서(18절) 그가 배반당할 것을 알리셨다. 그리스도는 유다의 발을 씻기셨으나 이제 유다는 그리스도를 향해 발꿈치를 들려 하고 있다. 그러나 십자가에서의 그리스도의 죽음은 유다를 도구로 사용한 사단을 패배시켰다 (2, 27절). 사단은 먼저 마음 속에 생각을 심어 두었고, 그의 삶을 조절하기 위해 그에게로 들어간다. 그리스도는 열 두 제자에게 그들이 불신앙 속에서 비틀거리지 않게 하려고 이 구절을 인용하셨다 (19절). 말씀을 아는 그리스도인들은 패배하는 것처럼 보이는 일들에 의해서 낙심하게 될 수가 없다.

21절에서 그리스도는 제자들에게 그들 중의 한 명이 그를 배반하리라는 것을 공개적으로 말씀하셨다. 사실상, 이 선언은 유다에게 주는 마지막 경고였다. 그리스도는 그의 발을 씻기셨고, 그에게 말씀을 인용하여 들려셨으며, 이제 공개적으로 그를 경고하셨으므로, 유다에게는 그의 마음을 바꿀 만한 모든 기회가 주어진 것이다.

요한은 예수님의 품에 기대어 그 비밀을 알아내고, 베드로에게 그것을 전해 주었다. 그러나, 그들 중의 누구도 주님의 말씀의 참 뜻을 명백하게 이해하지 못했음이 분명하다 (28절). 그리스도의 마음에 가장 가까이 있던 그리스도인이 주님의 비밀을 발견한다는 데에 주목하기란 재미있는 일이다.

유다가 적신 빵조각을 받았을 때, 그는 마침내 사단에게 굴복하였고, 사단이 그에게로 들어가 유다를 마귀의 자녀로 만들었다 (요 8 : 44). 성령의 사역처럼, **사단은 인간의 몸을 통하여 그 안에서 사역하며 그에게 굴복하게 한다.** "밤이었더라" (30절)는 것은 유다의 마음이 어두운 상태임을 의미한다. 그리고 사실상, 이 때는 어두움의 권세가 활동할 때였다 (눅 22 : 53).

유다와 같은 사람이 되는 것은 위험한 일이다. 마가복음 14장 21절에서 예수께서는 "차라리 그가 태어나지 않았더라면 더 좋았을 것이라"고 말씀하셨다. 유다는 그리스도인인 체하였고, 죄와 더불어 활동하였으며, 구원을 거부하였다. 이러한 일들을 행하는 어떠한 사람도 그가 태어나지 않았으면 하는 희망을 포기해야 할 것이다.

유다를 둘러싼 불가사의한 일들이 있지만, 한 가지는 분명하다. 즉, 유다는 그리스도를 배반할 때 고의적인 선택을 했다는 점이다. 요한복음 6장 66~71절에서 우리는 그리스도께서 유다에게 경고하시며 "마귀"라고 부르시는 것을 보게 된다. "우리가 믿는다"고 말하는 것으로 보아, 베드로는 유다가 구원받는 것으로 생각하고 있었다.

유다가 나간 후에 예수께서는 다가오는 베드로의 실패에 대하여 그에게 경고하셨다. 24절에서 베드로는 다른 사람들의 죄를 찾아내는 데에 열심이었으나, 이제는 자기의 죄를 직면해야 했다. "비판을 받지 않으려거든 비판하지 말라."

베드로의 교만은 자신의 마음에 대한 이해가 결여되었음을 보여 준다. 자기확신은 그리스도인의 생활에 있어서 위험한 것이다. "네가 후에 나를 따를 것이라" (36절)는 말씀은 아마도 베드로가 그리스도를 위해 십자가에서 죽을 것을 말씀하신 듯하다(요 21 : 18~19 / 벧후 1 : 14).

영혼의 집

- 요한복음 14장 -

왜 제자들의 마음은 불안했는가?(1절) 이는 그리스도께서 그가 그들 곁을 떠나실 것임을 말씀하셨기 때문이다. 한 예로서, 베드로에게 경고하신 일은 (13 : 36~38) 의심할 바없이 그들 모두를 불안하게 만들었다. 왜냐하면 그들은 베드로를 지도자로 보았기 때문이다. 그리스도께서는 비록 자신의 괴로운 마음은 제자들의 괴로운 마음과는 전혀 다르기는 하나, 자신의 내면적인 부담을 나타내셨다 (13 : 21). 아마도 그 배반에 대한 말씀 또한 그들을 낙심하게 하였을 것이다.

이 장에서 그리스도께서는 그 열 두 제자를 위로하려고 하시며 그들의 불안한 마음의 요구에 응하셔서, 그들을 떠나 아버지께로 가야 하는 이유를 다섯 가지로 말씀해 주셨다.

1. 그들을 위해 한 장소를 예비하기 위함 (14 : 1~6)

그리스도께서는 하늘나라를 "마음의 상태"가 아닌 실제적인 장소로 말씀하시며, 아버지께서 거하시는 사랑이 가득 찬 가정으로 묘사하신다. "처소"란 실제로 "거하는 장소"로서 우리의 영원한 하늘의 집을 말한다. 하늘나라는 예비된 백성을 위해 예비된 곳이다.

"목수"이신 그리스도는 (막 6 : 3) 오늘날 그를 믿는 모든 이들을 위하여 하늘의 집을 짓고 계신다. 그리고, 그에게로 자기의 사람들을 받아들이기 위해 돌아오실 것이다. 바울은 후에 데살로니가전서 4장 13~18절에서 이 약속을 자세히 설명하였다. "몸 안에 없는 자들은 주님과 함께 있다." 만약 그리스도께서 이 땅에 남아 계셨다면 자기 백성을 위해서 하늘의 집을 마련하지 못하셨을 것이다.

죄인들이 어떻게 천국에 들어갈 소망을 가질 수 있는가? **그리스도를 통해서 그것은 가능하다.** 누가복음 15장 11~24절에 나와 있는 탕자에 대한 이야기는 요한복음 14장 6절과 관계가 있다. 죄인의 상징으로서 그 아들은 잃어버린 자이며 (15 : 24) 무지하였고 (15:17 / "스스로 돌이켜") 죽어 있었다 (15 : 24). 그러나 그는 아버지께로 돌아왔다 (15 : 20). 그는 잃어버렸으나 그리스도는 길이시며, 그는 무지하였으나 그리스도는 진리이시며, 그는 영적으로 죽어 있었으나 그리스도는 생명이시다. 이제 그는 아버지의 집에 당도하였다!

2. 그들에게 아버지를 보이시기 위함(14 : 7~11)

빌립의 눈에 문제가 있는 것처럼 보인다. 그는 늘 보기를 원했다. 1장 46절에서 그는 처음에 "와 보라"고 말했고, 6장에서는 많은 무리를 보고는 그리스도께서 그들을 먹이실 수 없을 것으로 결론지었다(6 : 7). 빌립에게로 왔던 헬라인들은 "우리가 예수를 뵈옵고자 하나이다"라고 말했다(12 : 21).

예수께서는 자기를 보는 것이 곧 아버지를 보는 것임을 분명히 하셨다. 또한 9절에서 "이제부터는 너희가 그를 알리라"고 약속하셨다. 우리가 그리스도를 더욱 더 알게 되는 것처럼 아버지를 보는 것도 믿음에 의해서이다.

3. 그들에게 기도의 특권을 허락하시기 위함(14 : 12~14)

그리스도께서 그들과 함께 계셨던 동안 그는 그들의 필요들을 공급하셨는데(16 : 22~24), 이제 그리스도께서는 하늘로 돌아가시면서 그들에게 기도의 특권을 남겨 놓으신다. 그리스도는 하나님을 영화롭게 하는 기도에 응답하실 것을 약속하셨다. "그리스도의 이름"으로 기도한다는 것은 주님의 영광을 위하여 기도하는 것, 그분 자신의 요구를 위해서 구하는 것을 의미한다.

12절의 "더 큰 일"이란 사도행전에서 제자들이 경험한 놀라운 기적과 축복들을 말한다. 오늘날 우리를 통해서 하시는 주님의 일들은, 그리스도께서 지상에 계신 동안 육신을 입으신 하나님이신 반면에 우리는 토기로서의 인간이라는 관점에서 볼 때, "더 큰 일"이다.

4. 성령을 보내시기 위함(14 : 15~26)

이 장에서 그리스도께서는 성령에 대해 많은 말씀을 하려 하신다. 여기서 그리스도는 성령을 **"보혜사"(위로자)**라고 부르고 계신데, 직역을 하자면 "너희를 도우려고 곁에 서 계시는 분"이라는 뜻이다. "다른"이란 말은 "같은 류의 다른 것"이라는 뜻으로서, 그리스도께서 하나님이신 것과 같이 성령께서 하나님이시기 때문에 사용된 것이다. 제자들 안에 거하시는 성령께서는 제자들 곁에 계신 구주를 대신하신다.

그리스도께서는 또한 **"진리의 영"**이라고 부르신다. 성령께서는 죄인들을 깨닫게 하며 성도를 인도하는 데에 하나님의 말씀을 사용하시며, 하나님의 말씀은 진리이다(17 : 17). 성령은 그리스도를 나타내며 그리스도는 진리이시다(14 : 6). 세상은 성령을 받지 못한다. 성령께서는 보는 것의 응답이 아닌 믿음의 응답으로 오시기 때문이다.

"내가 너희에게 오리라"(18절)는 그리스도의 말씀의 의미에는 상당한 논란이 있다. 문자적으로 그것은 "내가 너희에게 온다"(현재시제)라고 읽혀진다. 아마도 이 말씀은 그리스도께서 부활 이후에 사도들에게 오실 것과 성령의 인격 속에서 그들에게 오시는 것, 미래에 그들을 하늘나라로 데려가시려고 오시는 것과 같은 여러 가지 의미를 내포하고 있는 듯하다.

21~26절에서 그리스도께서는 그의 제자들이 성령을 통해서 아버지와 아들과 함께 가질 더 깊은 교제에 대해 말씀하신다. 그들은 자기들이 "고아들"처럼 될 것이라고 생각했으나(18절/문자적으로 "위로가 없는"이란 뜻임), 사실상 주님께서 아버지께로 가시는 것은 성도와 구세주의 더 깊은 관계를 가능하게 하는 것이다. 이 관계는 말씀에 순종하는 것과(21절) 말씀을 사랑하는 것, 또한 성령의 가르치는 사역을 포함한다(26절).

말씀을 배우는 데에 시간을 드리며 그 말씀을 살아나가는 그리스도인들은 아버지와 아들과의 가깝고도 만족케 하는 교제를 즐길 것이다. 그리스도에 대한 사랑은 우리가 흔히 말하는 얄팍한 감정이 아니다. 그것은 성령에 의해서 말씀을 사랑하고 복종하는 것을 의미한다.

14장 1~3절에서 그리스도께서는 아버지와 아들과 교제하기 위해 하늘로 가는 성도에 대해 말씀하셨으나, 여기서는 성도와 함께 거하기 위해 오시는 아버지와 아들에 대해 말씀하신다. 헌신된 그리스도인의 삶은 실로 "지상에서의 천국"이다.

5. 그의 평안을 허락하시기 위함(14 : 27~31)

제자들에게는 참으로 평안이 필요했다. 그리스도께서 주시는 평안은 세상으로 말미암는 것이 아니며, 세상이 주는 방법으로 주지 않으셨다. 세상의 평안은 얕고 불만족하며 일시적이나, 그리스도의 평안은 마음 속 깊은 곳에서 항상 만족을 주며 영원히 머무른다.

세상은 외적인 수단을 통해서 평화를 주지만, 그리스도께서는 마음 속에 평화를 주신다. 심리학자들은 "정신(마음)의 평화"에 대해서 말하지만, 그리스도는 그의 죽으심과 부활과 승천을 통해서 "하나님의 평화"를 주신다(롬 5 : 1). 빌립보서 4장 4~9절에는 신자가 평화를 소유할 수 있는 방법이 설명되어 있다.

"내 아버지께서 나보다 크시니"(28절)란 말씀은 그리스도의 지상적인 삶의 날에 대해 언급하신 것이다. 하나님의 아들로서, 그리스도는 아버지와 동등하시며, 인간의 아들(인자)로서 그리스도는 말씀과 일들을 주신 아버지께 순종하셨다(14 : 10, 24).

십자가에서 죽으시고 하늘로 돌아가심으로써, 그리스도께서는 혼란과 불안을 조성하는 사단을 패배시키셨다(30절). 남아 있는 제자들은 그리스도의 죽으심을 비극이나 실수로 생각하지만, 그리스도께서는 31절에서 십자가가 아버지를 향한 그의 사랑의 증거임을 분명히 말씀하셨다. 그리스도께서는 아버지께서 그 것을 명하셨기에 죽으셨고, 아버지의 뜻을 행하기 위해 오셨다.

이 장을 다시 읽으면 그리스도께서 당황하고 있는 그의 제자들을 얼마나 부드 럽게 위로하고 계신지를 보게 된다. 이 위로의 말씀들은 오늘날 우리에게도 똑 같이 적용된다.

참 포도나무
- 요한복음 15장 -

요한복음 14장은 "일어나라. 여기서 떠나자"라는 말씀으로 끝나는데 이것은 다음에 오는 두 장이 동산으로 가는 도중에 말씀하여졌던 사실을 암시한다. 아마도 포도나무와 가지들의 비유를 말씀하셨을 때, 그리스도와 그의 제자들이 어떤 포도원이나 금으로 된 포도나무 장식이 있는 성전을 지나가고 있었을 것이었다. 이 장은 비유 (1~11절)와, 계명 (12~17절), 그리고 경고 (18~27절) 의 세 부분으로 나누어진다.

1. 비유(15 : 1~11)

연구를 시작함에 있어, 기억할 중요한 점은 어떤 비유에 있는 모든 일들이 반드시 특정 의미를 내포해야만 한다는 것은 아니라는 사실을 아는 것이다. 한 비유는 중요한 한 진리를 가르친다. 그리고 그것을 "네 다리 모두를 가지고 서게" 하려는 것은 이단으로 나가는 첫단계이다. 이 비유에서 그리스도께서 가르치시려는 주요한 진리는 **열매를 맺기 위해서 그리스도 안에 거하는 일의 중대성**이다. 열매라는 말이 여섯 번 사용되며, 거한다는 말은 적어도 열 다섯 번 사용된다 (반드시 "거하다"라고 번역된 것은 아니다). 요점은 친교이지 양자 관계가 아니다.

　6절을 그리스도인이 열매 맺지 못하면 구원을 잃고 지옥에서 불타게 될 것으로 가르치는 것은 비유의 의미를 왜곡하는 것이다. 그러한 가르침은 앞의 다른 구절의 명백한 가르침을 모순되게 한다(요 6 : 47 / 요 10 : 27~29 등). 무엇보다도 그리스도께서 6절에서 말씀하신 그 가지가 던져진 후 말랐다는 것을 주의하라. 만일 이 가지가 "구원을 잃은" 타락한 그리스도인을 상징한다면 그는 먼저 "마르며", 열매 맺기를 실패하고, 그리고는 던져져야만 한다.

　그리스도안에 거하는 것은 우리 자신의 구원을 지킨다는 의미가 아니다. 그것은 그의 말씀 안에 사는 것과 기도하는 것(7절), 그리고 그의 계명을 순종하는 것(10절)과 그의 말씀으로 우리의 생활을 깨끗이 지켜나가는 것을 의미한다(3~4절). 그리스도 안에 거하는 데 실패하는 그리스도인은 쓸모없는 가지처럼 된다. 소금이 그 맛을 잃으면 아무 데에도 소용이 없다. 고린도전서 3장 15절은 우리의 행위가 불로 시험받을 것을 가르친다. 하나님께서 자기에게 주신 은사와 기회를 사용하는 데에 실패한 그리스도인들은 은사와 기회를 잃을 것이다(눅 8 : 18 / 요이 8절).

포도나무 안에 있는 가지는 우리가 그리스도에게 연합된 것과 그의 생명을 나누는 것을 의미한다. 우리가 그 안에 거함으로써 그의 생명은 우리를 통해서 흐르고 열매를 맺는다. 육적 그리스도인들이 "행함"을 산출하는 것은 가능하다. 그러나 영적 그리스도인만이 계속해서 열매를 맺을 수 있다. 열매가 많은 가지는 "깨끗케 되어" 더 많은 과실을 낸다는 것에 주의하라 (2절의 "제해 버리다"는 3절의 "깨끗케 하다"와 같은 단어이다).

하나님은 말씀과 징계 등을 통해서 우리를 깨끗케 하신다. 왜냐하면 더 많은 과실을 맺게 하시기 위해서이다. 그것은 왜 헌신된 그리스도인들이 고난을 통해서 지나가야만 할 것인가에 대한 이유를 설명하는 데 도움이 된다. 그리스도인이 과실을 맺는 데서 "더 맺는" 데로 (2절), 그리고 "많은" 과실을 맺도록 (8절) 나아감으로써 그는 아버지를 영화롭게 한다. "거하는 생활"의 증거들은 구주의 사랑을 의식하는 것 (9절), 말씀에 순종하는 것 (10절), 응답된 기도 (7절), 그리고 즐거움 (11절) 이다.

2. 계명 (15 : 12~17)

우리가 서로 사랑하는 것은 "열 한 번째 계명"이라고 할 수 있다. 확실히 그리스도 안에 거하는 그리스도인은 다른 믿는 자들과 같이 사이좋게 지내야만 한다. 형제를 사랑하는 것은 제자의 표시이다. 이제 예수께서는 그의 제자들을 "친구들"이라고 부르신다. 십자가 위에서 죽으심은 그들에 대한 그리스도의 사랑의 증거이다. 지금 그들은 그리스도의 자녀들을 사랑함으로써 그리스도에 대한 그들의 사랑을 증명해야만 한다. 친구들은 서로 사랑해야만 하며 각각 서로에게 복종해야 한다.

그리스도께서 우리에게 요구하신 순종은 종으로서가 아니라 친구의 복종이다. 우리는 그리스도의 친구이며 그리스도 안에 거하기 때문에 우리는 그의 뜻을 알고 그의 비밀에 참여한다. 아브라함은 하나님의 친구였다. 하나님은 그에게 소돔에 대한 계획을 말씀하셨다.

3. 경고 (15 : 18~27)

형제들의 사랑으로부터 그리스도는 세상의 미움에 대해 방향을 돌리신다. **세상은 왜 그리스도를 미워하는가**?

1 세상이 먼저 그리스도를 미워했고 우리가 그리스도에게 속했기 때문이다 (요일 3 : 13).

2 우리는 더이상 세상에 속하지 않기 때문이다 (요일 4 : 5 / 요 17 : 14).

3 세상이 그리스도의 말씀을 거절했기 때문이다 (20절).

4 세상은 아버지를 모르기 때문이다 (16 : 1~3).

5 세상의 죄가 그리스도에 의해 폭로되었기 때문이다.

물론 "세상"은 그리스도와 아버지를 반대하는 모든 사회제도를 말하며, 석 그리스도적인 사람들과 제도들과 철학들과 목적들로 이루어진다. "세상"의 임금은 그리스도의 최고의 대적인 사탄 안에 있다 (요 14 : 30). 반면에 그리스도인은 세상 안에 있지만 세상에 속하지는 않는다. 배와 물에 대한 옛 예화는 아직도 훌륭하다. 배가 물에 있는 것은 전혀 잘못된 것이 없다. 그러나 물이 배 안에 들어올 때에 조심해야 한다. 그리스도인은 세상적으로 될 수 있다. 그리고 그들은 롯처럼 점차적으로 그렇게 된다. 먼저 세상과 사귀고 (약 4 : 4), 다음에는 세상을 사랑한다 (요일 2 : 15~17). 그리고 마침내 세상에 일치한다 (롬 12 : 2).

오늘날 우리들의 생활 속에서 하나님의 사랑을 즐기고 하나님의 뜻을 행하는 데로부터 떨어지게 하는 것은 어떤 것이든지 세상적인 것이며 버려야만 한다. 세상에 사는 것은 그리스도의 십자가를 거부하는 것이다 (갈 6 : 14). 세상은 그리스도를 미워한다. 그런데 어떻게 세상을 사랑할 수 있겠는가.

22~24에서 그리스도께서는 계시가 책임을 가져온다는 근본적인 진리를 말씀하신다. 그의 말씀과 그의 행위들은 하나님의 뜻과 인간의 죄악됨을 계시하셨다. 인간은 변명할 수 없다. 유대인과 이방인이 한 가지로 그리스도를 미워하고 못박는 일에 함께 참여한 사실은 모든 사람이 하나님 앞에 죄인이며 심판을 받아야 한다는 증거이다.

제자들을 격려하기 위해서 그리스도께서는 시편 69편 4절을 인용하신다 (25절). 그 말씀은 우리를 강하게 하며 격려한다. 그리스도는 그들에게 성령의 사역을 말씀하시는데, 성령의 사역은 그리스도를 증거하고 그를 나타내는 것이다. 그는 말씀을 통하여, 그리고 성령의 능력 안에서 그리스도인이 수행하는 착한 행실들로써 이 일을 하신다. 성령은 그리스도인에게 증거하시고, 그 후 그리스도인은 다른 사람에게 증거한다 (26~27절 / 행 1 : 8).

*   *   *   *   *

■ 요약

우리는 이 장의 첫부분 (1~11절)에서 말씀이 믿는 자와 그리스도와의 관계를, 12~17절에서는 믿는 자의 다른 그리스도인들과의 관계를 다루며, 그 반면에 18~27절은 그리스도인의 세상에 대한 관계를 다루고 있음에 주목하게 된다.

또한, 우리와 구주와의 관계가 첫번째에 놓여 있음에도 주목하게 될 것이다. 이는 우리가 그리스도 안에 거하고 있다면 우리는 자연적으로 형제를 사랑할 것이며 세상의 미움을 능히 극복할 것이기 때문이다.

보 혜 사
-요한복음 16장-

이 장은 성령의 사역에 관해 중점을 두고 있다. 제자들은 왜 그리스도께서 그들을 떠나셔야만 하는지를 이해할 수 없었다. 그리스도는 그들에게, 그가 아버지께로 돌아가는 것이 성령의 오심으로 더 큰 축복들을 가능케 할 것이라는 점을 보이신다. 그리스도인의 생활은 육신의 힘으로 유지될 수가 없다. 만일 우리가 주님을 영화롭게 하는 삶을 살려 한다면 하나님의 영이 필요하다. 우리 주님은 믿는 자를 통해서 일하시는 성령의 사역을 묘사하신다.

1. 세상을 책망하는 성령(16 : 1∼11)

세상은 그리스도인에게는 친구가 아니다. 그리스도께서는 다가오는 그의 핍박에 대해 경고하셨는데, 마침내 그 때가 이르자, 그들은 휘청거리며 넘어졌다. 변화되지 못한 상태에서의 바울은 2절에서 묘사하는 것의 완전한 표본이다. 그리스도께서 이 사실을 좀더 일찍 말씀하지 않으신 까닭은 그리스도께서 그들을 보호하기 위해 그들과 함께 계셨기 때문이다. 이제 그리스도는 그들을 떠나려하시면서, 그들을 격려하는 말씀을 주셨다. 물론, 그리스도께서는 그들에게 핍박에 대해 말씀하셨으나(마 5 : 10∼12), 그 출처(종교적인 사람들)와 이유(세상의 무지와 증오)에 대해서는 설명하지 않으셨다.
　그리스도는 이제 불신앙의 세상 속에서 교회를 통해 행할 성령의 사역에 대하여 설명하신다. 성령께서 **세상**에 오신 것이 아니라(14 : 17) **잃어버린 세상**에 오셨다는 점을 명심하라. 성령께서 이 세상에 오셨다는 바로 그 사실이 세상에 대한 고소이다! 실제로, 그리스도는 세상에 계셔서 왕으로서 통치하셔야 한다. 그러나, 세상이 그리스도를 십자가에 못박았으며, 이제 성령께서 여기 계시며 인류에게 그들의 가공할 무서운 죄를 깨닫게 하신다. 성령께서는 세상에 대해 삼중의 책망을 하신다.

1 **죄에 대해서** - 이것은 불신앙의 죄이다. 성령께서는 개인적인 죄들에 대해 세상을 책망치 않으신다. 이것은 양심이 할 일이다(행 24 : 24∼25). 성령께서 세상에 계심은 세상이 그리스도를 믿지 않은 증거이다. 그렇지 않으면 그리스도께서 이 세상에 대신 계셔야만 한다. 영혼을 정죄하는 죄는 불신앙, 즉 그리스도를 거절하는 것이다(요 3 : 18∼21).

2 **의에 대해서** - 이것은 불의함, 즉 잃어버린 영혼의 죄에 대한 것이 아니다.

211

그리스도께서는 세상에 대한 성령의 책망에 대해 말씀하신다. 여기에는 인격적인 적용이 있기는 하지만 개인적인 불신자에 대한 것은 아니다. 성령께서 세상에 계신다는 것은 이제 아버지께로 돌아가신 그리스도의 의로우심에 대한 증거이다. 이 땅에 계신 동안 그리스도는 사기꾼처럼 법을 어기는 자요 죄인으로 비난받으셨다. 그러나 이 땅에 성령께서 계시다는 사실은 아버지께서 아들을 일으키시고 하늘로 받으셨다는 증거이다.

③ **심판에 대해서** – 이것을 사도행전 24장 25절의 "장차 오는 심판"과 혼동하지 말자. 여기서 그리스도는 미래의 심판이 아니라 십자가에서의 과거의 심판을 말씀하신다. 그리스도께서는 12장 31~32절에서 사단과 세상을 심판하실 일에 대해 말씀하셨었다 (골 2 : 15 참조). 세상에 성령이 계심은 사단이 심판을 받았고 패배했다는 증거이다. 그렇지 않으면 사단이 이 세상을 통치하고 있을 것이다.

우리는 이 세 가지 심판을 개인적인 불신자에게 적용할 수 있다. 성령께서는 믿지 않는 자들에게 그의 불신앙의 죄와, 의의 필요성과, 그가 사단에게 속해 있으므로(엡 2 : 1~3) 잃어버린 편에 있다는 것을 확신시키기 위해 그리스도인과 하나님의 말씀을 사용하신다. 성령께서 주도하는 책망이 없이는 구원이 없으며, 성령께서는 잃어버린 영혼들을 책망하시는 데에 말씀을 사용하신다.

2. 그리스도인을 가르치는 성령(16 : 12~15)

제자들은 말씀에 대한 그들의 무지함을 느꼈음에 틀림이 없다. 그래서 그리스도께서는 그들에게 성령의 가르치는 사역을 설명하심으로써 그들을 안심시키셨다(14 : 26/ 15 : 26). "자신에 대해 말하지 않으심"은 성령께서 자신에 대해 말하거나 자신에게 주의를 끄는 일을 결코 하지 않으신다는 것을 의미하지는 않는다. 성령께서 성경을 쓰신 분이며, 성경의 각 장에는 성령에 대한 많은 참고 구절들이 있다. 이 구절은 성령께서 그가 기뻐하시는 것을 성도에게 가르치려고 하시는 것이 아니고, 아버지와 아들로부터 지시를 얻으려 하신다는 것을 의미한다. 성령께서는 우리에게 말씀으로부터 진리를 가르치시며 그렇게 행하심으로써 그리스도를 영화롭게 하신다.
가이 킹 (Guy King)이라는 사람은 성령께서 그리스도를 영화롭게 하는 방법을 세 가지로 제시하였다.
① 성령은 그리스도에 대하여 책을 썼다.
② 성령은 믿는 자를 그리스도와 닮게 만든다.
③ 성령은 그리스도를 위하여 신부를 찾는다.

그리스도께 굴복한 그리스도인은 누구나 성령의 가르침을 받을 수 있다. 시편

119편 97~104절에서 하나님께서 어떻게 겸손한 그리스도인을 가르치실 수 있는지를 보라. 측정기는 나이와 경험, 교육이 아니라 말씀을 배우며 말씀으로 살려고 자원하는 마음이다.

3. 성도를 위로하는 성령 (16 : 16~22)

그리스도께서 떠나신다고 말씀하신 것 때문에 제자들은 대단히 불안해하며 낙심하였다. 16절은 역설이 되는 것처럼 보인다. "내가 아버지께로 가므로 너희가 다시 나를 보리라"고 말씀하시는 것 같다.

여기에는 이중의 의미가 있다. 먼저, 그들은 죽은 자들 가운데서 부활하신 후에 그리스도를 다시 보며, 그들은 또한 성령께서 그들에게 강림하셨을 때에 그리스도를 본다. 그들은 육체적인 안목을 영적인 시각으로 바꿔야 할 것이다. 오늘날 우리는 하나님의 말씀에 대한 성령의 가르치심을 통하여 예수 그리스도를 본다(히 2 : 9).

그리스도께서는 자기의 고난당할 일을 아이의 탄생에 비유하신다. 그것은 기쁨이 뒤따르는 진통이다. 이사야 53장 11절은 "그가 자기 영혼의 수고한 것을 보고…"라고 기록하고 있다. 제자들은 울고 슬퍼하지만 그들의 슬픔은 기쁨으로 변할 것이다. 오늘날 우리는 슬픔과 고난을 갖지만 그리스도께서 돌아오실 때 그것은 즐거움으로 변할 것이다. 그리스도께서는 어떤 것도 빼앗을 수 없는 종류의 기쁨을 주신다.

4. 성도의 기도를 돕는 성령 (16 : 23~33)

"그 날에"는 아마도 성령이 오셔서 그들 가운데서 그의 사역을 시작할 날에 대해 언급하는 듯하다. 그리스도께서 지상에 계실 때 제자들은 그들의 질문과 필요를 개인적으로 그에게 얻는 데 익숙해 있었다. 그리스도께서 하늘로 가셨을 때 기도하는 가운데 그들을 도우며 (롬 8 : 26~27) 아버지께 개인적으로 기도하는 것을 가르치기 위하여 성령을 보내셨다. **성경의 기도는 아버지께, 아들을 통하여, 성령 안에서** 기도하는 것이다. 그리스도께서 그들을 위해서 아버지께 기도하는 것은 필요하지 않다(26절). 왜냐하면 아버지께서는 그들의 요구에 응하시는 것을 기뻐하시기 때문이다(27절).

기도는 굉장한 특권이다. 기도에 대한 그리스도의 다른 말씀들을 숙고하자(요 14 : 13~14 / 15 : 7 / 15 : 16). 믿는 자는 성령께서 자기에게 말씀을 가르치시도록 허락함으로써 그의 기도생활에서 성장한다. 왜냐하면 기도와 성경은 동반하기 때문이다. 유다서 20절은 우리에게 "성령 안에서 기도할 것"을 명한다.

하나님의 뜻 안에 있지 않은 것들을 구하는 기도, 육적인 기도가 너무도 많다(약 4 : 1~10). 성령께서 우리에게 기도의 짐을 지우실 때 받아들이는 것은 놀라운 일이다(롬 9 : 1~3). 성령은 아버지의 마음을 아시며, 하나님께서 우리에게 주고자 하시는 일들을 위해 기도하도록 우리를 인도하신다. 기도는 하나님의 싫어하시는 일들을 극복하는 것이 아니라, 하나님의 뜻을 붙잡는 것이다.

제자들의 간증은 그리스도의 마음을 기쁘게 했었음에 틀림이 없다. 그러나 그는 그들에게 다가오는 실패를 경고하신다(32절). 비록 아버지께서 마침내 그리스도를 십자가 위에 버리실지라도 주님께서 "기뻐하라"고 말씀하시는 것을 듣는 일은 얼마나 축복된 일인가? 그리스도께서 체포되시고 십자가에 못박히려 하고 있었다. 그러나, 그리스도는 자기를 따르는 자들에게 평화와 기쁨을 주시며, 그들에게 승리를 약속하신다. "내가 세상을 이기었노라."

성령께서는 우리의 삶에 있어서 특별한 임무를 가지신다. 우리는 성령께서 그의 길을 갖도록 허락하고 있는가?

그리스도의 대제사장적인 기도
- 요한복음 17장 -

어떤 이들은 이 장을 "요한복음의 지성소"라고 쉽게 말해 왔다. 우리는 아들과 아버지와의 대화를 듣는 특권을 갖는다. 우리는 이 장에 있는 진리들에 대해 묵상하는 데 많은 주일들을 보낼 수 있지만 가장 중요한 점만을 다루려 한다.

1. 그리스도 자신을 위한 기도 (17 : 1~8)

가장 큰 주제는 그가 구원의 일을 마치셨다는 것이다. 2장 4절에서 시작해서 요한은 "때"에 대해 자주 언급했다. 성구사전을 사용해서 이 절들을 추적해보라. 예수께서는 "내가 (구원의 일을) 이루어…"라고 말씀하셨는데, 이는 "아버지를 이 세상에서 영화롭게 하기 위함"이었다. 항상 그리스도는 아버지를 영화롭게 하는 수단으로 십자가를 보셨으며 (12 : 23), 바울 역시 십자가 안에 있는 영광을 보았다 (갈 6 : 14).

그리스도께서는 자신이 죽기 위해 세상에 오실 때 제쳐놓은 영광을 다시 자신에게 주실 것을 기도하신다 (빌 2 : 1~12). 영광이 나타난 유일한 때는 변화산 위에서였다 (요 1 : 14 / 벧후 1 : 16~18).

2절의 "주신"이라는 말에 유의하자. 아버지께서는 아들에게 온 인류를 다스릴 권세를 주셨고, 아들은 아버지께서 아들에게 주신 자들에게 영생을 주신다. 요한복음 17장에 있는 보배로운 진리들 중의 하나는 각 신자들이 아들에게 주신 하나님의 선물이라는 점이다 (요 6 : 37). 영생은 값없는 선물이다. 죄인들이 할 수 있는 모든 것은 믿음으로 그것을 받아들이는 것 뿐이다. 죄인이 이 일을 할 때에 그는 아버지께서 자기를 아들에게 주셨음을 알게 된다 (요 6 : 37). 이것은 우리로서는 설명할 수 없는 신비이지만, 우리는 그에 대해 감사한다. "하나님의 은사와 부르심에는 후회하심이 없느니라" (롬 11 : 29). 이것은 우리의 구원이 안전하다는 사실을 의미한다. 왜냐하면, 하나님께서는 우리를 아들에게서 결코 빼앗으려고 하지 않으실 것이기 때문이다.

"내가 아버지의 이름을 나타내었나이다"는 말씀은 요한복음에서 그리스도에 대한 진술인 "나는…이다"에 관련시켜야 한다. 하나님의 이름이 "나는…이다" (출 3 : 13~14)이며, 그리스도께서는 우리에게 있어서 하나님이 "우리가 필요로 하는 모든 것"이 되신다는 것을 계시하신다. 주린 자에게 그리스도께서는 "나는 생명의 떡이라"고 말씀하신다. 또한 잃어버린 자들에게는 "나는 길이요"라고 하시며, 눈 먼 자들에게는 "나는 빛이라"고 말씀하신다.

2. 그의 제자들을 위한 기도(17 : 9~19)

여기서의 핵심 사상은 거룩함, 곧 **제자들의 세상에 대한 관계**이다. 그리스도께서는 "내가 아버지의 말씀을 저희에게 주었다"(14절)고 말씀하시며, 17절에서는 우리가 말씀을 통하여 하나님께 따로 떼어져 거룩하게 되었다는 것을 말씀하신다. 거룩함(성화)이란 완전히 무죄함을 의미하는 것이 아니다. 그렇지 않다면 그리스도께서 "내가 나를 거룩하게 하오니"(19절)라고 말씀하실 수가 없다. 그리스도는 죄가 없으시기 때문이다. 거룩하게 된 그리스도인이란 매일 말씀 속에서 성장해 가는 사람들이며, 그 결과로서 세상으로부터 아버지께로 더욱 더 성별되어 진다.

그리스도는 아버지께 제자들을 지켜 주시도록 간구하신다(11절). 이 요청은 그들이 구원을 상실하게 될 가능성을 시사하는 것이 아니다. "…아버지의 이름으로 저희를 보전하사…저희도 하나가 되게 하옵소서"는 참으로 완전한 기도임에 주목하자. 15절에서는 그들이 악으로부터 보전되기를 요청하신다. 그리스도께서는 육체적으로 제자들과 함께 계셨으며 마음과 목적에서 연합되어 세상으로부터 성별되도록 그들을 지키실 수 있으셨다. 이제 그리스도는 하늘로 돌아가려 하시며 그들을 지키시기를 아버지께 간구하신다.

어떤 사람들은 12절을, 믿는 자들이 그들의 구원을 잃을 수 있다는 증거로서 사용한다. 그러나 이 절을 주의깊게 읽어 보면 그 반대라는 것이 증명된다. 그리스도께서는 "그들 중 누구든지 멸망의 자식 외에는 잃어버리지 않는다"고 하신 것이 아니라, "그들 중의 어떤 누구도 잃어버리지 않으나, 오직 멸망의 자식만이…"라고 말씀하셨다. 이것은 유다가 믿는 무리 속에 전혀 속하지 않았다는 것을 보여 준다.

여기에 사용된 "오직"은 대조의 말로서, 유다가 다른 제자들과는 다른 부류에 속했다는 것을 보신다. 11절에서 예수께서는 아버지께서 자기에게 주신 모든 자를 지키신다고 명백히 말씀하신다. 유다는 잃어버렸으므로 그는 아들에게 주신 자 가운데 있을 수 없다. 오늘날 유다가 "그의 구원을 잃어버렸다"고 가르치는 많은 사람들은 6장 66~71절에서 유다가 구원을 받았다고 생각한 베드로와 같은 잘못을 저지른다. 그 때 그는 구원을 받지 못했다.

그리스도인은 세상에 속하지 않았다. 그러나 실제로 그리스도를 증거하기 위해 세상에 있다. 우리는 주의 말씀을 통해서 우리 생활을 정결하게 지킨다. 그리스도는 사실상 자기를 대신해서(18절) 우리를 세상에 보내셨다. 우리에게 얼마나 놀라운 책임이 있는가!

3. 그의 교회를 위한 기도(17 : 20~26)

216   여기서 중요한 주제는 영광이다. "아버지께서 내게 주신 영광을 내가 저희에게

주었사오니"(22절). 그리스도는 "내가 그들에게 줄 것이라"고 하지 않았다. 왜 나하면 하나님의 마음 속에서 신자는 이미 영화롭게 되었기 때문이다(롬 8 : 30). 이것은 믿는 자의 영원한 안전에 대한 또다른 증거이다. 우리는 이미 하나님에 관한 한 영화롭게 되었다. 그리스도께서는 우리가 그와 함께 있도록, 그리고 그의 영광을 보게 되도록 기도하신다. 골로새서 3장 4절은 우리가 하나님의 영광을 나누게 될 것을 말하며, 로마서 8장 18절은 우리가 그의 영광을 나타내리라고 약속한다.

그리스도께서는 그의 **교회의 하나됨**을 위해 기도하신다(21절). 하나됨과(마음과 영에 있어서 하나됨) 통합(기구와 계획에 있어서의 하나됨)에는 차이가 있다. 그리스도는 결코 모든 그리스도인이 하나의 세계 교회 속에 있게 될 것을 의미하시지 않는다. 현재의 교파적인 병합과 세계 연합 노력들이 기구적인 통합은 가져올지 모르지만, 그들은 하나됨을 낳을 수 없다. 하나됨은 외부의 압력에서가 아니라 내부로부터 온다. 그리스도인은 다른 교파에 속했을 때에도 참 교회, 즉 그리스도의 몸의 모든 지체들이다. 그리고 세상에 복음의 진리를 확신시키는 것은 바로 이 사랑 안에서의 영적인 하나됨이다. 그리스도인이 사소한 문제에서 다르다는 것은 가능하지만 여전히 그리스도안에서 서로 사랑하고 있다.

그리스도인마다 죽으면 하늘로 간다. 왜냐하면 그리스도께서는 그렇게 되도록 기도하셨으며(24절), 아버지께서는 아들의 기도를 항상 들으시기 때문이다 (11 : 41~42). 26절에서 그리스도께서는 아버지에 대한 더 깊은 계시를 약속하신다. 그리고 그는 그것을 성령을 통해서 제자들에게 주신다. 그는 우리가 우리의 일상적인 경험으로서, 아버지의 사랑을 누릴 수 있기를 위해 기도하신다 (14 : 21~24). 우리는 이 기도의 주요 부분을 다음과 같이 요약할 수 있다.

구원 (1~8절)	"내가 저희에게 영생을 주었사오니" (2절)	과거
성화 (9~19절)	"내가 아버지의 말씀을 저희에게 주었사오매" (14절)	현재
영화 (20~26절)	"내가 아버지의 영광을 저희에게 주었사오니" (22절)	미래

이 기도 안에서 **신자의 영원한 안전에 대한 놀라운 증거**들을 눈여겨보자.
1 신자들은 아들에게 주신 아버지의 선물이며(2절), 하나님은 그의 사랑의 선물을 되찾지 않으신다.

2 그리스도께서는 그의 사역을 마치셨다. 만약 신자들이 그의 구원을 잃어버   *217*

린다면 그리스도는 그의 사역을 완전히 하지 않으신 것이다.

3 그리스도는 이 땅에서 자기의 사람들을 지키실 수 있었고, 오늘날도 그들을 지키실 수 있다. 이는 그가 동일한 구주이시기 때문이다.

4 그리스도는 이미 우리에게 하나님의 영광을 주셨기 때문에 우리가 종국에는 하늘에 있게 될 것을 아신다.

5 그리스도는 우리가 하늘에 있게 될 것을 위해 기도하시며, 아버지께서는 항상 아들의 기도에 응답하신다.

그리스도의 고통과 재판
- 요한복음 18장 -

예수께서는 그의 대적들을 만나기 위해 기도의 장소를 떠나신다. "기드론 시내"는 가족의 반역으로 보좌에서 추방되던 다윗 왕을 상기시킨다(삼하·15장 참조). 이 장은 세 부분으로 나누어진다.

1. 체포(18 : 1~14)

예수께서는 자의적으로 유다와 그의 무리들을 만나셨다. 이는 주님께서 바야흐로 무엇이 일어나려 하는지를 아셨기 때문이다(13 : 1~3 / 6 : 6 - 예수께서는 아버지의 뜻을 아시므로, 항상 자신이 해야 할 일을 알고 계셨다). 동산에서 체포되었다는 사실에 주목하기란 흥미로운 일이다. 마지막 아담이신 그리스도는 적을 만나 승리하셨으나(고전 15 : 45), 첫번째 아담은 적을 만나 패배하였다. 아담은 자기를 감추었으나, 그리스도는 공개적으로 나타내셨다. 이 두 정원의 장면을 생각하며 다른 대조점들을 살펴보자.

유다는 원수들과 함께 서 있었다. "사도들이 다 놓이매 그 동류에게 가서 제사장들과 장로들의 말을 다 고하니…"(행 4 : 23). 사람은 항상 그의 마음이 있는 곳으로 가려고 한다. 유다는 그의 마음 속에 사단이 있었으므로 사단의 군중과 함께 있었다. 유감스럽게도 베드로 역시 이 같은 무리들과 함께 서 있었다. 예수께서 거룩한 하나님의 이름("내로라" / I Am)을 사용하여 그들을 놀라 자빠지게 하는 것을 보라. 믿는 자를 구원하는(17 : 6) 그 이름이 또한 잃어버린 자를 정죄한다.

8절에서, 예수께서는 제자들이 문제에 빠지지 않도록 그들에게 떠나라고 경고하신다. 그리스도는 이미 제자들에게 그들이 흩어지리라고 말씀하셨으나(16 : 32), 베드로는 남아서 싸우기를 좋아했고, 그로 인하여 문제에 빠지고 말았다. 베드로의 죄는 그가 멀리서 따라갔다는 데에 있는 것이 아니라 그가 따랐다는 바로 그 점이다. 그는 말씀에 순종하여 떠났어야 했다.

9절은 17장 12절로 되돌아가 그리스도께서 제자들의 구원에 대해 말씀하신 것을 언급한다. 여기서 그리스도는 그들의 육체적인 보호에 대해서 말씀하시는데, 그리스도는 우리를 두 가지 면에서 지키신다. 그리스도는 우리의 영혼을 구원 가운데 보존하시며, 우리의 몸을 그의 영으로 인쳐서 구속의 날까지 지키신다.

검을 사용함으로써 베드로는 분명하게 그리스도께 불순종했다. 그리스도께는 우리의 보호가 필요한 것이 아니다. 또한 우리가 사단과 싸울 때 사용할 무기도 육체가 아니라 영이다(고후 10 : 4~6 / 엡 6장). 그는 잘못된 무기를 사용했고 잘못된 동기로, 잘못된 순서로 행하여 결국 잘못된 결과를 빚어 내었다. 말고를 치료하시고 베드로를 보호하시는 예수님의 은혜가 얼마나 큰가! 그렇지 않았다면 갈보리산 위에는 다른 십자가가 섰을 것이며, 베드로는 그의 때가 이르기 전에 십자가에 못박혔을 것이다.

2. 부인 (18 : 15~27)

이제 집중 조명의 촛점이 베드로에게 맞춰지며, 우리는 그의 슬픈 퇴보를 보게 된다. 다락방에서 그는 그리스도께 참되게 남아 있겠다고 세 번이나 장담했다 (마26:33, 35 / 요 13 : 37). 동산에서 그는 기도해야 할 그 때에 세 번이나 잠에 빠져들었고, 그 후 주님을 세 번 부인하였다. 요한복음 21장에서는 그리스도에 대한 사랑을 세 번 고백해야 했다.

다락방에서 그는 마귀의 그물에 걸려들었고(눅 22 : 31~34), 동산에서는 육체의 연약함에 굴복하였으며, 이제 제사장의 뜰에서는 세상의 압력에 항복하였다. 깨어 기도하는 것은 얼마나 중요한 일인가!

우리는 15절의 **이름이 알려지지 않은 제자**가 누구인지 모른다는 데에 동의해야 한다. 그는 니고데모나 아리마대 요셉일 수 있다. 종종 "다른 제자"로 불리워졌던(20 : 3) 요한이 대제사장과 친분이 있는 것 같지는 않다(행 4 : 1~3 참조). 그가 누구이든지 간에, 그는 베드로를 위해 그 문을 열어 줌으로써 그를 죄로 인도하였다. 무지한 신자들이 다른 사람들을 주님께 불순종하도록 하는 원인이 된다는 것은 참으로 비극이다. 18절은 "그 때가 추웠다"고 기록되어 있는데, 그래서 베드로는 불가에 앉았다. 그러나 누가복음 22장 44절은 그리스도께서 그 밤에 기도하실 때에 땀을 흘렸다고 말해 준다.

베드로는 영육간에 다 추웠고, 적의 불 곁에서 그를 따뜻하게 해야만 했다. 그는 "악인의 꾀를 좇아 죄인의 길에 서 있었고," 이제 곧 "오만한 자의 자리에 앉을 것"이었다(시 1 : 1 참조). 그리스도께서 고통당하시는 동안 베드로는 자신을 따뜻하게 할 뿐 그리스도의 고통에 전혀 동참하지 못하였다.

3. 거절 (18 : 28~40)

제사장들을 조정하는 두 인물이 있다는 사실은 그 당시 유대 나라가 얼마나 부패하였는지를 보여 준다. 안나스와 가야바는 성전 상거래의 공동경영자이며, 성전을 두 번 깨끗하게 했던 것으로써 그리스도를 증오하고 있었다. 그들은 오늘날 소위 "영적 지도자"로 불리우는 어떤 이들과 같이 하나님의 백성들을 상품화시키고 있었다.

그리스도의 재판에 대한 불법적인 면들은 많이 기록되어져 왔다. 그 회의
는 밤에 개최되어 죄수는 유죄로 기소되었고, 그들은 거짓 증인들을 고용하였
으며, 묶여 있는 동안 잘못된 대우를 받도록 허용하였으며, 어떠한 변호도 승
락하지 않았다. 은밀한 한밤중의 재판이 있은 후에, 교활한 유대인들은 최종적
인 사형 언도를 위해 그를 빌라도에게로 데려갔다. 그들은 "더럽혀지지 않으려
고" 이방인의 홀에 들어가지 않았다. 그러나, 그들은 무죄한 자를 죽이려고 정
죄하였다! 그리스도 없는 종교는 이러하다. 그들은 하루살이는 걸러내며 약대
는 삼키는 것이다.

33절로부터 19장 15절까지, 우리는 빌라도의 비겁한 우유부단함을 보게 된
다. 적어도 일곱 번씩이나 빌라도는 홀에서 유대인들이 있는 밖으로 들락거리
며 타협하려 하였다. 빌라도는 겁장이였고, "사람들을 기쁘게 하기 위하여" 그
리스도를 십자가에 못박았다. 얼마나 많은 죄인들이 **사람들에 대한 두려움**으
로 인하여 지옥에 있게 되는가!

그리스도는 빌라도에게 자신의 **왕국의 영적인 성격**에 대해 설명하셨다. "그
러나 지금 내 나라는 이 세상에 속한 것이 아니라"고 말씀하신 데에 유의하자.
유대인들이 그리스도를 받아들였다면, 그리스도는 이 땅 위에 그의 나라를 세
우셨을 것이다. 이제 그들이 그리스도를 거절함으로써 그의 나라는 사람의 마음
속에 거하는 영적인 것이 되었다. 그리스도께서 돌아오시는 날, 그는 이 땅 위
에 그의 문자 그대로의 나라를 세우실 것이다.

"진리가 무엇이냐"는 빌라도의 질문은 수 세기 동안의 철학자들이 묻던 것이
다. 14장 6절에서, 예수께서는 "내가 진리라"고 하셨고, 17장 17절에서는
"아버지의 말씀은 진리니이다"고 말씀하셨으며, 요한일서 5장 7절은 "성령은
진리니라"고 진술한다. 성령과 하나님의 말씀은 진리이신 그리스도를 강조한다.

세상은 영적인 일에 이르면 늘 잘못된 선택을 해 왔다. 사람들은 생명의 왕
보다는 살인자를, 법을 주신 분보다 법을 어기는 자를 더 좋아하였다. 유대인
들은 그들의 참 메시야를 거절하였으나, 어느 날 사단의 거짓 메시야인 적그리
스도를 받아들일 것이다(5 : 43). 사람들은 다른 이유들로 그리스도를 거절하
였다. 유다는 마귀의 말에 귀를 기울임으로써 그리스도를 거절하였고, 빌라도
는 세상에 귀를 기울였으며, 헤롯은 육체의 요구를 경청하였다.

빌라도는 "너희에게⋯전례가 있으니"라고 말하였는데(39절), 그가 그리스
도를 알지 못하면서 종교적인 관습을 알았다는 것은 참으로 유감스러운 일이다.
오늘날에조차 사람들은 이와 같아서 종교적인 축일이나 관습을 지키는 데는 주
의하면서도, 세상의 구세주에 대해서는 무지하다.

십자가에서의 충성

- 요한복음 19장 -

1. 조롱당하신 그리스도 (19 : 1~22)

빌라도는 불법적이기는 하나 예수님을 채찍질하는 것이 유대인들의 마음을 움직여 그를 풀어 주려 할 것이라고 생각한 듯하다. 그러나, 그들의 마음은 굳어져서 (12 : 40). 그리스도를 죽이기로 결정하였다. 빌라도가 그 군병들에게 모욕적인 가짜 왕관과 자색 옷과 왕홀을 가지고 그리스도를 조롱하도록 허용한 것은 잘못된 일이었다. 이 장면을 요한계시록 19장 11~21절과 비교해 보라. 거기서 그리스도는 왕으로서 영광의 관을 쓰고, 철장을 가지고 다스리러 오신다. 그때 모든 무릎이 그 앞에 꿇려질 것이다!

유대인들은 그리스도가 하나님이라고 주장함으로써 율법을 범하였다고 고소하였다 (10 : 33). 이미 그리스도는 그의 멧세지와 기적들로 하나님이심을 입증하셨다. 그러나, 완악한 죄인은 그 증거를 거절하고, 그리스도를 멸망시키는 데에 참여하였다.

9절에서의 빌라도의 질문에 왜 그리스도는 대답지 않으셨는가? 그 한 가지 이유는 빌라도가 이미 받은 계시에 순종하지 않았기 때문이다. 그리고 하나님은 그가 이미 주신 것들에 우리가 순종할 때까지는 더 많은 계시를 주지 않으신다. 10절에서의 빌라도의 장담은 자기 자신을 정죄하는 것이었다! 만약 그가 그리스도를 놓아 줄 권세를 가지고 있었다면 그리스도께서 무죄하다는 사실을 알았을 것이며 (19 : 4), 그렇게 행했을 것이다. 그리스도는 모든 권세가 하나님께로서 말미암는다는 것을 그에게 상기시킴으로써 빌라도를 논박하셨다 (롬 13 : 1 이하 / 잠 8 : 15~16).

빌라도는 특별한 목적을 성취하기 위해 하나님의 손에 들려 있었으며, 그는 여전히 죄 가운데 있었다 (눅 22 : 22). 11절의 "나를 네게 넘겨준 자"란 유다가 아니라 가야바에 대한 언급이다.

유대인들은 "가이사 외에는 우리에게 왕이 없나이다!"라고 외친다. 6장 15절에서 그들은 그리스도를 왕으로 삼으려고 했었고, 12장 13절에서는 그리스도를 왕으로 찬양하였으나, 이제 그들이 그를 거절하고 있다! 이것은 요한복음에서의 세번째 위기이다.

첫번째 위기 (6 : 15)	그리스도를 왕으로 삼으려 함 – 더이상 그를 따르지 않음 (6 : 66)	길
두번째 위기 (12 : 13)	그리스도를 왕으로 찬양함 – 그를 믿지 않음 (12 : 37)	진리
세번째 위기 (19 : 15)	그리스도에 대한 최종적인 거부 – 십자가에 못박음	생명

빌라도는 재판의 최종적인 결론을 맺고는 십자가 위에 "나사렛 예수, 유대인의 왕"이라는 표제를 붙였다. 관습적으로 죄수는 그의 목에 죄패를 걸었다가 그 후 그것을 십자가에 걸어 놓았다. 그리스도의 "죄명"은 스스로 왕이 되었다는 것이었다 !

죄패는 히브리어 (종교), 헬라어 (철학과 문화), 라틴어 (법과 정치)의 세 언어로 기록되었다. 이것은 **우주적인 죄**를 말해 준다. 세상의 이 세 정부가 그리스도의 죽음에 관여했기 때문이다. 문화와 법률, 종교는 사람을 구원하지 못한다. 또한 이것은 **우주적인 사랑**을 나타내는데, 하나님은 단지 유대인만이 아니라 "세상을 이처럼" 사랑하셨다. 그리고 이것은 **우주적인 구원**을 선포한다. 그리스도는 헬라인에게는 하나님의 지혜이며, 로마인에게는 하나님의 권세이고, 유대인에게는 모든 종교 의식의 성취이기 때문이다. 우리는 사도행전 16장에서 유대 여인 루디아와 헬라의 여종과, 로마의 간수가 모두 구원된 것을 본다. 회개한 도둑은 이 죄패를 읽고 그리스도께서 "그의 나라에서" 그를 기억하실 것을 믿었다.

2. 못박히신 그리스도 (19 : 23~30)

요한은 그리스도의 **가상 칠언 중 세 가지만**을 기록하고 있다. 그는 솔기가 없는 옷을 제비뽑으며 (시 22 : 18), 신 포도주를 주는 것 (시 69 : 21), 어떠한 뼈도 꺾이지 않고 옆구리를 찔린 것 (시 34 : 20 / 출 12 : 46 / 슥 12 : 10)에 대한 성경의 성취를 주의깊게 주목한다. 그러나 37절은 스가랴 12장 10절을 성취하였다는 뜻이 아니라는 데에 유의하자. 오히려 스가랴 12장 10절은 그가 찔리신 것이라고 말하고 있다. 그들은 장차 영광 중에 돌아오실 때 그를 볼 것이다 (계 1 : 7). 십자가 형에 대한 모든 세심한 일들이 하나님의 손에 의해 조심스럽게 수행되었다.

요한과 마리아를 서로에게 건네 줌으로써 그리스도는 지상에 있어서의 가족 관계를 최종적으로 끊으셨다. 그 일들을 조정한 것은 마리아가 아니라 그리스도이셨다. 우리는 십자가로 온 마리아의 헌신에 감탄한다. 그녀의 침묵은 예수께서 하나님의 아들이심에 대한 증거였다. 왜냐하면 그녀의 말 한 마디는 예수님을 구할 수 있었기 때문이다.

"내가 목마르다"는 말씀은 육체적이며 영적인 고통을 나타내신 것으로, 그리스도는 우리의 죄를 위해 지옥의 고통을 당하시는 것이다. 그리스도는 우리가 결코 목마르지 않게 하시려고 친히 목마르셨다.

"다 이루었다"는 헬라어 "테텔레스타이"로서, 상인들간에 "가격이 모두 지불되었다"는 의미로 사용되어졌다. 목자들은 그들이 완전한 양을 발견했을 때에 그 말을 사용하였는데, 그리스도는 하나님의 완벽한 어린 양으로 죽으셨다. 일을 완전히 마친 종들이 주인에게 보고할 때에 이 말을 사용하는데, 순종한 종이신 그리스도는 아버지께서 그에게 하라고 주신 일을 마치셨다. 그리스도는 기꺼이 자원하여 자기 생명을 포기하셨으며 친구들을 위하여 자기 생명을 내어 놓으셨다.

3. 장사되신 그리스도 (19 : 31~42)

유대인들은 동정이나 또는 그들의 죄에 대한 두려움에는 관심이 없었고, 단지 그들의 안식일에 관한 율법을 지키려 하였다. 군병들이 그리스도의 다리를 꺾지 않았다는 사실은 그가 이미 죽었음을 증명하는 것이다. 생명의 주의 존전에서 죽은 사람은 아무도 없다. 만약 그리스도께서 먼저 죽지 않으셨다면 두 강도들은 결코 죽을 수 없었을 것이다.

피와 물은 **구원의 양면성**을 설명해 준다. 피는 죄책을 속죄하며, 물은 죄의 얼룩을 씻어 준다. 또는, 피는 십자가의 하나님 편에서의 칭의를 말해 주며, 물은 인간 편에서의 성화를 뜻한다. 이 두 가지는 항상 동반되어야 하는데, 그리스도의 피가 그를 구원한다고 믿는 어느 누구이든지 사람들 앞에서 정결한 생활을 해야 하기 때문이다.

35절에서 요한은 마리아를 그의 집에 모셔 놓은 후 다시 십자가로 돌아온 것이 분명하다. 그리스도가 마리아보다 더 중요하였다! 요한복음에서 마리아가 처음 발견되는 때는 그녀가 혼인 잔치에 있을 때였는데 (2 : 1~11), 그녀에 대한 마지막 언급은 장례식에 있다.

하나님은 그리스도의 몸을 장사하기 위해 산헤드린의 두 회원인 니고데모와 요셉을 예비하셨다. 그렇지 않았다면 그리스도의 몸은 예루살렘 밖의 "쓰레기 더미"인 게헨나에 던져졌을 것이다. 이사야 53장 9절은 그의 무덤이 부자와 함께 할 것이라고 약속하고 있다. 이것은 요한복음에서의 니고데모에 대한 세 번째이자 마지막 언급이다. 적어도 우리는 그가 고백의 밝은 빛으로 나아오는 것을 본다 (요 3장 참조).

니고데모와 요셉은 구약 성경을 통해 그리스도께서 언제, 어디서, 어떻게 죽으실 것인지를 알았다. 그들은 아마도 향유와 함께 이미 무덤을 준비해 두고 그리스도께서 십자가에 계신 동안 무덤에 숨어 있었을 것이다. 요셉은 이 무덤을 자기 자신을 위해서 마련한 것이 아니었다. 왜냐하면 어느 부자도 죄인들이 못박힌 장소의 근처에 묻히기를 원하지 않았을 것이기 때문이다. 그는 그리스도의 몸을 재빨리 쉽게 돌볼 수 있도록 갈보리 근처의 토지를 구입하였다.

우리는 확실히 요셉이 두려워하는 제자이기 때문에 칭찬하지는 않는다. 그러나, 하나님께서 그의 목적을 위해 이것을 사용하셨다는 것을 알 수 있다. 요셉의 믿음이 공개적인 것이었다면, 공회는 그가 예수님을 돌보는 일에 대해 방해하였을 것이다. 요셉과 니고데모가 그리스도의 시신을 만졌을 때 그들은 스스로 유월절에 대해 더럽힌 것이었지만 그들은 개의치 않았다. 그들은 하나님의 어린 양이신 그분을 믿어야만 하였다.

그리스도의 탄생과 죽음을 대조해 보기란 흥미로운 일이다. 그는 빈곤하게 태어나 부자로 장사되었고, 강보에 싸여 이 세상에 오셔서 세상을 떠나셨다. 그의 탄생은 개인적인 것이었으나 그의 장사는 공적인 것이었다. 그의 탄생시에는 사람들이 경배하러 왔었으나, 그의 장례 때에는 그들이 그를 버렸거나 또는 조롱하였다.

그리스도의 부활

- 요한복음 20장 -

이 장은 그리스도의 부활 후 세 번 나타나심을 기록하고 있다. 각각의 나타나심은 관련된 사람들의 삶에 다른 결과를 가져 왔다.

1. 마리아에게 보이심 (20 : 1∼18)

그리스도께서는 마리아에게서 일곱 귀신을 쫓아내셨고 (눅 8 : 2), 마리아는 그리스도를 극진히 사랑하였다. 전형적인 "여성 특유의 스타일"로 그녀는 결론으로 비약하여, 누군가 그리스도의 몸을 훔쳐갔다고 생각하고는 베드로와 요한에게 알리기 위해 달려갔는데, 그들은 다음 차례로 무덤을 찾은 사람들이었다.

왜 요한이 베드로보다 앞서 달려갔는가? (4절) 여기에는 신체적인 이유가 있었을 것인데, 요한은 베드로보다 젊었다. 그러나 또한, 영적인 의미도 있다. 베드로는 아직 그리스도를 위한 그의 헌신을 재확인하지 않았으므로 그의 "영적인 힘"은 저조하였다. 이사야 40장 31절에서는 주님을 앙망하는 자는 "뛰어도 피곤치 않으리라"고 말하고 있다. 그러나, 베드로는 주님보다 앞서 달리면서 불순종하였다. 베드로의 죄는 그의 발 (요 20 : 4) 과 눈 (요 21 : 7), 입술 (주님을 부인함) 과 그의 체온 (요 18 : 18 / 눅 24 : 32) 에 영향을 주었다.

그들은 무덤에서 무엇을 보았는가? 그들은 몸의 형체대로 수의 (감긴 세마포) 가 놓여져 있는 것을 보았으나, 몸은 없었다! 수의는 마치 빈 누에고치 같았다. 얼굴을 덮었던 수건은 조심스럽게 개켜져서 그대로 놓여져 있었는데, 이것은 도굴된 모습이 아니었다. 왜냐하면, 어떠한 도둑들도 수의를 찢지 않고 물건들을 흐트려 놓지도 않은 채 몸을 가져갈 수는 없기 때문이다. 예수께서는 수의와 바위 무덤을 통과하셨다. 8절은 그들이 본 것들을 증거로 그리스도의 부활을 믿었다고 말해 준다. 후에 그들은 그리스도를 개인적으로 만났고 또한 성경 때문에도 믿게 되었다.

여기에 **영적인 문제들에 봉착할 때에 의지할 수 있는 증거의 세 가지 전형**이 있다. 곧, 하나님께서 주신 증거들과 하나님의 말씀, 개인적인 체험이다. 사람이 그리스도께서 실재하신다는 것을 어떻게 알 수 있는가? 그는 다른 사람들의 삶에서 증거를 볼 수 있으며 하나님의 말씀 속에서 읽을 수도 있고, 그가 만약 그리스도를 믿는다면 개인적으로 그것을 체험하게 될 것이다. 10절에서, 그들이 집에 돌아간 후에 그리스도께서 부활하셨음을 선포하지 않았다는 것을 눈여겨보자. 지적인 증거만으로는 사람을 변화시킬 수 없다. 그는 그리스도를 만나야만 하는 것이다.

　마리아는 선뜻 떠나지 못했기에 그리스도를 만났다. 기다림이 몇 배의 보상을 받았던가! (잠 8 : 17 참조) 그녀는 무덤 안에서 두 천사를 보았으나 (눅 24 : 4 /"두 사람"), 너무나 큰 슬픔에 사로잡혀 있었으므로 그들이 위로가 되지 않았다. 12절에서의 천사에 대한 설명은 구약의 "시은좌"를 상기시킨다 (출 25 : 17~19). 그리고, 부활하신 그리스도는 이제 하늘 나라에서 우리의 시은좌에 앉아계신다.

　그녀는 그리스도를 찾기 위하여 천사로부터 돌아섰다. 그녀는 천사들을 보는 것보다는 오히려 그리스도의 시신을 원하였다. 그 때 그녀가 본 사람은 진짜 그리스도이셨으나, 분명히 그녀의 눈은 가리워져서 그를 알아볼 수 없었다.

　15절에서의 "…줄을 알고"는 그녀의 슬픔을 전부 설명해 준다. 오늘날 얼마나 많은 그리스도인들이 전혀 진짜가 아닌 것을 진짜 "…인 줄로 아는" 비참함에 빠져 있는가? 예수께서 그녀의 이름을 부르시자, 그녀는 그리스도를 알아보았다. 그리스도는 자기의 사람들을 이름으로 부르시며 (요 10 : 3~4), 그들은 그의 목소리를 안다 (사 43 : 1).

　17절은 부활의 아침 일찍, 아버지께 그의 마치신 일을 보고하러 **그리스도께서 하늘로 승천하셨음**을 시사한다. 이 승천은 안식일 다음 날 곡식 단을 흔드는 레위기 23장 1~14절에 주어진 모형을 성취하였다. 그리스도는 첫열매이시다 (고전 15 : 23). 마리아의 그리스도와의 만남은 그녀를 선교사로 만들었다!

2. 제자들에게 보이심 (20 : 19~25)

"안식 후 첫날"이 두 번 언급되었다 (20 : 1, 19). 이 날은 안식일이 아니라 주일이다. 유대인의 안식일은 일곱째 날이며 일한 후에 쉬게 되는 것을 설명한다 (율법주의). 주일은 주님의 날로서, 한 주의 첫날이며 일하기 전의 생명과 쉼을 말해 준다 (은혜).

　그리스도께서는 그의 영화로운 몸으로 잠긴 문을 통과하여 두려워하는 사람들에게 평화를 가져다 주셨다. 그리스도께서 그들에게 평화를 두 번 언급하셨음에 유의하자 (19, 21절). **첫번째 "평강"**은 십자가 상에서의 그리스도의 회생에 근거한 하나님과의 평화이며, 그리스도는 그들에게 그의 손과 옆구리를 보이셨다. **두번째 "평강"**은 우리와 함께 거하심으로 인한 하나님과의 평화이다 (빌 4장). 그리스도는 그들에게 그를 대신하여 이 세상에서 하나님의 대사의 직무를 행하도록 위임하셨다 (요 17 : 15~18).

　그들에게 숨을 내쉰 것은 하나님께서 아담에게 생명을 불어넣으신 것 (창 2 : 7)을 상기시키는데, 디모데후서 3장 16절에서의 "하나님의 영감"이란 "하나님이 숨을 내쉬다"는 의미이다. 이러한 행동은 개인적이고 사사로운 것으로서 그들에게 그의 명령을 수행하는 데에 필요한 영적인 힘과 분별력을 주는 것이었다. 오순절의 성령 강림은 봉사와 전도에 있어서 그들을 단결시키며 강하게 하였다.

23절에서의 **"죄 사하는 권세"**는 우리가 사람들에게 복음을 전함으로써 죄들을 보류하거나 용서하는 의미 이외에는 오늘날의 그리스도인에게는 적용되지 않는다. 신약 성경의 어느 곳에도 사도가 사람들의 죄를 사하는 경우가 없다. 베드로(행 10 : 43)와 바울(행 13 : 38)은 모두 그리스도를 증거한다. 그 제자들에게는 특전이 있었다. 특히 사도행전의 앞 장들에서 그러한데, 여기에는 의문의 여지가 없지만, 이 사도적 특권은 오늘날 우리에게 속하지 않는 것이다.

3. 도마에게 보이심 (20 : 26~31)

도마는 처음 모임에는 참석하지 않았다. 성도의 모임에 불참하는 것으로 인하여 우리는 얼마나 많은 것들을 잃는가! 도마가 "만일…하지 않으면 믿지 아니하겠노라"고 말하는 것을 눈여겨보자. 그는 "쌍동이"라는 뜻의 "디두모"라고 불리워졌는데, 도마는 오늘날에도 많은 쌍동이들을 갖는다.

그 다음 주일(主日)에 제자들이 다 모여 있을 때에, 예수께서 그들과 도마에게 나타나셨다. 여기서 보여 주시는 그리스도의 용서하시는 그 사랑이 얼마나 놀라운가! 도마는 주님을 보고는 그가 요구했던 증거들에 대해서는 모두 잊어버렸다. "나의 주 나의 하나님!"이라고 외치는 그의 간증은 우리를 전율케 한다. 그리스도의 상처를 보이심은 그의 마음을 사로잡았다. 그리스도는 여기서 우리가 이와 똑같은 축복을 소유할 수 있음을 말씀하신다. 왜냐하면 우리는 그리스도를 본 적이 없지만 믿는 이들 가운데 속해 있기 때문이다.

그리스도의 모습이 나타났던 이 세 경우를 다시 검토하면 **각기 다른 결과**들을 볼 수가 있다.

마리아에게 있어서의 논점은 **그리스도에 대한 사랑**이다. 그녀는 그를 잃어버리고 그의 몸을 찾고자 하였다. 제자들에게 있어서는 **소망**이었다. 그들 모두의 소망은 사라져버렸으므로 그들은 방에 들어가 문을 잠그고 두려워하며 모여 있었다. 도마에게 있어서는 **믿음**의 문제가 제기되었다. 그는 증거를 보기 전에는 믿을 수가 없었다.

이것들은 그리스도인의 세 가지 은혜, 곧 믿음과 소망과 사랑이다. 예수 그리스도는 오늘도 살아 계시므로 우리의 믿음은 안전하다. 고린도전서 15장 17절은 "만일 그리스도께서 사신 것이 없으면 너희의 믿음은 헛것이니라"고 말한다. 우리는 죽은 자 가운데서 부활하신 주님을 통한 산 소망을 가지고 있다(벧전 1 : 3). 고린도전서 15장 19절은 "만일 그리스도 안에서 우리의 바라는 것이 이 생뿐이면 모든 사람들 가운데 우리가 더욱 불쌍한 자리라"고 말해 준다. 그리고 우리는 그를 보지 못하나 사랑한다(벧전 1 : 8).

30～31절은 사람들이 그리스도를 믿음으로 영생을 얻게 될 것을 **요한 복음의 목적**으로 진술한다. 이 책을 읽으면 그리스도를 믿고 영생을 얻은 많은 사람들, 예컨대 나다나엘 (1 : 50)과 제자들 (2 : 11), 사마리아인들 (4 : 39), 왕의 신하 (4 : 50), 소경 (9 : 38), 마르다 (11 : 27), 그리고 나사로를 본 유대인들 (12 : 11)과 도마 (20 : 28)처럼 그리스도를 만날 것이다. 이 모든 사람들이 "나는 믿는다!"고 동일한 증언을 하였다.

요한복음의 맺음말
- 요한복음 21장 -

이 마지막 장은 그리스도께서 우리의 섬길 주인이시며 죄인들의 친구이심을 보여 준다. 이 장이 없었다면 우리는 베드로와 주님 사이에 무슨 일이 일어났으며, 그의 불순종이 실제로 다루어졌는지 어떤지의 여부에 대해 의문을 갖게 되었을 것이다.

1. 실패의 밤(21 : 1~3)

베드로는 그의 고기잡는 일로 되돌아가는 데에 명령도 없이 행하였다. 그는 그리스도를 따르려고 모든 것을 버렸었다(눅 5 : 1~11). 그러나, 이제 그는 옛 생활로 되돌아 갔다.

이 장면에 대한 모든 것이 실패임을 말해 준다. 첫째로, 때는 밤이었다. 이것은 그들이 빛 가운데서 행하지 않음을 시사한다. 둘째로, 그들은 주님으로부터 오는 지시적인 말씀을 가지고 있지 못했으며, 세째로 그들의 노력은 실패하였다. 네째로, 그들은 그리스도께서 오셨을 때에 알아보지 못하였는데, 이는 그들의 영적인 시각이 희미하다는 것을 보여 준다. 베드로는 성급한 결정을 내림으로써 다른 여섯 사람을 그릇된 길로 인도하였다. 악영향을 끼친다는 것은 얼마나 비극적인 일인가!

우리는 그리스도 안에 거하고 그의 말씀에 순종할 때에만 하나님께서 축복하신다는 사실을 기억해야 할 필요가 있다. "내가 없이는 너희가 아무 일도 할 수 없으리라." 너무도 많은 그리스도인들이 좋은 의미로 시작하여 비성경적인 일들을 행하나, 다만 시간과 재물, 힘만을 낭비하고 아무것도 얻지 못한다. 성급함에 대해서는 주의하자. 주님께서 인도하시기를 기다리고, 그로 하여금 축복하시게 하는 편이 우리 자신의 많은 육신적인 행위들을 갖는 것보다 낫다.

2. 결단의 아침(21 : 4~17)

그리스도께서 이 장면에 나타나시자, 빛이 비치기 시작한다. 그리스도는 해변에서 그들에게 지시하셨는데, 그들은 대단히 많은 고기를 잡았다! 주님께서 조정하시는 잠깐 동안의 일이 온 밤을 지새우는 육신적인 노력보다 더 많은 것을 성취하였다. 이 기적을 누가복음 5장에서의 베드로의 경력이 시작되는 한 때와 비교하는 것은 흥미로운 일이다.

누가복음 5장	요한복음 21장
① 실패의 밤을 지낸 후	① 실패의 밤을 지낸 후
② 수를 셀 수 없이 잡힘	② 153마리의 고기를 잡음 (11절)
③ 그물이 찢어지기 시작함	③ 그물이 찢어지지 않음
④ 그리스도께서 배에서 지시하심	④ 그리스도께서 해변에서 지시하심

어떤 이는 이것을 **오늘날의 교회**(눅 5장)와, **그리스도께서 다시 오실 말세의 교회**(요 21장)의 상징으로 본다. 오늘날 우리는 복음의 그물을 던지지만 종종 그물이 찢어지고, 실패처럼 보이며, 실제로 얼마 만큼의 영혼을 구원했는지를 알지 못한다. 그러나, 그리스도께서 다시 돌아 오실 때에는 정확한 수를 알 수 있으며, 잃어버리는 자가 없을 것이다. 오늘날에는 많은 배와 어부들이 일하고 있지만, 그리스도께서 다시 오실 때에는 한 교회와, 복음의 그물에 구속된 모든 이들을 보게 될 것이다.

이 장에는 사실상 고기를 잡은 것 이외에도 **몇 가지 기적들이** 있다. 베드로는 일곱 사람이 함께 해도 끌어 올릴 수 없었던 그물을 끌어 올리는 기적적인 힘을 받았다(6, 11절). 그물이 찢어지지 않았다는 사실도 놀라운 일이다. 숯불과 조반 역시 기적적인 공급임에 틀림없다.

이러한 전 상황은 베드로의 양심을 깨우고 그의 눈을 열게 하기 위해 계획된 것이었다. 고기를 잡은 일은 그에게 모든 것을 버리고 그리스도를 따랐던 과거의 결심을 상기시켰을 것이며, 숯불은 그리스도를 부인했던(요 18 : 18) 기억을 되살렸을 것이었다. 갈릴리해는 베드로에게 그리스도와 함께 체험했던 갖가지 일들, 예컨대 5,000명을 먹이신 일과 물 위를 걸었던 일, 동전을 삼킨 고기를 잡았던 것, 풍랑을 잔잔케 한 일 등을 상기시켜 주었을 것이다.

베드로가 세 번씩이나 그리스도를 공적으로 부인하였었으므로, 그는 그것을 공적으로 바로잡아야 했다. 그리스도께서 베드로의 죄를 다루시기 전에 그를 먹이신 것에 유의하자. 우리를 축복하시고 나서 우리를 다루시는 주님을 어떻게 닮을 수 있을까 !

논제는 **그리스도를 향한 그의 사랑**에 대한 것이었다. 만약 실제로 그리스도를 사랑한다면, 그 생활이 헌신되어야 할 것이다. 그리스도께서 베드로에게 주신 새로운 명령에 주목하자. 그는 사람을 낚는 어부일 뿐아니라 이제는 목자 (목회자)이다(벧전 5장). 그는 이제 양들을 치는 목자이며, 그들을 하나님의 말씀으로 먹인다.

모든 그리스도인들이 사람을 낚는 어부 (영혼 구원자)가 되고자 하지만, 그 중 몇몇이 양떼를 먹이는 특별한 사역을 위해 소명을 받는다. 만약 그들이 먹이고 돌보아야 할 곳에 교회가 없다면 잃어버린 자들을 구하기에 얼마나 좋은 곳인가!

3. 헌신의 낮(21 : 18~25)

여기에 **아들됨**(구원받음)과 **제자됨**(주님을 따름) 간의 차이점이 나타나 있다. 모든 그리스도인이 다 제자인 것은 아니다. 베드로는 범죄하였을 때 그의 아들의 신분을 상실한 것은 아니지만 제자로서의 상태를 벗어났다. 이 때문에 그리스도는 "나를 따르라"고 거듭 말씀하셨다.

또한 그리스도는 베드로와 십자가를 직면하여 (18절) 어느 때 베드로가 십자가에 못박히게 될 것을 시사하신다(벧후 1 : 12~14). 그리스도를 따를 수 있기 전에 우리는 십자가를 겨야만 한다. 베드로가 그리스도를 십자가로부터 지키려고 하였던 일을 회고해 보면, 이 명령은 새로운 의미를 갖는다 (마 16 : 21 ~28).

이제 베드로는 다시 주님께로부터 눈을 돌려 다른 사람들을 보는 비극적인 실수를 저질렀는데, 이 경우는 요한에 대한 것이었다. 만약 우리가 그리스도를 따른다면, 우리는 오직 그에게만 우리의 눈을 고정시켜야 한다 (히 12 : 1~2).

그리스도께서 그의 다른 일꾼들을 어떻게 인도하시는지에 대한 것은 "우리의 일"이 아니다. 우리의 할 일은 우리 자신이 그리스도를 따르며 그에게 순종하는 것이다. 로마서 14장에는 우리가 다른 그리스도인들을 어떻게 대해야 하는지에 관한 교훈이 기록되어 있다.

요한은 우리에게 이 세상 자체로는 그리스도의 생애에 대해 기록할 수 있는 모든 것을 보유할 수 없다는 것을 확신시킴으로 그의 복음서를 끝맺고 있다. 사복음서는 "그리스도의 삶"이 아니라 오히려 각기 다른 그리스도의 초상화로서, 각각의 다른 강조점을 가지고 있다. 요한으로 말하자면, 그리스도의 생애를 완전하게 기록하기란 불가능하다.

요한복음 21장에서 베드로가 그리스도를 만나 그의 죄를 고백하고 그의 사랑을 확고히 하지 않았더라면, 우리는 사도행전 1장에서 베드로를 결코 다시 만날 수 없었을 것이다. 하나님께서 베드로를 사도행전에서 사용하실 수 있었던 것은 그가 주님과의 관계를 바로잡았기 때문이었다. 그리스도는 그에게 순종하며 따르는 자들을 축복하시며 사용하신다.

사 도 행 전
-개요와 서론-

사도행전 개요

■ 주제 : 이스라엘의 퇴장과 교회의 등장

1. 베드로의 사역 / 1~12장

예루살렘을 중심으로 이스라엘을 우선적으로 사역함.
왕국이 이스라엘에게 세번째로 제공됨.

1 베드로와 유대인 / 1~7장
  (1) 오순절에 대한 준비 / 1장
  (2) 오순절에 행한 베드로의 첫번째 멧세지 / 2장
  (3) 베드로의 두번째 멧세지 / 3장
  (4) 첫번째 박해 / 4장
  (5) 두번째 박해 / 5장
  (6) 이스라엘의 결정적인 거절-스데반의 죽음 / 6~7장
2 베드로와 사마리아인들 / 8장
  ● 바울의 회심 / 9장
3 베드로와 이방인들 / 10~11장
4 베드로의 체포와 구출-장면의 전환 / 12장

2. 바울의 사역 / 13~28장

안디옥을 중심으로 한 유대인과 이방인들에 대한 사역.
"하나님의 은혜의 복음"을 모든 이들에게 자유롭게 전파함.

1 바울의 1차 전도 여행 / 13~14장
2 바울이 이방인에 대한 하나님의 은혜의 복음을 변호함 / 15장
3 바울의 2차 전도 여행 / 16장 1절~18장 22절
4 바울의 3차 전도 여행 / 18장 23절~21장 17절
5 바울의 체포와 로마로의 여행 / 21장 18절~28장

사도행전이 예루살렘에서 시작하여 로마에서 끝나는 교회사를 설명하고 있음에   *235*

주목하자. 선지서들은 이 "종교"가 로마로 옮겨질 것을 시사하고 있다.

사도행전은 이스라엘에서 장면이 바뀌어 교회가 대두되는 과도기를 다룬다. 구약에 집약되어 있는 하나님의 예언적인 프로그램은 교회에 대한 비밀로서의 새로운 계획으로 전환한다. 베드로와 열 두 사도들이 이스라엘의 열 두 지파를 대상으로 사역한 반면에, 바울이 몸된 교회를 위해 사역했던 것은 자연스러운 일이다. 하나님께서는 바울을 통하여 새로운 계획을 계시하셨다(엡 3장).

사도행전 서론

■ **저자** : 사랑을 받는 의사인(골 4 : 14) 누가가 사도행전의 저자이다. 사도
행전 1장 1절이 말하는 "먼저 쓴 글"이란 누가복음을 가리키는 것이다(눅 1 :
1~4). 누가는 드로아에서 바울의 팀에 가담한 의사였으며(행 16 : 8~10/
"저희"에서 "우리"로 바뀌는 것에 유의하자), 이 선교사와 함께 빌립보를 향해
여행하였다. 그가 수 년 동안 빌립보에 머무르면서, 바울이 3차 여행에서 빌립
보로 돌아올 때까지는 바울과 합류하지 않았음이 분명하다(행 20 : 6). 일반적
으로 누가는 이방인(비유대인)으로 알려져 있다.

■ **주제** : 사도행전의 근본적인 멧세지를 이해한다는 것은 지극히 중요한 일이
다. 그러기 위해서는 이 멧세지를 이해하기 위한 총괄적인 방법으로 개관해 보
아야 한다. 이 책에서 이스라엘과 왕국 복음이 제쳐짐과, 하나님의 은혜의 복
음과 교회의 설립을 추적하고 있음은 명백하다.

  1~7장에서는 유대 땅이 그 배경으로 되어 있다. 사도행전이 누가복음의 실
제적인 연속임을 기억하고, 또 누가복음 24장 46절 이하를 읽으면 제자들이
왜 예루살렘에서 교회를 시작했는지 알게 될 것이다. 이는 그리스도께서 제자들
에게 성령이 임할 때까지 그 곳에 머물러 있으라고 명령하셨기 때문이다. 그들의
사역은 예루살렘에서 시작하도록 되어 있었다. 8장 1절에서, 다른 사람들이
도망하는 동안에도 사도들은 용감하게 예루살렘에 머물러 있었던 것을 볼 수 있
다.
  사도행전 1~ 7장에는 그 당시 사도들의 사역이 유대인들을 대상으로 행해
졌으며 왕국(Kingdom) 멧세지가 포함되어 있었다는 몇몇 증거들이 나온다.

[1] 제자들은 **왕국에 대한 기대감**을 가지고 있었으나(1 : 6), 그리스도는 그
들을 비난하지 않으셨다. 주님은 그들이 열 두 보좌에 앉게 된다고 약속하셨었
다(마 19 : 28).

[2] 이들은 유다의 자리를 메꾸기 위해서 열 두번째의 사도(1 : 22)를 선출해야
할 필요가 있었다. 그래야 **열 두 보좌에 대한 그리스도의 약속**이 성취되는 것
이다. 바울은 이러한 사도가 아니었다! 바울의 사역은 교회를 위한 것이었고
그리스도의 몸과 관련이 있는 것이지 왕국과는 관계가 없었다.

[3] 베드로는 오순절에 전한 그의 멧세지를 통하여 유다와 예루살렘과 이스라엘
인들에게 설교했다(2 : 14, 22). 그는 이방인들에게는 설교하지 않았다.

④ **요엘의 예언**은 (2 : 16 이하) 근본적으로 이스라엘과 연관된 것으로, 교회와 연관된 것은 아니다.

⑤ 베드로는 **십자가**를 죄를 치료하시는 하나님의 은혜로운 처방으로서가 아니라, 하나의 처벌로서 설교했다 !(2 : 22～23)   고린도후서 5장에 나오는 바울의 멧세지와 비교해 보라.

⑥ 오순절에 베드로는 부활을 주제로 하여 설교했다.   그리스도는 이스라엘에게 선지자 **요나의 표적**, 곧 죽음과 장사와 부활의 표적을 주시겠다고 약속했었다 (마 12 : 38 이하).   베드로가 설교한 것은 바로 이 표적에 대해서였다. 하나님은 이제 이스라엘에게 메시야를 영접하고 구원을 얻을 또다른 기회를 주고 계신 것이다.

⑦ 사도들은 성전에서 예배한다(3 : 1 이하).   오늘날 우리도 성전(예루살렘)에서 예배하는가 ?

⑧ 교회는 성전에서 모임을 가졌다(2 : 46 이하).   이들은 유대주의로부터 이탈하지 않았다.

⑨ 그의 두번째 설교에서 (3 : 12) 베드로는 그 나라가 회개하고 믿으면 **그리스도께서 돌아오실 것**임을 약속하였다 (3 : 19, 20).

⑩ 베드로는 "**그 날들**"이 구약에 예언되었음을 말했다 (3 : 21, 24).   그러나, 교회는 하나님께서 감추신 하나의 비밀(mystery)이었으며, 바울의 사역이 있기까지 온전히 알려지지 않았다 (엡 3장을 유의해서 읽자) !   선지자들은 왕국에 대하여 말했으나, 교회에 대해서는 말하지 않았다. 이 둘을 혼동하면 커다란 혼돈이 초래된다.

⑪ 베드로는 이방인들도 그리스도를 영접한다면 **이스라엘을 인하여** 구원을 얻을 것이라고 약속했다 (3 : 25).   그러나, 로마서 10장 12～13절은 이방인들이 이스라엘의 흥함을 인해서가 아니라 **이스라엘의 거부**로 말미암아 구원을 받게 되었다고 하였다 !

⑫ 교회는 시편 2편과 관련이 있는데 (4 : 25 이하), 이 시는 교회가 아니라 다가오는 왕국에 대한 시인 것이 분명하다. 주의깊게 읽어 보라.

⑬ 예루살렘은 축복의 중심지였으므로, 모두 예루살렘으로 왔다 (5 : 16). 이 곳은 확실히 왕국의 지경이다 (사 66 : 5 이하 참조).

14 5장 31절에서 베드로는 공회에게 이 멧세지가 **이스라엘을 회개케 하려는 것**의 하나임을 분명히 말했다.

15 7장에서 스데반은 이스라엘의 역사를 재고찰하며 이스라엘이 전 시대를 통하여 진리를 어떻게 거절하여 왔는지를 보여 준다.

사도행전의 첫 7장까지에서 우리는 그 배경이 유대적이며, 멧세지도 교회에 관한 것이 아니라 왕국에 대한 것임을 발견하기란 별로 어렵지 않다. 그 이유를 이해하는 것이 중요하다.

이스라엘의 역사에는 **하나님의 뜻을 거부하였음을 입증하는 세 가지 살인 사건**이 있다. **세례(침례) 요한**은 왕국을 전파하러 왔으며(마 3 : 1 이하) 유대인들은 그가 목 베임을 당하도록 버려 두었다. 이렇게 하여, 그들은 그를 보내신 하나님 아버지를 거절하였다. 다음으로, **예수**께서도 같은 멧세지를 전파하셨으며(마 4 : 12~17) 이스라엘 사람들은 그를 십자가에 못박았다. 이처럼 이스라엘 사람들은 하나님의 아들을 거절하였다.

십자가에서 예수께서는 유대인들을 위하여 "아버지여, 저희를 사하여 주옵소서, 자기의 하는 것을 알지 못함이니이다"라고 기도하셨다. 이 기도로 말미암아 사도들을 통해서 세번째로 왕국을 제시하는 일이 가능케 되었다. 그리고, 이 일이 사도행전의 처음 일곱 장에 기록되었다. 그 결과는 어떠하였는가 ? **스데반**이 살해당한다 ! 이것은 이스라엘의 결정적인 죄로서 성령께 대항하는 것이었다(행 7 : 51). 이 죄는 그리스도께서 마태복음 12장 31~32절에서 말씀하신 "용서받지 못할 죄"이다. 스데반의 죽음은 하나님께서 유대인들에게 왕국을 제시하는 일을 끝내신다는 표식이 된다.

사도행전을 다음과 같이 요약할 수 있다.

1 ~ 7 장	8 ~ 12장	13 ~ 28장
예루살렘 중심	예루살렘을 벗어남	안디옥을 새 중심지로 하여 전 세계에 이름
베드로가 지도함	바울에게 옮겨짐	바울이 지도함
12사도가 활약함	12사도의 퇴장	사도 바울만이 부각됨
이스라엘을 향한 왕국의 멧세지	복음이 다른 이들에게 옮겨짐 (사마리아, 이방인)	모든 사람을 향한 은혜의 멧세지 (11 : 23 / 13 : 43 / 14 : 3)

사도행전 8~12장에서 우리는 변화를 맞는다. 8장에서 복음은 유대인들로부터 사마리아로 간다. 9장에서는 바울이 특이하고 기적적인 방법으로 구원을 받으며, 하나님은 교회의 사역을 위하여 이 사도를 준비시키신다. 10장에서 처음으로 이방인들에게 복음이 전해지며, 11장에서는 베드로가 이 새로운 사건을 변호한다. 신자들의 지도자로서의 베드로는 12장에서 마지막으로 나온다. 13장에서는 바울이 지도를 하고 있으며, 이 책의 남은 부분 전체를 통하여 계속된다.

■ 사도행전에 나오는 교회 : 사도행전의 처음 일곱 장이 우선적으로 유대적인 배경을 가지고 유대인들에게 왕국을 다시 제시하는 것이라면 그리스도의 몸된 교회는 어디에 나오는가? 이에 속한 대답은 하나님의 눈으로 보시기에 교회는 오순절날 시작되었다는 것이다. 그러나, 나중에 바울의 사역이 있기 전까지는 온전히 나타나지 않았다. 그리스도는 자기의 교회를 세우시겠다고 약속하심과 (마 16 : 18) 거의 동시에 베드로에게 "하늘나라의 열쇠들"을 주셨다 (마 16 : 19).

베드로는 오순절의 유대인들과 (행 2장) 사마리아인들 (행 8장), 이방인들에게 (행 10장) 믿음의 문을 열어 주는 데에 이 "열쇠들"을 사용하였다. 다른 말로 하면, 사도행전의 처음 일곱 장에는 "겹쳐지는 지점"이 있는데, 이스라엘과 왕국 (Kingdom)이 무대에서 퇴장하고 교회와 하나님의 은혜의 복음이 무대에 등장하고 있다.

그리스도는 사도들에게 성령의 세례 (침례)를 약속하셨는데 (행 1 : 5), 이 일은 오순절날 (행 2장 / 고전 12 : 13)과 고넬료의 집에서 (행 10 : 45 / 행 11 : 15~17) 성취되었다. 이 두 가지 사건은 유대인과 이방인이 다 연관되어 있으며, 이리하여 그리스도의 몸 (교회)이 형성된 것이다. 사도들은 이스라엘이 왕국의 제시를 받아들일지 아닐지의 여부를 알지 못했으나 (행 1 : 6 ~ 7), 그리스도는 알고 계셨으며, 이처럼 하나님의 눈으로 볼 때에 교회는 이스라엘의 실패로 말미암아 인계를 받게 되어 있었다.

다음의 간단한 도표가 사도행전에 나오는 이스라엘과 교회의 위치를 보여 준다.

이스라엘의 쇠퇴

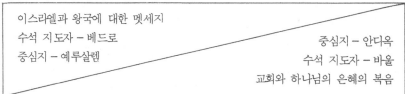

이스라엘과 왕국에 대한 멧세지
수석 지도자 – 베드로
중심지 – 예루살렘

중심지 – 안디옥
수석 지도자 – 바울
교회와 하나님의 은혜의 복음

교회의 성장

교회가 사도행전의 페이지들을 채워 가기 시작하면서 이스라엘이 그 의미의 중요성을 점점 상실해 가는 것을 쉽게 알 수 있다. 마침내, 마지막 장에 가서는(28 : 17 이하) 바울이 이 나라에 임할 하나님의 심판을 예언한다. 로마서 9～11장에서 설명하고 있듯이 하나님은 이스라엘을 제쳐두심으로써 교회의 사역을 통하여 이방인들의 충만한 수가 들어올 수 있게 하였다.

사도행전의 처음 일곱 장에 나오는 왕국에 대한 강조를 볼 수 있어야겠다. 그렇지 않으면 오늘날 교회에는 적용되지 않는 실천 사항들이나 구절들을 적용하게 될 것이다. 예를 들면, 대부분의 오순절 교단에서는 영적인 은사를 얻기 위하여 "오순절로 되돌아가는데," 위와 같은 분석의 빛에 비추어 볼 때 오순절 (유대인의 명절)은 유대인들에게 주어진 표적이며, 오늘날 우리에게 적용되어야만 하는 것은 아니다. 세례 (침례)의 교리를 지지하는 데에 사도행전 2장 38절을 내세우지만, 이 실천과 형식은 유대인들에게만 적용되는 것임을 알지 못하는 데에서 오는 잘못이다.

사도행전 4장 31절 이하에 나오는 "기독교 공산체제"는 오늘날에도 해당되는 것은 아니다. 이것은 성령의 은혜와 사역으로 말미암은 일시적인 현상이었으며 앞으로 올 왕국에 대한 모습이다. 베드로가 아나니아와 그의 아내를 혹독하게 다룬 것은 (행 5장) 왕국 기간 동안의 죄에 대한 심판을 예증하는 것으로, 오늘날 교회 징계의 본보기는 아니다.

물론 이 부분에서 주어진 영적인 원리들은 오늘날의 신자들에게 해당되지만 유대 왕국의 진리와 오늘날 교회 진리를 혼합하는 일은 삼가야 한다.

■ 사도행전에서의 성령 : 이 책은 "성령의 행전"이라고 불리워져도 좋겠다. 그런데 이 책이 유대적인 배경에서 교회의 배경으로 이동함에 따라 경험의 과정이 점차 발전하고 있는 모습에 주목하는 일은 중요하다.

●사도행전 2장 38절 – 베드로는 유대인들에게 성령을 받도록 세례(침례)를 받으라고 말한다.
●사도행전 8장 14～15절 – 베드로가 사마리아 사람들을 위하여 기도하며 그들에게 안수하자, 그들은 성령을 선물로 받는다.
●사도행전 10장 44절 – 이방인들이 믿자 성령이 그들에게 임하셨으며, 베드로는 다만 놀랄 수밖에 없었다.

사도행전 2장 38절이나 8장 14～15절은 오늘날을 위한 본은 아니다. 사도행전 10장 44절에서 말해 주는 바, 말씀을 듣고, 믿고, 성령을 받은 다음 세례 (침례)를 받으라는 것이 오늘날에 해당되는 본보기이다.

■ 사도행전에 나오는 세례(침례): 베드로가 유대인들에게 왕국을 제시하고 있을 때에는 세례(침례)가 성령을 받기 위한 필수 조건이었다(행 2 : 38). 거절당한 메시아의 이름으로 세례(침례)를 받게 하는 것은 자신들을 주님과 동일시하고 다른 유대인과는(베드로는 "패역한 세대"라고 불렀음 / 행 2 : 40) 분리시켰다. 그러나, 사마리아인들에 이르면 이 세례(침례)를 받음으로써 성령을 받게 된 것이 아니었다(행 8 : 12~17).

그들은 두 유대인인 베드로와 요한을 불러 올 수밖에 없었으며, 이들이 새로운 신자들을 위하여 기도하자 그들 위에 성령이 임했다. 이것은 베드로가 "하늘나라의 열쇠들"을 사용한 두번째 경우이다. 하지만 이 시대를 위한 세례(침례)의 본보기는 사도행전 10장 44~48절에 나오는데, 이들은 하나님의 영을 받은 후에 세례(침례)를 받았다! 이들은 물로 세례를 받기 전에 성령에 의해서 "그리스도에게 속하는 세례"(고전 12 : 13)를 받은 사람들이다.

약속을 기다림
- 사도행전 1장 -

1. 새로운 책 (1 : 1~2)

"먼저 쓴 글"이란 누가복음을 가리키는 것으로 (눅 1 : 1~4), 누가는 그 책을 통하여 예수님께서 세상에 계실 동안 어떤 일을 시작하셨으며 무엇을 가르치셨는가에 대해서 말한다. 이제 사도행전은 주님이 이 땅의 교회를 통하여 계속해서 행하시고 가르치신 일을 말하고 그 진상을 정리한다. 누가복음은 주님이 육체로 이 세상에 계실 동안에 하신 사역을 말하고, 사도행전은 그의 영적인 몸인 **교회를 통하여 하늘에서 하시는 사역**을 말해 준다.

예를 들면, 1장 24절에서 신자는 승천하신 그리스도께 누구를 사도로 뽑으면 좋을지 보여 주실 것을 구한다. 2장 47절에서는 모임에 수를 더하시는 분이 주님이시며, 13장 1~3절에서는 첫선교사를 파송하시는 분은 성령을 통해 역사하시는 그리스도이시다. 14장 27절에서 바울과 바나바는 하나님께서 그들을 통하여 행하신 일을 말한다.

그리스도인들은 누구나 누가의 복음서에 머물러 있지 않고 사도행전으로 옮겨갈 수 있어야겠다. 단순히 그리스도의 출생과 생애와 교훈, 죽으심과 부활하심을 아는 것만으로는 충분하지 않다. 우리 자신들을 부활하신 그리스도와 동일시하여 세상에서 그리스도께서 우리를 통해 일하실 수 있도록 해야 한다.

교회란 종교적인 일에 종사하는 조직체가 아니라 지상에 있는 그리스도의 몸인 거룩한 기관이며, 이를 통하여 주님의 생명과 능력이 작용해야 하는 것이다. 주님은 잃어버린 바 된 세상을 위하여 죽으셨는데, 우리는 그 세상을 그리스도께 인도하기 위해서 살아야 한다.

2. 새로운 경험 (1 : 3~8)

그리스도는 부활하신 후에 40일 동안 지상에 계시면서 사도들을 대상으로 사역하셨다. 이 구절은 누가복음 24장 36절 이하와 연관을 지어 읽어야 할 것이다. 이 두 군데에서 모두 그리스도는 제자들에게 예루살렘에 남아 있어 성령의 오심을 기다려야 한다고 교훈하셨다. 그들은 예루살렘에서 사역을 시작해야 하는 것이었다.

이 성령의 세례 (침례) 는 세례 (침례) 요한에 의해 이미 알려졌던 일이다 (마   243

3 : 11 / 막 1 : 8 / 눅 3 : 16 / 요 1 : 33). 그리스도께서는 불로써 세례(침례)
받는 것에 대해서는 아무런 말씀이 없으셨음에 유의하자. 불의 세례(침례)란
환란 기간 동안에 이스라엘에게 임할 고난을 말한다

성령의 세례(침례)가 성취한 것은 무엇인가? 첫째로, 모든 신자들을 교회
라고 알려지게 되는 한 몸으로 연합하게 했다(고전 12 : 13). 둘째로, 성령께
서는 잃어버린 자들에게 전도할 수 있는 능력을 신자들에게 주셨다. 끝으로, 성
령은 신자들이 방언을 말하며 유대인들을 일깨울 수 있는 다른 기적적인 일들
을 이룰 수 있게 하셨다(고전 1 : 22 / 유대인들은 표적을 요구한다). 사실은 사
도행전에서 이러한 성령의 세례(침례)가 두 번 발생한다. 즉, 2장에서 성령이
유대인들에게 세례(침례)를 주셨을 때와, 10장(11 : 16 참조)에서 첫이방 신자
들에게 임하셨을 때이다.

에베소서 2장 11절 이하에 의하면 그리스도의 몸은 이 영적인 몸에 속하는
세례(침례)를 받은 모든 유대인들과 이방인들로 이루어진다. 성령의 세례(침례)
를 달라고 기도하는 것은 잘못이다. 충만히 채워달라고 구하거나(엡 5 : 18),
또는 특별한 사역을 위하여 기름을 부어달라고 구할 수는 있지만(행 10 : 38)
성령의 세례(침례)를 달라고 기도할 수는 없다.

사도들이 왕국에 대하여 그리스도께 구한 것은 잘한 일인가? (6~8절) 잘한
일이다! 마태복음 22장 1~10절에서 그리스도는 이스라엘 백성에게 주님과 왕국
을 영접할 또다른 기회를 주시겠다고 약속하셨었다. 마태복음 19장 28절에서
그리스도는 사도들이 열 두 보좌에 앉게 해주시겠다고 약속하셨다(눅 22 : 28
~30 참조).

마태복음 12장 31~45절에서 그리스도는 이스라엘이 그를 대적하여 범죄
한 후에라도 구원을 얻을 또다른 기회를 얻을 것이라고 언급하셨으며, 그들을
격려할 표적을 주겠노라고 약속하셨다. 그것은 죽음, 장사와 사흘 후의 부활을
나타내는 요나의 표적이었다.

사도들은 그들의 사역이 이스라엘을 향한 것이 될 것과 이스라엘에게 세번째
로 왕국을 제시하는 것임을 알고 있었다(서론 참조). 이제 이들은 이스라엘이
어떻게 할 것인지 알고 싶어한다. 이 민족이 영접할 것인가 아니면 거절할 것
인가? 그리스도는 "예 또는 아니요"라고 응답하지 않으신다. 만일 부정으로 응
답하신다면 사도들은 자기 백성들에게 왕국을 진정으로 제시하지 않을 것이며
사역에 오류를 범하게 될 것이다. 주님이 그들에게 말씀하신 것은 예루살렘에
서 출발하여 결국은 온 세계에 증인이 되리라는 것이었다.

3. 새로운 확신(1 : 9~11)

이 약속을 데살로니가전서 4장에서 바울을 통하여 주신 신비로운 교회의 휴거

와 혼동하지 말자. 여기서 천사들은 그리스도께서 감람산에 눈으로 볼 수 있게 영광 중에 돌아오신다는 약속하고 있다. 누가복음 21장 27절과 스가랴 14장 4절에서도 똑같은 약속이 나온다.

만일 이스라엘이 사도들의 멧세지를 받아들인다면 그리스도는 감람산으로 돌아오실 것이며 (행 3 : 19~21) 왕국을 건설하실 것이었다. 유대의 선교사들은 땅 끝까지 주님의 복음을 전파할 것이며 이스라엘은 이사야 35장 1~6절과 65장 19~23절에 약속된 것과 같은 모든 인류를 위한 축복의 중심지가 될 것이었다.

4. 새로운 사도 (1 : 12~25)

이 새로운 사도를 선출한 것은 옳은 일인가? 물론이다! 이스라엘이 회개하고 왕국을 영접할 것이라면 약속된 열 두 보좌에 앉을 열 두 사람이 있어야 했다 (마 19 : 28 / 눅 22 : 28~30). 이들의 결정은 하나님의 말씀에 기초하고 있었다 (시 109 : 8 / 시 69 : 25). 그리고 계속적으로 기도하는 가운데 진행되었다 (14, 24절). 새로 선택된 맛디아는 하나님께 인정을 받았는데 그것은 그가 다른 사람들과 함께 오순절날 성령의 세례 (침례) 를 받았기 때문이다.

베드로가 이 모임의 책임을 진 것에 유의하자. 이것은 아마도 마태복음 16장 19절에서 그리스도께서 주신 "매고 푸는" 능력을 사용한 예가 될 것이다. 하늘 (Heaven) 은 결정 과업에 있어서 그들을 인도하셨으며 결정이 되자 이를 인준하셨다.

바울은 열 두 사도에 들 수 없었다. 그 한 가지 예로는 1장 21~22절에 기록된 자격에 합당치 않았으며, 더구나 그의 특별한 사역은 왕국이 아니라 교회와 관계가 있었다.

모든 것이 성령의 오심을 위하여 준비를 갖추어 가고 있었다. 이제는 시간이 문제였으며 신자들은 오순절날이 이르기를 기다리고 있었기 때문에 다락방에서 기도와 친교로 시간을 보냈다.

*　　　*　　　*　　　*　　　*

■ 실천적인 교훈

[1] 참된 의미로는 **모든 그리스도인은 땅에서 그리스도를 대신하고 있다.** "아버지께서 나를 보내신 것같이 나도 너희를 보내리라" (요 20 : 21) 는 말씀에 따라 우리는 그의 증인들이다.

[2] 그리스도는 그리스도인들이 이 땅에서 **주님께 봉사할 수 있도록 성령을 보내셨다.** 주님은 몸된 교회의 머리로서 하늘에서 교회의 일을 인도하신다 (엡 1 : 20~23 / 엡 4 : 14~16). 육신의 지혜로써는 어떤 사람이나 교파나 의회도

지교회를 인도할 수 없다. 우리는 성령께서 하나님의 말씀을 통하여 인도하시게 해야 한다.

3 **하나님의 뜻을 발견하는 길**은 하나님의 말씀과 기도를 통해서이다. 성령께서는 우리를 하나님의 말씀에 위배되도록 인도하시는 일이 결코 없다.

4 하나님의 계획에 대하여 알지 못하는 바를 쓸데없이 추측해서는 안 된다. 오히려 우리는 **그가 이미 나타내신 바를 준행하는 데** 바빠야 할 것이다.

5 기도 모임에서 마리아가 평범한 신자로서 위치하고 있음에 유의하자 (1 : 14). **그들은 마리아에게 기도하고 있지 않았다.** 마리아는 그들과 함께 기도하고 있었다.

오 순 절
- 사도행전 2장 -

오순절 (Pentecost) 축제는 초실절이 지난 50일째 날에 시작된다 ("Pentecost"란 50을 의미한다). 이 절기는 레위기 23장 15~21절에 요약되어 있다. 유월절이 **그리스도의 죽으심**에 대한 상징인 것과 같이(고전 5 : 7) 초실절은 **그리스도의 부활**의 상징이다 (고전 15 : 20~23). 또한 오순절은 **성령의 강림**을 상징한다 (고전 12 : 13).

그 날에 **누룩있는 떡**을 준 것은 교회가 유대인과 이방인들로 구성되었음에 대한 상징이다 (고전 10 : 17에서 교회는 한 조각의 떡으로 묘사되고 있다). 떡 속의 누룩은 교회 안에 아직 죄가 남아 있음을 말한다. 사실상 사도행전에는 성령의 세례 (침례)가 두 번 발생하였다. 사도행전 2장에서는 유대인들에게, 사도행전 10장에서는 이방인들에게 베풀어졌다. 이것은 오순절날 제사장들에 의해 나누어지는 두 가지 떡 (누룩있는 것과 없는 것)을 설명하는 것이다.

1. 기적 (2 : 1~13)

신자들은 그리스도께서 명령하신 대로 (눅 24 : 49) 기다리며 기도하고 있었다. 적절한 시간이 되자 성령께서 강림하셨다. 성령께서는 강림하시자 그들에게 그리스도 안에서 영적인 한 몸이 되도록 세례 (침례)를 베풀고 (행 1 : 4~5 / 고전 12 : 13) 증거할 수 있도록 능력으로 채워 주셨다 (2 : 4).

바람이 불어오는 소리는 요한복음 3장 8절과 마른 뼈들에 대한 에스겔의 예언을 생각나게 한다 (겔 37장). 불의 혀란 하나님을 대신하여 말하는 거룩한 능력을 상징한다. 이것을 마태복음 3장 11절과 혼동하지 말자 ! 거기 언급된 불의 세례 (침례)는 이스라엘의 환란의 때를 가리킨다. **불의 세례 (침례)나 성령의 세례 (침례)를 위해 기도하는 것은 성경적인 일이 아니다!** 모든 신자들은 성령으로 세례 (침례)를 받는다.

신자들은 방언을 말했다. 이들은 설교를 한 것이 아니라 그들이 알지 못하는 언어로 하나님을 찬양하였다 (2 : 11). 성령이 강림하셨을 때 이들은 다락방에 있었으나 (2 : 2), 많은 군중이 함께 모일 수 있는 성전 뜰로 자리를 옮겨야 했음이 분명하다. 방언의 은사를 주신 목적은 기적이 일어났다는 사실로써 유대인들을 감동시키기 위한 것이었다. 10장 46절에서 이방인들은 그들이 성령을 받았다는 것을 사도들에게 증명하기 위하여 방언을 말하였으며, 19장 6절에서는 세례 (침례) 요한의 제자들로서 에베소에서 사도로 있는 사람들이 같은 이유

로 방언을 했다. 이것은 고린도전서 14장에서 말하는 "방언의 은사"와 같은 것
은 아니다.

2. 멧세지 (2 : 14~41)

1 **서론** (2 : 14~21) - 베드로는 우선 "술취했다"는 사람들의 비난에 대해 응
수한다. 유대인들은 안식일이나 절기에는 오전 9시가 되기 전에는 아무것도 먹
거나 마시지 않는다. 이 때가 제 3시 곧, 7시였다.

　이 설교 전체를 통하여 베드로는 유대인들에게만 연설을 하고 있음에 유의하
자 (14, 22, 29, 36절). 오순절은 유대인의 절기였으므로 이방인은 개입되지 않
았다. 이 설교에서 베드로는 유대민족에게 연설하는 가운데 그들의 메시야가 죽
은 자들 가운데서 살아나셨음을 증거한다. 16~21절에서 베드로는 사람들에게
요엘서 2장 28~32절을 언급한다 (이 구절을 조심스럽게 읽자). 베드로는 예
언이 성취되는 것을 볼 것이라고 말하지 않았다. 요엘서의 말씀은 그리스도가 땅
에 오시는 환란의 끝에 가서야 성취될 것이기 때문이다. 베드로는 요엘이 말하
던 성령과 같은 영이라는 것을 말하고 있다.

　17~18절은 오순절에 있었던 일이며, 19~21절은 이 때의 일이 아니고 또
한 종말이 이르기까지 일어나지 않을 것이다. 18절과 19절 사이에 교회의 전
시대가 있는 것이며, 이것은 베드로가 그 때까지 알지 못했던 비밀이다.

2 **해명** (2 : 22~36) - 이제 베드로는 그리스도께서 살아 계심을 유대인들에게
입증한다. 그는 대단히 확신을 주는 다섯 가지 논거를 사용한다.

● 그리스도의 인격과 생애는 그가 죽은 자들 가운데서 살아났음을 뒷받침한다
　(22~24절 / 요 10 : 17~18). 다른 사람들을 부활시킨 사람이 스스로 죽
　어 있을 수는 없다.
● 시편 16편 8~11절은 부활을 예언한다 (25~31절).
● 사도들 자신들이 증인이었다 (32절).
● 성령의 오심이 그가 살아 계시다는 증거이다 (33절).
● 시편 110편 1절은 주님의 부활을 약속하였다 (33~35절).

　명심할 것은 베드로는 오늘날 우리가 전파하는 것과 같은 십자가의 복음을 전
파한 것이 아니라는 사실이다. 그는 이스라엘의 큰 죄를 고발하고 있으며 (23절)
그들 자신의 그리스도를 거절하고 십자가에 못박았다고 경고하고 있다 (36절).
베드로는 이스라엘이 그리스도를 영접할 또 한 번의 기회를 주고 있다. 그들은
세례(침례) 요한을 살해했으며 예수를 죽였다. 그러나 하나님은 이제 그들에게
또다시 기회를 주고 계신다. 그리스도의 부활은 약속된 "요나의 표적"이었으
며 주님이 메시야임을 입증하였다 (마 12 : 38~40).

3 **적용** (2 : 37~40) — 사람들은 죄를 깨닫고 어떻게 해야 할 것인지 베드로에게 상담을 요청했다. 사도행전 2장 28절은 성경에서 잘못 해석되거나 잘못 적용되기가 가장 쉬운 구절 중의 하나이다. 베드로는 그들에게 죄를 회개하고 세례 (침례)를 받아 자신들을 그리스도와 동일시하라고 말한다. 이것은 세례(침례) 요한의 멧세지와 같으며 (막 1 : 4) 예수님의 멧세지와도 같다 (마 4 : 17). 세례 (침례)를 구원과 성령받는 일의 필수 조건으로 만드는 것은 사도행전 10장 44~48절에 나오는 이방인들의 경험을 부정하는 것인데, 이 경험이야말로 오늘날을 위한 하나님의 본보기이다 (사도행전 서론 참조).

유대인들은 회개하고 세례(침례)를 받을 때 성령을 받았으며, 사도행전 8장에 나오는 사마리아 사람들은 안수함으로 성령을 받았다. 그러나 오늘날의 신자들은 믿을 때에 성령을 받으며, 사도행전 10장에 나오는 이방인들도 그러했다. 물세례 (침례)를 받는다고 해서 구원을 받는 것은 아니다. 우리가 진리의 말씀을 옳게 분변한다면 이러한 오류를 명확하게 알게 된다.

베드로는 성령을 주신다는 약속이 예루살렘에 있는 유대인들만을 위한 것이 아니라 해외에 흩어져 있는 유대인들에게도 해당되는 것임을 언급한다 (39절 / 단 9 : 7 참조). 이 약속이 이방인들에게는 해당되지 않는다. 이방인들은 약속들을 받아들이지 않았기 때문이다 (엡 2 : 11~12).

3. 군중 (2 : 42~47)

신자들이 성전에 머물러 있음을 유의하자 ! 성령은 이들에게 마음과 정신의 연합을 가져다 주었으며, 날마다 믿는 이들이 이 총회에 더하여졌다. 이 구절들은 장차 왕국 시대 동안에 어떤 생활이 전개될 것인가에 대한 아름다운 묘사이다. 그 때 우리가 알고 있는 바와 같은 교회는 하나님의 심중에 존재하고 있어서, 나중에 바울이 사역하기까지는 교회에 대한 온전한 계시가 주어지지 않았다.

사도행전 2장은 유대적인 배경이므로 이 구절들을 통해서 후에까지도 드러나지 않는 진리들을 얻으려 해서는 안된다. 오늘날의 교회는 유대인의 성전에서 모임을 갖는 것도 아니고 공산체제를 실천할 것을 요구하지도 않는다. 왕국에 대한 제시는 여전히 열려진 상태로, 그 민족의 지도자들이 성령께 대항하고 스데반을 죽이는 때인 7장까지 계속된다.

*　　　*　　　*　　　*　　　*

■ **실천적인 교훈**
1 만일 우리가 하나님의 때가 되기까지 인내하며 기도하는 중에 기다린다면 하나님의 약속은 성취될 것이다.

2 죄를 깨닫게 하고 확신을 주는 전도는 **개인적인 경험**(2 : 32)과 **성령의 충만함**(2 : 4)을 통하여 온다. 그리스도를 부인하였던 연약한 베드로가 이제는 담대한 증인이다!

3 성령이 역사하실 때는 언제나 믿지 않는 세상이 조롱하고 깜짝놀란다는 것을 염두에 두자.

4 **그리스도의 부활**은 역사에 있어서 가장 증거가 뚜렷한 사실들 중의 하나이다.

5 진리에 대해 죄인들을 깨우칠 때는 **하나님의 말씀**을 사용하라. 베드로는 요엘서와 시편을 인용하여 자신의 강조점을 입증한다. 그 결과 3,000명이 회심하였다.

6 그리스도 안에 있는 참된 신자들은 함께 **친교**를 나눌 것이다. 우리는 주님의 양이며, 양들은 함께 무리를 짓는 것을 좋아한다. 그리스도인들은 "뜯어진 것은 무효"라고 쓰인 표식과도 같다. 만일 우리가 다른 신자들로부터 떨어져 나간다면 고난을 당하며 연약해질 것이다.

7 이 신자들의 기쁨에 주목하자. 참된 구원은 **지속적인 기쁨**을 산출한다.

기적과 설교
- 사도행전 3장 -

1. 권능(3 : 1~11)

베드로와 요한이 여전히 성전에 있고 유대인의 관습을 지키고 있다는 것은 사도행전의 처음 일곱 장이 유대적인 배경을 가지고 있음을 증거한다. 오늘날 갈라디아서와 히브리서를 이해하는 신약 그리스도인은 기도 모임을 가지러 성전으로 가지는 않을 것이다.

이 절름발이는 **잃어버린 죄인에 대한 생생한 실례**이다.
● **절름발이로 태어남** – 모든 사람들은 죄인으로 태어난다.
● **걸을 수 없음** – 죄인은 걷지 못하며 하나님을 기쁘시게 하지 못한다.
● **성전 밖** – 죄인들은 하나님의 성전 곧 교회의 밖에 있다.
● **구걸함** – 모든 죄인은 만족을 찾아 구걸하고 있다.

베드로가 이 기적을 행한 것은 그 사람의 고뇌를 벗게 하며 그의 영혼을 구하려는 것일 뿐만 아니라, 유대인들에게 성령이 이미 임하셨음과 그들이 그리스도를 영접하기만 하면 축복을 받게 된다는 것을 증거하는 데에도 목적이 있었다. 이사야 35장 6절은 이스라엘이 메시야를 영접할 때 이와 같은 기적을 누릴 수 있을 것이라고 유대인들에게 약속하는 구절이다.

기적이 일어난 후에 그 사람이 취한 행동은 모든 그리스도인들이 마땅히 어떻게 행해야 하는지를 나타낸다. 그는 성전에 들어갔는데 이것은 그의 위치가 하나님의 교회로 옮겨졌음을 말해 준다. 그는 그리스도께서 자신을 위해 행하신 일들(4 : 13~14)을 부끄러워하지 않았다. 그의 간증은 대단히 놀라운 것이어서 관원들도 할 말이 없었다!

2. 설교(3 : 12~26)

베드로는 이것을 그리스도를 소개하며 그 민족에게 왕국을 제시하는 기회로 사용한다. 그가 2장 14, 22절에서처럼 "이스라엘 사람들"에게 연설하고 있음에 유의하자. 베드로는 그들에게 그리스도를 전파하며 그리스도를 부인한 것을 고발한다. 불과 몇 주 전만 해도 베드로 자신이 그리스도를 세 번 부인했었다! 그러나, 베드로는 자기의 죄를 고백하고 주님과의 관계를 바르게 했기 때문에 (요

21장) 자기의 실패를 잊어버릴 수가 있었다(롬 8 : 32~34 참조).

17절은 대단히 중요하다. 베드로는 이스라엘의 "알지 못함"이 이러한 무서운 죄를 범하는 원인이 되었다고 말하기 때문이다. 알지 못한다는 것은 핑계가 될 수 없다. 하지만 형벌에서는 많은 차이가 있을 것이다. 예수님께서 "아버지여 저희를 사하여 주옵소서 자기의 하는 것을 알지 못함이니이다"(눅 23 : 34)라고 기도하신 이유도 이 때문이다. 하나님은 이스라엘이 회개하고 그들의 메시야를 받아들일 기회를 한 번 더 주고 계시다.

베드로는 19~20절에서 이스라엘이 회개하고 주님을 영접한다면 하나님께서 그들의 죄를 도말하실 것과(사 43 : 25 / 사 44 : 22~23), 그리스도를 보내어 "새롭게 하는 때"를 주실 것임을 약속한다. 이 "때"는 예레미야 23장 5절, 미가 4장 3절, 이사야 35장 1~6절, 11장 2~9절 그리고 65장 19~23절에 설명되어 있다. 베드로는 여기서 개인적인 구원을 설명하고 있는 것이 아니라, 이 민족이 회개하고 믿을 때에 이들에게 올 축복을 말하고 있다. 물론 민족의 구원은 개인적인 믿음에 의존한다.

이스라엘이 회개하고 "회복의 시기"가 올 때까지 하늘(Heaven)은 그리스도를 영접하여 거기 계시도록 할 것이다. 이것은 이스라엘이 그에게로 돌아와 믿을 때 그리스도께서 세우실 왕국을 의미한다. 이 시기는 선지자들에 의해서 언급된 바 있는데, 베드로는 21절에서 이를 언급한다. 이 구절은 베드로가 교회에 대하여 말하고 있는 것이 아님을 입증한다. 구약에서 교회가 거론된 일은 전혀 없다. 선지자들은 오직 이스라엘의 미래 왕국에 대해서만 말했는데, 만일 지도자들과 백성들이 베드로의 멧세지를 믿고 회개했다면 그 왕국이 세워졌을 수 있었을 것이다.

이방인들은 어떠한가? 베드로는 25절에서 이 질문에 답한다. 유대인들은 아브라함의 자녀들인 하나님의 언약의 자녀들이었는데, 하나님은 아브라함과의 약속을 지키실 것이며 이스라엘을 통하여 이방인들을 축복하실 것이었다. "땅의 모든 족속(이방인들)이 네 씨(아브라함의 씨)를 인하여 복을 얻을 것이니라"(창 12 : 3 / 창 22 : 18 참조).

구약에서 하나님의 계획은 회복된 이스라엘을 통하여 이방인들을 축복하는 것이었는데, 베드로와 다른 유대인 사도들은 이 사실을 알고 있었다. 그들은 이스라엘이 그 왕국을 세우게 될 때에 이방인들이 축복받을 것을 하나님께서 약속하셨다고 알고 있었다. 따라서, 이스라엘이 제쳐진 후에 바울이 이방인에게로 간 이유를 그들이 이해하지 못한 것도 이런 사실에 원인이 있었다.

이들은 하나님께서 바울을 통하여 계시하신 "비밀 계획", 즉 이스라엘의 멸망을 통하여 이방인들이 구원을 받게 되는 계획을 깨달을 수가 없었다(롬 11 : 11~12 참조). 이 계획은 구약 시대에는 숨겨졌다가 바울을 통하여 계시된 "비밀"이었다(엡 3장).

이 민족이 스데반을 죽여 성령께 대항하는 "용서받지 못할 죄"를 범했을 때 유대인들을 향한 하나님의 예언적인 계획이 정지하는 데에 이르렀다. 그 날로부터 이스라엘은 제쳐졌고 교회가 무대에 등장하였다.

3. 박해(4 : 1~4)

이러한 초청에 대하여 이 민족은 어떤 반응을 보였는가? 평범한 사람들의 많은 수가 믿고 구원을 받았으나, 지도자들은 사도들을 체포하였다! 사두개인들은 물론 부활을 믿지 않았으며, 그리스도께서 죽은 자들 가운데서 부활하셨다는 베드로의 멧세지를 듣고 감정이 좋지 않았다. 바리새인들은 예수를 미워하였는데, 주님께서 그처럼 많은 죄들로 바리새인들을 고발하셨기 때문이다(마 23장).

그리스도께서 사도들에게 요한복음 15장 18절~16장 4절에서 약속하신 박해가 이제 일어나고 있었다.

　　　　*　　　　*　　　　*　　　　*　　　　*

■ 실천적인 교훈

1 하나님께서 그의 백성에게 얼마나 인내하시는지 알아보자! 이들은 세례(침례) 요한을 죽였고 그리스도를 십자가에 못박았으나, 하나님은 또 한 번의 기회를 주고 계신다(벧후 3 : 9 참조).

2 절름발이는 믿음을 통하여 은혜로 구원을 받았다. 그는 받을 만하지 못했었다. 이것은 **죄인이 구원받을 수 있는 유일한 길**이다.

3 하나님께서 신자를 용서하실 때 그의 죄를 잊으신다. 베드로는 주님을 부인했었는데 하나님께서 그를 용서하셨으므로, 베드로가 그 죄에 다시 마음을 쓰도록 만들 사람은 아무도 없었다.

4 베드로는 자신의 주장을 입증하는 데에 성경을 사용한다. 죄인들은 명석한 논쟁을 통하여 그리스도께 인도되는 것이 아니다. 하나님의 말씀이 지닌 **죄를 깨닫게 하는 능력**으로 말미암는 것이다(히 4 : 12).

5 병고침을 받은 사람은 재판 때에 "A급 증거"였다(4 : 14). 새로운 기쁨과 새로운 행실을 지닌 구원받은 죄인은 성경이 진실하며 그리스도께서 구원하실 수 있다는 점에 대한 가장 좋은 증명이다(롬 6 : 1~6).

6 신실하게 살아가는 그리스도인들은 전도할 때에 박해받을 것을 각오해야 한

다. 우리는 **그리스도를 위하여** 고난을 받는 것이지 우리 자신의 비열한 태도나 교만한 영 때문에 받는 것이어서는 안된다.

베드로가 사랑과 겸손으로 전파했기 때문에 사람들이 구원된 것이다. 그리스도인들은 전도할 때 거칠게 굴거나 비판적이 되어서는 안된다. 그렇게 하면 사람들을 우리 주님께로부터 멀어지게 할 뿐이다.

7 몰랐다고 해서 그 사람이 지옥을 벗어날 수 있는 것은 아니다. 그에게 **할당될 형벌의 정도**가 다르기는 하다. 진리를 안 사람이 그 진리에 대하여 아무런 반응을 보이지 않을 때는 형벌이 가중된다.

최초의 박해

-사도행전 4장-

1. 체포(4 : 1~4)

우리는 앞에서 이 사건을 간단하게 언급했다. 이것은 종교적인 탄압의 시작이다. 사두개인들은 죽은 자들의 부활을 믿지 않았으며 베드로의 설교에 반대했다. 물론 제사장들도 그리스도께서 십자가에 달리신 일로 고발을 당하게 되기를 원하지 않았다.

베드로의 멧세지가 그들의 국가를 구원할 수 있는 유일한 것임을 이스라엘의 종교적 지도자들은 거의 깨닫지 못하고 있었다. 이들이 자신의 죄를 시인하고 그리스도를 영접했다면 주님은 자기의 왕국을 세우기 위하여 돌아 오셨을 것이다.

2. 재판(4 : 5~22)

소집된 법정은 기본적으로 대제사장의 가족으로 구성되었다. 제사장 직분이 타락하여 "가족의 일"로 한정되어 있었다. 이 법정은 유대인의 최고 의회인 산헤드린의 공식 모임이었다. 이들 중에는 몇 주 전의 그리스도를 "재판"할 때 보조를 한 사람들도 있었다.

실제로 7절에 나오는 이들의 질문은 그리스도의 재판을 상기시킨다(마 26 : 57 이하 참조). 예수께서는 세상이 그를 취급한 것과 같은 방법으로 제자들을 대할 것이라고 약속하셨던 일이 있다(요 15 : 17 이하). 마태복음 21장 23~44절에 나오는 지도자들도 똑같이 주님의 권위에 대하여 그리스도께 질문한 일이 있음에 대해서도 주목하자.

베드로의 응답은 성령의 인도를 받은 것이며, 누가복음 21장 12~15절과 마태복음 10장 20절에 나오는 그리스도의 약속을 성취한 것이었다. 오늘날 신자들은 이 약속을 연구 또는 교육과 설교를 위한 준비를 등한히 해도 되는 것처럼 주장하는 근거로 내세워서는 안된다. 성령은 성실하게 시간들을 보내는 중에서도 준비가 불가능했던 때와 같은 긴급한 사태에서 우리를 지원하신다.

베드로는 십자가에서 못박혔다가 이제는 살아계신 주님께서 그의 사도들을 통하여 기적을 행하신 것이라고 담대하게 말한다. 유대인들이 자신의 무서운 죄에 직면하게 된다는 것은 얼마나 떨리는 일이었을까? 그러나 소용이 없었다. 이들의 마음은 굳어 냉담해 있었기 때문이다.

11절은 중요한 구절이다. 이 구절에서는 그리스도를 **돌**로, 그리고 유대 지도자들을 **건축가**로 밝히기 때문이다. 이것은 시편 118편 22∼23절에서 인용한 것이다. 그리스도 자신도 유대의 지도자들과 논란을 벌일 때에 이 구절을 사용하셨다(마 21 : 43). 왕국을 건설할 선택된 돌이신 그리스도를 유대인들이 거절했으므로, 그 거절당한 돌이 교회의 모퉁이 돌이 되셨다(엡 2 : 20). 그리스도를 돌로 가르친 성경을 찾아보려면 스가랴서에 대한 내용을 복습하라.

베드로는 이스라엘이 그리스도를 거절하였다고 분명히 말하고 있음에 유의하라. 그러나 12절에서, 그는 그리스도를 믿고 구원을 받으라고 그들을 초청하고 있다. 이 구절이 모든 시대의 모든 죄인들에게 적용되는 것이 분명하지만, 베드로의 시대에 이 민족에게는 특별한 뜻을 지니고 있었다. 지도자들이 회개하고 그리스도를 영접했다면 주님은 몇 년 안에 이루어질 무서운 파멸의 운명과 비극에서 이 민족을 구원하실 수 있었을 것이다.

13∼17절에서 "배심원들"은 휴정을 하고 이번 사건을 깊이 생각했다. 이들은 사도들의 담대함에 감명을 받았다. 이것은 베드로가 며칠 전에 두려워서 주님을 부인한 것과 같이 의미심장한 일이었다! "학문이 없는 범인"이란 "배우지 못하여 글을 모른다"는 뜻이다. 즉, 사도들은 랍비 학교에서 교육을 받지 못했으나, 성경에 대하여 그처럼 많이 알고 있었다. 지도자들은 또한 이 사람들이 동산에서 "예수와 함께 있던 자들"이며, 주께서 죽기 전에 예루살렘에서의 마지막 주간 동안 함께 있던 자들임을 알았다.

그러나 이들은 훨씬 더 큰 문제에 봉착했다. 거지가 고침을 받은 것을 어떻게 설명할 수가 있을 것인가? 이들은 그 기적을 부인할 수가 없었으므로, 따라서 소식을 전하는 사람을 침묵시키기로 결정하였다.

사도들은 이 판결을 받아들이지 않았다. 왜냐하면 그리스도를 향한 이들의 충성은 정부로부터 보호되는 것 이상이었기 때문이다. 재판관들은 마침내 그들을 가게 하였다! 제자들의 담대함, 말씀의 능력, 고침받은 거지의 간증은 모두 판관들의 말문을 막기에 충분하였다.

3. 승리(4 : 23∼37)

참된 그리스도인들은 "자기와 같은 동료"에게로 향하는 법이다(요일 2 : 19). 박해가 시작되었으나 교회는 통곡한 것이 아니라 오히려 즐거워하는 중에 기도하였다! 25∼26절에 나오는 구절은 시편 2편을 가리키는 것인데, 이 시는 명백한 메시아에 관한 시로서, 그리스도가 권능을 가지고 다스리기 위해 돌아오실 날에 대하여 말하고 있다. 신자들이 왕국에 관한 시편을 언급했다는 사실은, 1∼7장에서 유대인에게 주어지는 왕국이 세번째이자 마지막으로 제시되고 있다는 보다 확실한 증거이다.

오늘날의 그리스도인들은 이들의 기도를 본받아야 한다. 이들은 하나님의 말씀에 기도를 매두었기 때문이다(요 15 : 7).

이들은 **담대함**을 달라고 기도했는데, 하나님께서는 이 기도를 들으시고 성령으로 충만케 하심으로써 응답하셨다. 이것은 "성령의 두번째 강림"이 아니다. 왜냐하면 성령은 능력으로 채워 주기 위해 오시는 것이지 선지자들에게 세례(침례)를 주려고 오시는 것은 아니기 때문이다.

성령은 또한 이들에게 놀라운 단합을 주셨으므로, 이들은 자기의 물건을 팔아 필요한 사람들에게 나누어 주었다. 이러한 "기독교 공산체제"는 성령이 임재하신 또 하나의 증거였다. 이것은 모든 국가가 성령을 받아 이타적으로 서로 사랑하는 때인 왕국 시대에 대한 본보기였다. 이 공동체는 오늘날 소련의 공산주의와는 관계가 없다. 그리스도인들이 "내 것은 네 것이라"고 말하는 반면, 소련 공산주의자들은 "네 것은 내 것!"이라고 말한다. 이러한 물건의 통용이 일시적이라는 것과, 오늘날의 교회를 위한 본보기는 아님에 유의하라.

오늘날 그리스도인들이 같은 사랑의 정신을 가져야 하는 반면, 분리된 공동체에서 살며 소유를 팔아야 한다는 생각은 잘못이다. 사도행전 11장 27~30절에 보면 안디옥의 그리스도인들이 예루살렘 신자들에게 구제 헌금을 보내야 했던 일이 있다(롬 15 : 26 / 고전 16 : 1~3 / 고후 8 : 1~4 / 고후 9 : 2).

이스라엘이 왕국을 거절하였을 때 성령의 이 은혜로운 사역은 점차 사라지게 되었다. 신약 교회의 본보기는 디모데전서 5장 8절과 데살로니가후서 3장 7~13절에 있다.

"담대함"은 본 장의 핵심 사상인 듯하다. 초대교회 신자들이 어떻게 이러한 담대함을 받았는지 살펴보자. 이들은 성령으로 충만하였고(8, 31절), 기도하였으며(29절), 하나님의 말씀에 의지하였다(25~28절). 우리가 하나님의 말씀을 계속 먹고 기도하고 성령께 순복한다면, 우리의 행실과 전도에 있어서 담대함을 소유하게 될 것이다. 우리가 이 땅에서 담대함을 얻을 수 있는 것은 그리스도께서 하늘에서 담대함을 주시기 때문이다(히 4 : 16 / 10 : 19).

＊　　　＊　　　＊　　　＊　　　＊

■ 실천적인 교훈

1 하나님의 영에 반항하는 사람들은 자신의 심판을 자초하고 있는 것이다.

2 헌신한 그리스도인들은 **인간들의 진노**를 두려워할 필요가 전혀 없다. 하나님은 완전한 계획을 가지고 계시며, 우리가 신실하면 주님의 이름이 우리를 통하여 영화롭게 될 것이다.

3 13절은 **알지 못한 것에 대한 핑계**가 되지 못한다. 이 사람들은 바보가 아

니었으며, 그리스도께로부터 놀랍게 3년을 배운 터였다. 영적인 진리들을 안다는 것은 "책을 통해서" 배우는 것보다 중요하다. 그러나, 바울은 배운 사람이었으며 하나님께 능력으로 사용되었음을 잊지 말자. 교육은 모든 그리스도인이 하나님의 영광을 위하여 사용할 수 있는 것이기는 하지만 주님과의 밀접한 행보(行步)를 대신하지는 않는다.

4 **말씀을 아는 그리스도인**은 베드로가 그랬듯이 문제가 올 때 결코 당황하지 않는다.

5 고침을 받은 거지처럼 **현실의 살아 있는 기적**은 그리스도께서 살아 계시다는 최선의 증명이 된다.

6 그리스도인이 첫째로 충성을 다해야 하는 분은 주님이시다(19절). 사람들은 주님께 마음껏 봉사하기 위하여 기꺼이 자신의 생애를 포기한다. 이러한 특권을 당연한 것으로 생각하여 소홀히 하거나 남용해서는 안된다.

표적과 기사
-사도행전 5 장-

사단이 아직도 신자들을 공격하고 있으며, 이중적인 방법을 사용하여 내적으로는 속임수를 쓰고 외적으로는 박해를 가한다. 사단은 거짓말장이이며 살인자인데, 본 장에서 두 가지 영역에 작용하는 것을 볼 수 있다.

1. 내적인 반대 (5 : 1~16)

여기서 우리는 사단이 교회 안에 있는 가짜 그리스도인들을 사용하여 주님의 일을 방해하려고 뱀처럼 활약하고 있는 것을 본다.

1 **속임수** (1~2절) - 아나니아와 삽비라는 실제보다도 더 영적이라는 명성을 얻고 싶었던 것 같다. 다른 사람들이 기증을 하자 시기를 하여 똑같은 인정을 받고 싶었다 (4 : 34~37). 명심할 것은 이들의 죄가 하나님으로부터 돈을 훔친 것 때문이 아니었다는 점이다. 베드로는 4절에서 그 돈을 그들이 원하는 대로 사용할 수도 있었다고 언급한다. 그들의 죄는 실제보다도 더 영적으로 보이려고 노력하는 **위선**에 있었다.

2 **적발됨** (3~4절) - 베드로는 성령께서 주신 분별력을 가진 사람이었다. 여기서 우리는 그리스도께서 베드로에게 주신 "매고 푸는" 능력을 행사하고 있는 것을 본다 (마 16 : 19). 죄란 이러저러한 방법으로 드러나게 되어 있다. 이 부부는 아무것도 공개적으로 말하지 않았으나, 무서운 죄가 그들의 마음 가운데 있었다. 이들은 신자들의 마음 속에서 은혜스럽게 일하시며 그들의 소유를 팔아 다른 사람들과 나누도록 인도하시는 하나님의 영에게 거짓말을 했던 것이다.

3 **죽음** (5~11절) - 이것은 하나님께서 그 성도들을 직접 다루셨기 때문에 교회의 "권징"의 관례는 아니었다. 이 두 사람의 죽음은 그리스도께서 왕국 시대 동안에 행사하실 심판의 유형을 예증하는 것이다 (렘 23 : 5 / 계 19 : 15 참조). 이 사건은 목회자와 교회가 어떤 문제를 조사하고, 회개와 용서의 기회를 주며, 잘못을 범한 사람들을 회복시키려고 힘쓰는 지교회에서의 징계의 본보기는 아니다. 이것은 **하나님의 심판에 대한 분명한 판례**이다.
　본 장을 여호수아 7장과 비교하면 재미있다. 아간은 탐욕을 일으켰고 하나님께 죄를 숨기려 하다가 죽임을 당하였다. 하나님의 손이 역사하는 것을 보자 교회에는 큰 두려움이 생겼다.

4 간증(12~16절) – 교회는 한 마음으로 단합되고 확장되고 수적으로 증가했다. 이런 일은 교회가 죄를 깨끗이 할 때에 언제나 일어나는 일이다. 사단은 교회 안에서 일하며 교회를 분열시키려 하고, 욕되게 하며 파괴한다. 하지만 우리가 성령께서 일하시도록 한다면 사단의 작전을 간파할 수 있으며 교회 문제를 피할 수 있다.

교회는 최선의 간증을 가진 사람들만을 환영하는 곳이어서는 안된다. 사람들은 예루살렘에 있는 교회에 가담하기를 두려워하였다. 지교회는 어떤 표준이 설정되어 있어야 하고 성령께서 인도하시게 해야 한다. 이 시기에 베드로는 핵심 인물이었음에 유의하자. 그의 그림자라도 병고침을 받게 한다는 생각을 했을 정도였다.

사단은 내면으로부터 교회 일을 반대하고 있다. 바울은 늑대들이 양떼를 공격하려고 밖에서 들어왔다고 에베소의 장로들에게 경고하였으며, 또한 "너희 자신들 중에서"도 일어날 것이라고 하였다(행 20 : 29~30). 오늘날 교회가 직면하는 가장 큰 문제는 외부로부터의 많은 반대가 아니라 내부에도 죄가 있다는 점이다. 이러한 이유 때문에 새로운 회원을 받아들일 때, 그리고 곁 길로 가는 사람들을 징계할 때는 하나님의 인도하심을 구하는 일이 중요하다.

2. 외부의 반대(5 : 17~42)

믿지 않는 사두개인들에게 자극을 받는 유대 지도자들은 사도들의 성공과 인기에 대한 시기심으로 충만해 있었다. 이번에는 아마도 전체 사도들이 이 감옥에 들어갔을 것이며, 특별한 수용실이 아니라 "공적 감옥"이었을 것이다. 주님의 천사(그리스도 자신일 수도 있다)가 그들을 구해냈으며, 이렇게 함으로써 하나님은 은혜스럽게도 이 민족에게 구원의 멧세지를 들을 또 한 번의 기회를 주신다. 이 사람들은 성전으로 갔는데, 이는 거기에 사람들이 있을 것이기 때문이었다. 죄수들이 사라진 것을 발견하고 지도자들이 얼마나 놀랐겠는지 상상해 보라.

항상 구해내는 것만이 하나님의 계획의 전부가 아님을 기억하자. 하나님은 야고보가 목베임을 당하도록 허락하셨으나 베드로는 구해내셨다(행 12장). 이 각각의 사건은 하나님의 영광을 위하여 성취된 것이다.

지도자들이 예수님의 이름을 호칭하기를 거절하는 것에 유의하자!(28절) "이 사람의 피"라는 말은 이 민족이 마태복음 27장 25절에서 한 말을 상기시킨다. 그리스도의 피는 지금도 유대 민족에게 돌려져 있으며, 그들이 메시야를 보고 자신의 죄에서 풀려날 때까지 그러할 것이다(슥 12 : 9~13 : 1). 베드로와 사도들은 굴복하려 하지 않고, 지도자들이 회개한다면 하나님은 이스라엘을 구원하실 것이라고 다시 선포하였다(31절). 지도자들이 회개하면 백성들은 이들의 본을 따를 것이다(요 7 : 48 참조). 검과 같은(히 4 : 12) 말씀은 통치자들의 마음을 찔렀으며, 이들은 예수님을 죽였던 것처럼 사도들을 죽이고 싶어했다 !

이 때, 가말리엘이 중립의 입장을 취하고 하나님께서 이 일에 함께 하시는지 아닌지의 여부를 알아보자고 충고하였다. 그리스도에 대해서 중립일 수 있는 사람은 아무도 없다. 결정하기를 미루는 것은 재앙을 불러들이는 것이다. 하나님은 표적과 기사를 통하여 그가 일하고 계시다는 증거를 주셨다. 결정을 연기할 이유는 없었다 ! 가말리엘이 체포를 주도한 사두개파 그룹이 아니고 바리새인이라는 사실은 흥미있는 일이다. 그는 사도 바울을 가르친 유대인의 랍비이기도 하다 (행 22 : 3). 그러나 그의 제자가 그보다 더 나은 결정을 하였다.

사도들은 두들겨 맞고 (신 25 : 2~3) 석방되었다. 그러나 이들은 좌절하지 않고 기쁨에 넘쳐 있었다. 그들은 이것을 그리스도를 위하여 받는 고난의 특권으로 간주한다 (빌 1 : 27~30 참조). 매일 공식적으로, 그리고 가정에서 개인적으로 예수 그리스도에 대해 가르치고 설교함으로써 교회의 사역이 지속되던 것을 주목하자.

*　　　*　　　*　　　*　　　*

■ 실천적인 교훈

1 사단은 뱀처럼 또는 사자처럼 와서 내적으로 속이려 하고 외부에서 "삼키려고" 한다. 우리는 경계를 해야 한다. 그렇지 않으면 사단은 주님의 일을 망하게 할 것이다.

2 **교회 내부의 위선**은 교회 밖의 적들보다 더 무서워해야 한다.

3 죄를 방임하면 문제를 초래한다. 죄는 **즉각적으로 완전히 처리되어야** 한다.

4 성령만이 사단이 일하는 때를 알도록 우리에게 **분별력**을 주실 수 있다.

5 사단은 세상적이고 이기적인 그리스도인들의 삶을 통하여 교회가 분열되고 비난받는 것을 보기 원한다.

6 **탐욕**이란 무서운 죄이다. 탐욕이 아나니아와 삽비라를 죽였으며 아간과 그의 가족을 죽였고, 이 죄를 실행하는 사람이면 누구나 죽일 것이다.

7 사람들은 초대교회에 가입하는 것을 두려워했다 (5 : 13)! 오늘날 교회는 사람들이 교회에 가담하지 않을까 봐 두려워한다 ! 우리는 삼가고 조심하지 않으면 영적인 능력과 확신이 없는 하나의 사회적인 집단이 되고 만다.

최초의 집사들
- 사도행전 6장-

이제 우리는 교회 내부에 있는 두번째 문제에 봉착한다. 5장에서 문제점은 아나니아와 삽비라의 마음에 있던 속임수였는데 여기서는 신자들의 등급에 대한 불평이다.

1. 교회원의 곤경 (6 : 1~7)

어느 의미에서 이 문제는 축복의 증거였다! 교회가 급진적인 수적 증가를 보임으로 사도들은 음식을 매일 나누어 주는 일을 다 처리할 수가 없었으며 헬라파 유대인들 중의 더러는 소홀히 되고 있었다. 교회의 성장하는 모습을 추적해 보면 매우 고무적이다. 3,000명의 신자들(2 : 41)에 믿는 이들이 매일 더하여지고(2 : 47), 남자의 수만 해도 5,000명 이상이 되었고(4 : 4), 수가 더 많아졌으며(6 : 1), 더 심히 많아졌다(6 : 7).

이 놀라운 **성장의 비결**은 무엇인가? 5장 41~42절에서 답을 찾아보자. 지도자들은 그리스도를 섬기기 위해 어떤 값이라도 기꺼이 지불하려는 자세였으며, 사람들은 매일 믿음으로 살았다. 사도행전 5장 42절은 우리가 따라야 할 좋은 본을 보여 준다. 그것은 다음과 같다.
- 날마다
- 하나님의 집에서 – 여기서 성전은 "영적으로" 해석하여 지교회를 뜻하는 것으로 볼 수 있다.
- 이집 저집에서
- 모든 회원들이
- 쉬지 않고
- 하나님의 말씀을 가르치고 전파함으로써
- 예수 그리스도를 높인다.

경건한 목회자들이나 직원들만으로는 교회를 성장시킬 수 없다. 모든 회원들이 같이 일을 해야만 한다.

문제는 **"먼저 와야 할 것을 먼저 둠으로"** 해결을 볼 수가 있다. 사도들은 그들의 우선적인 사역이 기도와 말씀을 전파함에 있음을 알았다. 만일 지교회들이 그들의 목회자들로 하여금 사도행전 6장 4절을 준수하게 한다면 확실히 영적인 능력과 수적 증가를 보게 될 것이다! 기도와 말씀은 늘 수반된다(요 15 : 7 / 잠 28 : 9). 사무엘이 이러한 방식으로 사역했으며(삼상 12 : 23), 그리스도(막 1 : 35~39)와 바울(골 1 : 9~10)도 그러했다. 사도행전 1장에서 사도들은 기도와 말씀을 통하여 하나님의 뜻을 발견하였다.

에베소서 6장 17~18절은 기도와 말씀이 마귀를 정복할 것임을 언급한다. 고린도후서 9장 9~15절은 기도와 말씀의 사역이 교회가 필요로 하는 재정적인 자원을 공급한다는 사실을 시사한다. 기도와 말씀은 모든 면에 있어서 교회를 세운다(행 20 : 32~36).

이 일곱 사람들은 사실상 "**집사들**"이라고 불리워진 것은 아니다. 6장 1절에 나오는 ministration("구제"로 번역됨)은 헬라어로는 『디아코니아』(diakonia)란 단어인데, 성경의 다른 곳에서는 "집사"라는 말로 번역되었다. 이 단어는 단순히 "종"이라는 뜻이며 6장 2절에서는 "섬긴다"는 뜻으로, 6장 4절에서는 "돌본다 또는 사역한다"는 뜻으로 주어졌다.

사도들이 사실상 "지명"하였으나 선출하는 데는 전 교회가 참여하였다. 사도들은 또한 성령의 인도하심을 받아 자격 조건을 내 놓았는데, 신자들이 이를 기쁘게 받아들였다. 이 일은 영적인 지도자들과 양무리의 회원들 사이에 이루어진 단합과 조화를 나타내는 한 폭의 그림이다. 이 초기의 임명이 집사 직분으로 발전했을 가능성이 크다(딤전 3 : 8 이하).

이들의 **주된 임무**는 물질적인 일들을 돌보는 것이었고, 이리하여 사도들이 특별한 영적인 사역을 하도록 해방시키는 일이었다. 오늘날 집사는 목회자를 보조하고, 상의하고, 섬기며, 가능한 한 많은 일들을 할 수 있도록 돕는다. 하나님은 집사들이 목회자를 구속하는 곳, 그리고 목회자를 성별된 "심부름꾼"으로 만들고 목회자 주위에서 "왕초 노릇"을 하는 곳에 축복할 수가 없으시다.

선출된 사람들이 헬라 이름들을 가지고 있음에 유의하자. 이것은 초대 신자들의 사랑과 서로 서로 즐겨 경의를 표했음을 보여 준다. 빌립은 나중에 복음 전도자가 되었다(8 : 5, 26 / 21 : 8). 모든 교회의 직원들은 복음 전도자들이 되어야 한다. 사람들이 자신의 문제를 정직하게 직면하여 해결하였을 때 하나님께서 어떻게 축복하셨는지 보라! (7절)

2. 충성된 집사(6 : 8 ~ 15)

스데반이란 이름은 "면류관"이란 뜻이며, 그가 죽기까지 충성했으므로 승리자의 면류관을 획득했을 것이 분명하다. 3절에 의하면 스데반은 신자들 사이에서 명성을 얻고 있었다. 그는 성령으로 충만하였고 실생활에서 지혜를 나타내었다. 모든 그리스도인들이 따라야 할 참으로 훌륭한 조화가 아닌가./ 그는 말과 (10절) 그가 행한 일(8절)로써 이중적인 증거를 지니고 있었다. 우리의 행위가 우리의 말을 부인하는 것이라면 그리스도를 성공적으로 증거하지는 못할 것이다.

예루살렘에는 유대인의 회당이 수백 개나 있었으며, 다른 나라에서 온 유대인들이 세운 곳이 많았다. 리버디노(9절)의 회당은 유대인의 노예였다가 해방된 사람들의 후손들인 로마 유대인들이 세운 것이었다(리버디노는 "자유로와진 사람들"로 해석됨). 스데반이 길리기아에서 온 유대인들이 있는 곳에서 논쟁을 했음에 유의해 보면 흥미로운 점이 있다. 바울이 그 지방 출신이므로(21:39), 회당에서 논쟁할 때 스데반을 대면했을 가능성이 많다.

원수는 언제나 일하고 있어서, 오래지 않아 스데반은 체포되었다. 그들은 스데반이 모세와 율법을 모독했으며 성전이 파괴될 것이라는 말을 했다고 고발하였다. 요한복음 2장 19~21절에 나오는 그리스도의 말씀이 참고가 될 것이다.

유대인들은 그리스도를 취급했던 방법으로 스데반을 다루었다. 거짓 증인을 세우고 거짓 고발을 하였으며, 정당한 재판의 이점을 취하지 못하게 하였다(막 14:58, 64 참조). 하나님은 스데반의 얼굴에서 하나님의 영광이 비취게 하심으로써 스데반의 믿음이 진실이라는 증거를 나타내셨다.

다음 장에서 우리는 이스라엘이 세대에 걸쳐 내려오며 실패했음을 보여 주는 스데반의 위대한 연설을 상고해 볼 것이다. 이스라엘이 최종적으로 그리스도를 배척함에 따라 7장은 전환점을 이루며 멧세지는 예루살렘으로부터 이방인들에게로 뻗어가게 되었다.

*　　　*　　　*　　　*　　　*

■ 실천적인 교훈

[1] 사도들은 사실 헬라어를 구사하는 유대인을 소홀히 다루었으나, 그들의 **불평**이 문제의 해결을 가져오지는 못했다. 이것은 육신의 죄이며(갈 5:20), 하나님은 이 일에 대해 우리를 경고하신다(고전 10:10). 이스라엘은 불평하다가 형벌을 받았다.

[2] 어떤 교회에서는 본 장을 완전히 거꾸로 적용하여 지도자들로 하여금 영적인 음식을 준비하게 하기보다는 점심, 저녁, 연회, 만찬을 돌보게 한다. 먹는 데 잘못이 있는 것은 물론 아니다. 또한 교회의 교제에도 잘못된 일은 없다. 그러나 영적인 것보다도 육신적인 것이 더욱 중요시될 때 쇠퇴가 찾아 온다.

[3] 교회들은 지도자들과 직원들을 선출함에 있어 조심하지 않으면 안된다. 하나님은 **인사 조치에 필요한 조건들**을 주시며, 우리는 이 조건들을 따라야만 한다.

4 스데반은 성령께서 그의 사역을 인도하시게 했다. 그는 앉아만 있었던 것이 아니고 회당에서 전도하기 위하여 매일 책상 앞을 떠났다.

5 **초대 교회의 조직**은 간단하였으며 영적이었고 성경적이었다. 오늘날은 위원회와 협의회 등과 같은 것이 있어서 주님의 사역을 복잡하게 하며 목회 사역을 방해하고 있다. "최대의 일을 위한 최소의 조직"은 캠벨 모르간(G. Campbell Morgan)이 추종한 정책이었다.

6 오늘날 많은 교회들이 그렇듯이, 기도와 말씀의 사역이 없는 조직은 실패한다. 일곱 사람들은 사도들을 대신하는 사람들이 아니라 보조하며 돕는 사람들이었다. 교회가 영적인 지도력, 기도, 말씀에 대한 꾸준한 식욕 등이 없다면 "적절한 조직"을 가졌다고 해도 성장하지는 못할 것이다.

그리스도인으로서의 첫 순교자
-사도행전 7장-

본 장에는 사도행전에서 제일 길고, 아마도 가장 중요하게 여겨질 설교 한 편이 수록되어 있다.

본 장은 이스라엘의 역사에 있어서 전환점을 이루고 있다. 왜냐하면 세례(침례) 요한과 그리스도, 이제 스데반에 이어지는 이스라엘의 세번째 살인과, 왕국에 대한 최종적인 거부를 기록하고 있기 때문이다.

이 연설에서 스데반은 이스라엘의 역사를 회고하며 이스라엘 백성이 하나님께서 선택한 지도자들을 반드시 첫번째는 거절했다가 두번째는 영접했음을 지적하고 있다. 모세와 요셉은 둘 다 처음에는 영접을 받지 못하다가 두번째에 영접을 받았다(7 : 13, 35). 이것은 이스라엘이 그리스도를 취급한 방법이다. 그들은 세례(침례) 요한과 사도들이 의하여 제시된 주님을 거절하였다. 그러나 이스라엘은 주님께서 두번째로 나타나실 때에 영접할 것이다.

1. 아브라함과 맺은 하나님의 언약(7 : 1~8)

이 언약은 창세기 13장 14~18절에 기록되어 있으며 15장과 17장에도 나온다. 이 약속에는 아브라함의 씨가 약속의 땅을 소유하게 될 것과, 다가오는 시대에는 씨가 번성할 것이라는 약속이 포함되어 있다. 이 언약의 인(印)은 할례였다. 아브라함과 맺은 이 언약은 유대 민족의 기초이다. 하나님은 이방인과 이 언약을 맺지 않으셨고 또한 교회에 적용하지도 않으셨다. 이 약속들을 "영적으로 해석하여" 교회에 적용시키는 것은 성경을 왜곡하는 것이며 잘못 분변하는 것이다.

하나님은 이스라엘에게 땅과 왕국을 주겠노라고 약속하셨으나, 이들은 불순종으로 인하여 땅의 소유권을 잃었으며 왕국을 받지 못하게 되었다. 아브라함과의 이 언약은 아직도 유효하며, 그리스도께서 지상에 그의 왕국을 세우기 위하여 돌아 오실 때에 성취될 것이다.

2. 이스라엘이 요셉을 거절함(7 : 9~16)

요셉은 여러 면으로 그리스도의 놀라운 상징이다.

1 요셉은 그의 아버지의 사랑을 받았다(창 37 : 3 / 마 3 : 17).
2 그는 자신의 형제들로부터 미움을 받았다(창 37 : 4~8 / 요 15 : 25).

③ 그들은 요셉을 질투하였다(창 37 : 11 / 막 15 : 10).
④ 노예 한 사람 값에 팔렸다(창 37 : 28 이하 / 마 26 : 15).
⑤ 종으로 겸손히 낮추었다(창 39 : 1 이하 / 빌 2 : 5 이하).
⑥ 거짓으로 고발되었다(창 39 : 16～18 / 마 26 : 59～60).
⑦ 영광스럽게 승격되었다(창 41 : 14 이하 / 빌 2 : 9～10).
⑧ 처음에는 그의 형제들에게 인정을 받지 못하였다(창 42 : 8 / 행 3 : 17).
⑨ 두번째로 자신을 나타내었다(창 45 : 1 이하 / 행 7 : 13 / 슥 12 : 10).
⑩ 그의 형제들에게 거절을 당하는 동안 그는 이방인 신부를 취하였다(창 41 : 45 / 행 15 : 6～18).

스데반이 여기서 말하는 것은 족장들(요셉의 형제들)이 요셉에게 대했던 것처럼 유대인들이 그리스도를 대했지만 요셉은 종말에 가서야 자신을 드러냈다는 것이다. 요셉이 자기 백성을 구하기 위하여 고난을 받았던 것같이 그리스도는 이스라엘과 온 인류를 구하기 위하여 고난을 당하셨는데, 유대인들은 그를 영접하지 않았다.

3. 이스라엘이 모세를 거절함(7 : 17～41)

요셉과 마찬가지로 모세도 그리스도의 놀라운 상징이다.

① 어린 아이였을 때 박해를 받고 거의 살해될 뻔하였다(출 1 : 22 / 출 4 : 19 / 마 2 : 13～20).
② 세상을 거절하고 자기 백성을 구하려 하였다(히 11 : 24～26 / 마 4 : 8～10 / 고후 8 : 9).
③ 백성들을 도우려고 했으나 처음에는 거절을 당했다(출 2 : 11～14 / 사 53 : 3).
④ 목자가 되었다(출 3 : 1 / 요 10장).
⑤ 거절당하는 동안 이방인 신부를 취했다(출 2 : 21).
⑥ 두번째에 그의 형제들에게 영접을 받았다(출 4 : 29～31 / 행 7 : 35).
⑦ 어린 양의 피로써 백성을 속박에서 구원해냈다(출 12장 / 벧전 2 : 24). 모세는 선지자였고(신 18 : 15～19 / 행 3 : 22), 제사장이었으며(시 99 : 6), 왕이었다(신 33 : 4～5).

38절에 대해 한 마디를 부언하고 넘어가야겠다. 이스라엘이 "광야의 교회"라고 불리우고 있는데 이 때 교회는 단순히 『에클레시아』(Ekklesia), 곧 "총회 또는 불러냄을 받은 기구"라는 뜻이며, 이스라엘이 "구약에 나오는 교회"라는 뜻은 아니다. 구약에서는 교회가 예언된 것을 찾아 볼 수 없으며, 이스라엘(지상의 백성)은 신약 신자들(하늘의 백성)이 가지는 하나님과의 관계와 같은 입장에 있지는 않았다.

이스라엘에 거룩한 지도자가 있었으며 하나님 자신이 그들 중에 계셨어도, 이들은 여전히 하나님의 뜻에 반항하고 거부하였다./ "그들의 마음은 다시 애굽으로 향했다./" 그들은 우상 숭배에 빠졌고, 하나님은 그들을 포기하셨다. 그리스도께서 이 땅 위에 그들과 함께 계시는 동안에도 이 백성은 같은 일을 행하지 않았는가? 모세는 기적을 행하였으며 광야에서 그들의 필요에 대처하였고 하나님의 말씀을 주었으며, 그리스도는 능력의 일들을 행하셨고 백성들을 먹이셨으며 그들에게 하나님의 말씀을 주셨다. 그러나, 그들은 등을 돌렸다./

4. 이스라엘이 선지자들을 거절함 (7 : 42~50)

스데반은 아모스 5장 25~27절과 이사야 66장 1~2절을 말한다. 유대인들은 성전이 있으니 해를 당하지 않을 것이며 하나님께서 반드시 축복하실 것이라고 생각했다. 선지자들은 성전이 있다 해도 그들의 마음이 바르지 않으면 축복을 확신할 수는 없을 것이라고 경고하였다. 하늘과 땅에 편만하신 하나님이 어떻게 손으로 만든 성전에 제한될 수가 있는가?

이스라엘의 종교 생활은 미신에 불과했다. 외적인 종의 모양은 지녔으나, 그들의 마음은 하나님과 바른 관계를 맺고 있지 않았다. 이들은 선지자들의 소리를 거절하였고 이들을 박해하며 죽이기까지 하였다(마 23 : 29 ~ 39). 선지자(그리스도)가 나타나자(37절), 이들은 하나님의 말씀을 거절하고 주님을 십자가에 못박았다./

5. 굳혀진 이스라엘의 심판(7 : 51~60)

이스라엘은 과거에 두 번의 살인을 했는데, 이제 세번째 살인을 하려고 한다. 세례(침례) 요한이 목베임을 당하게 버려 둠으로써, 그리스도의 길을 예비하기 위해 세례(침례) 요한을 보내신 하나님 아버지를 거절하였다. 그리스도를 십자가에 못박을 때는 하나님의 아들을 배척하였고, 이제 스데반을 죽여서 "용서받지 못할 최후의 죄"를 범하며(마 12 : 31~ 32) 성령께 저항하고 있다. 하나님은 그의 아들을 그처럼 취급한 민족을 용서해 주실 것이지만, 그처럼 능력있게 아들을 증거하시는 성령께 저항하는 유대인들을 용서하실 수는 없었다. 하나님은 그리스도께서 그들의 메시야라는 증거를 다방면에 걸쳐 증거하셨다. 그러나 그들은 목과 마음을 굳게 하기를 더 좋아했다(7 : 51). 오늘날의 죄인들과 얼마나 비슷한가./

스데반은 성경을 사용했으며, "성령의 검"(엡 6 : 17 / 히 4 : 12)은 이 유죄 판결을 통하여 그들의 마음을 찔렀다. 죽게 되었을 때에 스데반은 시선을 하늘로 향하여 하나님의 영광을 보았다.

"이가봇"(하나님의 영광이 떠났다 / 삼상 4 : 19~22)은 이제는 이스라엘 민족에 대해 쓰어졌다. 그러나 스데반은 그리스도 안에 있는 영광을 보았는데, 이는 우리들이 오늘날 보는 그 영광이다(고후 4 : 1 이하).

시편 110편 1절, 마가복음 16장 19절, 히브리서 1장 3절, 그리고 10장 12절 같은 구절들은 그리스도께서 그의 사역을 완성하셨으므로 "앉아 계심"을 시사하고 있다. 그러나 55절은 그가 "서 계신다"고 말씀하신다. 어떤 이들은 주님께서 그의 순교자 스데반을 영접하기 위하여 일어서신 것이라고 설명한다. 스데반이 영광으로 들어왔기 때문이다. 또 다른 이들은 그리스께서 유대 법정의 증인이 보통 취하는 모습을 취하셔서 스데반의 멧세지와 사역이 사실임을 입증하며 서 계신 것이라고 생각한다.

우리가 주목해야 할 또다른 사실은 스데반의 죽음이 유대인들에게 왕국을 제시하는 일을 종료하며, 진정한 의미에서 **사도행전의 전환점**이 된다는 것이다. 왜냐하면 이제는 그리스도의 몸된 교회가 무대를 채우기 시작하며, 이 교회가 곧 그리스도께서 하나님의 오른편에서 사역하시고 계신 교회이다. 여기서 누가복음 22장 69절을 읽어야 하겠다. 유대 지도자들은 그리스도의 간증을 상기했을 것이 분명하다.

스데반의 기도는 자기 백성을 향한 자신의 사랑을 보여 주며, 그리스도께서 십자가 상에서 우리를 위해 중재하신 일을 생각나게 한다. 그리스도가 서 계신 것을 보며 스데반은 아마도 이들의 반복된 죄로 말미암아 주님이 이 민족을 심판하려(시 7 : 6)하신다는 생각을 했을 것이며, 그래서 은혜와 진노의 연기(延期)를 원했을 것이다. "그가 잠들다"는 표현은 신자들에게 있어서 죽음의 의미가 어떠한가를 알려 주는 아름다운 묘사이다./

이스라엘의 심판은 굳혀졌다. 다음 장에서 우리는 은혜의 복음이 (왕국의 멧세지 가 아니다) 유대인 들에게서 사마리아와 이방인들에게로 옮겨가는 것을 보게 될 것이다.

사도행전에 나타난 복음

-사도행전 8장-

1~7장은 **시련의 기간**을 묘사했는데, 이 기간 동안에는 왕국이 이스라엘에게 세 번 제시되었다. 8~12장은 **이동의 기간**을 묘사하며, 이 기간 동안에는 다음의 변화가 일어난다.

1 **활동의 중심지**가 예루살렘에서 안디옥으로 이동한다.

2 **멧세지**가 유대인들로부터 사마리아 사람들에게로, 그리고 이방인들에게로 전해진다.

3 **지도자**로서, 베드로의 왕국 사역이 끝나고 바울이 그를 대신한다.

4 **세례(침례)**는 더이상 신자들이 성령을 받는 필수 조건이 아니다.

5 "공산 체제"를 이루었던 **"왕국의 경계"**는 지교회로 말미암아 본래대로 되돌아 갔다. 교회는 오순절 이후로 존립해 있었으나 하나님의 계획 안에 들어 있는 그 의미와 위치는 바울의 은혜의 사역을 통하여 계시되었다.

6 **왕국의 복음**은 하나님의 **은혜의 복음**으로 대치된다.

구스(이디오피아) 내시가 만일 혹인종(그가 혹인이었다고 말하는 이들이 더러 있음)이었다면 창세기 8~10장에 나오는 노아의 세 아들들과 닮은 세 사람의 뚜렷한 회심자를 보는 셈이다. 구스인은 함족이고 유대인은 셈족이며, 이방인 고넬료는 야벳족이다. 이리하여 우리는 복음이 전 인류에게 전파되고 있음을 그려볼 수 있다.

1. 복음 전도자 빌립(8 : 1~25)

사단은 신자들을 삼키려고 다시금 사자처럼 공격한다. 이 큰 박해를 주도한 지도자는 바울이었으며, 그는 이 사실을 여러 차례 시인했다(행 26 : 10~11 / 행 22 : 4~5, 18~20 / 딤전 1 : 13 / 고전 15 : 9 / 갈 1 : 13). 바울이 하나님의 교회를 박해했다고 분명하게 언급하는 것을 눈여겨보자. 이 말은 하나님의 계획 가운데서 교회의 위치는 아직 나타나지 않았지만, 바울이 회심하기 전에 교회가 존재했음을 증명하는 것이다.

어떤 이들은 사도들이 예루살렘을 떠나 주님의 사명을 성취하도록 하기 위해 하나님께서 박해를 허락하셨다고 가르치는데, 이 말은 전혀 틀린 말이다. 처음에 사도들은 그 도시를 떠나지 않고 용감하게 남아서 유대 지도자들에게 멧세지를 전했다. 이들은 이스라엘이 회개하고 구원을 받을 것이라는 요행을 바라고

271

있었다. 사도들은 예루살렘 내에서 이러한 사역을 할 수 있었다. 그리스도께서 그들에게 하신 명령은 거기 머물러 있으라는 것이었다. "땅 끝까지" 복음을 가져간 사람은 바울이었다.

박해는 봉사의 기회이다. 빌립은 여기서 신약 복음 전도자의 본보기로 주어진다. 그보다 앞선 스데반이 그러하였듯이, 집사로서 부름을 받은 빌립은 (6 : 5) 영적인 은사를 더하여 주시는 것을 깨닫고 위대한 복음 전도자가 되었다. 그는 복음을 가지고 사마리아로 갔으며, 이는 그리스도께서 요한복음 4장에서 행하셨던 일과 같다. 이렇게 되어 사도행전에서는 처음으로 말씀의 사역이 유대 영역으로부터 이동해 가는 것을 보게 된다.

고린도후서 13장 8절은 우리가 진리를 거스려서는 아무 일도 할 수 없다고 언급하고 있는데, 빌립은 이 말을 입증한다. 박해는 구령의 문을 열어 놓았을 뿐이다. "큰 박해"로 시작된 일은 (1절) "큰 기쁨"이 되었다 (8절).

사단이 파괴를 통해 뜻을 이루지 못하자 이번에는 속임수로써 뜻을 성취하려고 한다. 사자가 뱀이 된다 (요 8 : 44). 마술사 시몬은 그리스도를 믿는 신앙을 고백하고 세례 (침례)까지 받았으나, 이후의 사건들은 그의 마음이 변하지 않았음을 입증한다. 그의 "신앙"은 요한복음 2장 23~25절에 설명된 것과 같았다. 결국 시몬은 구원을 받지 못한 것이다.

베드로는 "20절에서 "은과 네가 함께 망할지어다"라고 말했으며, 또한 "이 문제 (21절 – "이 도")에는 네가 관계 (교제) 될 것도 없고 분깃될 것도 없느니라"고 말했다. 23절은 그가 불의에 매인 바되었음을 시사한다. 시몬은 사단의 모조품이었으며 "마귀의 자녀"였다.

참된 씨 (그리스도인 / 마 13 : 36~40 참조)가 뿌려지는 곳에는 어디나 사단도 그의 모조품을 뿌린다.

베드로는 오순절날 "천국의 열쇠"를 처음으로 사용하여 유대인들에게 믿음의 문을 열어 놓았다. 그는 사마리아인들에게 성령을 전해 주었을 때 천국 열쇠를 두번째로 사용한다.

이제까지는 사람들이 성령을 받으려면 세례 (침례)를 받아야 했는데 이제는 안수함으로 받는다 (9 : 17의 바울의 경우 참조). 사도행전 2장 38절이 오늘날을 위하여 하나님이 설정하신 본보기라고 가르치는 사람들은 사마리아 신자들이 세례 (침례)를 받은 지 며칠 후에 성령을 받았는가를 설명하려면 곤란한 입장에 놓일 수밖에 없다. 사도행전 10장에 이르러서 이방인인 우리를 위한 하나님의 명령을 접하게 된다. 곧, 말씀을 듣고, 믿고, 성령을 받고, 세례 (침례)를 받는 것이다.

2. 개인 전도자 빌립(8 : 26 ~ 40)

그리스도인이라면 누구나 하나님께서 사마리아에 주신 것 같은 부흥을 즐거워할 것이지만, 한 영혼을 그리스도께로 인도하기 위해 이러한 모임을 떠나는 사람은 많지 않다. 빌립은 주님께 순종하여 나라의 높은 공직에 있는 구스인을 발견하였는데, 그는 유대인의 신앙에 개종했음이 분명했다. 우리는 이 사건을 통해서 효과적인 개인 전도와 구령의 필수 요소들을 본다.

1 **하나님의 사람** – 빌립은 성령께 순종적이었으며, 하나님이 인도하시는 곳으로 갔다. 그는 그리스도께서 그의 구주이심을 알고 있었다. 다른 이들을 인도하는 하나님의 방법은 조직적인 기구나 세상적인 방법이나 높은 권력으로 진흥시키는 것이 아니다. 하나님의 방법은 사람들, 곧 성령께 순종하려는 헌신한 사람들이다.

빌립은 흥이 넘치는 공식 집회를 기꺼이 떠나 하나님만이 보실 수 있는 은밀한 장소에서 한 영혼을 도와 평화를 찾게 하는 복음 전도자였다.

2 **하나님의 영** – 성령은 추수의 주님이시며 우리가 전도할 권능을 가지게 되는 것도 성령을 통해서이다(행 1: 8). 성령은 빌립이 그 사람에게 가도록 길을 열어 놓으셨다. 성령께서 이 탐구하는 죄인에게 성경을 열어 놓으셨으며, 이 죄인의 마음을 구주께 열어 놓으셨다. 자신이 하고 있는 일을 깨닫지 못하는 사람은 구원을 받을 수가 없다. 그리고 성령만이 복음의 진리를 그 죄인에게 가르칠 수 있으시다.

성령께서 준비된 종과 준비된 죄인을 함께 만나게 하실 때에 논쟁이나 논란이 없을 것이다.

3 **하나님의 말씀** – 로마서 10장 17절은 "믿음은 들음에서 나며 들음은 그리스도의 말씀으로 말미암았느니라"고 말한다. 여기서 사용된 성경은 이사야 53장인데 하나님의 어린 양에 대한 놀라운 구약의 상징이다. 이 성경에서부터 빌립은 그리스도를 전파했다. 빌립은 그 사람이 읽던 곳에서 시작하여 성경을 통하여 예수 그리스도가 누구시며, 그가 행하신 일이 무엇인지를 설명한다. 하나님의 말씀을 떠나서는 참된 회심이 있을 수 없다. 다음의 구절들을 깊이 숙고하자(요 5:24 / 엡 1: 12~ 14 / 살전 2: 1~ 6 / 살후 3: 1 / 딤후 4: 1~ 5 / 딛 1: 3). 열매를 맺는 개인 전도는 말씀의 씨를 뿌리고 예수 그리스도를 높이는 것이다.

구스(이디오피아) 사람은 하나님의 말씀에 순종하여 세례(침례)를 받음으로써 자신의 신앙을 입증하였다. 빌립은 사역을 위해 다른 곳으로 이끌려 갔으나 그 구스 내시는 기뻐하며 그의 길을 갔다.

빌립이 성에서 그리스도를 전파하였을 때 큰 기쁨이 있었고(8절), 사막에서 273

그리스도를 전했을 때에 새로운 신자는 기뻐하며 자기의 길을 갔다. 기쁨은 참된 회심의 증거이다.

*   *   *   *   *

■ 실천적인 교훈

1 **박해**는 봉사의 기회일 때가 많다. 순교자의 피는 여전히 교회의 씨앗이다.

2 사단은 밖으로는 박해하고(사자), 안으로는 가장하여(뱀) 하나님의 말씀에 반대한다. 말씀에 순종하면 언제나 사단을 무찌른다.

3 거대한 복음 전도 모임은 놀라운 것이지만, **한 영혼의 중요성**을 절대로 잊지 말도록 하자.

4 **참된 구령**은 성령의 인도를 받아야 한다. 그리스도께 중점을 두어야 하며 하나님의 말씀에 기초하고 있어야 한다. 하나님의 영과 하나님의 말씀은 언제나 함께 일한다.

사울의 회심
-사도행전 9장-

바울의 회심은 하나님께서 이스라엘을 다루심에 있어 일대 전환점을 이룬다. 세계 복음화를 위한 하나님의 전체적인 계획은 이 비범한 사람에게 달려 있었다. 우리가 진리의 말씀을 옳게 분변하려면 사도행전에서 베드로와 바울이 **두 가지의 서로 다른 사역**을 대표하고 있음을 명심해야 한다. 다음의 대조점들을 눈여겨보자.

베 드 로	바 울
1 12사도에 속함	1 한 몸(교회)에 속함
2 왕국복음	2 하나님의 은혜의 복음
3 예루살렘에 중심을 둠	3 안디옥에 중심을 둠
4 이스라엘을 우선으로 사역함	4 이방인에게 사역함
5 그리스도께서 이 땅 위에 계실 때 부르심을 받음	5 하늘로부터 부르심을 받음
6 왕국의 모형인 땅에서 그리스도의 영광을 봄	6 영화롭게 된 교회인 하늘에서 그리스도의 영광을 봄

"바울에게서 빼앗아 베드로에게 주는" 그리스도인들이 많다. 그들은 이 두 사역자를 혼동하여 "왕국의 진리"와 "교회 진리"를 혼합하여 섞어서 지교회를 어지럽힌다. 바울은 지교회에게 하나님을 대변하는 사람이었으며, 베드로조차도 이 사실을 인정하였다(벧후 3:15~16).

사도행전 1~7장에 나오는 지역 총회가 실천한 사항들을 따르면서 바울을 통하여 하나님이 교회에게 주신 교훈들을 소홀히 하는 것은 하나님의 축복을 잃는 것이다. 베드로도 역시 바울을 통하여 주신 하나님의 새로운 계획을 온전히 이해하지 못했으며 더 많이 배워야만 했다(갈 2장).

1. 바울과 주님(9:1~9)

바울의 회심은 순전한 은혜였다. 하나님은 바울이 살기 등등하여 신자들에게 가는 도중에 갑자기 개입하셔서, 은혜로써 그를 새 사람으로 변화시키셨다. 교회가 유대인과 이방인으로 이루어진 한 몸인 것같이, 바울도 유대인과 이방인의 관계를 한 몸에 가지고 있었다. 그는 출신은 유대인이었으나 호적으로는 이방인이었다. 그는 하나님이 선택하셔서 교회에 관한 멧세지를 전하게 하신 종이었다 (15절). 이 교회에 관한 멧세지는 과거의 시대에는 비밀로 되어 있던 신비였다. 그는 유대인과 이방인 둘 다에 연관되어 헬라 철학이나 로마법과 아울러 구약 성경의 훈련을 받았으므로 바울은 "아무 차별이 없다"는 이 새로운 멧세지를 전하기에는 안성마춤의 사람이었다.

바울의 회심은 다음 진술들로 요약될 수 있다.
● 그는 한 빛을 보았다.
● 음성을 들었다.
● 부르심에 순종하였다.

모든 죄인은 복음의 빛이 그에게 비치기까지는 어두움 가운데 있다. 바울은 그리스도께서 말씀하시는 것을 직접 들었지만, 모든 죄인은 하나님의 말씀인 성경을 통하여 구주의 음성을 듣는다(그와 함께 있던 사람들은 무슨 소리를 들었지만 무슨 말인지는 몰랐다). 그리스도께서 바울을 얼마나 겸손하게 만드셨던가! 그는 엎드러졌는데, 몸만 엎드러진 것이 아니라 마음도 엎드러졌다. 왜냐하면 우리가 겸손하게 엎드러지지 않고는 구원을 받을 수가 없기 때문이다.

4절은 그리스도의 몸이 실존하고 있다는 또하나의 증명이다. 그렇지 않다면 바울이 어떻게 그리스도를 박해할 수 있는가? 바울이 신자들에게 손을 뻗친 것은 주님의 몸된 지체에 손을 댄 것이며, 이것은 그 몸의 머리이신 그리스도에게 영향을 미친 것이다.

2. 바울과 아나니아 (9 : 10~19)

바울은 환상을 통하여 아나니아가 그를 방문할 것을 알고 있었다. 이는 하나님께서 일하실 때는 "줄의 양쪽 끝"에서 일하시기 때문이다. 하나님은 바울을 돕도록 베드로나 요한을 보내지 않으셨다. 왜냐하면 그들의 특별한 사역은 이제 제쳐지려고 하고 있기 때문이다. 아나니아의 두려움은 바울이 **이방인**들에게 특별한 사역을 하게 될 것이라는 하나님의 말씀으로 해결되었다. 이 말씀이 충성된 유대인 신자에게 충격을 주었을 것임은 분명했다(행 22 : 12~13). 바울의 사역은 이방인을 향한 것이었다(행 13 : 46~47 / 18 : 6 / 22 : 21 참조).

바울이 이미 구원을 받았다는 사실은 "형제 사울아"라는 아나니아의 인사에서 볼 수 있다. 어떤 이들은 사도행전 22장 16절에 기록된 바울의 세례(침례) 경험에 문제가 있다고 생각한다. 하지만 사도행전 8~12장은 물 세례(침례)와 성령을 받는 일이 서로 밀접하게 연관되어 있던 전환기라는 점을 명심하라.

하나님께서 바울과 더불어 새로운 시대를 시작하고 계시지만, 모든 것이 즉각적으로 변화되는 것은 아니다. 사도행전 10장에 이르면 오늘날을 위한 하나님의 계획, 즉 말씀을 듣고, 믿고, 성령을 받으며, 세례(침례)를 받는 것을 보게 된다.

3. 바울과 유대인들(9 : 20~31)

바울이 회심한 데에는 두 가지 뚜렷한 증거가 있다. 그는 기도하고(9 : 11), 전파했다(9 : 20). 사람들을 대신하여 하나님께 기도하고, 하나님을 대신하여 인간들에게 말씀을 전하는 것은 회심했다는 좋은 증거이다. 바울은 자기가 있는 곳에서 시작하여 그가 알고 있는 것을 전파하였다. 이것은 새로운 그리스도인들이 따라야 할 또하나의 좋은 방침이다.

그가 회심한 것은 37세 때인 듯하다. 그는 다메섹에서 전도하며 시간을 보내고, 다음으로는 아라비아로 갔다가(갈 1 : 15~18), "여러 날이 지나" 다메섹으로 돌아왔다(행 9 : 23). 이 기간은 아마도 3년은 되었을 것이고 이 기간 동안에 바울은 "교회의 비밀"(mystery)에 대한 하나님의 진리를 배웠을 것이다. 다메섹으로 돌아오자 유대인들이 그를 공격하였으므로 밤에 창문을 통하여 떠나야만 했다(고전 11 : 32~33 / 행 9 : 23~26). 이 시기는 주후 37년~39년경이며 이 때 예루살렘에 가서 사도들을 만나본다(행 9 : 26~29 / 22 : 15~21 / 갈 1 : 17~20). 사도들은 바울을 두려워하였으며, 이 때 바울을 그 그룹에 소개한 사람이 바나바였다("위로의 아들" / 행 4 : 36).

바울이 사도들에게 낯선 사람이었다는 사실은 중요하다. 이 사실은 바울이 은혜의 멧세지를 그리스도께로부터 직접 받은 것이지 사람들로부터 얻은 것이 아님을 입증한다(갈 1 : 15~18 참조). 하나님은 바울의 사역과 열 두사도의 사역을 분리시키려고 미리 조처를 취해 오셨던 것이다. 오늘날 이들 사역을 서로 혼동하는 것은 참으로 비극이다.
바울은 베드로와 15일간 함께 머물렀으며(갈 1 : 18), 바울은 예수님의 동생 야고보를 방문했는데(갈 1 : 19), 그는 나중에 베드로를 대신해서 예루살렘의 지도자가 되었다(행 15장). 바울은 예루살렘에 있는 유대인들을 위해 사역하기를 원했다. 그러나, **하나님께서는 떠날 것을 그에게 명령하셨다**(행 22 : 17~21)! 예루살렘에서의 하나님의 왕국에 대한 계획은 이제 끝나고 있었으며 바울이 그 대신 새로운 계획을 개시하였다.

박해가 심해져 바울은 떠나지 않을 수 없었으므로 고향인 다소로 돌아왔다. 갈라디아서 1장 21절은 그 지역에서 말씀을 전파했음을 암시하고 있으며, 사도행전 15장 23절은 그 지역에 교회가 있었음을 시사한다. 바울이 그 4, 5년 동안 하나님의 은혜의 복음을 전파하여 이방 교회를 세웠을 가능성이 있다. 사역의 중심지가 예루살렘으로부터 이방 도시인 안디옥으로 옮겨졌을 때(행 11 : 19 ~30), 바나바가 바울을 찾아가 함께 사역을 하도록 데리고 왔다.

4. 베드로와 성도들(9 : 32~43)

누가는 왜 이 시점에서 베드로를 무대에 올려 놓는 것인가? 그 대답은 그가 언급하는 성읍인 욥바에 있을 것이다(36, 43절). 이 성읍은 요나 선지자가 다시스로 도망하려고 욥바로 갔던 일을 상기시킨다(욘 1 : 1~3). 하나님은 요나를 불러 이방인들에게 소식을 전하게 하셨다. 그리고 똑같은 일을 하도록 베드로를 부르시는 것이다(10장).

베드로는 제혁업자인 시몬과 함께 욥바에 살았는데, 이는 오랜 유대인들의 실천 사항 중에서 더러는 제외되고 있었음을 암시한다. 왜냐하면 유대인과 관련된 한에 있어서 제혁이란 "부정한" 일이었기 때문이다. 베드로는 하나님께서 성별하신 것은 아무것도 부정하지 않음을 발견하려는 찰라에 있다.

고넬료의 회심

- 사도행전 10장 -

본 장은 사도행전 전체에서 가장 중요한 부분의 하나이다. 왜냐하면 이방인들에게 믿음의 문이 열리는 것을 기록하고 있기 때문이다. 베드로는 "천국의 열쇠"를 사용하여 유대인들에게 (행 2장), 그리고 사마리아인들에게 (행 8 : 14이하) 믿음의 문을 열어 놓았다. 이제는 이방인들에게 문을 열어 놓음으로써 (행 15 : 6~11 참조) 이 변화의 시대 동안에 이루어진 특별한 사역을 완성하려는 것이다. 이 기념할 만한 사건에서 베드로의 모습이 어떠했는지 알기 위해 사도행전 11장 1~18절을 읽도록 하자.

우리는 사도행전 8장에서 하나님은 일하고자 하실 때 하나님의 사람을 부르시며, 하나님의 영으로 능력을 입히시며, 하나님의 말씀을 전파하도록 하심을 살펴보았다. 본 장에 나오는 활동에서도 똑같은 프로그램이 진행되는 것을 본다.

1. 성령께서 준비시키심 (10 : 1~22)

1 **고넬료를 준비시킴** (1~8절) - 가이사랴는 로마의 도시로서, 팔레스틴 지역의 로마 수도였다. 고넬료는 복음의 진리를 알지 못하나, 하나님을 경외하는 사람이었다. 그는 신앙심이 깊었고, 정직하였으며, 관대하고 성실하였다. 그러나 구원받은 것은 아니었다. 신앙심이 깊지만 잃어버려진 상태에 있을 수도 있음을 보라! 하나님께서 은혜로 고넬료에게 말씀하신 일이 없다면 그는 신자가 될 수 없었을 것이다. 우리는 여기서 요한복음 7장 17절에 나오는 그리스도의 약속이 성취된 것을 본다. "사람이 하나님의 뜻을 행하려 하면…진리를 알리라."

한 천사가 그에게 베드로를 초청하라고 말해 주었다. 천사들이 고넬료에게 직접 멧세지를 전하지 않은 이유는 무엇인가? 왜냐하면, 하나님은 **복음의 사역을 천사들에게 주시지 않았기 때문**이다. 잃어버린 영혼들에게 복음을 전하는 특권을 우리가 가지다니, 얼마나 놀라운 일인가! 천사들이 가질 수 없는 특권이다.

베드로는 욥바에서 30마일 떨어져 있었는데, 고넬료는 군인다운 순종으로 두 종과 한 경호인을 불러 이 중대한 사명을 위해 파송했다. 이 모든 일에 성령께서 인도하고 계셨다 (19~20절).

2 **베드로를 준비시킴** (9~22절) - 하나님께서 일하실 때는 "줄의 양쪽 끝"에서 인도하신다. 성령은 우리를 위하여 준비된 일에 적합하도록 우리를 준비시

킨다. 베드로는 정하고 부정한 (의식상의 용어 / 레 11장 참조) 온갖 피조물들을 보았고, 죽여서 먹으라는 명령을 받는다. "주여 그럴 수 없나이다"라는 그의 말은 마태복음 16장 22절에서 그리스도께 십자가에 못 박히지 말라고 했던 그의 말을 생각나게 한다. "주님"이라고 부르는 사람은 "그리 마옵소서"라고 말할 수는 없다. 그가 참으로 주님이시라면 우리는 그에게 순종해야 한다.

베드로가 세 번 일어났던 이 환상에 대해 생각하고 있을 때 성령께서 직접 그에게 말씀하셔서 "일어나 가라"고 지시하셨다. 베드로는 그 환상을 이해했기 때문에 이방인들에게로 간 것이 아니라 "가라"고 성령께서 친히 말씀하셨기 때문이었다(11 : 11~16 참조). 후에 그는 환상의 의미를 온전히 이해했는데, 이 환상은 하나님께서 십자가를 통해서 유대인과 이방인의 모든 구분을 폐하셨음을 나타낸다.

2. 순종하는 하나님의 사람(10 : 23~33)

이 때까지는 사도들이 이방인들에게 복음을 전하지 않았다는 것을 명심하자. 사마리아 사람들도(행 8장) 구약 율법을 존중하는 "반(半)혈통"의 유대인이었다. 베드로는 "지상 명령을 순종"하고 있었기 때문에 이방인들에게로 간 것은 아니었으며, 성령께서 가라고 특정하게 명령하셨기 때문에 갔다. 사실 그가 고넬료의 집에 도착했을 때 "무슨 의도로 나를 불렀느뇨?"라고 물었다(10 : 29). 그가 말씀을 전파할 때 하나님은 그의 목적을 성취하기 위하여 개입하셔야만 했다(10 : 44 / 11 : 15~16).

다른 사도들처럼 베드로는 여전히 왕국의 멧세지에 매달려 있었으며, 유대인들이 그들의 메시야를 영접하여 주님이 그의 왕국을 세우시기까지는 이방인들이 구원을 받을 수 없는 것으로 알고 있었다. 베드로와 그의 협력자들은 마가복음 16장 15~18절, 누가복음 24장 44~49절, 그리고 사도행전 1장 8절의 사명 아래 활동하고 있었는데, 이 말은 그들이 "예루살렘에서" 시작하여 "유대인들에게 먼저" 복음을 전해야 한다는 뜻이다. 사도들이 큰 박해가 있던 동안에도 예루살렘에 남아 있었던 이유도 여기에 있었다(8 : 1).

그러나, 이제 베드로는 하나님께서 새로운 프로그램, 즉 왕국이 아니라 교회를 소개하고 계시다는 사실을 배우려 하고 있었다. 베드로가 이 새로운 프로그램에 대하여 모든 것을 이해하고 있었다고 억측하지 않기 바란다. 사실상, 바울은 베드로의 모순된 행동으로 말미암아 그를 꾸짖어야 했다(갈 2장). 이 변화의 기간 동안에(행 8~12장) 베드로는 무대에서 사라지며, 그와 더불어 이스라엘에 대한 왕국의 멧세지도 사라진다.

3. 하나님의 말씀을 전파함(10 : 34~48)

준비된 전도자와 준비된 회중은 놀라운 팀(team)을 이룬다(35절 / 히 11 : 6 참조). 베드로는 "선을 행하는" 사람들은 누구나 구원을 받는다고 말하고 있지는 않다. 그는 이스라엘을 향하신 그리스도의 멧세지로 시작하며 세례(침례) 요한의 사역부터 말한다.

베드로는 고넬료와 그의 친구들이 그리스도의 기적과 죽음과 부활에 대한 소식을 이미 알고 있다고 말한다. 그런데 이 사건들은 이스라엘과 연관된 것이었다. 42절에서 그는 "백성(유대인들을 의미)들에게 전하라고 명령하셨다"는 말을 하는데, 그 당시까지 그들은 이 일을 수행하였다. 베드로의 말을 간단히 줄인다면, 그리스도는 이스라엘 민족을 구원하시려고 오셨지만, 이제 그는 하나님께서 이방인이나 유대인이나 차별을 두지 않으심을 깨닫는다는 말이다. 43절에서 그는 핵심 진리에 도달한다. "저를 믿는 사람들이 다 그의 이름을 힘입어 죄 사함을 받는다…"

이 지점에서 성령은 베드로에게 개입하셔서 그 이방인들의 마음 속에 기적을 행하셨다. 그들은 말씀을 믿었다. 그들이 믿을 때에 성령이 그들에게 임하여 그 증거로써 방언을 말하게 되었다(갈 3 : 2 참조). 베드로와 함께 있었던 유대인들은 하나님께서 이방인들을 구원하시는 것에 깜짝 놀랐다. 베드로는 성령의 인도하심을 받아 그들에게 세례(침례)를 받도록 명한다. 11장 3절은 베드로와 그의 친구들이 이 새로운 신자들과 머물며 그들과 더불어 식사하였음을 시사한다.

사도행전에 나오는 **성령과 세례(침례)의 관계**를 다시 한 번 복습하기로 하자. 사도행전 2장에서 유대인들은 성령을 받기 위하여 믿고 세례(침례)를 받아야 했다. 사도행전 8장에서 사마리아 사람들은 믿고, 세례(침례)를 받았으나, 사도가 안수함으로써 성령을 받았다. 그런데, 여기 사도행전 10장에서는 참된 "교회의 터전"이 나온다. 왜냐하면 이방인들이 말씀 듣고, 믿고, 성령을 받고, 세례(침례)를 받았기 때문이다. 사도행전 2장 38절과 사도행전 8장 14 ~ 17절을 오늘날에 적용해서는 안된다(엡 2 : 13 ~ 14 참조).

성령의 강림 자체가 사실상 세례(침례)였으며, 베드로도 사도행전 11장 15 ~ 16절에서 그렇게 말하고 있다. 사도행전에서 성령과 관련하여 세례(침례)라는 단어가 사용된 것은 성령이 믿는 유대인들에게 임했을 때와(행 2장) 믿는 이방인들에게 임했을 때(행 10장)의 두 번에 지나지 않는다. 바울은 고린도전서 12장 13절에서 "우리가 유대인이나 헬라인이나… 다 한 성령으로 세례를 받아 한 몸이 되었고…"라는 말이 성취되었다. 이 "한 몸"이란 교회이다(엡 2 : 11 ~ 22).

사실상 11장 15절에서 베드로는 이 세례(침례)가 오순절 때의 세례(침례)와 동일한 것으로 본다고 말한다. 오늘날은 죄인이 그리스도를 영접할 때 성령이 그의 몸에 오셔서, 그리스도와 연합되도록 세례(침례)를 받게 된다.

사도행전 11장과 15장에서 볼 것이지만, 이방인들과의 대화는 유대 신자들에게 큰 문제를 제기했다. 그들이 "종족에 대한 선입관"을 가졌기 때문이 아니라 "교회에 대한 비밀"을 이해하지 못했기 때문이다(엡 3장). 이들은 이스라엘이 왕국으로 세워짐을 통해서만 이방인들이 구원을 받을 수 있다고 생각하고 있었던 것이다. 그러나, 하나님은 바울을 통하여 이스라엘의 넘어짐이 이방인의 구원이 되었다고 하셨다(롬 11 : 11〜25).

구약 선지자들을 통하여 주어진 왕국의 멧세지는(행 3 : 18〜26) 바울을 통해서 온전히 계시되는(행 13 : 38〜43) 하나님의 은혜의 멧세지로 대치되었다. 한 민족으로서의 이스라엘은 제쳐졌고, 교회가 휴거하기까지 지상의 하나님의 프로그램에서 다시는 두드러지지 못할 것이다(행 15 : 13〜18 참조). 왕국 진리와 교회의 진리를 뒤섞는 것은 하나님의 말씀을 혼동하는 것이며, 하나님의 일을 방해하는 것이다.

오늘날 교회의 사명은 마태복음 28장 19〜20절의 말씀이다. 우리는 제자를 삼아야 하는데 이는 복음 전파를 뜻한다. 우리가 세례(침례)를 주어야 하는 것은 지교회에서의 교제를 뜻한다. 우리는 하나님의 말씀을 가르쳐야 한다. 성령께서 잃어버린 사람들을 깨우치는 데 사용하시는 것은 하나님의 말씀이다. 우리는 부지런히 말씀의 씨를 뿌리고, 우리의 기도와 눈물로써 물을 주며(시 126 : 5〜6 / 행 20 : 19) 인내로써 구주를 기다려야 한다.

안디옥 교회
-사도행전 11장-

본 장에서 우리는 예루살렘 신자들과(유대인 신자들) 이방인 신자들 사이의 관계를 배운다. 문제는 "종족의 선입관"이 아니라 **하나님의 목적에 대한 오해**에 있었음을 명심하자. 하나님의 계획에 대하여 구약이 보여 주는 바는 지상 왕국에 관한 것으로, 메시야의 통치를 통하여 이방인들이 축복을 받게 되는 것이었다. 그런데, 이 민족이 그리스도와 그의 왕국을 거절하였으므로 이로써 이방인들은 구원을 받을 수 없다는 말인가? 이들은 유대교로 개종해야만 하는가?

가이사랴에서의 베드로의 경험(행 10장)과 바울이 밝힌 "교회의 비밀"(엡 3장)은 이 질문의 해답을 찾는 데 도움을 줄 것이다. 왜냐하면 베드로의 경험이나 바울이 밝힌 교회의 비밀로 볼 때, **유대인과 이방인은 모두 정죄 아래 있으며, 그리스도를 믿음으로써만 구원을 받을 수가 있다.** 왕국에 대한 "예언 프로그램"이 이 시대에는 교회의 "비밀 프로그램"으로 넘겨진 것이다.

1. 예루살렘 교회가 이방인들을 받아들임 (11 : 1~18)

충실한 유대인들은 베드로에게 불만이 있었는데, 그것은 베드로가 이방인의 집에 가서 이방인들과 함께 식사를 했기 때문이다. 하나님의 왕국 프로그램이 작용하고 있는 한에 있어서 베드로의 행위는 잘못된 것이다. 사도행전 1~7장에 보면 왕국은 "유대인에게 먼저" 전해져야 하는 것이다. 그리스도께서는 예루살렘으로부터 시작하라고 명령하셨는데(눅 24 : 47 / 행 1 : 8), 예루살렘이 믿을 때에 이 민족은 메시야를 영접하게 될 것이며 왕국이 설립될 것이다(행 3 : 25~26).

베드로가 고넬료(이방인)의 집에 간 것은 하나님의 새로운 계획을 이해했기 때문이 아니라, 성령께서 그에게 개인적으로 명령하셨기 때문이다(11 : 12). 베드로의 행동을 비판한 충성된 유대인들은 이방인들을 미워했기 때문에가 아니라 하나님의 계시된 뜻에 충실하기를 원했기 때문이다.

베드로가 자초지종을 설명하여, 성령께서 이방인 신자들에게 임하신 사실과 그의 사역이 성령의 인도하심으로 인한 것으로서 성령께서 인준하셨음을 말하자; 유대인 그리스도인들은 즐거워하며 하나님께 영광을 돌렸다. 베드로는 그가 행한 일이 하나님의 뜻이었음을 자신의 **개인적인 체험**(5~11절)과 **성령의 인도하심**(12절)과 **하나님의 말씀**(16절)을 들어 입증하였다.

하나님의 뜻을 알려 할 때는 언제나 환경, 마음에서의 성령의 인도, 하나님의 말씀의 분명한 가르침의 세 가지를 필수적으로 시험해 보아야 한다.

2. 예루살렘 교회가 이방인들을 격려함(11 : 19~26)

누구를 받아들인다는 일과 누구를 격려한다는 일은 상당히 다르다고 할 수 있다. 이번에는 복음이 이방인의 지경, 곧 수리아의 중심 도시인 안디옥으로 가는 것을 본다(비시디아의 안디옥으로 혼동하지 말자. 이 두 도시를 성경 지도에서 찾아 보라/행 13 : 14). 8장 1절 이하에서 언급된 박해는 그리스도인들을 예루살렘에서 300마일(482.7 Km)쯤 북쪽에 있는 안디옥까지 흩어지게 했다. 이들은 위임받은 일에 성실하여 유대인들에게만 전도했었으나(행 10장 이전의 일임), 몇몇 소수의 사람들은 이방인들에게 말씀을 전파하기 시작했다.

11장 20절에 나오는 헬라인은 6장 1절에 나오는 헬라파 유대인이라는 말과는 다르다. 이 단어는 헬라 사람들, 다시 말해서 이방인을 뜻한다. 많은 헬라인들은 그리스도가 구세주이심을 알게 되었고, 예루살렘 교회는 바나바를 보내어 상황을 조사하게 했다. 그러나, 바나바의 사명은 8장 14~17절에 나오는 베드로와 요한의 사명과는 같지 않았다. 왜냐하면 이 신자들은 이미 성령을 받았고 하나님의 은혜를 경험했기 때문이다(23절).

이것이 구원과 연관하여 "은혜"란 말이 사도행전에서 맨 처음 사용된 곳이다(행 4 : 33은 신자들을 후원하시는 하나님의 은혜를 가리킨다). 은혜는 앞으로 바울이 전하는 위대한 멧세지가 된다. 이방인들이 믿음으로 말미암아(21절) 은혜로(23절) 구원받은 것에 주목하자. 이것은 에베소서 2장 8~9절에서 가르치고 있는 내용이다.

바나바는 이러한 이방인 교회를 보게 된 것을 기뻐하였으며 믿음에 계속 머물러 있기를 권고하였다. 그가 다음에 취한 행동은 좀 이상했다. 그는 교회를 남겨 두고 바울을 찾으러 갔던 것이다. 왜 그랬을까? 바나바는 성령으로 충만하여 하나님께서 바울에게 이방인들을 위한 복음 전도를 위임하셨음을 알았기 때문이다(행 9 : 15, 27).

베드로는 무대에서 퇴장하였으며, 이것은 하나님의 왕국 프로그램에 의한 것이었다. 바나바는 바울이 다음의 지도자가 되어 하나님의 은혜의 멧세지를 전파하게 될 것을 알고 있었다. 일 년이 다 가도록 바울과 바나바는 하나님의 말씀을 이방인들에게 가르쳤으며, 이 교회로부터 첫 선교 여행을 떠났다. 바울이 베드로를 대신하게 되자 안디옥에 있는 교회는 예루살렘 교회를 대신하게 되었으며, 바울은 하나님의 특별한 사도로서 "교회의 비밀"을 계시하게 되었다.

3. 예루살렘 교회가 이방인의 도움을 받아들임(11 : 27~30)

이 "선지자들"은 하나님의 말씀을 계시하기 위하여 지교회에서 사역한 신약 선지자들이었다. 이들이 예루살렘에서 안디옥으로 왔다는 사실은 두 교회 사이에 친밀한 교제가 있었음을 시사한다. 28절의 "천하"는 전 로마 세계를 뜻하며,

또는 온 땅(유대)을 뜻할 수도 있다. 이방 신자들은 유대에 있는 신자들에게 물질적인 도움을 보내옴으로써 그리스도인의 사랑을 표현하였다.

이 기근에는 중요한 의미가 있다. 사도행전 2장 44~45절과 4장 31~35절을 읽어 보면 예루살렘 교회에 생동적인 변화가 생겼음을 알 수 있다. 사도행전의 앞부분에서 예루살렘 교회는 전혀 궁핍하지 않았다. 그런데 11장 27~30절을 보면 이들이 외부로부터의 도움을 필요로 하고 있음을 본다. 무슨 일이 생긴 것일까? 하나님께서 그의 왕국에 관한 계획과 그 계획이 지니고 있는 축복들을 차단시키셨기 때문이다.

왕국이 유대인들에게 제시되고 있던 동안에는 성령께서 신자들에게 특별한 축복을 주셔서 저희 중에 핍절한 사람이 없었다(4 : 34). 그러나 스데반이 돌에 맞음으로써 왕국이 최종적으로 거절되었을 때, 이 특별한 축복은 끊어지게 되고 유대 신자들은 가난과 곤핍에 처하게 되었다. 성경에 보면 여러 차례 특별한 도움이 "예루살렘에 있는 가난한 성도들"에게 보내졌음을 알 수 있다(롬 15 : 26 / 고전 16 : 1 이하 / 고후 8~9장).

사도행전 2장 44~45절, 4장 32~35절에서의 헌납의 형식은 오늘날 지교회에 적용되지 않는다. 안디옥에 있는 신자들이 "모든 것을 통용"하지 않고, 그들의 능력에 따라 개인적으로 헌납했음에 유의하자(11 : 29 / 고후 9 : 7 참조). 바울은 우리 자신의 쓸 것을 공급하라고 교훈하며(딤전 5 : 8), 그렇게 하지 않으면 믿음 없는 이교도보다 더 나쁘다고 경고했다.

헌금에 대한 하나님의 방식은 각 신자들이 십일조와 헌금을 각 지교회에 바치며, 주님의 인도하심에 따라 그 교회에서 나누는 것이다.

그 헌금을 예루살렘에 보내는 일을 위해 바나바와 사울(바울)이 선택되었다. 이들은 나중에 마가 요한을 데리고 안디옥으로 돌아왔다(12 : 25).

12장에서 우리는 베드로의 특별한 사역이 종식되는 것을 보게 되며, 13장에서는 사도 바울의 사역으로 우리를 안내해 간다. **변화의 시기**는 이것으로 막을 내리게 되며, 몇 가지 변화가 이루어졌다.

● 왕국의 멧세지는 하나님의 은혜의 복음으로 대치되었다.
● 선교의 중심지가 예루살렘에서 수리아의 안디옥으로 대치되었다.
● 베드로가 바울로 대치되었다.
● 믿지 않는 유대인들을 대신하여 이방인들이 사역의 범위에 포함되었다.
● "첫째는 유대인에게"란 방법이 "누구든지 믿는 자는"으로 대치되었다.
● 성령 받는 데에 물 세례(침례)가 필수적인 것은 아니다.

이 구분들을 명심한다면 "진리의 말씀을 옳게 분변"할 수 있을 것이며, 하나님의 은혜의 멧세지를 왕국의 멧세지로부터 벗어나게 할 수 있을 것이다.

구조된 바울
- 사도행전 12장 -

본 장에서는 베드로의 초대교회 신자들의 지도자로서의 사역이 종식됨을 설명한다. 13장에서부터 계속 무대에 오르는 사람은 바울이며, 베드로는 15장에서 바울을 지지하는 간증을 할 때 등장할 뿐이다. 본 장은 또한 "변화의 시기"에도 종말을 고하는데, 유대인에게서 이방인에게로, 왕국에서 교회로 변화가 이루어졌기 때문이다.

1. 사단의 권세 (12 : 1~4)

여기 등장하는 사람은 헤롯 대왕의 손자인 헤롯 아그립바이며, 그의 형과 같이 그도 살인자였다. 헤롯은 에돔 사람으로서, 에서의 후손이다. 어떤 의미에서 에서가 다시 야곱을 박해하고 있다. 왜냐하면 "야고보" (James) 란 "야곱" (Jacob) 이라는 이름의 다른 형태이기 때문이다.

이 박해는 유대인들이 말세에 견뎌야 할 환란을 상징한다. 마태복음 20장 20 ~ 23절을 다시 읽고 야고보와 요한이 환란의 세례 (침례) 를 받게 될 약속을 알아보자. 야고보는 사도들 중에서 최초로 목베임을 당했으며, 요한은 오래 살았으나 큰 박해를 견디었다 (계 1 : 9). 그리스도는 사도들이 박해를 당한다고 약속하셨는데, 하나님의 말씀에 순종하기를 원하는 모든 사람들도 박해를 당할 것이다.

1장에서 유다를 대신할 사도를 뽑았던 것같이 야고보의 자리를 대신 채우지 않았음에 주목하면 흥미있는 사실을 알게 된다. 약속된 왕국이 거절을 당하였고, 사도들은 그 왕국에서 "열 두 보좌"에 앉을 수 없을 것이었다 (마 19 : 28). 다시 말하면, 야고보의 자리를 채울 사도를 뽑지 않았다는 것은 새로운 프로그램을 인수한다는 표시라고 할 수 있다.

여기에는 **실천적인 교훈**이 있다. 사단이 교회의 일을 방해하려고 할 때에 베드로와 야고보를 쫓아 다녔다. 나 자신도 사단이 공격하려는 종류의 그리스도인인가? 사단은 최고의 그리스도인들을 쫓아 다니며 그들의 일을 방해하려고 한다. 야고보를 죽게 허락하신 반면에 베드로를 구해내셨다는 사실은 깊은 의미가 있다. 하나님은 자기 백성들과 각기 다른 방식으로 일하신다.

2. 기도의 능력 (12 : 5~19)

무교병의 축제일, 곧 유월절은 8일간 계속되는데 헤롯은 그 절기 후에 베드로   *287*

를 죽여서 유대인들을 기쁘게 하려고 했다. 안전을 기하기 위하여 네 사람의 파수꾼들로 이루어진 4개 조로 바꾸어가며 베드로를 지키게 했다. 둘은 베드로 곁에, 그리고 다른 둘은 감옥 문에서 지키게 하였다. "그러나 기도하였다"는 이 말이 신자들에게 얼마나 감격적인 말인가! 사단이 가장 나쁜 일을 행할 때에, 그리스도인들은 하나님을 향해 기도할 수 있으며, 주님이 역사하실 것임을 알 수 있다.

살 날이 일 주일밖에 없다는 사실을 아는 베드로가 어떻게 그처럼 평화로울 수가 있을까? 교회의 기도는 확실히 그에게 도움을 주었을 것이지만, 무엇보다도 요한복음 21장 18~19절에서의 주님의 약속이 그를 지탱케 했을 것임이 분명하다. 베드로는 자신이 늙기까지 죽임을 당하지 않을 것이며, 또한 야고보같이 칼로 죽임을 당하지 않고 (12 : 2) 십자가에 달릴 것을 알고 있었다. 하나님의 말씀을 믿는 믿음이 그에게 평화를 주었다. 우리가 그리스도의 약속을 신뢰한다면 환란의 와중에서도 그와 같은 평화를 누릴 수 있을 것이다.

천사가 베드로를 구해냈다. 그러나, 베드로 **자신이 할 수 있는 일**은 해주지 않았음에 유의하자. 천사는 쇠사슬을 풀어 주어 감옥으로 나오게 했으나 신을 신고 옷을 입고 따라오라고 말했다. 그리고 밖에 나와 베드로가 안전해지자, 천사는 떠나고 베드로는 스스로 결정을 내려야 했다. 우리가 순종하며, 할 수 있는 일들을 할 때에 불가능한 일들은 하나님께서 행하신다는 기대를 가질 수 있다.

기도하는 교회의 능력을 결코 과소평가해서는 안된다. 이들은 열심으로 (5절), 구체적으로, 용감하게 기도했다. 비록 베드로가 나타났을 때에는 이들이 믿지 못했지만, 하나님은 그들의 기도를 존중하시고 영광을 받으셨다. 로다가 문 두드리는 소리를 들었을 때에 그녀는 믿음으로 응했다. 왜냐하면 그녀는 밖에 로마 군인들이 와서 거기 모인 사람들을 체포하려고 서 있을 것으로 생각했을 것이기 때문이다!

베드로가 17절에서 언급하는 야고보는 후에 예루살렘 교회의 지도자가 된 것으로 여겨진 (15장 참조) 예수님의 동생 야고보로서, 헤롯에게 목베임을 당한 야고보나, 또는 알패오의 아들 야고보와 혼동하지 말자 (행 21 : 18 / 갈 1 : 19 / 2 : 9 참조).

베드로의 작별은 신비로 남겨져 있다. 그는 "다른 곳으로 갔는데" 그 곳이 어디인지는 모른다. 그가 계속 말씀을 전파했을 것임은 분명하지만, 바울과 그가 전하는 교회의 멧세지가 등장하도록 무대에서 퇴장한다.

3. 하나님의 진노의 능력 (12 : 20~23)

해변 도시 두로와 시돈은 솔로몬 왕 시대로부터 갈릴리와 관계를 맺어 왔다 (왕상 5 : 9 이하). 헤롯은 어느 날 출현할 적그리스도와 같이 자신을 높여 하나님의 자리를 대신하였다. 백성은 헤롯을 예배하고 직접적으로 또는 경제적인 이유로 그를 존중하였다. 이와 마찬가지로 세계는 어느 날 먹이고 보호하는 일로 인해 적그리스도를 영접하여 숭배할 것이다. 하나님은 헤롯을 치셨고, 비참한 죽음을 맞게 하셨다.

7절에서 베드로를 친 천사는 구원을 가져왔지만, 헤롯을 쳤을 때는 정죄를 가져왔다. 하나님은 교만을 미워하시며 다른 사람이 자기의 영광을 취하는 것을 허락지 않을 것이다. 다니엘 11장 36절과 데살로니가후서 2장 3~8절을 읽고 헤롯이 앞으로 출현할 죄의 사람, 적그리스도를 어떤 모형으로 보여 주는지 보자.

4. 하나님의 말씀의 능력 (12 : 24~25)

참으로 대조적인 일이다! 헤롯대왕은 벌레에게 먹혔으나, "하나님의 말씀은 흥왕하여 더하여졌다." 사단이 살인자로 (야고보를 죽인 것처럼) 또는 거짓말장이 (20~23절)로 공격해와도 하나님의 말씀은 이를 정복하고 승리를 거둘 수 있다. 야고보는 죽었으나 하나님의 일은 계속된다. 바울과 바나바, 그리고 조력자 마가는 예루살렘의 가난한 성도들을 위한 일을 마치고 안디옥으로 돌아왔다 (11 : 27~30 참조).

마가의 가정은 경건하여 그의 어머니의 집에서 신자들이 모여 기도했었다 (12 : 12). 그는 바나바의 조카 (사촌일 가능성이 있다)였으며 (골 4 : 10), 바울과 바나바 사이의 말다툼의 원인이 되었다. 그는 마가복음을 썼으며, 초기에 그는 바울을 실망시켰으나 (13 : 13) 결국 바울의 인정을 받았다 (딤후 4 : 11).

사단에 속한 세계 지도자들의 큰 소리에 절대로 놀라지 말라. 그들의 날이 다가온다. 하나님의 말씀은 결코 실패하지않으므로, 그리스도께서 돌아오시기까지 말씀을 전하고, 가르쳐야 할 책임이 우리에게 있다.

*　　　*　　　*　　　*　　　*

■ 실천적인 교훈

1 우리는 **주님의 판단**을 의심해서는 안된다. 베드로를 구원하심을 인해 영광을 받으신 것과 똑같이 야고보의 죽음을 통해서도 영광을 받으셨다. 주님의 길은 우리의 길보다 뛰어나며 우리는 엎드려 절할 뿐이지 주님의 지고한 뜻에 의문을 가져서는 안된다.

2 **사단을 무찌를 수 있는 우리의 유일한 무기**는 기도와 하나님의 말씀이다 (엡 6 : 17~18). 사단은 기도하는 교회를 정복할 수 없다.

③ 그리스도의 약속을 믿는 베드로의 믿음은 역경의 와중에서도 평화를 주었다.

④ 다른 방법이 없을 때, 그리고 그렇게 하는 것이 하나님의 뜻일 때는 기적적인 구원이 생긴다. 그러나 매번 기적적인 일을 행하실 것을 기대해서는 안된다. 바울이 체포되었을 때 (16장) 그는 고난을 견뎌야 했으며, 마침내는 법의 마땅한 절차를 통해서 석방되었다.

파송된 바울과 바나바
- 사도행전 13장 -

이제 사도행전의 세번째이며 마지막 부분인 **승리의 기간**(13～28장)이 시작된다. 이 기간 동안에는 하나님의 은혜의 복음이 로마 세계에 전파되며 바울의 사역을 통하여 지교회들이 설립된다. 말하자면, 새로운 영적인 중심지인 수리아의 안디옥으로부터 새로운 사역의 새 출발을 보게 된다.

여기서는 바울의 1차 선교 여행과 그의 선교 중 첫설교가 나온다. **"의롭게 되었다"**는 놀라운 말을 사도행전에서 처음으로 듣게 된다(13 : 39).

1. 안디옥에서 - 성령으로 부르심을 받음(13 : 1～3)

활동의 중심지가 예루살렘과 유대인들로부터 안디옥과 이방인에게로 옮겨졌다는 것을 명심하자(행 11 : 19～30). 바울을 파송한 본 교회가 있는 수리아의 안디옥과 비시디아의 안디옥을 혼동하지 말자(13 : 14～52 / 지도 참조). 이 지교회에서 주님의 종으로 섬기고 있을 때 하나님은 이들 중에서 둘을 불러(명단의 순서가 처음과 나중이었는데 곧 나중 사람이 앞에 나오게 된다) 세계 선교를 하게 하셨다. 하나님은 본 교회에서 또는 가정에서 충성된 종을 다른 곳에서도 사용하실 수 있다.

"선지자들"이란 신약 선지자들(엡 4 : 11)을 말하는 것이며, 구약 선지자들을 말하는 것이 아니다. 이 사람들은 하나님을 대신하여 말했으며, 성령의 직접적인 인도하심을 받았다. 이제 우리에게는 하나님의 기록된 말씀이 있으며, 교회에 선지자의 직분은 없다.

시므온은 예수님의 십자가를 진 사람이며(막 15 : 21), 알렉산더와 루포의 아버지라고 하는 이도 있다. 마나엔은 세례(침례) 요한을 죽인 헤롯의 젖형제였다. 귀족 중에서 부름을 받은 사람은 많지는 않으나, 몇몇이라도 그리스도를 발견한 것을 하나님께 감사드리자!

이 구절에서는 선교사들을 파송하는 신약 프로그램을 설명한다.
● 하나님은 그가 택하신 자들을 부르신다.
● 교회는 이 소명을 인준한다.
● 교회와 성령이 선교사들을 파송하며, 기도와 지원으로 뒷받침이 된다. 따라서 선교사들이 교회에 보고하는 일은 정당한 일이다(14 : 26～28).

2. 구브로에서 – 마귀의 반대를 받음 (13 : 4~12)

그리스도는 가라지 비유에서 (마 13 : 24~30, 36~43) 참된 하나님의 자녀들이 심겨진 곳에는 사단이 모조품을 심을 것이라고 확언하셨다. 그들이 첫번째로 들른 곳에서 생긴 일이 바로 이러한 일이었다. 사단이 변절한 유대인 거짓 선지자, 마귀의 자녀의 인격에 들어갔다(10절). 성령의 능력을 통하여 바울은 이 박수를 소경이 되게 함으로써 패배시켰다.

우리는 여기서 그리스도를 거절하고 얻어 맞아 소경이 된 이스라엘 민족의 모습을 본다(롬 11 : 25 참조). 여기서 "사울"은 보다 잘 알려진 이름인 "바울"을 사용하는 것에 주목하자.

3. 버가에서 – 마가가 이들을 떠남 (13 : 13)

이제는 더이상 "바나바와 사울"(2절)이 아니라 "바울과 그의 일행"인 것에 유의하라. 마가가 왜 떠나갔는지 우리는 알 수 없지만, 바울은 그의 행위를 이탈로 여겼다(15 : 38 참조). 이것은 바울의 탁월성이 드러나서 그의 삼촌(또는 사촌)인 바나바가 더이상 지도자가 될 수 없었기 때문이었을까? 그 젊은이가 향수에 시달린 것일까? 이유가 무엇이든 그의 행동은 나중에 두 선교사가 서로 갈라서게 되는 원인이 되었다. 후에 바울은 마가를 용서하고 용납하게 된다(딤후 4 : 11).

하나님께서 우리에게 또다른 기회를 주신다는 것은 놀라운 일이다./ 하나님의 종들 가운데 처음에는 사역에 실패했으나 나중에 성공한 사람들은 한두 명이 아니다.

4. 비시디아의 안디옥에서 – 이방인들의 영접을 받음 (13 : 14~52)

"첫째는 유대인에게"라는 프로그램이 끝났으며 바울의 특별한 사명이 이방인들을 위한 것이었는데도 바울이 왜 유대인 회당으로 갔겠는가에 대해서는 몇 가지 이유를 들 수 있다. 그는 회당에 가면 유대인들 사이에서 무슨 소식을 들을 수 있음을 알았으며, 또한 지교회로 출발하기에 좋은 곳이었다. 그리고, 그는 자기 백성에 대한 개인적인 부담감을 지니고 있었으며(롬 9 : 1~3 / 10 : 1), 자기 백성이 핑계를 댈 것이 없기를 원했다.

바울은 결코 유대인들에게 왕국을 제시한 것이 아님을 유의하라. 그는 언제나 그리스도를 통한 용서를 전파했다. 이 설교에서 바울은 그리스도께서 "첫째는 유대인들에게" 오셨으나(23~27, 46절), 구원은 "믿는 모든 사람들을 위한 것"임을 조심스럽게 언급한다(39절).

17~22절에서 바울은 **구약이 그리스도를 위한 하나의 준비**임을 나타낸다.

23～37절에서는 그리스도의 생애와 죽으심을 요약하여 부활을 입증하고, 이스라엘이 ("예루살렘에 사는 자들과 저희 관원들"－27절) 그들의 메시야를 거절하였음을 지적하였다. 38～41절은 구원이 율법을 통해서 오는 것이 아니라 그리스도를 믿음으로 말미암는다는 개인적인 결론을 내린다. 40～41절의 경고는 하박국 1장 5절에서 따온 것으로, 여기서 "일"이란 이방인들을 구원하는 하나님의 새로운 프로그램을 말한다.

유대인들에게 있어서 이 사실은 참으로 믿기 어려운 일이었을 것이다./ 하박국 선지자가 이 말을 했을 때는 이방인 치리자 느부갓네살이 일어나 권력을 잡고 있었으며, 각 나라를 차례로 침략하는 중이었다. 바울은 이 단어를 사용하여 유대인들을 경고한다. 즉, 만일 복음을 믿고 받아들이지 않으면 믿지 않는 이스라엘의 전철을 밟아 멸망할 것이라고 경고한다. 바울은 하나님의 은혜의 복음을 전파했다(43절 참조). 이것은 바로 오늘날 우리가 전파하고 있는 복음이다.

결과는 어떠하였는가? 어떤 이들은 즉시로 믿었는데, 이들은 유대인들과 유대교로 개종한 이방인들이었다. 이 종교적인 백성이 구약 성경으로 훈련을 받았으므로 멧세지를 들을 준비를 가장 잘 갖추고 있었다는 것은 명백한 사실이다. 그 다음 주에는 그 성 전체가 한자리에 모였다. 이러한 사실은 이방인 신자들이 친구들에게 말씀을 전파하였다는 뜻이다. 안식일이었던 그 날의 대부분의 회중은 이방인들이었다.

이러한 사실은 유대인들의 질투심을 자극했으며, 이들은 바울의 사역을 방해하였다. 그리하여, 바울은 이들로부터 방향을 돌려 이방인들 가운데서 사역하기에 이르렀다. 바울은 46절에서 이처럼 옮긴 것을 설명했다. 구약에 요약된 하나님의 프로그램에 따르면, 말씀이 먼저 유대인에게 필연적으로 가게 되어 있었지만 이제 이들은 예루살렘에 있는 그들의 형제들처럼 스스로 그러한 가치가 없음을 입증했으므로, 멧세지는 이방인들에게로 가게 된 것이다. 바울은 이사야 49장 6절을 인용했는데, 이 구절은 그리스도가 (바울이 아님) 이방인들에게 빛이 될 것을 하나님께서 말씀하신 구절이다(눅 2：29～32 참조).

바울은 사도행전 1～7장에 나오는 베드로의 사역을 계승한 것이 아님을 명심하자. 이 기간은 하나님께서 이스라엘에게 왕국을 제시하고 계셨던 기간이었다. 만일 이스라엘이 영접했더라면 이방인들이 축복을 받았을 것이며, 구원은 **이스라엘의 흥함**을 통하여 그들에게 제공되었을 것이다. 바울은 이스라엘이 왕국을 거절하였고 이제는 **이스라엘의 실패**를 통하여 구원이 제공되고 있음을 말하고 있다(롬 11：11～15 참조). 물론 이방인들은 은혜로 구원받을 수 있다는 것을 알고 마음에 감동을 받았다.

48절의 **"영생을 주시기로 작정된 자"** 에 대해 불분명한 상태로 넘어가려 하지 말자. 이는 "어떤 사람들은 영원한 생명을 얻기로 정해졌다"는 뜻으로서, 이 말의 헬라어는 "명부에 올리다"는 뜻인데, 어떤 책에 이름을 기록한다는 개념을 지닌다. 구원은 믿음을 통해 은혜로 말미암는 것이지만, 또한 하나님의 신비한 역사하심이 있는 것이며, 이로 말미암아 우리가 그리스도 안에서 택하심을 입게 된다(엡 1 : 4).

씨가 열매를 맺는 곳에 사단의 반대가 따르는 것은 물론이다. 사단이 이런 일을 할 때는 "종교적인 사람들"을 사용한다는 사실에 유의하라. 참된 기독교는 누구를 박해한 일이 없다. 반면에, 종교적인 사람들은 그리스도의 이름으로 박해하고 죽였다. 바울은 이에 대해 디모데후서 3장 11절에서 말하고 있다.
박해는 바울과 그의 협력자들을 멈추게 하지 못했으며, 그들은 기쁨과 성령으로 충만하여 말씀의 사역을 계속하였다.

*　　　*　　　*　　　*　　　*

■ 실천적인 교훈들
[1] 하나님의 사역은 성령의 부르심을 받은 헌신한 사역자들에게 달려 있다.
[2] 사단은 말씀을 반대하기 위하여 거짓말장이나 살인자로 다가오지만, 믿음과 순종으로 그를 이길 수 있다.

[3] 도중에서 그만 둔 사람이라도 교정될 수 있으며, 마가와 같이 유용한 하나님의 종이 될 수 있다.

[4] 우리 이방인들은 그 자비로우심으로 인하여 하나님께 찬양을 돌려야 마땅하다.

돌에 맞은 바울
-사도행전 14장-

본 장은 제1차 전도 여행을 완료한 내용을 기록한다. 잘 된 지도를 가지고 이 여행을 추적해 가면 좋겠다.

1. 선교사들이 주님을 위하여 고난을 당함(14 : 1~20)

복음이 전파되어 믿는 사람이 생긴 곳에서는 어디나 분열과 방해가 있음을 알게 된다(요 7 : 43 / 요 9 : 16 / 요 10 : 19 / 눅 12 : 49~53 참조). 그러나, 반대가 있다고 해도 바울과 바나바를 멈추게 하지는 못하였다. 이들은 그 성에 머물며 계속해서 전파하였다. 하나님께서는 표적과 기사를 허락하심으로써, 이들의 믿음을 영화롭게 하셨다. 이러한 기적들은 바울이 하나님의 사도임을 증명했으며(고후 12 : 12), 유대인들(고전 1 : 22)과 이방인들에게(롬 15 : 18~19) 영향력이 있었을 것이다.

이들을 돌로 치려는 음모가 드러났으므로, 이들은 루스드라와 더베로 떠나 그곳에서 말씀을 전파하였다(마 10 : 23 참조).

루스드라에서 바울은 널리 알려진 절름발이를 고치는 큰 기적을 이룰 수 있었다. 이 시점에서 **베드로와 바울의 사역**을 비교해 보자.

● 두 사람 다 절름발이를 고쳤다-사도행전 3장 1~8절 / 14장 8~12절
● 두 사람 다 사단을 사칭하는 사람을 처리하였다-사도행전 8장 18~24절 / 13장 4~12절
● 두 사람 다 기적적으로 감옥에서 벗어났다-사도행전 12장 5~10절 / 16장 25~29절
● 두 사람 다 죽은 사람을 살렸다-사도행전 9장 40절 / 20장 12절
● 두 사람 다 특이한 기적들을 행하였다-사도행전 5장 15~16절 / 28장 8절

이방 거민들은 이 기적을 통해 바울과 바나바를 지상에 임한 그들의 신(神)으로 받아들였다. 그들은 바나바를 "쓰스"(Zeus, 쥬피터-신들의 우두머리)라 하고, 바울은 "허메"(Hermes, 머큐리-신들의 사자)라고 하였다. 그 지역의 "쓰스"의 사제는 이들에게 제사를 드릴 준비를 다 갖추었으나, 선교사들이 공식적으로 이들을 중단시켰다. 바울은 군중이 모인 이점(利點)을 살려 말씀을 전파했다. 바울이 회당에서 했던 것처럼 구약 성경을 사용하지 않고, 하나님의 창조

사역에 근거하여 이방인들과 더불어 이성적으로 추리해가고 있음에 유의하자. 이 짧은 설교를 바울이 아덴에서 행한 멧세지와 비교하고(17 : 16∼34) 로마서 1장 20절 이하에 나오는 그의 진술을 살펴보자. 자연 가운데 있는 하나님의 역사는 이방인들을 "핑계하지 못하게" 한다.

그의 멧세지는 거절당했고 백성들은 바울에게 돌을 던졌으며, 죽은 줄 알고 버렸다. 그는 자신이 유대인들을 주도하여 스데반에게 돌을 던지게 했던 일을 기억했을지도 모른다.

후에 바울은 "한 번 돌로 맞고"라고 썼으며(고후 11 : 25), 갈라디아서 6장 17절에서 그는 자기의 몸에 그리스도를 위해 받은 고난의 "흔적" 또는 표시를 가졌다고 언급했다. 어떤 이들은 이 때 바울이 실제로 죽었으며 기적적으로 죽은 자들 가운데서 부활한 것이라고 믿어, 바울의 "삼층천" 경험이 이 때에 이루어진 것이라고 제안한다(고후 12 : 1∼4). 몇 년이 지난 후에 바울은 디모데에게 이러한 고난을 상기시켰다(딤후 3 : 11). 디모데가 이 때에 그리스도께로 개심했을 가능성도 있다(행 14 : 6 / 16 : 1).

2. 선교사들이 교회들을 확립시킴(14 : 21∼24)

복음 전파만으로는 충분하지 않다. 말씀으로 가르치고 격려해야 한다. 하나님께서 바울을 인도하신 곳이면 어디나 바울이 지교회를 세운 이유가 이것이다. 지교회는 신자들이 믿고 의지할 수 있는 영적인 음식을 얻고, 그리스도인의 교제를 발견하며, 봉사의 기회를 찾을 수 있는 유일한 장소이다.

오늘날 우리는 영혼을 구원하는 좋은 복음 전도적인 기관들과 프로그램들로 인해 하나님께 감사를 드린다. 그러나 전부가 그렇다는 것은 아니지만, 이들 대부분의 지교회 사람들이 지원하지 않으면 내일에 가서는 실패하게 될 것이다.

용감하게도, 선교사들은 그들의 생명이 위험에 처해 있던 도시들로 되돌아왔다. 이들이 "주 예수 그리스도의 이름을 위해서는 생명을 아끼지 않은 사람들"이라는 명성을 얻은 것은 결코 이상한 일이 아니다(행 5 : 26). 바울과 바나바는 자신을 생각하지 않고 영적인 도움과 인도를 필요로 하는 귀한 새 그리스도인들을 생각했다.

이들이 있던 도시는 바울의 고향인 다소에서 160마일(약 257 km) 정도밖에 떨어져 있지 않았으므로, 바울은 고향을 다시 방문하고 싶었을 것이다. 그러나, 그는 주님을 섬기기 위하여 자신의 욕망을 제쳐 두었다. 또한 안디옥으로 돌아오는 길에 바나바의 고향인 구브로를 통과하였다. 이것은 그리스도와 그의 교회에 대한 참된 헌신이다.

296   바울과 바나바는 교회에서 **장로**들을 임명하였다. 헬라어에서 "임명하다"는

"인기 투표에 의해 선출되었다"와 "지명하다"는 뜻의 이중의 의미가 있다. 분명히 사도들은 최선의 후보자들을 선출하였고(딤전 3장 / 딛 1 : 5 이하에 자격이 나옴). 그리고 전 교회는 성령의 인도하심에 따라 투표를 하였다. 이 방법은 마땅한 방법이다.

성경에는 주교나 대주교 또는 추기경 등 "영적인 성직자"에 대한 말은 없다. 디도서 1장 5절과 7절, 그리고 사도행전 20장 17절과 28절을 비교한다면 "감독"과 "장로"라는 용어가 같은 직분으로서, 목사의 직분을 가리키는 것을 보게 된다. 바울이 여행에서 다시 돌아올 때까지 지도자들에게 인수하지 않았음에 유의하자. 이것은 그들에게 시험의 기회를 주기 위한 것이었다. "경솔히 안수하지 말고"라고 바울은 디모데에게 경계시킨다(딤전 5 : 22). 영적인 지도자는 초신자, 즉 새로 입교한 사람이어서는 안된다(딤전 3 : 6).

3. 선교사들이 본교회에 보고함(14 : 25〜28)

선교부나 교파별로 선교사들을 파송하는 법적인 면 또는 기술적인 면을 지원할 수는 있으나, 최종적인 책임은 지교회에 있다. 바울과 바나바가 안디옥 신자들에게 보고를 한 이유도 여기에 있다. 이들은 "일을 하도록" 파송한 사람들이었다(13 : 2 / 14 : 26 / 15 : 38 참조). 이 첫선교사들이 하나님께서 행하신 일들을 보고하는 모임은 얼마나 축복된 것이었을까.!

사도행전은 예수께서 하늘로 돌아가신 후에 "계속해서 행하시고 가르치신"일들을 기록하고 있다는 사실을 기억하자(행 1 : 1). 그러므로 이 일은 사실상 주님이 하신 일이다.

제1차 선교 여행을 고찰해 보면 바울이 세계에 **복음을 전하는 데에 준수했던 근본적인 원리**들을 볼 수 있다. 성령께서 바울의 사역을 인도하셨으며, 이 원리는 오늘날 우리도 따라야 할 중요한 원리이다.

1 **주요 도시에서 일함** – 대개의 경우 바울이 일한 곳은 여러 지방에 있는 주요 도시였다. 바울은 고립된 구석에 "자신을 묻어 둔 것"이 아니라, 인구가 많은 중심지들을 공격하였다.

2 **지교회들을 설립함** – 그의 사역은 중앙 사령부가 있어서 다른 사람들에게 시키면 되는 "1인 체제의 일"이 아니었다. 그것은 그리스도께로 인도한 영혼들을 지도자가 있는 지교회의 구성원으로 조직하는 일이었다. 물론 이것은 사람들에게 말씀을 가르친다는 뜻이며, 또한 믿음으로 육성한다는 뜻이다. 이 일은 다음과 같은 일을 이끌어 낸다.

3 **신자들에게 일하는 방법을 가르침** – 바울은 선교사의 직책이 스스로를 무용

하게 만드는 것임을 알고 있었다. 다시 말하면, 사람들을 훈련하여 그들이 직접 복음을 전할 수 있게 하는 것이다. 결국 어느 지교회에 속한 100명은 한 명의 선교사가 할 수 있는 일의 100배를 할 수 있는 것이다. 더구나 이들은 사람들의 언어와 문화를 알고 있다./

10년 후에 로마서를 쓸 때에(15 : 19, 23) 바울은 전 지역이 복음화되었다고 말할 수 있었다./ 어떻게 그렇게 말할 수가 있었을까? 그는 개심자들을 얻어 지교회를 세우고 그리스도인들에게 일하는 방법을 가르쳤다. 데살로니가전서 1~2장에서는 또다른 예를 볼 수 있다.

오늘날 우리는 "선교 기관"의 슬픈 결과를 추수하고 있는데, 이 기관에서는 "백인"(白人)이 모든 일을 다 했으나 피선교인으로 하여금 다른 이들을 전도하도록 하는 데는 실패했다.

우리의 목적은 복음화하는 데 있다. 간단히 말하면, 복음을 들을 최소한 한 번의 기회를 될 수 있는 한 많은 사람에게 준다는 뜻이다. 우리는 모든 사람들이 구원을 받지는 못할 것임을 알고 있다. 그러나 적어도 한 번은 모든 사람이 그리스도와 그 십자가에 대해서 들을 수 있게 기회를 주어야 할 빚을 지고 있다.

바울은 인쇄, 신문, 라디오 방송국이나 TV, 비행기, 또는 우리가 대단히 필수적으로 생각하는 현대적인 장치들을 하나도 가지지 않고도 로마 세계를 복음화하였다. 과학의 기적을 이룬 오늘날에는 우리는 얼마나 더 많은 일을 할수 있어야 하는 것인가./ "많이 받은 자에게는 많이 요구하실 것이다."

예루살렘 회의
-사도행전 15장-

1. 안디옥에서의 의견 충돌(15 : 1~2)

하나님의 사역이 진전을 보이고 있을 때는 언제나 사단이 반대를 시작하며, 대개는 거짓말을 이용한다. 오늘날 많은 교회가 영향력이 없어지는 이유는 하나님의 말씀 대신 마귀의 "종교적인 거짓말"을 믿기 때문이다. 예루살렘 교회에서 온 어떤 바리새인들이(5, 24절) 안디옥에 와서, 할례와 모세의 율법을 모르면 그들의 구원이 무효하다고 이방 그리스도인들에게 말했다. 물론 바울이 그렇게 전한 것은 아니었다(13 : 38~40).

바울과 바나바는 이들과 논쟁을 했으며 결국 이 문제를 예루살렘에 있는 사도들과 장로들에게 가져가기로 결정을 보았다. 이것은 순전히 자발적인 결정으로서, 지교회의 일을 처리하는 "교단적인 성직 계급"을 가르치고 있는 것은 결코 아니다.

사실상, 바울은 예루살렘으로 가라고 하나님께 분명한 명령을 받았다. 갈라디아서 2장 1~2절에 보면 "계시를 인하여 올라갔다"고 했는데, 이 말을 문자 그대로 해석하면 "하나님의 계시에 순종하여" 또는 하나님의 계시에 인도하심을 받아"라는 뜻이다. 하나님은 그의 프로그램에서 이방인의 지위를 단번에 모두 확정짓기를 원하셨다.

이방인 신자들이 혼돈을 일으키기에 얼마나 쉬운 일이었던가를 명심하자. 이들은 이스라엘을 통해서만 이방인들이 구원을 받을 수 있다는 구약적 가르침에 빠져 있었다. 예루살렘 교회가 알고 있는 유일한 이방인들의 구원의 역사는 바울이 아니라 베드로에 의해 이루어 졌으며, 이를 하나님의 특별한 행위로 받아들였다(행 11 : 18). 이 시대에는 소식이 신속하게 전해지지 못했으므로, 이들은 바울과 바나바의 선교 여행을 통하여 하나님께서 이루신 모든 일들을 알지 못했다.

이 사람들은 진지했으나, 심각한 잘못을 범하고 있었다. 바울이 갈라디아서 2장 6절 이하에서 설명하고 있듯이, 이들은 "복음"을 전하기는 했으나 불완전한 복음을 전했다. 이들은 그리스도의 죽으심과 부활을 믿었지만 사도 바울을 통하여 이방 사람들에게 전해진 하나님의 새로운 계획을 알 수 있을 만큼 진전을 보지는 못했다. 이들이 "거짓 복음"을 전한 것은 아니었으므로, 이런 의미에서 볼 때 "불완전한 복음"이라고 하는 편이 좋겠다.

2. 예루살렘에서의 심의 (15 : 3 ∼ 21)

이 전략적인 협의회에는 최소한 **네 차례의 모임**이 있었던 듯하다. 즉 바울과 그 일행을 환영하는 교회의 공식 모임 (행 15 : 4)과, 바울과 핵심 지도자들 간의 개인적인 심의회 (갈 2 : 2), 강력한 유대 분파가 자신들의 주장을 제시하였던 두번째의 공식모임 (행 15 : 5 / 갈 2 : 3∼ 5)과 최종적인 적절한 결정을 내린 회의 (행 15 : 6) 들이다. 갈라디아서 1∼ 2장을 주의깊게 읽자. 이 부분은 이 문제에 대한 바울의 입장을 제시하고 있다.

베드로가 일어나 연설을 하기까지는 논의가 진전을 보지 못한 채 계속되었다. 사도행전에서의 베드로의 출현이 바울과 그의 이방인에 대한 사역을 지지하는 것으로 끝나는 것은 흥미있는 일이다. 베드로후서 3장 15∼ 16절에도 바울을 지지하는 기록이 있는데 이것은 베드로의 마지막 말이다. 베드로는 고넬료와 연관하여 하나님께서 자신을 어떻게 다루셨는가를 회상하며 (행10∼ 11장), 오순절 날 유대인들에게 임한 성령이 이방인들에게도 임한 것으로 보아 하나님께서 친히 이방인들을 용납하셨음이 분명하다고 강조하였는데, 이 이방인들은 **믿음** (15 : 9)**과 은혜** (15 : 11)로 구원을 받았던 것이다.

11절에서 그가 한 말에 유의하자. "우리가 (유대인) 저희와 동일하게 주 예수의 은혜로 구원받는 줄로 믿노라." "그들이 우리의 방식으로 구원을 받는 것"이 아니라 그 반대이다. 베드로는 율법이 이방인에게만 해당되지 않는 것이 아니라, 유대인들에게도 더이상 적용되지 않는다고 말하고 있다. / "모세와 할례"가 아니라 "은혜로 말미암아 믿음으로"라는 멧세지인 것이다.

다음으로는 바울과 그의 일행이 증거하였는데 하나님이 이방인들 중에서 역사하신 일들을 보고하자, 반대하던 의견은 완전히 조용해졌다. 다음으로 야고보가 발언권을 얻어 최종적인 결정을 내렸다. 이 야고보는 예수님의 동생으로서, 베드로를 대신하여 예루살렘의 지도자가 된 것이 거의 확실하다. 15장 14∼ 21절에 나오는 야고보의 말은 **이 시대의 하나님의 계획이 교회를 통해서 이루어 진다**는 뜻으로 이해되어야 한다.

하나님이 하고 계신 일은 무엇인가? 주님은 자기의 이름을 위하여 이방인들 중에서 한 백성을 뽑아내시는 중이었다. "뽑아낸다"는 단어는 헬라어로 "에클레시아" (ekklesia)이고, 신약 용어로는 "교회"이다. 하나님 앞에서는 다 죄인이며, 유대인과 이방인은 같은 바탕에 서 있다. 그리고 "첫째는 유대인에게"란 프로그램은 이제 더이상 적용되지 않는다.

그렇다면, 왕국에 대하여 아브라함과 다윗에게 하신 약속은 어떻게 되는가? 야고보는 아모스 9장 11∼ 12절을 인용하여 이에 답한다 (15∼ 17절). 그는 이 방인들이 불러냄을 받는다는 것이 아모스의 예언의 성취라고 말하는 것은 아니다. 왜냐하면 교회는 구약에서 예언된 일이 없기 때문이다. 야고보의 말은 이 새로운 프로그램이 아모스의 말과 일치한다는 뜻이다. 이방인들의 수가 충만히 찬 후에 그리스도는 돌아오셔서 다윗의 집(장막은 "집" 또는 "가족"을 뜻함 /삼하 7 : 25〜29)을 다시 세우실 것이며, 이스라엘을 위하여 왕국을 창설하실 것이다.

로마서 9장 29〜33절과 11장 1〜36절을 읽고 이 새로운 프로그램에 대하여 바울이 설명한 바를 알아보자. "이방인의 충분한 수가 들어오기까지 이스라엘의 더러는 완악하게(눈멀게) 된 것이라"는 로마서 11장 25절이 관건이 된다. 그런 다음에 교회는 휴거될 것이며, 이스라엘은 땅을 회복하게 되고, 7년 동안의 환란이 임한다. 이 기간 동안 이스라엘은 정결하게 될 것이며, 그리스도는 다윗의 보좌를 회복하기 위하여 돌아오시게 될 것이다.

3. 이방인들에게 보내는 대표단(15 : 22〜35)

이 심의회는 이와 같은 결정에 동의했으며, 이방인 교회에 회의 보고를 편지를 써서 바울과 그의 일행 편으로 보냈다. 이 권고는 보다 우월한 기관에서 내려보내는 "공식 교리"가 아니라, 영적인 사람들이 성령으로 인도를 받아 결론을 내린 지혜로운 제안이었다. 25절과 28절을 비교해 보자. 이 금지령은 또하나의 다른 "율법"이 아니라, 이방인 그리스도인들의 유대인들과의 관계에 도움을 주는 데에 목적이 있었다(창 9 : 1〜5과 비교).
바울과 그의 조력자들이 이 보고서를 본 교회에 가져간 것은 정당한 일이었다. 결국, 하나님은 이방 사람들에게 믿음의 문을 여는 데에 이들을 사용하지 않으셨던가? 이들은 복음을 위하여 생명의 위험을 무릅쓰지 않았던가? 그들은 돌아오자 전 교인들을 만나 보고하였고 그들은 이러한 결정에 대하여 기뻐하였다.

오늘날 예루살렘 회의의 결정 사항을 좀처럼 순종하고 있지 않다는 것은 비극이다. 사도행전의 앞 부분에 나오는 베드로를 따르며 "왕국의 도래"를 추구하는 교회들이 훨씬 많다. 다른 교회들은 "베드로와 바울을 섞으며" 율법과 은혜를, 이스라엘과 교회를 이상하게 합성한다. 우리는 "바울에게서 빼앗아 베드로에게 주는 일"을 멈추어야 할 시점에 와 있으며 이방인들에게 보냄을 받은 사도요, 교회를 위한 하나님의 특별한 선지자인 사도 바울에게 귀를 기울여야 할 때이다.
하나님의 은혜의 복음을 전파하지 않는 사람에게 선포된 저주가 있다(갈 1 : 6〜9). "현대주의자"가 그렇다는 뜻은 아니다. 하나님의 말씀이 옳게 분변되지 못하고 왕국의 진리가 교회의 진리와 섞여 있는 교회들에게 이 저주가 평등하게 적용된다는 사실에 두려움을 느낀다.

4. 바울과 바나바 사이의 논쟁(15 : 36∼41)

형제들이 교리적으로는 일치하면서도(12절) 인사 문제에서 뜻이 같지 않은 것은 슬픈 일이다. 바나바는 마가와 친척 관계이기 때문에 일종의 책임감을 가지고 있었으나, 바울은 이 젊은이를 낙제생으로 보았다. 바울과 바나바는 둘 다 지나치게 가혹했던 것 같다. 왜냐하면 바울은 나중에 마가를 용납했으며(딤후 4 : 11), 하나님은 두번째 복음을 쓰는 데 마가를 사용하셨기 때문이다.

  바울과 바나바가 안디옥에서 사역하고 있는 동안 베드로가 올라와서 이방인 문제에 대하여 바울과 다시 토론을 했다. 갈라디아서 2장 11∼21절을 읽고 바나바조차도 "그 부류에 휩쓸려 들었음"을 주목하자. 바울이 그의 두번째 여행을 출발할 때 실라를 선택했던 이유도 이런 데에 있었다. 실라는 충성된 종이었다(15 : 22,32절). 하나님의 종들 사이의 차이점으로 인해서 하나님의 일이 위축되게 할 필요는 없다. 고린도전서 12장 5절에는 "행정(역사)의 차이는 있으나 주님은 같다"고 기록되어 있다.

빌립보에서의 바울과 실라
-사도행전 16장-

1. 새로운 조력자 (16 : 1~5)

바나바와 바울은 그들의 선교 동반자로서의 관계를 끊고 각기 새로운 조력자들을 구하였다 (15 : 36~ 41 참조). 바울이 아는 한에 있어서 마가 요한은 낙제생이었다. 그러나, 바나바는 마가의 친척이었기 때문에 이 젊은이에게 기회를 또 한 번 주고 싶었다. 사람들이 교리적인 면에서는 일치하면서도 실천적인 면에서는 그렇지 않을 수도 있다 (15 : 12). 우리는 이러한 차이를 유감스럽게 여기지만, 감사한 것은 하나님께서는 그 자신의 영광을 위하여 인간들의 실수조차도 관리하실 수 있다는 사실이다.

실라는 예루살렘 회의에서 핵심적인 인물이었으며 (15 : 22) 선지자였다 (15 : 32). 그는 안디옥에서 바울과 함께 사역에 참여하였으므로, 서로 낯선 사이가 아니었다. 마가 요한을 대신하여 들어온 디모데는 바울이 그의 1차 선교 여행 중에 루스드라를 방문했을 때 구원받은 젊은이였다 (14 : 6~22). 디모데는 아마도 루스드라에서 바울이 당한 고난을 목격했을 것이며 (딤후 3 : 10~11), 그리스도인의 사역에 적합함을 스스로 입증하였다.

디모데는 바울의 마음에 얼마나 사랑스러웠을까? 바울은 그를 가리켜 "믿음의 아들"이라고 불렀다. 나이가 많고 성숙한 그리스도인들이 젊은 신자들을 "양자"로 삼지 않는다면 하나님께서 성숙한 그리스도인들을 본향으로 부르실 때에 그 자리를 메울 사람들은 누구일 것인가? (딤후 2 : 1~2 참조)

디모데는 신앙심 깊은 어머니와 외조모에게서 양육을 받았다 (딤후 1 : 5 / 딤후 3 : 15). 교회의 선지자들은 환상으로써 이 젊은이가 위대한 일을 할 것이라고 예언하였다 (딤전 1 : 18 / 딤전 4 : 14). 빌립보서 2장 19~23절은 디모데가 빌립보에서 바울과 함께 얼마나 충성스럽게 봉사했는지에 대해 언급하고 있다.

디모데의 할례는 구원과는 아무 상관이 없는 문제였다 (갈 2 : 1~4). 또한 회의의 결정 사항에 불순종하는 행위도 아니었으며 (행 15 : 1 이하), 오히려 유대인들에게 거침이 되는 돌을 옮겨 놓는 것이었다 (고전9 : 20). 디모데는 이방인 아버지와 유대인 어머니 사이에서 태어난 아들로서 그는 할례를 받을 필요가 없었으며, 다만 하나님의 자녀로서 유대인들을 걸려 넘어지게 하기를 원치 않았던 것이다.

2. 새로운 기회들(16 : 6~12)

지도를 보고 6~8절에 언급된 장소들을 찾아보자. 바울과 그의 일행은 그들이 있던 곳에서 말씀 사역을 하였으나, 성령께서는 그들이 동쪽의 비두니아로 가는 것을 허락지 않으셨다. 6절의 "아시아"란 흔히 알고 있는 거대한 아시아 대륙을 말하는 것이 아니라, 오늘날 우리가 소아시아라고 알고 있는 지역이다. 그런데, 만일 바울이 동쪽의 비두니아로 가서 계속 그 방향으로 나아갔다면 유럽보다 동양이 먼저 복음을 받았을 것이며, 오늘날 그들이 선교사들을 파송했을 것은 의심할 나위가 없다.

바울은 성령의 인도하심에 민감하였다. 사도행전은 참으로 "성령의 행전"이며, 성령은 사도들의 생애를 통하여 역사하고 계신 것이다. 하나님께서는 바울에게 한 환상을 보이셔서 에게해를 건너 마게도냐로 가도록 지시하셨다.

어떤 이들은 환상 중에 나타난 사람이 누가(사도행전의 저자)였다고 생각한다. 왜냐하면 10절에서 "그들이"라고 하지 않고 "우리가"라고 말하고 있기 때문이다. 어쨌든, 의사 누가는 드로아에서 그들과 합세하였다(20 : 6~7 참조).

3. 새로운 그리스도인들(16 : 13~40)

빌립보는 주전 4세기에 그 지역을 정복한 마세돈 출신 빌립의 이름을 따서 붙인 로마의 식민지였다. 로마의 식민지들은 사실상 이태리에서 떨어져 있는 "작은 로마"였다! 사람들은 로마의 법과 관습을 따랐으며, 회당이 없는 것으로 보아 그 지역에는 유대인들이 많이 살고 있지 않은 것으로 나타난다. 이곳 빌립보에서 바울이 세 종류의 다른 죄인들을 만나 그리스도께 인도하는 것을 본다.

1 **마음이 열려진 신앙심 있는 여인**(13~15절) - 바울은 여인들의 기도 모임에 참석함으로써, 유럽에서의 사역을 시작한다! 루디아는 부유층의 상인으로서 이방 우상 숭배로부터 이스라엘의 하나님을 예배하는 신앙으로 변화한 여자였던 것 같다. 하나님은 바울이 유럽에 가도록 문을 열어 놓으셨을 뿐 아니라 루디아의 마음 문을 열어 놓으셨으며, 그녀는 구원을 받았다.

그녀는 자기의 가족과도 멧세지를 나누었으며 그들 역시 구원을 받았다. 바울이 세례(침례)를 받은 새로운 이방인들을 얻었다는 사실은 그가 마태복음 28장 19~20절의 사명을 성취하고 있다는 증거이다. 젖먹이가 세례(침례)를 받았다는 증거는 없다! "가족"이란 단어는 말씀을 이해하고 믿어 구원을 받고 나서 세례(침례)를 받은 가정(그리고 노예들)의 구성원들을 말한다.

2 **귀신들린 여종**(16~18절) - 바울과 그의 일행은 루디아의 집에서 살면서 그녀와 함께 기도 모임에 갔다. 사단은 언제나 주님의 일에 반대하려고 다가오며, 이번 경우에는 노예 소녀를 사용하였다. 그녀의 말이 마치 주님의 일

을 증진시키려 하듯이 사도들에게 호의적이고 친절하게 나타난 것에 유의하자. 사단은 빛의 천사들처럼 다가와서 아첨을 하지만 그리스도는 복음을 진흥시키는 데 사단의 도움을 결코 필요로 하지 않으신다.

이 증언은 도움이 되지 않았을 뿐더러 오히려 방해가 되었다. 바울은 그것을 중지시켰다. 그 다음 부분을 보면 뱀 같은 사단은 사자처럼 되어 사도들을 감옥에 집어 넣는다.

③ **마음이 굳은 사람**(19~40절) - 로마 간수가 인간에 대한 동정심이나 그리스도에 대한 관심이 없는 전형적인 무정한 관리였음을 상상하기는 그리 힘들지 않다. 바울과 실라가 굴욕을 당하고 얻어 맞기조차 했으나, 이 간수는 이들을 깊숙한 감옥에다 던져 넣고 발을 착고에 채워 둠으로써 고통을 더하게 했다. 그리고 나서 그는 자신의 일을 보러 갔으며 드디어는 밤이 되어 잠을 잤다.

그러나, "하나님은 밤에 찬송을 주신다"(시 42：8 / 77：6). 바울과 실라는 불평하는 대신 하나님을 찬양하였다! 이 모임은 참으로 놀라운 간증이 아닐 수 없다! 한밤중에 하나님께서 역사하러 임하셔서 감옥을 흔드셨으므로 모든 죄수들이 결박에서 풀려났다. 만일 간수가 죄인을 놓친다면 그것은 곧 자신의 생명을 잃게 된다는 뜻이 되므로, 깜짝 놀란 간수가 자살을 기도한 것은 이상한 일이 아니다. 사자 같은 살인자인 사단이 다시 일을 벌인 것이다. 만일 바울이 그를 불러 중단시키지 않았다면 간수는 죽어 지옥에 갔을 것이다. 하지만, 바울의 사랑과 하나님의 은혜가 그 사람의 마음에 와 닿았으며, 그 간수는 회심하였다.

이 구절은 이른바 "가정의 구원"이 문제로 대두되는 구절이다. 부모가 구원을 받았다고 자녀들이 구원을 받는 것은 아니다. 유아나 믿지 않는 자녀들은 세례를 받아서는 안된다. 구원의 약속은 그의 가정 모두에게 해당된다(31절). 말씀이 온 집안에 전해졌으며(32절), 모든 집안의 식구들이 세례(침례)를 받았다(33절). 그런데 이것은 **모든 집안이 믿었기 때문**이다!(34절) 유아들이 "믿을 것이다"는 상상만으로는 안된다.

간수는 사도들의 상처를 닦아 주고 자기 집에서 음식을 대접함으로써 진실로 개심하였음을 입증하였다. 한 사람이 하나님께 마음을 열 때에 그의 가정도 마찬가지로 열려질 것이다.

어떤 이들은 35~40절에 나오는 바울의 행위에 의혹을 일으킨다. 바울이 그 일을 공개적으로 처결하여 로마 관리들을 난처하게 만든 이유는 무엇인가? 바울은 다만 자기의 로마 시민권과 법적인 권리들을 사용하여 복음과 그가 세운 새 교회를 온당히 존중하도록 하려는 것이었다.

만일 그가 조용히 그 마을을 벗어났다면 모두들 그에게 죄가 있다고 생각했을 것이다. 그리고 이러한 생각은 교회의 사역을 방해했을 것이다. 그렇다. 그리스도의 대의명분을 증진시키는 한에 있어서는 그리스도인들이 자신의 법적인 권리들을 사용하는 것은 잘못된 것이 아니다. 바울은 이러한 법적인 권리들을 박탈당했었으므로, 이 공식적인 사과와 공개적인 해결은 복음과 교회에 위엄(威嚴)을 가져다 주었다.

빌립보 교회는 바울에게 언제나 친절하였다. 빌립보 사람들에게 보낸 바울의 편지를 읽어 보면 이 사실을 알 수 있다. 그 교회의 핵심은 한 부자 여인과 노예 소녀와 로마의 간수로 이루어졌다. 그러나 이것도 하나님의 은혜이다. 그리스도는 세상의 연약한 것들을 택하사 능력 있는 자들을 당황하게 하신다.

데살로니가와 아덴에서의 바울

- 사도행전 17장 -

바울과 더불어 그의 2차 선교여행을 계속하다 보면 세 가지 종류의 도시들에 갔었다는 것과, 복음에 대한 반응도 세 가지였음을 알게 된다.

1. 데살로니가 - 말씀을 반대함(17 : 1~9)

이 도시는 로마로 가는 주요 도로에 위치해 있었다. 이 도시에는 많은 유대인들이 살고 있었으며, 바울은 그의 원칙대로 회당에서 시작하여 3주 동안 그들과 함께 토론하였다. 그는 성경을 펴 보였는데, 이것은 말씀을 전하거나 가르치는 사람이 반드시 해야 하는 의무이기도 하다(눅 24 : 32 참조). 몇몇 유대인들과 유대교로 회심한 헬라인 무리들이 믿었다. 그러나, 항상 그러하듯이 사단은 불신자들을 사용하여 반대하였다.

유대인들은 바울을 반대하기 위하여 시장의 하류 계층의 사람들을 사용하였다. 사도들은 야손과 함께 머물렀는데, 군중들은 그의 집을 집중적으로 공격하였다. 만일 그가 로마서 16장 21절에 언급된 야손과 동일 인물이라면, 그는 바울의 친척이 되는 사람이다. 그렇다면 그의 친절과 공격을 받은 이유가 설명된다. 그들의 거짓 고소가 누가복음 23장 2절에 나오는 그리스도에 대한 고소와 비슷하다는 점에 유의하자.

이로부터 얼마 후에 고린도에서 쓴 데살로니가후서를 읽어 보면 겨우 3주 동안에 바울이 이 사람들에게 교리의 이모저모를 폭넓게 가르쳤음을 알 수 있다. 그는 다가오는 그리스도의 나라(왕국)와 죄의 사람(적그리스도)이 일어나는 것 등에 대해서 말했을 것임이 틀림없다. 우리는 새로운 신자들이 하나님의 모든 권고를 받아들이기는 너무 약하다고 여겨서는 결코 안된다. 바울의 사역은 매우 효과적이었던 것이 분명하다. 왜냐하면 사람들은 불과 3주 동안에 바울이 세상을 뒤엎는다고 고발하였기 때문이다.

2. 베뢰아 - 말씀을 받음 (17 : 10~14)

그 날 밤에 바울과 실라와 디모데는(14절) 그리스도를 위해 계속 전도하는 교회를 뒤에 남겨 두고 40마일 (약 64km) 떨어진 베뢰아를 향하여 떠났다. 사실상, 바울은 이들이 그처럼 효율적으로 복음을 전한 것에 대해 칭찬하였다(살전 1 : 6~10). 이것은 참된 신약적 형식이다. 개심자들을 얻어 이들을 가르치고

(살전 2장), 이들이 다른 사람들을 가르치도록 남겨 두고 떠나오는 것이다.

베뢰아는 주요 간선 도로에 인접한 지역이 아니라 샛길에 접해 있었으나, 하나님이 그들을 보내고자 하셨던 곳이다. 베뢰아에 사는 이들과 같은 유대인들을 만나는 일이 얼마나 신선하고 새로웠을 것인가! 하나님은 바울과 그의 일행에게 격려와 다시 새롭게 되는 일이 필요한 것을 알고 계셨으며, 이들은 베뢰아에서 이 두 가지를 얻었다. 오늘날 우리도 이들의 본을 따라야 한다.

●이들은 말씀을 받았다.
●준비된 마음을 가지고 있어, 말씀에 대한 준비가 있었다.
●성경을 상고하고 설교자가 하는 말들을 시험해 보았다.
●이들은 매일 성경을 공부하였다.

12절에 나오는 "그러므로"에 유의하자. 11절과 같은 마음가짐을 가질 때에 이들은 말씀을 믿지 않을 수 없었다!

데살로니가의 그리스도인들이 복음을 전파하는 데에 바쁜 동안, 사단은 문제를 일으키기에 바빴다. 사단도 그의 선교사들을 베뢰아에 보냈다. 사단은 단순하게 하나님의 말씀을 전하는 것을 얼마나 싫어하는지 모른다! 바울은 아덴을 향해 출발하였으며 이 형제들이 강건하도록 격려하기 위하여 실라와 디모데를 남겨 두었다. 이들은 계획된 대로 아덴으로 오지 못하여, 후에 고린도에서 합세하였다(18:5). 바울이 이번에 떠나온 것은 비겁한 일이 아니었다. 바울이 멧세지를 전하는 일에 전진해 가는 동안 실라와 디모데는 교회를 가르칠 수가 있었다.

3. 아덴 – 말씀을 비웃음(17:15~34)

바울은 관광객으로 아덴에 와서 구령자로 전환하였다! 이 유명한 도시는 종교와 문화의 중심지였으나 바울이 본 것은 미신뿐이었다. 어떤 고대 작가는 아덴에서는 사람보다도 신(우상)을 발견하기가 더 쉽다고 썼다. 바울은 회당에서 유대인들과 변론했으나, 거의 또는 전혀 성공을 거두지 못했던 것이 분명하다. 그러자, 바울은 헬라 교사들의 방식을 따라 사람들이 토론하거나 물건을 거래하기 위하여 모이는 광장(아고라)에서 멧세지를 전했다.

이 당시 아덴에는 두 가지 주된 철학이 주류를 이루고 있었다. **스토아학파**(Stoics)의 사상은 물질주의적이며 운명론에 가까왔다. 자만심과 개인의 독립성에 근거하여 세워진 체제로서, 자연이 곧 그들의 하나님이었으며 모든 자연은 위대한 절정을 향하여 움직여 간다고 믿었으므로, 범신론자들이라고 말할 수 있다. **에피큐러스학파**(Epicureans)는 쾌락을 목표로 삼으며, 이성이 아닌 경험에 그들의 철학이 기초하고 있었고, 이들은 거의 무신론자들이었다.

여기서 우리는 두 가지의 상반되는 철학을 보게 되는데, 바울은 그리스도의 복음으로 이들과 직면한다. 이들은 바울을 말장이라고 부르며 경멸하였다. 바울이 "예수와 부활"을 전하자 이들은 그가 새로운 두 신(神)을 전하고 있다고 생각하였다. "부활"은 헬라어로 "아나스타시아"(Anastasia)인데 아마도 이것을 이름으로 받아들인 듯하다. 이들은 바울을 "아레오파구스"(Areopagus)라는 공식 법정으로 데려갔는데, 이 곳은 마르스 언덕이라고 불리워지기도 했다. 이 곳에서 바울은 위대한 설교를 했다.

바울은 "내가 보니 당신들은 매우 종교적인("미신적"이라고 말하지 않았음) 사람들입니다"라는 정중한 말로 시작하였다. 그는 또한 "알지 못하는 신의 제단"에 대한 말을 사용하여 이들의 관심을 불러 일으켰다. 그리고는 이들이 알지 못하는 참된 하나님을 전하는 데에 이 기회를 사용하였다. 바울은 하나님에 대한 네 가지 위대한 진리를 제시한다.

1 **그는 창조주이시다**(24~25절) – 헬라 사람들은 창조에 대하여 다른 이론들을 신봉하고 있었고, 일종의 진화론을 주장하기도 했다. 바울은 하나님께서 만물을 창조하셨으며, 하나님은 인간이 지은 성전에 사시는 것이 아님을 명확하게 언급하였다. 하나님께서 모든 사람에게 생명을 주시며, 실제로는 인간이 하나님께 무엇을 드릴 수 있는 것은 아니다.

2 **그는 통치자이시다**(26~29절) – 하나님은 나라들의 경계를 정하시고 나라들을 다스리시며, 인간들이 하나님을 찾고 발견하게 만들고자 하신다. 하나님께서 만물을 유지시키는 분이심을 보여 주기 위해 바울은 그들 자신의 작가(시인)의 말을 인용하기도 한다(28절). 이 말은 헬라의 그 싯귀가 영감을 받았다는 뜻이 아니라 그 시인의 말이 하나님의 진리와 일치한다는 뜻이다.
바울은 다시 수완 있게 그들의 신당과 우상들이 어리석고 무지한 일인 것을 지적하였다. 오늘날 우리도 이 사실을 기억해야 할 필요가 있다 !

3 **그는 구세주이시다**(30절) – 바울이 위대한 헬라의 문화를 "알지 못하던 시대"라고 불러 백지화시키는 것을 눈여겨보자 ! 그들의 모든 지혜와 문화로써는 하나님을 발견하는 데 실패했다(고전 1 : 18 이하). 하나님은 모든 곳에 사는 모든 사람들에게 회개하라고 명령하셨다. 그리고 만일 사람들이 회개한다면 용서하실 것이다.

4 **그는 심판관이시다**(31절) – 하나님은 장차 심판의 날이 있을 것이라고 약속하셨다. 그리고 심판하실 분은 그의 아들 예수 그리스도이시다. 하나님은 그를 죽은 자 가운데서 살리심으로써 이 사실을 입증하셨다. 오늘날 우리가 그리스도를 신뢰할 때 하나님은 우리를 구원하실 것이다. 그러나 거절한다면 장차 우리를 심판하실 것이다.

이들의 반응은 서로 엇갈려 혼합되었다. 어떤 이들은 비웃었는데 이것은 이방 문화와 철학이 언제나 보이는 태도이다. 어떤 이들은 결정을 연기하고, 어떤 이들은 믿었다! 회심자들 중에는 디오니시우스라는 탁월한 법관이 있었다. "능한 자가 많지 많지 아니하도다"(고전 1 : 25~31).

본 장에서는 **복음에 대한 세 가지 다른 태도**를 제시한다. 오늘의 세계에서도 이러한 똑같은 태도들을 발견한다. 어떤 이들은 공개적으로 말씀을 반대하고, 어떤 이들은 비웃거나 결정을 늦추며, 소수의 사람들은 말씀을 받아들일 것이다.

바울이 충성스러운 종으로서의 길을 계속 똑바로 전진하고 있듯이 우리 또한 그래야 한다. "피곤하지 아니하면 때가 이르매 거두리라."

고린도에서의 바울

-사도행전 18장-

바울은 아덴에서 당대에 가장 큰 도시들 중의 하나인 고린도로 갔다. 고린도에는 유명한 것이 몇 가지 있었다. 청동이 생산되고 도자기 공예가 발달하였으며, 올림픽과 같지는 않지만 대형 스포츠 경기들이 있었고 부도덕함과 사악함으로도 유명했다. 아덴처럼 문화가 발달하고 품격 높은 곳에서 고린도라는 사악한 도시로 복음을 가져온 것이다. 그리고, 하나님의 은혜는 그 곳에서 교회를 세운다./

1. 바울의 새로운 친구들(18 : 1~3)

유대인의 관습은 아들이 랍비가 되려고 할 때라도 직업적인 일을 가르친다. 바울의 직업은 장막을 만드는 것이었는데, 이 기술은 고린도에서 그의 사역을 뒷받침하는 데에 적절하게 이용되었다. 그가 이 직업에 종사하면서 그리스도인 부부를 만나게 되었는데, 바울은 고린도 교회를 세우는 동안 이들과 같이 살며 함께 사역하였다. 이 성도들과 함께 교제하는 것이 바울의 마음을 얼마나 즐겁게 했을 것인가./ 바울은 자기 가족이 없었으며 자주 여행을 하기 때문에, 그에게는 한 장소에서 오래도록 교제를 나눈다는 것은 매우 어려운 일이었다.
 브리스길라와 아굴라는 후에 바울과 함께 에베소로 갔으며 거기서 아볼로를 소개받게 된다(18, 24~28절). 이들은 에베소에 있는 그들의 집에서 그리스도인의 모임을 가졌으며(고전 16 : 19), 나중에 바울은 로마에 있는 그들에게 문안한다(롬 16 : 3). 이들은 마음과 가정을 열어서 주님께 봉사한 그리스도인의 좋은 본보기이다.

 24~28절에 보면 브리스길라와 아굴라가 순회 설교자인 아볼로에게 은혜의 복음을 설명하고 있는 것을 발견하게 된다. 그는 요한의 세례(침례)만을 알고 있었는데, 이것은 그가 성령의 세례(침례)와 교회의 설립에 대해서 아무것도 모르고 있었다는 뜻이다.
 대중 앞에서 당혹시키지 않고 브리스길라와 아굴라는 아볼로를 집으로 데려와 말씀을 가르쳤다. 아볼로는 달변이고, 열성적이며 성실하다 해도 여전히 잘못된 길로 갈 수 있음을 우리에게 알려 주는 실례이다! 하나님은 아볼로를 인도하여 고린도로 가게 했으며, 그 곳에서 위대한 사역을 일으키게 하셨다(고전 3 : 6 / 고전 16 : 12).

고린도에서 바울이 생업에 종사한 일에 대하여 한 마디 첨부해 보자. 자신이 먹을 것을 벌어들인다는 것이 좀 특별한 경우라고 바울 자신도 인정했다. 성경의 계획은 "복음 전하는 자들이 복음으로 말미암아 살리라"(고전 9 : 14)는 것이다. 선교 사업을 개척함에 있어 바울은 의도적으로 자신의 쓸 것을 지불함으로써, "돈을 위하여 전파하고 있다"는 말을 내지 못하게 한 것이다. 고린도전서 9장을 읽고 그가 명백하게 설명한 것을 알아보자.

2. 바울이 새로운 교회를 발견함 (18 : 4 ~ 17)

그는 회당에서 시작했으나 잠깐 동안 사역한 다음 이방인들에게로 방향을 돌렸다(13 : 46). 이와 동시에 바울은 브리스길라와 아굴라의 집에서 나와 회당 근처에 살고 있는 유스도라는 이방인의 집으로 옮겼는데, 이 사람은 유대교로 개종한 이방인이었다. 바울은 이 유대인 부부에게 어려움을 끼치고 싶지 않았던 것이 분명하지만, 그러한 이유 때문에 이방인의 집으로 옮겨간 것은 아니다.

8절에 보면 회당장이 믿었으며 많은 고린도 사람들이 믿었다고 말하고 있다! 8절에서의 듣고, 믿고, 세례(침례)를 받았다는 과정에 유의하자. 이것은 오늘날 행해지는 형식이다. 고린도전서 1장 14~ 17절에서, 바울은 고린도에서 몇몇 사람에게 세례(침례)를 주었음을 알리고 있는데(고전 1 : 11~ 17), 이것은 물세례(침례)가 오늘날의 시대를 위한 명령인 것을 입증한다.

대부분의 세례(침례)를 실라와 디모데가 집행한 것 같다(18 : 5). 그것은 바울의 특수한 사명이 복음 전파에 있었기 때문이었다. 하나님은 바울에게 승리에 대한 특별한 약속을 하셨으며, 바울은 그 도시에서 18개월을 지냈다. 정치 지도자들이 바뀜에 따라 새로운 박해가 왔으나, 바울은 계속해서 머물며(18절) 전파하고 가르쳤다.

그리스보가 구원을 받아서 유대인들은 새로운 회당장을 선출해야 했던 것 같다(8, 17절). 그러나, 17절에 나오는 소스데네가 고린도전서 1장 1절에 나오는 사람과 동일 인물이라면, 그도 역시 회심하였다! 세례(침례)를 받은 사람들은 젖먹이들을 제외된 신자들(8절)이었음에 유의하자.

3. 바울이 2차 여행을 마침 (18 : 18 ~ 22)

18절에 언급된 서원에 대해서는 문제가 되고 있으나, 이 문제에서 제기되는 모든 질문 사항에 대답할 수는 없을 것이다. 머리카락이 자라게 내버려 두는 일과 관계가 있으므로, 이것은 나실인의 서원일 것이 분명하다(민 6장). 서원 기간이 끝나자 그는 고린도의 항구인 겐그레아에서 머리를 깎았다. 바울이 예루살렘에 도착했을 때 이와 연관된 희생제사를 드렸는지의 여부는 기록이 되어 있지 않아서 우리로서는 알 수가 없다.

12~17절에 설명된 소요를 통하여 볼 때, 하나님께서 바울과 그의 조력자들을 구원해 주신 후에 이 서원을 했을 가능성이 있다. 하나님께 대한 감사의 표시일 수도 있는데, 이 서원이 순전히 자발적으로 이루어졌다는 데서 그 이유를 찾아볼 수 있다.

유대인들에게 그는 유대인처럼 되었다(고전 9 : 19~23). 이것은 타협을 의미하는 것이 아니라 정중함을 뜻한다. 물론 바울은 그러한 서원이 무슨 공로가 되는 것은 아니라는 것을 알고 있었으며, 또한 오늘날 우리가 따라야 할 본보기도 아니다. 바울은 하나님의 은혜가 무엇을 의미하는지 명확하게 이해하고 있었으며, 우리보다 더 잘 알고 있어서, 율법주의나 의식주의로 되돌아가지는 않았다. 분명한 것은 바울의 생각에 예루살렘에서 이 서원을 완료하는 것이 가장 우선된 일이었으므로, 에베소에서 유대인들이 머물라고 청했는데도 머물지 않았다./

바울은 안디옥으로 되돌아와 교회에 보고하였다. 또한 예루살렘의 형제들에게도 인사를 했다. 얼마간의 시간, 아마도 몇 개월이 지난 후에 바울은 믿음으로 그들을 세워 주기 위해 교회들을 다시 방문하였다. 갈라디아서를 고찰해 보면 그 이유를 알게 될 것이다. 유대화된 교사들이 아직 성숙하지 못한 교회에 침투하여 모세의 율법을 순종해야 한다고 가르쳤던 것이다.

바울은 이 교회들에 대하여 부담감을 가지고 있었으므로, 이들을 다시 방문하여 말씀으로 가르치며 믿음으로 확고하게 세우려 했다. 누가는 이 세번째 여행을 19장~21장 16절에서 기록하고 있다. 대부분의 기록은 에베소에서 3년간 이루었던 바울의 위대한 사역을 다루고 있다. 본 장의 마지막 부분(24~28절)은 앞서 간단하게 다루었다.

*　　　*　　　*　　　*　　　*

■ 실천적인 교훈

1 복음은 이교도의 도시(고린도)에서와 마찬가지로 문명된 도시(아덴)에도 적합하다. 그런데 고린도의 관원들과 죄인들이 아덴의 문명된 죄인들보다 반응이 더 좋았다./ 고린도전서 1장을 읽고 마음에 새기도록 하자.

2 그리스도인들은 **함께 일해야 한다**. 바울처럼 위대한 사람도 천막만드는 비천한 두 유대인들의 도움과 우정의 가치를 귀하게 여겼다.

3 하나님의 약속(9~10절)은 바울이 그 도시에서 18개월 동안 머물 수 있게 했다. 그 시민들의 죄는 그에게 부담을 주었을 것이지만, 바울은 **하나님께서 일하고 계심**을 알고 있었다.

4 그리스도께서 사람들의 생애들을 변화시키기 시작할 때 반대가 있을 것을 예상해야 한다.

에베소에서의 소동

-사도행전 19장-

본 장은 바울이 에베소에서 놀랍게 사역하는 것을 전해 주며 세 그룹의 사람들과 접촉하는 과정을 말해 준다.

1. 복음을 모르는 열 두 제자들과 바울 (19 : 1~12)

이 열 두 사람들은 아볼로로 말미암아 개심한 사람들인 것 같다 (18 : 24~28). 이 달변의 설교자가 알고 있는 것은 요한의 세례 (침례) 가 전부였다. 브리스길라와 아굴라가 그를 가르친 후에, 아볼로가 이 개심자들에게는 이 지식을 전달할 수가 없었음에 분명하다. 에베소는 큰 도시였기 때문이었다. 바울이 이러한 열 두 사람을 만났을 때 그들의 영적인 생활에 무엇인가가 결여되어 있는 것을 간파하였다.

바울은 "믿을 때에 성령을 받았느냐?"고 질문하였다. 이 구절에 근거하여 "제 2의 축복"에 관한 교리를 주장하는 것은 잘못된 일이다. 성령은 우리가 그리스도를 믿을 때에 우리의 삶에 들어 오신다. 그 후에 들어오시는 것이 아니다 (엡 1 : 13~14).

이들은 "우리는 성령이 있음도 알지 못하였노라"고 응답했다. 이들은 물론 성령이 있다는 것을 알고 있었다. 왜냐하면 요한이 앞으로 성령의 세례 (침례) 가 있을 것을 약속했기 때문이다 (마 3 : 11). 이들이 알지 못했던 것은 이 성령이 오순절에 (행 1 : 5 / 2 : 4), 그리고 이방인 고넬료의 집에서 (10 : 44~45 / 11 : 15~16) 이미 임하셨다는 사실이다.

다음으로 바울은 그들의 세례 (침례) 에 대하여 물었다. 그는 세례 (침례) 를 받았는가를 확인하고 있는데, 이것은 그리스도인들이 물세례 (침례) 를 받는 일이 바랄 만하여 용납되는 것임을 또 한 번 나타내고 있다. 문제가 되는 것은 그들의 생활에 성령이 임재하시는 것인데, 바울은 왜 세례 (침례) 를 받을 것을 요구했는가? 왜냐하면, 사도행전에서는 물의 세례 (침례) 와 성령의 세례 (침례) 사이에 분명한 관계가 있었기 때문이다.

이들은 아볼로에게서 배웠기 때문에 요한의 세례 (침례) 가 그들이 아는 유일한 세례 (침례) 였다. 그러나, 요한의 세례는 더이상 효력이 없었다. 다른 말로 하면, 이 열 두 명은 구원을 받지 못하고 있었던 것이다. 이들은 그릇된 멧세지를 믿었으며 ("그리스도가 오신다"), 그릇된 세례 (침례) 를 받았던 것이다 (회개의 세례). 이들은 아볼로처럼 성실하고 진지했지만, 심각하게 잘못되어 있었다.

그들이 바울에게 "우리는 오순절날 세례 (침례)를 받았습니다"라는 대답을 했다고 가정해 보자. 그렇다면 이들은 성령을 받았어야 한다. 왜냐하면 사도행전 2장 38절은 회개하고 세례 (침례)를 받은 모든 사람에게 성령을 약속했기 때문이다. 만일 이들이 성령을 받지 않았다면 진실로 믿은 것이 아님이 분명해진다.

혹은 이들이 "사마리아에서 세례 (침례)를 받았습니다"(행 8장)라고 대답했다고 가정해 보자. 그렇다면 안수함으로써 성령을 받았어야 했다(8 : 17 / 9 : 17). 또는 "우리는 고넬료의 집에 있었고 베드로가 말씀 전하는 것을 들었습니다"라고 대답했다면, 그들은 믿는 즉시로 성령을 받았을 것이며 (10 : 44~45), 그 다음에 물세례 (침례)를 받았을 것이다.

이들이 요한의 세례 (침례)를 받았다고 말했을 때 바울은 이들이 구원을 받지 못했음을 알았다. 그들은 그리스도께서 오셔서 죽으시고 하늘로 올라가셨기 때문에 더이상 효력이 없게 된 멧세지를 믿고 있었던 것이다.

물론 누가는 바울이 이들에게 한 모든 말을 기록한 것은 아니다. 어쨌든 이들은 그리스도께서 이미 오셔서 죽으셨다는 복음의 멧세지를 믿었으며, 그리스도인의 세례 (침례)를 받았다. 바울이 안수하자 그들은 성령을 받았으며, 방언을 말함으로써 성령을 받은 증거를 나타내었다. 사도행전에서 성령을 받은 증거로 방언을 말하는 예는 이것이 마지막이다. 이 열 두 사람은 에베소 교회의 핵심을 이루었다.

하나님께서 통례에서 벗어나 바울의 안수로 성령을 받게 하신 것은 바울이 다른 사도들과 동등하다는 것과, 그가 교회를 세우는 하나님의 종인 것을 입증한 것이다. 이 전체 사건은 몇 가지 진리를 강조한다.

● 구원을 받을 수 있기 위해서는 먼저 바른 멧세지를 믿어야 한다.
● 세례 (침례)는 중요하며, 사도행전 2장 38절의 세례 (침례)는 오늘날 받아들여지지 않는다.
● 그리스도인은 자신의 한도 내에서만 다른 사람을 인도할 수 있을 뿐이다.
● 바울은 다른 사도들과 동등한 하나님의 사자 (使者)이다.

2. 바울과 그를 흉내낸 일곱 명의 유대인 (19 : 13~20)

바울은 에베소에서 3년을 보냈다(20 : 31). 회당에서 3개월, 두란노 서원에서 장소를 빌려 2년간 가르쳤으며, 9개월간은 여러 장소에서 보냈다(19 : 8~10, 22). 전 아시아가 말씀을 들었는데, 그것은 바울이 다른 사람들에게 말씀을 전하라고 신자들을 가르쳤기 때문이다. 하나님은 특별한 기적들로 바울의 사역을 입증하셨는데, 이것은 바울의 활동이 통상적인 일이 아니라는 것을 나타내는 것이다. 오늘날 "기도자의 옷과 손수건"을 사용하는 것은 성경적이지 못하다.

유대인 일곱 명이 바울의 권능을 흉내내려고 했으나(사단은 대단한 모조가이다), 이들의 계획은 실패로 끝나 옷을 벗기우고 상처를 입게 되었다. 이 사건은 복음이 널리 퍼지는 데에 많은 도움이 되었으며, 마법사들과 술객들이 회개하고 그들의 책들을 불태웠다. 에베소는 마술로 잘 알려진 도시였으며, 그러한 전 계획의 배후에는 사단이 있었다. 복음이 사단의 근거지에 침투했다는 것은 놀라운 축복이다./

3. 바울과 은 세공업자들(19 : 21~41)

무지한 제자들과 유대인 흉내장이들을 통하여 복음을 방해하는 일에 성공을 하지 못한 곳에서 사단은 그 성읍의 사업가와 상인들을 통해 거의 성공을 거두었다. 뱀의 속임수가 실패하자, 사단은 사자로 변신하였다. 에베소는 하늘에서 떨어진 것으로 생각되는 다이아나(아데미) 신상을 관리하는 것을 자랑으로 삼고 있었다. 미신이 성행하는 곳에는 어디나 신상들과 종교적인 상거래가 있게 마련이다. 유대인의 성전에서 제사에 쓸 동물들을 팔던 일을 기억하는가?

참된 복음 전파는 언제나 미신으로 인한 돈벌이와 정면 충돌을 하게 되어 있으며, 에베소도 예외는 아니었다. 은 세공업자들의 조합(또는 연합회)은 그들의 주된 관심이 종교에 있는 것처럼 주장했으나 그들이 참으로 걱정하는 것은 사업을 잃게 되는 것이었다./ 복음이 그 도시를 뒤흔들어 놓았기 때문에 사람들은 우상에게서 돌아서서 참되신 하나님을 향하게 되었으며, 이 일은 그들의 사업을 망치고 있었다. 웨일즈(Wales)에 부흥이 일던 시대에는 수십 개의 술집이 고객을 잃고 문을 닫았다고 보고되었다./

은 세공업자들은 사람들에게 감정을 일으키는 데에 종교를 사용하였고, 그 결과로 군중이 모여들게 되었다. 성읍 전체가 온통 혼란에 빠졌는데, 이러한 상황은 마귀에 의해 이루어진 것임을 증명하는 것이다. 왜냐하면 하나님은 혼란의 하나님이 아니시기 때문이다.

시민들은 25,000명 가량이나 앉을 수 있는 거대한 야외극장으로 달려갔다. 지혜롭게 조처를 취하여 바울의 친구들은 그가 거기 들어가지 못하게 했는데, 체포되거나 죽임을 당할지도 모를 형세였다. 그 도시의 서기장이 군중을 조용히 시키고, 이들이 법을 어길 위험이 있음을 경고하여 모든 사람들을 집으로 돌려 보냈다.

사단은 에베소에 교회가 강력하게 세워지는 것을 막는 데 고심했다. 이 도시는 여러 해 동안 사단의 근거지가 되어 왔고 미신과 우상과 마술이 성행하였다. 마귀의 활동이 에베소를 장악했으나 하나님의 영이 이제 일을 개시하셨다. 바울이 이 열 두 사람들의 얄팍한 고백을 간파하지 못하고 이들의 간증 위에 지교회를 세우려 했다면 어떻게 되었을까? 사역은 실패했을 것이다./ 이 유대인들이 바울의 기적들을 흉내낼 수 있었다고 가정해 보자. 그리고, 군중들이 바울과 그 일행을 데리고 가서 감금하거나 죽였다고 가정해 보자. 그렇다면 우리는

그 놀라운 에베소서를 소유하지 못하게 되었을 것이다.∕

사단은 에베소에 교회가 세워지는 것을 원하지 않았으나 하나님은 그 곳에 한 교회를 세우셨다. 에베소서를 읽어 보면 그 교회는 바울이 세운 교회 중에서 가장 영적인 교회였던 것 같다. 이 놀라운 서신은 교회에 대한 진리를 분명하게 요약하고 있으며, 사단이 원치 않았던 점이 바로 이것이다.

사단은 여전히 경험이 부족한 거짓 신자와 흉내내는 자들과, 노골적인 반대의 세 가지 방법으로 주님의 사역을 방해한다.

부가적 연구 사항
-사도행전 19장 1~7절-

이 구절에는 몇 가지 의문점들이 있는데, 여기 간단하게 정리하여 이러한 질문들에 대한 해결에 도움이 되었으면 한다.

1. 이 열 두 사람은 구원을 받았는가?

여러 가지 나타난 점으로 볼 때 이들은 구원을 받지 못했다. 성경에 나오는 "제자"란 말은 언제나 "그리스도인들"을 의미하는 것은 아니다. 바울은 그들이 믿는 것으로 추정했었지만 (2절), 그러나 근본적인 문제는 이들이 바른 멧세지를 믿고 있지 않았다는 점이다.

어느 시대에 사는 사람이나 똑같이 **하나님께서 계시하신 말씀을 믿음으로 구원을 받았다.** 그런데 이 말씀이 우리가 오늘날 전하는 하나님의 은혜의 복음이었던 것은 아니다. 노아는 앞으로 심판이 닥친다는 하나님의 말씀을 믿음으로 구원을 받았다. 아브라함은 하나님의 풍성한 씨의 약속을 믿음으로 구원을 받았고, 아담은 미래에 오실 씨의 약속을 믿음으로 구원을 받았다. 오늘날 은혜의 시대에 사는 사람들은 이러한 약속들을 믿어서는 구원을 받을 수가 없다./ 우리가 구원을 받는 것은 그리스도를 의지하고 복음을 믿는 것뿐이다.

열 두 사람들은 요한의 사역이 끝난 지 30년이 지난 후에 아볼로를 통하여 세례 (침례) 요한의 멧세지를 들었는데, 그 사이에 갈보리와 부활의 사건이 일어났었다. 요한의 멧세지와 세례 (침례)는 더이상 유효하지 않았다. 요한의 사역은 그리스도를 지적해 보이는 것이었으며, 이제 그리스도가 부활하셨으므로 요한의 사역은 끝이 난 것이다. "단순한 믿음"은 사람이 구원받는 데에 필요한 전부이다. 하지만 올바른 멧세지를 믿어야 하는 것이다.

2. 이들은 왜 성령에 대해 무지했는가?

성령이 계시다는 것은 알았을 것이 분명하다. 왜냐하면 세례 (침례) 요한 자신이 성령이 오실 것임을 약속했었기 때문이다. 그들이 알지 못했던 것은 성령이 이미 오셔서 은혜의 시대를 인도하고 계시다는 사실이었다. 이들은 영적인 지식이 빈약했던 아볼로에게서 멧세지를 들었다. 아볼로는 갈보리와 오순절이 있기 전에 요한의 멧세지를 믿고 회심했었을 수도 있다. 왜냐하면 사도행전 18장 24~28절에서 그가 다시 세례 (침례)를 받았다는 말은 나오지 않기 때문이다.

주님의 제자들 중에서는 오순절 후에 세례 (침례)를 다시 받은 사람은 아무도 없다. 왜냐하면 이들의 믿음과 세례(침례)는 제 때에 이루어졌기 때문이다. 아볼로는 성령이 오셨음을 알지 못했으며, 따라서 그의 제자들에게 이러한 지식을 전할 수가 없었다. 자신의 정도 만큼 다른 사람을 인도할 수 있을 뿐이다.

3. 바울은 왜 이 사람들에게 다시 세례(침례)를 베풀었는가?

세례(침례)가 이 시대를 위한 명령이기 때문이라고 답을 할 수 있는데, 실제로 세례는 마태복음 28장 19~20절에서 그리스도가 교회에게 주신 사명 중의 일부이다. 3절에 나오는 질문으로 보아 바울은 이들이 어떤 종류의 세례(침례)를 경험했다고 추정하고 있음에 주목하자. 만일 세례(침례)가 이 시대를 위한 것이 아니라면 바울은 결코 이 질문을 했을 리가 없으며 이 사람들에게 다시 세례주지는 않았을 것임이 분명하다.

바울이 하나님의 은혜의 복음을 가지고 간 곳이면 어디나 마태복음 28장에서 주어진 그리스도의 지시대로 복음을 전하고, 세례(침례)를 주며, 지교회를 조직하고, 말씀을 가르쳤다. 바울이 직접 세례(침례)를 주는 것을 일삼았다는 뜻은 아니다. 왜냐하면 그의 특별한 사명은 복음을 전파하는 것이었기 때문이다(고전1:17). 오늘날 전도자로서 세례(침례)를 주는 사람은 몇 안된다. 사실상, 신약 성경은 바울이 최소한 20명에게 세례를 베풀었음을 시사한다.

● 사도행전 16장 15절 / 루디아와 그녀의 집(최소한 2명)
● 사도행전 16장 30~33절 / 간수와 그의 집(최소한 2명)
● 사도행전 19장 1~7절 / 열 두 제자들
● 고린도전서 1장 14~16절 / 그리스보, 가이오, 스데바나의 집(최소한 2명)

"집"이라고 할 때에는 적어도 두 사람 이상인 것은 확실하다. 따라서 이러한 명백한 사실들은 바울이 세례(침례)를 행했고 중요하게 여겼다는 것을 입증하며, 바울이 직접 세례를 베푼 것도 20명 이상에 달한다. 바울은 몸된 교회에게 보내는 하나님의 사자(使者)였다. 만일 세례(침례)가 이 시대를 위한 것이 아니라면, 바울은 그것을 알고 세례(침례) 베푸는 것을 거절했을 것이다.

4. 이들은 왜 믿을 때에 성령을 받지 못하였는가?

사도행전에 나오는 그 형태는 다음과 같다.
● 사도행전 1~7장 / 유대인들이 믿음으로 성령을 받았다(2:38).
● 사도행전 8~9장 / 사마리아인들과 바울이 안수함으로 성령을 받았다(8:17 / 9:17).
● 사도행전 10장 / 이방인들이 그리스도를 믿을 때에 성령을 받았다(10:44~

48). 이것은 오늘날에 해당되는 하나님의 형식으로서, 말씀을 듣고, 믿고, 성령의 세례를 받고 물세례(침례)를 받는다.

에베소의 상황을 생각해 보면 하나님께서 왜 통상적인 방법에서 이탈하여, 이 열 두 사람에게 안수함으로써 성령이 임하게 하셨는지의 이유를 잘 이해할 수 있다. 에베소는 복음 전파의 큰 중심지가 되어 복음을 주위의 각 도에 전해야 했다. 바울이 이 도시에 3년을 머물렀다는 사실은 이 도시의 중요성을 나타낸다. 에베소는 귀신 숭배와 사단의 활동의 본거지였으므로 사단은 신약 교회의 설립을 막기 위하여 전력을 다하였다.

에베소 교회는 근본적으로는 이방인의 교회였다. 바울은 유대인이었으며 처음부터 자기의 사도권을 확립하는 것이 중요하였다. 하나님은 바울에게 성령을 전달하는 특권을 주셔서 하나님의 사자로서의 권위를 입증하셨으며, 베드로와 요한 그리고 제자들과 동등됨을 나타내셨다.

하나님께서 자신의 계획을 한 걸음 진전시키시며 새로운 본거지를 설립하실 때는 반드시 특별한 기적으로써 그 사역을 인준하셨음을 명심하자. 복음이 예루살렘에서 사마리아로 옮기워졌을 때에 증거가 되는 기적들과 방언, 안수하는 일 등이 있었다(행 8 : 5~17). 사마리아에서 사단은 마술사를 통하여 이 일을 방해하려 하였음에 주목하자. 사도행전 9장에서 바울이 그리스도께 인도함을 받을 때에는 하늘에서 빛이 비취었고 음성이 들렸으며 안수를 받았다.

사도행전 10장에서 복음이 이방인들에게 전해질 때에는 방언을 하여 하나님을 찬미하였다. 이제 복음이 사단의 조정 아래 있는 대도시인 에베소로 이동해 가자, 하나님께서는 다시 "특별한 기적들"을 통하여 그의 사역과 사역자들을 입증하셨다(19 : 11 참조). 또다시 사단은 가짜 일군들을 통해 반대하려고 시도하지만 성령은 그들이 가짜임을 입증하신다.

안수함으로 성령을 부여하는 것은 사도의 권한을 입증하는 일이었다. 오늘날 사도가 없는 까닭은 현재 살아 있는 사람들 중에 부활하신 주님을 본 사람이 없기 때문이다. 다시 말해서, 안수하는 것은 이제는 더이상 하나님의 계획이 아니다. 만일 그것이 하나님의 계획이라면 하나님은 그러한 일들을 이룰 적당한 사람들을 보내 주실 것이다. 하나님은 이러한 방법을 통하여 바울이 에베소 교회를 설립하고 인도할 신용장을 주신 것이다.

또 한 가지 기억해야 할 일은 아볼로에 대해서인데, 이 유능한 설교가는 에베소에서 고린도로 갔으며(19 : 1) 베드로, 바울과 더불어 교회의 한 분파를 이루었다(고전 3장). 바울은 고린도에 교회를 설립하여 기초를 놓았다. 그러나 아볼로가 이 기초 위에 건물을 세웠다. 얼마 안 있어 교회가 셋으로 나누어졌다. 한 그룹은 창설자인 바울을 따랐고, 다른 이들은 양육자인 아볼로를 따랐으며, 세번째 그룹은 "참된 사도권"을 따르기를 원했으므로 베드로를 택했다! 이 지도자들이 분당을 일으키거나 또한 그렇게 되도록 자극한 것은 아니지만, 어쨌든 이런 결과가 빚어졌다. 원인 중의 일부는 교회가 바울의 사도적 사명을 받아들이기를 거절한 데 있었다(고전 9 : 1 이하).

이제는 이러한 형편이 에베소로 이동한다. 이곳에는 아볼로의 회심자들인 열두 제자가 있어 에베소 교회의 핵심을 이루고 있었다. 이들이 믿을 때에 사도행전 10장에서와 같이 성령을 받았다고 가정해 보자 ! 그들은 언제나 아볼로를 지도자로 여길 것이며 바울을 따르지 않았을 것이므로, 이에 따라 에베소의 사역은 처음부터 분열을 초래했을 것이며, 그들을 가르치고 세례(침례)를 준 것은 아볼로였으므로 바울의 지도권에 의문을 제기할 것이다.

그러나, 하나님은 바울을 사용하셔서 이들에게 새로운 출발을 하도록 하셨으며, 이 열 두 사람을 통하여 에베소에 위대한 교회를 세우셨다. 하나님께서 이런 방식으로 일하지 않으셨다면 우리는 에베소 사람들에게 보내는 장엄한 서신을 소유하지 못하게 되었을 것이다. 에베소서에는 몸과 머리에 관한 영광스러운 진리가 기록되어 있다. 하나님께서 이런 방식으로 역사하시지 않았다면 사단은 또한번의 승리를 획득했을 것이다 !

사도행전 1~7장에서 왕국이 이스라엘 사람들에게 다시 한 번 제시되었을 때에는 2장 38절의 세례(침례)가 유효하였으나, 오늘날에는 유효하지 못하다. 사도행전 2장 38절의 형식에 따라 세례(침례)를 받은 사람은 성경적으로 세례를 받은 것이 아니며, 마태복음 28장 19~20절에 따라 바르게 세례(침례)를 받아야 한다. 요한의 세례(침례)는 성령의 오실 것을 예상하여 선행(先行)된 세례(침례)였으며, 오늘날의 세례(침례)는 성령의 세례가 우리의 생활 가운데 실재하고 있음을 상징한다.

예루살렘으로 가는 바울
- 사도행전 20장 -

1. 바울과 지교회 (20 : 1～12)

19장의 폭동이 있은 직후에 바울은 에베소를 떠나 처음에 계획했던 대로(19 : 21) 마게도냐로 향했다. 그는 드로아에서(지도 참조) 디도와 만나 고린도교회의 상황에 대한 보고를 직접 듣고자 했다. 그는 디도를 그 곳에 파견하여 몇 가지 문제점들을 교정하는 데 도움을 주도록 했었다(고후 7 : 13～15 / 12 : 17～18).

디도를 만나지 못하자, 바울은 교회들을 심방하며 마게도냐로 진행해 갔으며 거기서 동역자를 만났다(고후 2 : 12～13). 고린도로부터의 보고는 바울에게 큰 격려가 되었다. 헬라(그리이스)에서 3개월을 보내고는 대부분 고린도에서 보냈을 것이다. 여기서 바울은 로마서를 기록하였다. 전에 고린도에서 모습을 드러내었던 유대인들의 반대가 다시 나타나자(행 18 : 12), 바울은 수리아로 향하는 대신 마게도냐로 떠났다. 이 때 많은 그리스도인들이 바울과 동행했는데 이들은 바울이 예루살렘으로 가지고 가는 구제 헌금에 기여한 교회들의 대표단이었다. 누가는 빌립보에서 이들과 합세했으며(6절의 "우리"라는 말에 유의하라), 7일간 드로아에 머물렀다.

여기서 우리는 지교회를 정착시키는 바울의 모습을 보게 된다. 신자들은 그 주간의 첫날인 일요일에 함께 모이는 관습이 있었으며 바울은 이들을 만나보고자 7일을 머물렀을 것이다. 그는 예루살렘으로 가는 부담을 가지고 있었지만, 주님과 주님의 날을 우선으로 여겼다. 이것은 모든 사람들이 따라야 할 좋은 본보기이다.

여기서 누가는 신자들의 저녁 집회를 설명하고 있는 듯하다. 왜냐하면 바울이 하루 종일 설교한 것 같지는 않기 때문이다! 이 위대한 사도가 이방인들에게 하나님의 말씀을 전하는 모습은 참으로 기쁨이 아닐 수 없다! 그런데, 잠들어 난간에서 떨어져 죽었다가 다시 살아난 사람이 있다. 횃불을 많이 켜 두어 방안 공기를 따뜻하게 했을 것이므로 잠들기에는 아주 좋은 조건이었다. 의사인 누가는 그 사람이 죽었다고 보고하였다. 하나님의 능력을 믿는 바울은 생명이 그 안에 있다고 알렸으며, 죽은 자 가운데서 일으켰다.

그리고 나서 바울은 신자들과 오래도록 대화를 나누었다(설교한 것이 아님 – 11절). 아마도 집회가 끝난 다음일 것이다. 그리고 그 다음 날 출항하였다.

이 기적에 무슨 영적인 의미가 있는가? 한 가지는 베드로가 도르가를 살린 것과 비슷하다는 점이다(행 9 : 36~43). 우리는 앞서 바울과 베드로가 비슷한 기적들을 일으킴으로 바울의 사도권이 베드로의 사도권과 같이 하나님께로부터 온 것임을 보여 준다는 점을 강조했었다. 도르가는 그녀의 선행으로 말미암아 추천을 받은 여인이며, 그녀의 부활로 인하여 다른 이들이 구원을 받게 되었다.

반면에 유두고("행운"이라는 뜻)는 하나님의 도움을 받을 만한 자격을 갖추지는 못했었으나 은혜로 말미암아 생명을 회복하였다. 그는 떨어져(모든 사람은 죄에 빠졌다) 죽었으며(모든 사람들이 죄 가운데 죽었다), 오직 은혜로만 생명을 받았다.

2. 바울과 지교회의 목회자들(20 : 13~38)

바울은 앗소로부터 20마일(32km) 떨어진 드로아까지 혼자서 가기로 결심하였다. 아마도 그는 예루살렘을 방문하는 일로 주님의 뜻을 구하고 있었을 것이다. 그는 다른 성도들과의 교제를 사랑했지만(4절) 하나님과만 함께 있어 그의 뜻을 구해야 할 것을 알고 있었다. 운동을 하는 것은 몸에도 좋았다.

밀레도에서 그는 에베소 교회의 장로들에게 사람을 보냈다. 신약에서는 목회자가 한 명이 아닌 복수로 나와 있음을 기억하자. 특히 에베소 교회와 같이 교인이 많은 곳에서는 더욱 그러할 것이다. 이들은 장로들과 감독들(28절)이라고 불리워졌다. 에베소 목회자들에게 한 이 연설은 지교회에서의 바울이 어떤 류의 목회자였는지를 나타낸다.

사도행전에는 바울의 특별한 연설이 세 번 나오는 것에 주목하자.
● 유대인들에게 / 13장 16~41절
● 이방인들에게 / 17장 22~34절
● 교회에게 / 20장 17절 이하(고전 10 : 31)

1 **바울의 과거 사역**(18~21절) — 바울은 비밀리에 무슨 일을 한 적은 없기 때문에 모든 사람들은 그가 전하는 멧세지와 방법을 알고 있었다. 그는 인간을 섬긴 것이 아니라 주님을 섬겼다. 그는 겸손한 지도자였으며, 교만한 명령자가 아니었다(벧전 5장에서 베드로의 칭찬 참조). 그는 말씀의 씨에 눈물로 물을 주는 것이 무엇인지 알고 있었다(19, 31, 37절). 바울은 전 성경 전체를 공적으로, 그리고 이 집에서 저 집으로 다니며 전했다. 그는 모든 사람들에게 전했으며 예수 그리스도를 높였다.

이것은 신약 시대의 목회자를 위한 하나의 귀감이다. 얼마 만큼의 교회들이 그들의 목회자가 말씀을 연구하고 기도하고, 공식적으로 축호 방문을 하며 사역하는 데 시간을 쓰게 하고 있는가? 너무나 많은 교회들이 무슨 위원회다 협의회 모임이다 교파의 총회다 하여, 좋기는 하지만 최선이 되지 못하는 일들로 목회자들의 시간을 빼앗고 있다.

② **바울의 현재의 부담감**(22~24절) – 바울은 예루살렘에 가려는 생각으로 사로잡혀 있었다(성령에 사로잡힌 것이 아님). 이 문제에 있어서 바울은 과연 하나님의 직접적인 뜻에 따르고 있는 것인지 심각한 의심을 일으키게 한다. 23절은 바울이 이 도시 저 도시로 다닐 때에, 성령께서 그가 예루살렘에서 고난을 받게 될 것에 대해 말씀하셨음을 시사하는데, 이는 지교회의 선지자들을 통해서인 듯하다. 21장 10~14절에서, 그는 예루살렘에 가지 말라는 간곡한 경고를 받으며, 21장 4절에서도 이러한 만류가 나온다.

수 년 전 바울이 회심한 후에, 그리스도께서는 예루살렘에서 전도하지 말 것을 그에게 말씀하셨다(22 : 18 이하). 그러나, 자기 백성을 향한 그의 사랑은 이러한 경고를 무시하고 예루살렘으로 가도록 그를 강권하였다. 만일 그가 하나님의 직접적인 뜻에 따르는 것이 아니라면 그는 하나님의 허용적인 뜻에 서 있는 것이다.

하나님은 그의 부담감을 기각시키고, 죄수로서 로마로 데리고 가셨다(23 : 11 참조). 바울은 자신의 사역을 "하나님의 은혜의 복음을 전하는 것"이라고 묘사하고 있다(24절).

③ **미래의 위험에 대한 바울의 경고**(25~35절) – 바울이 자신에 대하여 걱정하는 것은 아니었다. 바울은 교회와, 교회의 미래에 대해 관심을 가지고 있었으며, 목회자들에게 먼저 자신들이 경성해야 한다고 경고한다. 만일 그들이 개인적인 영적 행실에서 실패한다면 교회 전체가 고난을 받을 것이다. 후에 바울은 디모데에게 이와 같은 경고를 반복하였다(딤전 4 : 16).

다음으로 그는 경성하여 교회를 돌보라고 경고한다. 감독자로서 이들에게는 양무리를 인도하고, 먹이고, 영적인 공격들로부터 보호할 책임이 있었다. 교회가 그리스도에게는 얼마나 귀중한가! 자신의 피로써 교회를 사셨다. 바울은 밖에서 공격하는 늑대들(29절)과 안에서 일어나는 거짓 선생들(30절)로부터의 두 가지 위험을 경고한다. 교회사에서 이 두 가지 일들이 모두 발생했었다.

바울은 자신을 목회자들이 따라야 할 본보기로 삼는다. 그는 하나님께 그들을 추천하며(기도), 말씀을 추천한다(전도와 가르침). 왜냐하면 "기도와 하나님의 말씀"만이 지교회를 육성하는 것이기 때문이다(행 6 : 4).

바울은 그들에게 비겁하지 말라고 경고한다. 바울은 자신의 손으로 일하였으나, 이것이 목회자가 따라야 할 본일 필요는 없다고 지적한다(고전 9장 참조). 그러나, 그가 표현한 비이기적인 마음가짐은 하나님의 모든 종들이 모방해도 좋을 것이다.

바울은 복음서에도 전혀 기록되지 않은 그리스도의 한 가지 복을 그들에게 상기시킨다. 즉, "받는 것보다 주는 것이 더 복되다"는 것이다. 그리스도인 종들은 섬김을 받을 것이 아니라 섬겨야 한다.

4 **바울의 마지막 축복**(36~38절)–이 장면은 참으로 감동적이다! 바울과 그의 동역자들은 이 위대한 사도가 그들과 함께, 그리고 그들을 위하여 기도하는 동안 무릎을 꿇었다. 그들은 바울을 더이상 보지 못할 것이기 때문에 울었다. 하나님의 종들 사이에, 그리고 이 종들과 하나님의 백성들 사이에 결속이 이루어질 때 하나님께서는 참으로 축복을 보내실 수가 있다!

　바울은 그들을 떠나 예루살렘으로 향하였다. 그는 유대인들에게 전할 헌금을 가지고 있었으며, 그의 마음에는 자기 백성들에게 다시 한 번 전도하려는 불타는 욕망이 있었다. 전도자 바울은 예루살렘에서 "예수 그리스도의 일로 너희 이방을 위하여 갇힌 자"(엡 3 : 1)가 될 것이다.

예루살렘에서의 바울
-사도행전 21장 -

1. 예루살렘으로의 여행 (21 : 1~16)

지도에서 항로를 추적해 보라. "발견하였다"는 3절의 말씀은 "눈에 들어 왔다"는 뜻일 것이다. 바울과 그 일행은 배에서 짐을 내리는 동안 두로에 머물렀는데, 그 곳에 있는 신자들과 교제할 기회를 얻었다. 성령은 바울에게 예루살렘에서 고난받을 것을 다시 경고하신다. 하나님은 바울이 그 곳에 가는 것을 원하지 않으셨음이 분명하다. 그러나 하나님은 바울의 계획을 그의 영광을 위한 일로 바꾸어 놓으셨다.

5절에서는 "교회 구성원들"이 바닷가에 모여 기도 시간을 가지는 참으로 아름다운 광경을 보게 된다! 부모들은 집에 있고 자녀들이 교회에 나온다거나, 아내와 자녀들이 다른 곳에 있는데 남편이 예배하고 있는 모습을 보기란 참으로 슬픈 일이다(20 : 36~38 비교).

일행은 돌레마이에서 하루를 머물렀다가 가이사랴에 있는 빌립의 집으로 갔다. 빌립은 사도행전 6장 5절에서 집사가 되었다가 8장 4절 이하에서 복음 전도자가 되었다. 이제는 그의 가족과 함께 정주하였으며 영혼을 인도하는 데 분주했을 것임에는 의심의 여지가 없다. 집사 빌립은 복음 전도자 빌립이 되었다. "재능은 자기의 처소를 찾아가게 한다."

결혼하지 않은 그의 네 딸들은 예언의 은사를 받았다(행 2 : 17). 물론, 하나님은 여자들에게 영적인 은사들을 주신다. 그러나, 신약은 남자를 다스리는 영적인 지도력이나 공식 모임에서 가르치는 일을 여자들에게 분명히 금지한다(고전 11 : 5 / 고전 14 : 33~40 / 딤전 2 : 9~15 참조). 하나님께서 바울에게 전할 멧세지가 있을 때 남자인 아가보를 사용하였음을 주목하자. 네 여인들이 있었으나 사용하지 않으셨다. 바로 이 예언자가 11장 27~30절에서 기근에 대하여 언급한 일이 있다.

극적인 방식을 사용하여, 아가보는 바울이 예루살렘에 가지 못하도록 경고하였다. 그러나 바울은 "심령에 매임을 받아"(20 : 22) 그리스도를 위하여 결박되고 목베임을 당할 각오가 되어 있었다. "준비되었다"는 말은 바울의 표어였다.

●어디서나 복음을 전할 준비가 되어 있다 / 로마서 1장 15절.

●언제든지 그리스도를 위하여 죽을 준비가 되어 있다 / 사도행전 21장 13절.
●제물로 드려져 주님을 만날 준비가 되어 있다 / 디모데후서 4장 6절.

15절에 나오는 "행장"(carriages)이란 "짐"(baggage)을 뜻한다.

2. 유대인들과의 거래 (21 : 17~26)

사도들이 우리와 같은 성정을 가진 사람들인 것을 알면서도 그들이 행한 모든 일들은 옳은 일이라고 믿기가 쉽다. 바울의 서신이 하나님의 영감으로 기록된 것이지만 그의 행위들은 언제나 하나님의 뜻 안에 있었던 것은 아니다. 비록 그의 마음과 동기가 바르다고는 하나, 예루살렘으로 가는 것이 지혜롭다고 하겠는가에 대해서는 회의적이며, 그 곳에 도착한 후에도 또다른 실수를 한 것이 분명하다.

바울은 야고보와 장로들을 만났으며 (15장 참조) 이방인 중에 베푸신 하나님의 축복을 보고하였다. 바울은 "하나님이 하신 일"이라고 하여 하나님께 영광을 돌렸다. 그러나 앞서 살펴보았듯이, 야고보는 예루살렘 교회의 지도자였으며 교회 생활에 있어서 유대적인 면에 관심을 가졌던 것은 분명한 일이다.
수 많은 유대인 신자들이 아직도 모세의 계명을 실행하고 있음을 20절에서 주목하자. 다른 어떤 곳보다도 예루살렘에서 이런 일을 행하기는 훨씬 쉬운 일이었을 것이다. 왜냐하면 모든 희생제사를 드리는 성전이 바로 눈 앞에 있기 때문이다. 여기서 우리는 율법과 은혜, 왕국과 교회 사이에 혼란이 있음을 보게 되는데, 오늘날 우리도 역시 같은 혼란에 빠져 있다. 야고보와 장로들은 바울이 모세의 율법에 저항하여 가르치고 있는 것이 아니라는 사실을 시기하는 이 유대인들에게 입증해 보여야 한다고 생각했다.

이것은 나쁜 거래였으나 바울은 빠져 들었다. 그는 이미 로마서와 갈라디아서를 써서, 율법을 지켜 구원을 받는 것이 아님과 율법으로 말미암아 성별되는 것이 아님을 입증하였고 그리스도인은 모세의 율법으로부터 자유하다는 것을 나타내었다. 이제 그는 유대인들과 타협할 목적으로 "종교적인 거래를" 하여 이 영감된 진리들을 모두 부정하고 있다.
바울은 서약을 마친 네 사람을 동참시켜 희생제사를 드렸으며 이레 동안에 전체의 사무 처리를 마쳤다. 이것은 나실인의 서약인 것이 분명하며 머리를 민 것으로 볼 때 더욱 그러하다 (민 11장 / 행 18 : 18에서 바울 자신의 행동을 보자). 이러한 속임수가 통했는가? 아니다! 그 결과, 바울은 체포되었다! 하나님께서 여러 도시에서 그에게 경고하셨던 바로 그 일이 실제로 발생하였다.

3. 성전에서 체포됨(21 : 27~40)

이방에 사는 유대인들 중에서 바울을 아는 몇몇 사람들은 에베소 사람으로서 이방인인 드로비모가 사도 바울과 동행하고 있는 것을 보았고, 그가 금지된 지역에 이방인 친구들을 데리고 들어왔다고 주장하였다. 이것은 거짓말이었으며, 사단은 거짓말장이요 거짓의 아비이다. 야고보가 막으려고 했던 일이 그대로 일어나게 되었다.

인간이 어떻게 생각하든 관계없이 하나님의 말씀에 순종하는 법을 배워야 하겠다. 믿음이란 속임수 없이 단순히 살아가는 것이다. 믿음으로 행하는 사람은 다른 사람들에게 영향을 미치기 위해서 또는 즐겁게 하기 위해서 계획이나 책략을 사용하지 않는다.

바울은 성밖으로 끌려가 돌로 맞게 되어 있었는데 성전 수비대장이 달려와 그를 구했다. 자주 반복된 예언이 성취되었다. 바울은 두 개의 쇠사슬에 묶였다. (33절 / 21 : 11). 군중들의 소요가 에베소에 있는 이방인들의 소요와 별다를 것이 없는 것에 주목하자(19 : 32). 사단은 혼란을 일으킨다.

수비대는 바울이 문제를 일으킨 악명 높은 애굽인이라고 생각했지만, 바울은 다시 한 번 자신을 보호하기 위하여 로마의 시민권을 사용하였다. 정부는 우리를 보호하기 위하여 하나님이 창설하신 기관이다(롬 13장). 복음의 촉진을 위하여 법을 사용하는 것은 정당한 일이다.

바울이 충대에 서서 백성에게 손짓하여 히브리말로 연설하자, 이들은 조용해졌다. 다음 장에서 우리는 바울의 변호 내용을 보게 될 것이다.

우리는 위대한 사도를 판단하는 죄를 짓고 싶지는 않지만 그가 두 가지 실수를 한 것으로 나타나는 것을 시인하지 않을 수 없다. 그는 가지 않도록 금했는데도 예루살렘으로 갔으며, 하나님의 은혜의 진리를 알고서도 유대인들과 타협하였다. 후자는 교리적인 잘못이고 전자는 실행의 잘못이다.

바울의 마음이 육신의 형제들에게 복음을 전하기 위해서라면 어떠한 희생이라도 치를 만큼 그들에 대한 사랑과 관심으로 가득 차 있었다는 점은 충분히 이해하지만, 하나님께서는 처음부터 예루살렘에서는 전하지 말라고 경고하셨었다 (22 : 17~21). 안디옥과 에베소는 교회의 지속적인 중심이 되어 있어야 했다. 예루살렘이 아닌 것이다.

오늘날 교회에서의 율법과 은혜에 대한 혼란은 무서울 정도로 대단하다. 촛대, 분향, 법의(法衣), 화려하게 장식한 대교회, 제단, 희생제사, 제사장직 등, 이 모든 일들은 옛 언약에 속하며 그리스도의 죽음으로 폐지된 것이다. 은혜와 율법에 대한 이 같은 마귀의 혼합은 믿음에 무엇을 더함으로 말미암아 구원을 받는다는 거짓 복음을 산출했던 것이다.

이러한 미신의 쇠고랑을 수 세기 전에 깨뜨린 것은 마틴 루터가 연구한 바울의 로마서였다. 그의 갈라디아서 강해는 속박이 있던 곳에 자유를 가져왔다. 그리고 수 세기를 거쳐 내려오며 하나님의 말씀에 진실하고 그리스도를 위하여 자신들의 생명을 내어 놓는 신실한 집단들이 존재해 왔다. 율법과 은혜를 혼합하지 말아야 한다. 복음의 진리와 자유를 그 무엇과도 타협해서는 안된다!

바울의 변호
- 사도행전 22장 -

1. 바울의 변호(22 : 1~21)

이것은 바울의 회심에 대하여 사도행전에 나오는 세 번의 설명 중 두번째 설명이다(9, 26절). 그들 자신의 언어로 말한다는 사실이 유대인들을 진정시키고 흥미를 가지게 하는 데 도움이 되었다.

1 **바울의 초기의 경력** (1~5절) – 바울은 귀중한 로마 시민권을 가진 유대인이었다. 28장에서 그는 자신이 "자유로운 몸으로 태어났다"고 설명한다. 그의 초기 교육은 위대한 랍비인 가말리엘 문하의 가장 훌륭한 훈련을 받았다(5 : 34 이하 참조). 바리새인으로서 바울의 또다른 모습은 빌립보서 3장에서도 나타난다. 젊은 바리새인으로서의 바울이 모세의 율법에 열성스러웠던 것은 아무도 부인할 수 없었다. 그의 열의는 그리스도인을 박해하는 데까지 이르렀었다.
　　참된 기독교는 결코 박해하지 않는다는 것을 명심하라. 오히려 언제나 박해를 받았다. 다른 사람들을 박해하는 것은 그리스도 없는 종교이다. 5절에서 바울이 그리스도인들을 "예루살렘으로 묶어오려고" 했다고 말하는 것은 참으로 역설적이기도 하다. 왜냐하면 그 자신이 두 쇠사슬에 묶여 그 곳 예루살렘에 서 있기 때문이다!

2 **바울의 놀라운 회심** (6~16절) – 하늘의 빛이 가장 밝을 때에(정오) 바울의 마음 속에 있는 사단의 어두움은 가장 깊었다. 왜냐하면 바울은 자신이 찾아낼 수 있는 한, 모든 그리스도인들을 체포하여 죽이려 하고 있었기 때문이다. 그러나 은혜로우신 하나님은 하늘에서 내려온 위대한 빛으로 바울을 "체포하셨다". 죄인들은 하나님이 그 위에 빛을 비춰 주시기까지 어두움 가운데 있다(고후 4장). 바울은 영화롭게 된 그리스도를 보았고 그의 음성을 들었으며, 그를 믿고 구원을 받았다. 바울이 아나니아를 "율법에 따라 경건한 사람"이라고 언급한 것에 유의하라. 물론 이것은 사실이다.
　　그 기간 동안에는 왕국에 대한 멧세지에서 교회에 대한 멧세지로의 완전한 전환이 이루어지지 않았을 때였다. 그 곳 유대인들 중의 어떤 이들은 아나니아를 알고 있었을 것이며, 이러한 사실이 바울의 마음에 들었을 것이다. 아나니아는 바울에게 그리스도의 증인이 되기 위해서 하나님께로부터 특별한 사명을 가지게 될 것이라고 말했다.

바울의 세례(침례)는 사도행전의 전체적인 빛에 비추어서 이해되어야 할 것이다. 그는 전환의 시기 동안에(8~12장) 회심하여 세례(침례)를 받았는데, 이 때는 세례(침례)와 안수가 성령을 받는 데에 있어 중요했던 시기였다. 오늘날 모든 신자들을 위한 본보기로서, 바울의 경우를 사용하는 것은 구원과 세례(침례)에 대해 하나님이 제시하신 형식을 모르는 소치이다.

3 **바울의 특별한 사명**(17~21절) ─ 바울은 회심한 후에 예루살렘에 와서(행 9 : 26), 성전에서 기도하며 몽환 가운데 빠졌었다. 이것과 사도행전 10장에서 하나님이 베드로를 이방인에게 갈 준비를 시킬 때 베드로가 겪은 몽환과 비교하는 것은 흥미진진하다. 베드로는 육신적으로 배고픈 상태에 있었으며 그의 백성을 그리스도께 인도하려는 마음으로 "주려" 있었다. 요한복음 4장에서의 그리스도와 같이 이것은 그를 만족시킬 수 있는 유일한 "양식"이었다.

그러나 그리스도는 바울에게 예루살렘을 떠나라고 분명히 말씀하셨다. 이 사도의 변론과 논쟁은 거룩하신 명령을 변화시키지 못하였다. 그는 예루살렘을 떠나지 않으면 안되었다. 한 가지 예를 들면, 유대인들은 바울의 간증을 받아들이려 하지 않았으며 아마도 체포하여 돌로 쳤을 것인데, 그렇게 되면 그의 사역은 너무 빨리 끝나게 된다. 또한 바울의 사역은 그리스도의 몸인 교회와 연관된 것이었으므로, 하나님께서는 바울이 예루살렘에서의 왕국 프로그램이나 또는 베드로의 사역에 밀착되는 것을 원하지 않으셨던 것이다.

유대인들은 21절에서 이방인이란 증오스러운 단어가 언급되기까지는 바울의 설명을 열중하여 들었다.

2. 민족의 책임(22 : 22~30)

그리스도의 예고는 사실이 되었다. 이 민족은 바울의 간증을 받아들이지 않았던 것이다. 그 반대로 폭동이 일어났다! 수비대장은 매질하여 그를 조사할 수 있는 가까운 성으로 바울을 데려가라고 명령했다. 이것은 무서운 경험이었다. 많은 죄인들이 이런 식의 고문으로 인하여 죽었다.

다시 한 번 바울은 자신과 그의 사역을 보호하기 위하여 시민으로서의 권리를 사용한다. 그러한 방식으로 로마 시민을 취급하는 것은 합법적인 일이 아니었으므로(16 : 35~40 참조), 바울은 법적인 특권의 유리한 면을 이용하였다. 수비대장은 로마 시민권을 돈으로 사고는 그것을 자랑으로 여긴 것 같다. 반면에, 바울은 그가 "자유의 신분으로 태어났다"고 알렸다. 이 말은 그의 아버지가 인정받는 로마 시민이었음을 뜻했다.

수비대장은 결박을 풀고 다음 날 유대인 공회를 소집할 때까지 바울을 지키도록 했는데, 23장에서는 큰 사건이 일어난 것을 다룬다.

이 시점에서 사도행전에 나오는 이스라엘 민족을 재고찰해 보는 것이 좋겠다. 이 민족은 이미 세 번의 살인을 범했다(세례 요한, 그리스도, 스데반). 로마 수비대의 개입을 통하여 바울을 구원하지 않았더라면 그들은 네번째 살인을 범했을 것이다.

스데반의 죽음에 대한 바울의 기억은 아직도 생생하였으며 (22 : 20), 어떤 의미에서 이 민족의 죄악에 대해 돌을 던지고 싶었던 것이다. 그러나, 이스라엘은 이제 제쳐졌고, 그들의 유예 기간이 끝났으므로 그리스도는 바울이 예루살렘에서 전도하는 것을 금하셨다(22 : 18).

사도행전의 남은 부분은 죄수로서의 바울, 유대인들 앞에서의 그의 시련, 그리고 그가 가이사에게 호소하는 것을 설명한다. 만일 바울이 예루살렘에 가지 않았더라면 우리가 이 장들을 어떻게 읽을 수 있었겠는지 모를 일이다. 하나님께서는 그의 종의 실수를 그의 영광과 교회의 유익으로 바꾸어 놓으셨다.

로마에서 죄수로 있는 동안 바울은 에베소서, 빌립보서, 골로새서, 그리고 빌레몬서를 썼는데, 이들은 오늘날 없어서는 안될 교회의 진리들로 가득 찬 서신들이다.

*　　　*　　　*　　　*　　　*

■ 실천적인 교훈들

[1] 위대한 사도 바울조차 **하나님의 뜻에서 우회**할 수 있다면 우리들은 얼마나 더 그렇겠는가! 우리의 마음과 동기가 옳다고 하더라도 우리의 삶을 위한 하나님의 뜻에 순종하는 것이 중요하다.

[2] 한 번 잘못 딛은 발걸음은 또다른 잘못으로 인도해 간다. 바울은 예루살렘으로 왔으며 유대인들과 거래를 하게 되고, 체포되어 굴욕을 당하였다.

[3] 하나님의 구원의 문은 민족으로서의 이스라엘에게는 닫혀졌다. 이제 이스라엘의 실패를 통하여 이방인들이 구원을 받게 되며, **"새 사람"**(교회, **그리스도의 몸**)이 하나님의 마음에 가득 찰 것이었다.

[4] 우리는 외부 사람들을 향하여 지혜롭게 행해야만 한다. 바울은 유대인들에게 말할 때 은혜스럽게 하였다. 그의 마음은 그들을 향한 사랑과 동정심으로 넘치고 있었다. 그들에게 걸림이 되었던 것은 그의 개인적인 행동이 아니라, 하나님의 말씀의 진리였다.

가이사랴로 보내어진 바울

-사도행전 23장-

1. 바울과 공회(23 : 1~11)

다음 날, 수비대는 바울을 유대인들의 공회의 공식 모임에 데리고 갔다. 이 집단
은 베드로와 요한(4 : 5 이하), 열 두 사도들(5 : 21 이하), 스데반(6 : 12이하)
을 심판했었으며, 또한 그리스도를 재판하였었다.

　바울은 이 모임에서 고향에 온 느낌을 받았는데, 그것은 그가 한 때 활동적
인 바리새인이었기 때문이다. 그는 즉각적으로 자신을 변호했는데, 자신의 공적
생활과 양심은 아무 흠이 없이 깨끗하다는 말부터 시작한다. 이 말에 대제사장
아나니아는 격분하여 바울 가까이에 있는 사람들에게 그의 입을 치라고 명령했
다. 그리스도도 이와 유사한 취급을 당하셨다(요 18 : 22).
　3절에 나오는 바울의 반응에 대한 견해는 여러 가지로 나누어진다. 어떤 이
들은 바울이 대제사장을 정죄함으로써 육신적인 망설임에서 행동하고 있었다고
말하며, 다른 이들은 바울이 그의 말로 의롭게 되었다고 느낀다. 왜냐하면 그
를 친다는 것은 불법적인 일이었기 때문에 대제사장이 악인인 것이다. 역사는
아나니아가 이 민족의 역대 대제사장들 중에서 가장 악한 대제사장 중의 하나였
음을 말해 준다. 그는 다른 제사장들에게서 돈을 훔쳤고, 자기의 권력을 확장
하기 위하여 모든 정치적인 수단을 강구하였으며, 결국에는 암살을 당하였다.
　"회칠한 담"(3절)은 에스겔 13장 10절 이하를 언급한 듯하며, 여기서는 이
나라의 위선적인 통치자들이 회칠하였으나 일어설 수가 없는 담에 비교되고 있
다.

　바울은 누가 대제사장인지 알았겠는가? 어떤 이들은 사도의 눈병 때문에 대
제사장을 알아보지 못했을 것이라고 생각한다. 이 모임은 의회의 정기 모임이
아니었으며 로마 수비대장이 유대인들을 소환하여 모인 것이었다. 따라서 대제
사장이 그가 보통 입는 옷을 입지 않았을 것이며 늘 앉는 자리에 앉지 않았을
것이다.
　또다른 가능성은 바울이 그를 대제사장으로 인정하기를 거절했으리라는 것이다.
그는 슬쩍 출애굽기 22장 28절을 인용하는데, 이는 대제사장이 그 나라의 참
된 통치자가 아님을 뜻하는 것일 수도 있다.

　다음으로, 바울은 이 공회의 의견이 갈라지도록 하기 위해 "정치적인" 접근

법을 사용하여, 엄격한 바리새인들이 진보적인 사두개인들과 대항하도록 하였다. 이방인들의 위대한 사도요 하나님의 은혜를 전하는 사역자가 "나는 바리새인이요"라고 외쳤다는 것은 믿기 어려운 일이다. 나중에 감옥에서 그는 빌립보 사람들에게 보내는 편지를 쓰며(3장) 이 모든 것을 "배설물"이라고 하였다. 그는 참 문제가 되는 것은 부활의 소망이라고 말했는데, 이것은 사두개인들이 부활을 믿지 않음을 알고 있었기 때문이다.

그가 예수 그리스도의 부활을 증언할 수 있게 되기를 바란 데에는 의심의 여지가 없다. 그러나 그 결과로 일어난 논쟁은 그의 생명을 위험으로 몰고 갔으며, 수비대장이 다시 그를 구해내야 했다. 희망이 없어 보였으나, 그 날 밤에 주께서 은혜로써 그의 곁에 서서 그에게 용기를 북돋아 주셨다. 그는 로마로 가야 할 것을 알았다./

2. 바울과 음모자들(23 : 12~22)

한 경건한 유대인을 죽이려고 40여 명이 음모를 꾸밀 때의 예루살렘은 하나님으로부터 멀리 떨어져 있는 것이 분명하였다. 대제사장과 장로들도 이 범죄의 일익을 담당하였다. 그리스도를 거절하는 종교는 사람들을 살인자들로 만든다. 그러나, 하나님께서 조정하고 계셨으며, 그의 사자를 인간들이나 사단의 방해에도 불구하고 로마로 데려가려 하셨다.

비록 바울이 하나님의 계시된 뜻에 불순종하여 예루살렘에 왔으나 주께서는 은혜스럽게 그의 잘못을 전환시키셨다. 바울은 그의 실수로 인해 고난을 당해야 했던 것이 분명하지만, 종말에는 하나님의 뜻이 승리하였다. 이러한 사실이 우리에게 얼마나 격려가 되는가./

우리는 바울의 누이나 조카에 대해서는 아는 바가 없다. 그들이 신자였는지조차 모른다. 그러나 하나님은 음모를 좌절시켜 바울을 예루살렘에서 떠나게 하는 데에 이들을 사용하셨다. 우리는 로마 수비대장의 정직성과 청렴결백함에 칭찬을 금할 수 없다. 그는 그 소년이 전한 소식을 거절했을 수도 있으며, 그보다는 유대인들의 거짓말을 믿을 수도 있었을 것이다. 그러나, 그는 자신의 일을 잘 수행하였다. 하나님의 종들이 정직하고 충성된 불신자들로 말미암아 도움을 받으며 보호를 받는 일이 자주 있다. 바울은 이제 이방인들의 손에 넘겨졌으며, 이 일은 얼마 전에 주님께서도 예루살렘에서 당하셨던 일이었다.

3. 바울과 수비대장(23 : 23~35)

수비대장의 이름은 글라우디오 루시아였다. 벨릭스에게 보내는 편지에서 그는, 사도가 로마 시민이기 때문에 유대인들로부터 구해냈다는 말을 한다. 문제가 된 것은 로마의 법이 아니라 유대의 법이며, 자신은 바울이 체포되거나 죽을 일을 했다고 생각지 않는다는 말도 하였다. 그는 바울이 안전하게 보호를 받게 하려고 벨릭스에게로 보내어 재판을 받게 하였다.

상황은 어떻게 진전이 되었던가! 이들 40인은 그들의 결의가 깨지기까지는 극렬한 욕구를 경험했을 것이었다. 그러나, 바울은 가이사랴로 안전하게 보내어져 그곳의 벨릭스 총독 앞에서 유대인 고발자들과 대면하게 되었다.

우리는 이제 하나님이 왜 바울을 이방인을 위한 위대한 선교사로 사용하셨는지를 알 수 있다. 한 가지 예를 들면, 그의 로마 시민권은 로마의 법과 군대의 보호를 받게 했으며, 이방인들에게 가게 했다. 하나님께서 그의 종들의 출생지와 시민권까지도 미리 준비시키셨다는 것이 얼마나 놀라운 일인가!

몇 번의 위기를 당할 때마다 주께서 나타나셔서 그를 지탱케 하셨다는 것에 주목하면 흥미있다. 고린도에서 유대인들이 공격해 왔을 때 그리스도는 그와 함께 하시겠다는 확신을 주셨으며, 많은 개심자들을 얻게 하셨다(18∶9∼11). 그는 예루살렘에서 로마 사람들에게 체포되었을 때에 이와 똑같은 확신을 받는다(23∶11). 로마로 가는 배에서 폭풍이 닥쳤을 때에 그리스도는 바울을 버리지 않으실 것이라고 확신을 주셨다(27∶21∼25).

우리는 바울이 시편 23편 4절의 말씀을 열심히 배웠으리라 생각한다. "내가 사망의 음침한 골짜기로 다닐찌라도 해를 두려워하지 않을 것은 주께서 나와 함께 하심이라……".

벨릭스의 앞에 선 바울
-사도행전 24장-

1. 거짓 고소(24 : 1~9)

바울은 이제 총독 벨릭스 앞에서 재판을 받게 되었다. 벨릭스는 드루실라의 남편이었으며(24절), 그녀는 세번째 부인으로서 헤롯 아그립바 10세의 막내딸인데, 아직 20세도 채 되지 못한 젊은 나이였다.

고소자가 출석하여 구두로 재판관에게 사실 이상으로 설명하는 것이 통례로되어 있었다. 더둘로는 이러한 구두 변호사였으며, 벨릭스에게 한 그의 말은 공허하고 거짓된 것이었다.

1절에 나오는 "닷새"란 말은 바울이 체포되어 재판을 받게 되기까지의 기간(8~12일째)을 뜻한다.

- 예루살렘에 도착함(1일째) - 21장 17절
- 야고보를 방문함(2일째) - 21장 18절
- 성전을 방문함(3일째) - 21장 26절
- 성전에서 서원한 사람들과 함께 함(4~6일째)
- 성전에서 체포됨(7일째) - 21장 27절
- 공회 앞에 섬(8일째) - 22장 30절~23장 10절
- 유대인들의 음모, 바울이 가이사라로 여행함(9일째) - 23장 12~31절
- 벨릭스 앞에 섬(10일째) - 23장 32~35절
- 가이사라에서 대기함(11~12일째)
- 본문의 재판(13일째)

유대인들의 바울에 대한 고소는 세 가지로서, **인격에 대한 고발**("우리가 보니 이 사람은 염병이라"), **정치적인 고발**("소요케 하는 자요"), **종교적인 고발**("나사렛 이단의 괴수라")로 대별된다. 그리스도의 재판과, 그 때 그들의 고발을 비교해 보라(눅 23 : 22). 물론 이들은 어느 하나라도 증명할 수 없었다./

이들은 바울을 "염병"이라고 보았는데, 그리스도의 사람들은 그를 이방인을 위한 하나님의 위대한 사도로 보았다. 오늘날 불신자들은 그들의 "염병 같은 그리스도인 친구들"이 최고의 친구들이라는 것을 깨닫지 못한다. 누가복음 16장 19~31절에 나오는 부자는 "염병 같은 나사로"를 그의 형제들에게 보내어 그들을 전도하도록 해달라고 지옥에서 하나님께 애걸한다./

정치적인 고발 역시 거짓된 것이었다. 바울은 전혀 인간들의 정치를 변화시키

339

려고 추구한 일이 없으며 다만 그리스도께서 주님이심을 전파하였다. 이것은 사람들에게 자신을 신으로 예배할 것을 요구한 가이사의 요구에 대립되는 것이었다. 유대인들은 "가이사 외에는 우리에게 왕이 없나이다"라고 빌라도에게 외쳤었다(요 19 : 8~15).

이 사람들은 그리스도인의 믿음을 하나의 이단으로 간주하였으며, 유대의 참된 신앙과는 다른 사람들의 그룹으로 보았다. 수 많은 유대인들이 그리스도를 믿었으나 이들은 여전히 성전 예배라는 테두리를 벗어나지 못하고 있었으며, 아직은 새로운 종교로서 보지 못하고 이스라엘의 한 이단 종파로 보았던 것이다. "나사렛"이란 단어는 경멸을 나타내는 말이었다. 나다나엘은 요한복음 1장 46절에서 "나사렛에서 무슨 선한 것이 날 수 있느냐?"라고 물었다.

더둘로는 용감한 군인 루시아에 대해서도 거짓말을 하였다. 그가 6절에서 성전의 소요 사건을 "부드럽게" 미화시키고 있으면서 7절에서는 루시아가 행한 일을 과장하고 있음에 주목하자.

진리를 반대하는 사람들은 진리를 왜곡시키거나 거짓을 진흥시키는 데에 아무 거리낌이 없다. 하나님은 바울을 구하는 데 루시아를 사용하셨으며, 유대인들은 이 일로 말미암아 그를 미워하였다. 인간들은 율법에 순종하는 체하지만 이 마귀의 자녀들은(요 8 : 44) 살인자들이며 거짓말쟁이들이다. ✔

2. 신실한 대답(24 : 10~21)

그리스도인들은 자신과 복음을 수호하기 위하여 하나님이 설정하신 법을 사용할 권리를 가지고 있다. 바울은 아첨하는 말에 의존하지 않았음을 주목하라(살전 2 : 1~6 참조). 그는 총독이 말하기를 허락할 때까지 기다렸다가 조용히 정직하게 자신의 경력을 말했다.

이 시대의 기록에 의하면 벨릭스가 총독이 된 지 6,7년이 되었는데, 이를 "여러 해"(10절)라고 표현하고 있다. 바울은 그들의 고발에 대하여 사실로써 응답한다. 열 이틀 전에(앞의 진행 과정 참조) 그는 예배하러 왔던 것이다. 이렇게 짧은 기간 동안에 어떻게 반란을 꾸밀 수 있었겠는가? 이들은 그가 문제를 야기했거나 성전에서 언성을 높였다는 것조차 입증할 증거를 가지고 있지 않았다. ✔

다음으로, 바울은 법정을 강단으로 사용하기 시작하여 그리스도를 믿는 그의 신앙을 간증하였다. "나는 저희가 이단이라 하는 도를 좇아…." 하지만 사실상, 이 "이단"이 구약 유대 신앙의 완성임을 바울은 계속 언급하였다. 바울은 율법과 선지자들, 다시 말해서 바리새인들처럼 구약 전체를 믿었다. 그는 죽은 자의 부활을 믿었다. 그는 매일 사람과 하나님 앞에서 양심에 거리낌이 없기를 노력하였다.

바울은 유대인들을 적대시하였는가? 그렇다면 어떻게 이들이 시험의 때를 당하고 있을 때 그들을 도우려고 자기 민족에게 사랑의 선물을 가지고 올 수 있었을까!/ 17절에 나오는 "여러 해"는 3~4년이었을 것이다.

바울은 다섯 번의 다른 경우들로 예루살렘을 방문하였다(행 9 : 26—주후 39년 / 11 : 27~30—주후 45년 / 15장—주후 50년 / 18 : 22—주후 53년 / 21 : 17—주후 58년). 그가 마지막으로 예루살렘을 방문한 것은 5년 전의 일이었다. 고발자들은 그가 어떤 소요를 일으켰다는 증거를 내세울 수가 없었으며, 사실상 성전에서 소동을 일으키기 시작했던 사람은 그들이었다(21 : 27 이하).

3. 어리석은 태도(24 : 22~27)

벨릭스는 "이 도"(그리스도인의 믿음)에 대한 이해를 가지고 있었으나 결정을 내리기를 거절하였다. 먼저 수비대장이 출정해야 한다는 핑계를 내세워 결정을 연기하였다. 총독은 자유를 주고 친구들을 면회하게 하는 등 친절을 베풀었다.

벨릭스는 또다른 재판을 열었으며, 이번에는 그의 십대(teen-age)의 아내인 드루실라도 함께 출두하였다. 그녀는 젊었지만 벌써 죄 가운데 살고 있었으며, 그녀의 친정 식구들과 별로 다를 것이 없었다. 그녀는 아마도 바울이 그녀에게 말씀을 전하기 전까지는 총독의 아내로서 허영과 과시욕을 즐겼을 것이다. 바울은 그들 앞에 서서 자신을 위하여가 아니라 그들의 구원을 위하여 말했다!/

바울은 왜 그들이 그리스도를 영접해야 하는지에 대해서 세 가지 면으로 논의를 이끌어 갔다.

- 의로움 — 이들은 지난 날의 죄에 대하여 어떤 조처를 취해야만 했다.
- 자중(절제) — 이들은 오늘의 유혹에 직면해야만 한다.
- 다가올 심판 — 내일의 심판을 준비해야만 한다.

이 멧세지가 대단한 위력을 가지고 있어서 벨릭스는 두려워 떨었다! 그러나, 벨릭스 총독은 하나님께서 그의 마음에 말씀하셨음에도 불구하고 어리석은 태도를 취하였다. 그는 그리스도에 대한 그의 결정을 연기하고 바울에게서 돈을 좀 얻을 수 있을까하여 그를 "정치적인 앞잡이"로 이용하였다. 바울은 유대인들에게 줄 구제물을 가지고 왔다고 시인했으며(17절), 벨릭스는 이 사도가 석방되기 위해 뇌물을 쓰리라고 생각했을 것이다.

유대인들을 기쁘게 하기 위해서 벨릭스는 그를 2년간 더 가두어 두었고, 그리고는 총독직을 떠났다.

우리는 바울이 거짓 고발에 대처한 것에 대해 칭찬하지 않을 수 없다. 오늘날 우리들에게 참으로 본이 되는 행동이었다. 그는 정직하게 사실에 직면하여 진리가 제시될 것을 기대하였다. 그의 관심은 자기 목숨의 안전에 있지 않았고 인간들의 영혼에 대한 것이었다. 하나님은 바울이 이방인들과 왕 앞에 증거하게 될 것이라고 약속했었다(9 : 15). 이번의 경우는 그러한 약속의 한 가지 성취였다.

오늘날 많은 죄인들은 더둘로와 같다. 아첨을 하며 진리에 직면하기를 거절한다. 또 어떤 이들은 벨릭스와 같아서 진리를 듣고 이해하며 죄인임을 깨닫기도 하지만, 순종하기를 거절한다. 또 다른 이들은 드루실라와 같다. 말씀을 듣고 그녀의 남편이 깊게 감동하는 것을 보았으면서도 그녀 자신은 아무것도 결정을 내리지 않았다. 의심할 나위없이 그녀의 젊은 나이의 죄가 벌써 마음을 굳게 했을 것이다. 역사가들은 그녀가 21년 후 베스비우스화산의 폭발 때에 죽었다고 말해 준다.

베스도 앞에 선 바울

- 사도행전 25장 -

1. 바울이 가이사에게 상소함 (25 : 1～12)

24장에 나오는 재판이 있은 지 2년이 지난 후였다. 누가는 가이사랴에서의 바울의 활동을 기록하지 않고 있다. 왜냐하면 그의 목적은 바울이 마침내 어떻게 예루살렘에서 로마로 갔는가를 설명하는 데 있었기 때문이다. 새 총독 베스도는 좀더 존경할 만한 인물로서, 바울에 대한 거짓 재판을 꺼려했다 (16절 참조). 예루살렘을 공식 방문하는 동안에 베스도는 "많은 유대인들"이 바울을 고소하는 것을 보았다 (24절).

대제사장과 최고 치리자들조차도 바울에 대해 거짓말을 하여, 바울을 예루살렘으로 데려와 재판하게 해 달라고 청했다. 이들은 도중에 바울을 죽이려는 과거의 속임수를 또 쓰고 싶었던 것이다 (23 : 12 이하). 그 40인의 유대인들은 바울을 죽이기를 갈망하며 기다렸을 것이다!

하나님은 베스도로 하여금 유대인들의 제안을 거절하도록 인도하셨다. 이런 방식으로 하나님은 자기의 종을 보호하셨다. 인간이 궁리를 하지만 결말은 하나님이 지으신다. 우리는 그의 정직함과 공정성을 인해 그 이방인 총독을 칭찬하지 않을 수 없다.

유대인들을 10일간 방문한 후에 가이사랴에 돌아온 베스도는 바울에 대한 재판을 다시 열었다. 또다시 유대인들은 입증해 보일 수 없는 불평들을 안고 왔다. 바울은 하나님께서 로마로 보내시겠다는 약속이 성취되기를 얼마만한 인내로 기다려야 했던가! 애굽의 감옥에 있던 요셉처럼 말씀이 성취되기를 기다리는 동안 바울은 시험을 받고 시련을 당하였다 (시 105 : 17～20).

베스도가 지닌 "정치가로서의 기질"은 이제 바울더러 예루살렘에 가기를 원하는지를 물어보는 데서 모습을 드러낸다. 그도 역시 벨릭스처럼 유대인들을 기쁘게 하기를 원하였으며 새로운 총독으로서 좋은 인상을 주려 했다 (24 : 27).

이제 바울은 로마에 관한 그리스도의 약속에 매달리는 것을 볼 수 있다. 몇 해 전에 그리스도는 그에게 예루살렘에 머물지 말라고 말씀하셨었다 (22 : 17～18). 지난번 선교 여행에서 바울은 예루살렘에서 고난을 당하게 된다는 성령의 경고에 불순종하였다.

하나님은 바울의 실수를 극복하시고 하나님의 영광을 위한 일로 전환시켰으며, 바울은 조심스럽게 예루살렘에서 떨어져 머물러 있었다. 그러나, 이것도 역시 그의 종을 보호하여 로마로 데려가 최후의 몇 해를 그 곳에서 사역하도록 하시기 위한 하나님의 방법이었다. 모든 로마 시민들은 가이사에게 호소할 권리가 있었으며 로마에서 재판을 받을 수 있었는데, 바울은 이제 이 권리를 사용하였다.

2. 바울이 베스도를 당황하게 함 (25 : 13~22)

새 총독은 이제 정말 문제거리를 책임지게 되었다. 바울은 주목받는 죄수였고, 그의 재판에는 유대 지도자들과 전 민족이 관계될 것이었다. 만일 베스도가 정직히 행하여 바울을 석방한다면 유대인의 분노를 초래할 것이었는데, 새로운 총독으로서 그는 그들의 선의를 절실히 필요로 하고 있었다.

그의 문제는 아그립바와 버니게가 오면 해결될 것 같았다. 이들은 노련한 지배자들이며 정치가들로서, 아그립바는 사도행전 12장에 나오는 아그립바의 아들이었고, 버니게는 벨릭스의 아내 드루실라의 언니였다. 헤롯의 가족은 국제 결혼을 하여 여러 해 동안 죄 가운데 살았다.

베스도는 바울에 관한 소송을 곧장 아그립바에게 내밀지 않고 적당한 때를 기다렸다가 이 문제가 자기에게 너무 힘들기 때문에 경험자의 도움이 필요하다는 듯이 상황을 설명하였다. 이러한 접근이 아그립바의 자존심에 호소하는 술책인 것은 의심할 나위가 없다.

베스도는 이 모든 문제를 "미신의 문제" (19절) 라고 불렀다 ! 구원받지 못한 사람은 영적인 문제에 대한 이해력이 없으며, 종교란 대동소이하다고 본다. 베스도는 이 사건에 예수 그리스도가 관여되어 있다는 것을 깨달았다. 바울은 예수께서 살아계시다고 말했으며 유대인들은 그가 죽었다고 말했다.

다음으로, 베스도는 아그립바가 바울의 말을 듣고 싶어하는 정말 이유를 말해 주었다. 즉, 총독은 바울을 가이사에게 보내야만 하며, 그에게 불리한 어떤 고소 사실이 없는 것이다 ! (27절)

3. 바울이 왕실을 대면함 (25 : 23~27)

다음 날 의식이 장관을 이루며 진행되는 가운데 왕실 사람들이 법정에 모였다. 세상에는 만족하게 할 만한 것이 아무것도 없다. 따라서, 세상을 행복하게 하는 데에는 "이 생의 자랑과 안목의 정욕"이 있어야 하는 것이 분명하다. 이러한 것들은 그리스도인에게 필요한 것이 아니다. 사실 그리스도인은 이러한 겉치레와 교만에 대해서는 쉽게 싫증을 낸다. 오늘날 종교계에서 많이 사용하는 법의나 허례, 촛불, 깃발 등을 볼 때에, 오히려 그리스도 안에 있는 단순성을 볼 수 없게 하는 게 아닌가 하고 의아해진다.

344   베스도가 바울을 소개하는 말을 보자. "이 사람을 보라 ! " 하지만 바울은 그

모임에 참석한 어떤 위대한 사람들보다도 고상한 사람이었다! 그는 예수 그리스도의 사도요, 열심있는 대사요, 예수 그리스도로 인한 왕이요 제사장이다! 그리스도인들은 세상이 보다 많은 것을 가지고 있다고는 결코 생각하지 않는다. 그리스도는 우리를 부유하게 만드시며 하늘의 소명을 주시고 영광된 소망을 주신다!

바울의 재판은 **그리스도의 재판**과 별다를 것이 없다. 관련된 모든 사람들은 그가 죽을 만한 일을 했다고 생각하지 않았으며 석방되어야 마땅하다고 여겼다. 수비대장 루시아는 바울에게 불리한 증거를 얻지 못했다고 말했으며 (23 : 29), 베스도는 바울이 죽을 만한 일을 한 것이 없다고 시인하였다(25 : 25). 아그립바조차도 이 판결에 동의하였다(26 : 31). "죄목을 모르고서야 어떻게 죄인을 가이사에게 보내겠는가?"라고 베스도가 묻자, 아그립바는 바울에게 말을 하도록 허락하였다.

*   *   *   *   *

■ 실천적인 교훈

바울의 생애에 있어서 "삽입 부분"에 속하는 본 장에서 우리는 몇 가지 실천적인 교훈을 발견한다.

1 바울은 감옥에서 2년을 기다려야만 했다. 이것은 의심할 나위 없이 로마의 감옥에서 보내야 할 **그의 생애에 대한 준비**였다. 하나님은 우리를 위해 예비하고 계신 일을 위해 우리를 준비시킨다.

2 **그리스도가 없는 종교**는 언제나 참된 신자들을 박해한다. 바울은 직접 이러한 일을 해보았던 사람이었다(행 9장 / 빌 3장).

3 **그리스도가 없는 종교**는 사단의 목적을 성취하는 데 어디까지든 굴종한다. 이 유대인들은 그들의 종교를 주장하기 위하여 거짓말을 하고 죽이기까지 한다! 그리스도인들은 목적이 방법을 정당화한다는 이러한 태도를 받아들여서는 결코 안 된다(고전 4 : 1∼2 참조).

4 구원받지 못한 정부 지도자들은 자신이 알지 못하는 가운데 하나님께 사용되는 때가 자주 있다. 베스도는 유대인들을 즐겁게 하는 일과, 법을 정직히 따르는 일 사이에서 고민하였다. 그러나 하나님은 그의 계획과 유대인들의 계획을 자신의 영광을 위한 일로 전환시키셨다.

5 바울은 **정직한 삶**을 살았으므로 누구도 그를 고발할 수는 없었다. 이것은

모든 그리스도인들이 마땅히 살아야 할 방식이다.

6 세상의 지위나 인간의 허식에 흔들리는 사람이 되지 말라. 우리는 왕 중의
왕을 대신하고 있으며, 지상의 어떤 치리자보다 높은 곳에 서 있다.

아그립바 앞에 선 바울

- 사도행전 26장 -

1. 바울의 개인적인 설명(26 : 1~23)

바울의 손은 묶여 있었으며(29절) 그가 손을 내어뻗은 그것 자체가 하나의 설교였다. 그리스도께 대한 그의 충성심으로 말미암아 묶인 위대한 사도인 바울이 여기 있는 것이다. 빌립보서 1장 13절에서 그는 "그리스도 안에서" 묶인 바된 것을 무거운 짐이라기보다는 축복이라고 했다.

바울이 왕에게 연설할 때의 정중한 예절에 대하여 유의하자. 비록 바울이 그 사람을 존경할 수는 없었다고 해도 그의 직책을 존중하였던 것이다(롬 13장 참조). 아그립바는 유대인 문제에 대해서는 "전문가"였으므로, 따라서 바울은 그가 공정하고 지적으로 들어줄 것임을 느꼈다. 다음의 핵심적인 몇 구절들에서 바울의 개인적인 변호의 내용을 요약할 수 있겠다.

1 **나는 바리새인으로 살았다**(4~11절) - 바울의 초기 생애에 대한 부가적인 자료들을 위해서는 22장 3절 이하, 빌립보서 3장을 참조하자. 젊은 랍비로서 그는 대단히 유명하였기 때문에, "예루살렘에 사는 모든 사람들"이 그의 생활을 안다고 말하였다! 그러나, 빌립보서 3장에서 바울은 이 모든 지위와 특권을, 그리스도를 알며 그를 위해 사는 것에 비교할 때, 배설물로 여긴다고 말했다.

6~8절에서는 부활의 문제를 다시 거론한다(23 : 6~10 참조). 하나님은 그 민족에게 왕국과 영광을 약속하셨는데, 사도행전 13장 27~37절에서 바울은 다윗과 맺어진 약속이 그리스도께서 죽은 자들 가운데서 부활하심으로 성취되었다고 설명하였다. 만일 이스라엘이 그리스도를 영접하였더라면(행 1~7장), 그들은 왕국을 받을 수 있었을 것이다. 그러나, 유대인들은 그리스도가 죽었다고 확신하고 있었다(25 : 19). 바울은 그리스도의 부활이 이스라엘에게 소망을 주는 것이라고 말하였다.

바울은 계속해서 그가 박해자요 살인자로서 있던 시기를 설명하여 그의 회심의 날에 대한 것으로 이끌어간다.

2 **나는 빛을 보았다**(12~13절) - 바울이 경험한 것 같은 깜짝 놀랄 류의 회심을 경험한 사람은 아무도 없다. 살인 계획에 관계하고 있는 동안에 바울은 하늘에서 비치는 하나님의 영광을 보았다. 물론 그는 그 때까지 영적인 어두움 가운데 있었으나(고후 4 : 1~6), 이제 하나님의 아들이 그에게 나타났던 것이

347

다(딤전 1 : 12 이하 참조).

③ **나는 음성을 들었다**(14〜18절) - 하나님의 말씀은 영혼에게 죄를 깨닫게 하며 개심시킨다. 전 생애를 통하여 바울은 선지자의 음성을 들었으나, 그 날 그는 하나님의 아들의 음성을 들었다. 요한복음 5장 21〜25절에 보면 영적 부활의 기적에 대한 설명이 나온다.

바울은 단지 그리스도의 백성들만 박해하고 있었던 것이 아니라 **그리스도 자신을 박해했던 것**임에 주목하자. 주님의 몸의 지체들로서 신자들은 주님의 고난을 나누어 가지며, 그리스도는 그들의 짐을 지신다. "가시채를 뒷발질하기가 네게 고생이니라"고 주님께서 말씀하셨는데, 가시채란 농부들이 그들의 가축을 모는 데에 사용하는 막대기를 가리킨다. 그리스도는 바울을 주인에게 순종하려 들지 않는 고집센 가축에 비교하신 것이다.

바울을 그리스도에게 인도하시기 위해 하나님은 어떠한 "막대기"를 사용하셨는가? 물론 스데반의 죽음도 그 하나였으며 바울은 그 일을 결코 잊을 수가 없었다(22 : 17〜20). 그가 박해했던 성도들의 거룩한 행위가 바울의 마음에 감동을 주었을 것이며, 구약 성경도 그의 마음 가운데 새로운 확신을 주었을 것이 확실하다. 바울을 회개시키기 위하여 하나님은 여러 가지 방법들을 사용하셨으며, 이러한 방법은 오늘날 주님께서 죄인들에게 사용하시는 방법이기도 하다.

바울이 예수께 "주님"이라고 부르자 구주께서는 "예수"라는 "구원의 이름"을 그에게 밝히셨다(롬 10 : 9〜10 참조). 그리스도께서 바울에게 부탁하신 임무를 주의깊게 읽자. 이방인에 대한 그의 특별한 사역을 눈여겨보며, 바울의 회심에 대하여 사도행전에 나타난 다른 기록들과 비교해 보라. 18절은 구원에 대한 아름다운 설명이다!

④ **나는 불순종하지 않았다**(19〜21절) - 바울은 빛을 보았으며 그리스도를 향한 그의 마음을 열었다. 그리고는 즉각적으로 다른 사람들에게 증거하기 시작했다. 하나님께 순종하는 것은 인간의 노여움을 사는 것을 뜻한다. 그러나 바울은 신실하였다.

⑤ **나는 이 날까지 계속해 오고 있다**(22〜23절) - 이 다섯 개 구절들은 바울의 생애를 분명하게 요약하고 있다. 또한 이것은 그리스도를 신뢰하고 그를 섬길 것을 추구하는 그 누구나의 생애가 될 수 있다. 바울은 충성스럽게 계속 일했다. 마태복음 13장 18〜23절에 나오는 얄팍하고 혼잡한 마음과 유사한 신자들이 얼마나 많은가? 이들은 잠깐 동안 계속 되다가 사라졌다. 그리스도께 충성된 것은 참된 구원의 증거이다. 22〜23절은 바울의 간증에 대한 명확한 설명이다. 그는 높고 낮은 **사람**들 앞에서 **말씀**에 기초하여 **그리스도**를 강조한다.

2. 바울의 열정적인 권고 (26 : 24~32)

바울은 "이방인"이란 단어를 말하기에 이르렀는데, 베스도가 중단시켰다. 22장 21절에 기록된 바 성전에서 유대인들이 했던 것과 똑같았다. 베스도는 그의 마음에서 바울을 비난한 것이다. 여러 해 전에 그리스도의 친구들과 친척들이 그리스도께 했던 일과도 같은 상황이다 (막 3 : 20~21, 31~35).

베스도는 바울이 "미친 이유"가 그의 많은 학문 때문이라고 갖다 붙였는데, 이 말은 바울이 뛰어난 사람이며 위대한 학자였음을 나타낸다. 하나님은 학문이 그의 말씀을 신용하지 않는 한 학문을 신용하지 않으신다.

사도는 아그립바에게 관심을 갖는 반면에 베스도를 무시하였다. 바울은 아그립바가 이 문제에 대한 전문가라는 점과 그가 구약 예언들을 읽고 믿는 사람이며, 또한 그리스도에 대한 사건들을 알고 있다는 사실을 알았다.

많은 빛을 받은 사람일수록 옳은 결정을 내리는 데 더욱 책임이 있다. 구원에 이르지 못하는 믿음을 가질 수도 있음에 유의하자. 아그립바는 선지자들을 믿었지만 이 믿음이 그를 구원하지는 못했다.

아그립바의 반응은 여러 가지로 해석될 수 있다. 어떤 이들은 그가 진실로 죄를 깨닫고 구원을 받을 경지에 이르렀었다고 말한다. 그러나, 28절에 나오는 그의 말은 엄격하다. "네가 적은 말로 나를 권하여 그리스도인이 되게 하려 하는가?" 그가 죄를 깨우쳤다는 증거는 없으며, 여기서 "그리스도인"이란 단어는 경멸의 뜻으로 사용되고 있다. 이 말의 배후에는 "나와 같은 유대인을 미움받는 그리스도인으로 만들려면 시간이 더 걸릴 것이다!"는 생각이 자리잡고 있었다.

그러나, 바울은 이 말을 이어받아 29절에 나오는 열정적인 호소를 하며 왕실 전체가 예수 그리스도를 믿을 것을 간청한다. 유감스럽게도 "거의 그리스도인이라 할 수 있는 사람"과 "완전한 그리스도인"이라는 두 종류의 그리스도인이 있다. 아그립바는 "거의 그리스도인이라 할 수 있는" 측의 사람으로서, 말씀을 이해하였고 진리를 들었으나, 그에 대한 어떤 것도 행하기를 거절하였다. 그의 지성은 가르침을 받았고 그의 정서는 감동을 받았으나, 그의 의지는 굴복되지 않았다.

이 말로 재판은 끝이 났다. 왕과 그의 일행은 베스도와 함께 그 방을 떠났으며 은밀한 모임을 열어 바울이 무죄라는 데에 전원 일치를 보았다. 32절에 나오는 아그립바의 말은 로마의 재판을 구한 바울을 비판하는 것이었다. 그는 로마로 가려는 바울의 마음의 부담감을 깨닫지 못하고 불신자의 눈으로 이 상황을 보고 있는 것이다! 이 일은 바울을 그 곳으로 데려가시는 하나님의 방법인 것이다.

＊　　　＊　　　＊　　　＊　　　＊

■ 실천적인 교훈
본 장에서는 흥미로운 몇 가지의 교훈들을 찾아볼 수 있다.

1 **그리스도를 위해 언제나 말할 수 있어야 한다.** 주님을 우리의 마음에 주인으로 삼았으면 우리의 입술은 언제나 질문에 대답할 준비가 되어 있어야 한다 (벧전 3 : 15～16). 이 두 구절을 주의깊게 읽고 바울이 어떻게 이 구절들을 성취하는지 보자.

2 **"빛을 보는 것"만으로는 충분하지 않다.** 구원을 받기 위해서는 하나님의 말씀을 믿어야 한다. 요한복음 5장 24절을 전도할 때에 암송하도록 하라.

3 **사람이 할 수 있는 최선의 설교**란 그가 그리스도를 위하여 살아온 생애이다. 바울은 "자신을 설교"한 것이 아니라 그리스도가 자기의 구주이시며 생명의 주인되심을 전하였다(고후 4 : 5).

4 **죄인들은 쉽게 설복되지 않는다.** 어떤 이들은 베스도처럼 정서적인 큰 감동을 받기도 하고, 다른 이들은 아그립바처럼 의심하고 비웃을 수도 있다. 하지만 말씀을 선포하는 데 충성을 다하자. 믿는 사람이 더러는 있는 것이다.

로마로 호송되는 바울

- 사도행전 27장 -

바울의 항해와 배의 조난에 대한 기사를 읽을 때 지도를 참고할 것을 명심하자. 3년쯤 전에 기록된 고린도후서 11장 25절에는 바울이 세 번의 난파를 당했다는 언급이 있다. 그러므로 본 장에서 설명하는 파선은 네번째가 될 것이다.

바울은 그리스도를 섬기며 복음을 잃어버린 자에게 전하기 위해서 기꺼이 위험도 무릅썼다. 우리도 그러한가?

1. 미항으로의 항해 (27 : 1~8)

누가가 바울과 동행했으며("우리"라는 부분에 유의하자), 아리스다고 (19 : 29 / 20 : 4 / 몬 24절 / 골 4 : 10 참조)도 일행이었다. 이런 사람들이 그의 곁에 있다는 것이 바울에게 얼마나 위로가 되었을까?

백부장 율리오는 바울에게 친절하게 대해 주었는데, 그것은 "사람의 행위가 여호와를 기쁘시게 하면 그 사람의 원수라도 그로 더불어 화목하게 하시기" 때문이다 (잠 16 : 7).

성경에 나오는 백부장은 대체로 친절하고 지성적인 사람으로 제시되어 있다. 율리오는 바울이 시돈에 있는 교회를 방문하도록 허락하였는데, 이 일은 그를 영적으로나 육신적으로 새롭게 하였다. 무라 (Myra) 성에서는 배를 바꾸어 탔다.

처음부터 이 항해는 용기가 나지 않는 것이었다. "바람이 역으로 불고 있었으므로" 이들은 여러 날을 천천히 항해하였다. 배는 마침내 미항 (Fair Havens)에 도착하였다.

2. 바울이 위험을 경고함 (27 : 9~14)

이제는 10월이었으며, 9절에서의 "금식하는 절기"란 속죄일을 뜻한다. 가을이 지난 후 몇 개월 동안은 항해하기에 위험하였다. 그래서 로마로 계속 항해할 것인가 말 것인가에 대하여 논의가 있었다. 하나님의 인도하심을 받아 바울은 이번 항해에 재난이 있을 것이라고 경고하였으나 백부장은 듣지 않았다. 백부장이 이런 그릇된 결정을 한 데는 적어도 다음의 다섯 가지 요인이 있었다.

① **인내심이 없음** - "시간을 많이 보내었다"(9절). 우리가 인내하지 못할 때는 일반적으로 돌진해 달리기 일쑤이며 하나님의 뜻에 불순종한다. 우리는 앞으로 달리는 말이나, 뒤에 처지는 노새와 같아서는 안된다 (시 32 : 9). 오직 목

자를 따라가는 양과 같아야 한다.

2 **숙련된 충고** – 그는 선장과 그 배의 소유주의 말을 들었으나 하나님의 사자의 말은 듣지 않았다. 백부장은 믿음이 있었으나 그릇된 사람들을 믿는 믿음이었다! 하나님의 지혜는 인간의 지혜보다 훨씬 위에 있다. 하나님의 말씀을 아는 사람은 "전문가들"보다도 많이 아는 것이다(시 119:97~104).

3 **불편함** – "그 항구가 과동하기에 불편하므로"(12절). 백부장은 더 불편한 곳에서 석달을 보내야 할 것을 알지 못했다.

4 **다수결의 원칙**(12절) – 그는 투표를 했으나, 바울은 투표에 참여하지 않았다! 성경에서는 대체로 다수가 잘못된 경우이다. "모두들 그렇게 하는데!"라는 말은 오늘날 일반적으로 사용되는 핑계이다.

5 **순조로운 여건** – "남풍이 순하게 불매"(13절). 마치 바울이 잘못되었다는 것을 증명하듯이 그들이 필요로하는 바람이 불어 왔다. 우리는 하나님의 말씀에 위배되어 오는 "큰 기회"를 삼가야 한다.

이상의 요인 각각은 오늘날 그리스도인들의 삶에서도 나타날 수 있다. 비록 환경이 우리가 잘못임을 증명할 때라도 믿음으로 하나님의 말씀에 순종하는 일에 주의해야만 한다.

3. 폭풍(27:15~26)

상쾌한 남풍이 무서운 폭풍으로 변했으며, 하나님의 말씀에 불순종한 경우에는 반드시 그러하다. "유라굴로"는 반은 헬라어이고 반은 라틴어로서, "동풍과 북풍"을 뜻한다.

누가가 자주 사용하는 말인 "우리"가 이 일도 하고 저 일도 했다는 뜻은 선원들과 죄수들이 배를 구하기 위하여 바쁘게 노력하고 있음을 시사한다. 우선 언제나 뒤에 끌려 오는 작은 배를 끌어 올렸다(16절). 다음에는 줄로 선체를 붙들어 매었다(17절). 다음 동작은 돛의 일부를 내리고 배가 견디어 내도록 가는 대로 쫓겨갔다(17하반절). 다음 날은 짐의 일부를 던져 버림으로 배를 가볍게 하였고(18절), 사흘째에는 배의 기구(헬라어로는 "가구") 또는 용구까지 버렸다. 이 모든 일들은 하나님의 말씀을 믿지 않았던 단 한 사람 때문에 일어났다!

27절을 19절과 비교할 때에 20절의 "여러 날"은 11일간으로 계산된다. 아무런 빛도 소망도 없었다! 하나님도, 소망도 없이 불순종과 죄의 폭풍 가운데 빠져 있는 오늘날의 잃어버린 영혼들을 잘 나타내고 있다(시 107 : 23～31 참조).

그 때 바울이 일어나 이 재앙이 하나님의 경고를 듣지 않은 결과임을 상기시키며 지휘하였다. 바울은 책망만 한 것이 아니라 하나님께로부터 온 소망의 멧세지를 전했다!(23 : 11) 하나님은 그가 로마에서 사역하게 될 것이라고 약속하셨으며, 바울은 하나님의 말씀을 믿었다. 삶의 폭풍 중에서도 우리에게 희망과 확신을 주는 것은 하나님의 말씀을 믿는 믿음이다. 하나님은 또한 바울에게 말씀하시기를, 배는 어떤 섬에 난파하게 될 것이지만 모든 승객들과 선원들은 구원을 받을 것이라고 하셨다.

4. 파선 (27 : 27～44)

3일 후 한밤중에 바울의 말이 실현되었다. 선원들은 물결 소리를 듣고 육지가 가깝다는 것을 알았음이 분명하다. 그들은 여러 번 수심을 재어보고는 실제로 물이 얕아졌으며 육지에 가까와졌음을 알았다. 이제 이 배가 암초에 부딪쳐 모두 죽게 되는 것은 아닌가하는 새로운 두려움이 엄습해 왔다.

안전대책으로서, 네 개의 닻을 끊어 바다에 던져 버렸다(40절). 선원들 중의 몇 명은 전에 끌어 올렸던 작은 배로(16절) 도망치려 하였으나, 바울이 이러한 음모를 간파하고 이들을 중지시켰다. 바울이 31절에서 "너희가 구원을 얻지 못하리라"고 말했는데, 그는 자신과 그의 두 친구만을 "우리"라고 생각하고 있는 것 같다.

두 주간 동안에 처음으로 날이 밝아 오자 바울은 사람들에게 음식을 먹으라고 격려하였다. 폭풍의 영향과 계속 배를 보살펴야 할 필요성에 따라 배를 가볍게 하느라고 음식이 부족하였으며, 그들의 신들을 기쁘게 하기 위해 금식하려는 욕망으로 인해, 승객들은 먹지 못하고 있었다. 부끄러움 없이 바울은 275명 앞에서(37절) 감사기도를 드리고 그 자신이 먹는 본을 보였다.

날이 밝자 섬의 절벽이 보였으며, 네 개의 닻을 끊어버리고는 돛을 달고 그 항구로 향하여 들어갔다. 배의 앞부분은 진흙 속에 빠져 움직일 수 없게 되었고 뒷부분은 파도에 깨어졌다. 사단이 다시금 발동하였으므로 군인들이 바울을 포함한 모든 승객을 죽이려 하였으나, 이번에는 백부장이 바울을 믿고 배에 있는 모든 사람에게 그들이 할 수 있는 최선의 방법으로 육지를 향해 가라고 말했다.

마지막 말은 22절과 34절에서 하신 하나님의 약속의 진실성을 입증한다. "사람들이 다 상륙하여 구원을 얻으니라." 그 곳은 멜리데라는 섬이었다.

하나님은 사도 바울 한 사람으로 인하여 275명을 살려 주셨다./ 하나님의 성도는 하나님이 보시기에 얼마나 귀중한가./ 하나님은 열 사람의 의인을 위하여 소돔과 고모라를 기꺼이 용서하려 하셨다. 그리고 롯과 그의 가족이 안전하게 피하기까지는 진노를 내리지 않으셨다.

　교회가 아직 세상에 있기 때문에 하나님은 이 사악한　세계를 심판하기를　연기하고 계시다. 그러나 우리가 데려가게 될 때에 하나님의 심판이　떨어질 것이다. 사단은 바울이 로마에 가는 것을 막으려고　시도하였으나 하나님의 말씀이 우세하였다. "하나님의 선한 약속은 한 말씀도 실패하는 일이　없다."

로마에 도착한 바울

-사도행전 28장-

사도행전은 우리를 예루살렘에서 로마로 이끌어 간다. 이 말은 교회의 전체 역사를 요약하는 것이기도 하다. 기독교 세계는 급진적으로 "로마로 되돌아 가고" 있다. 예루살렘에서 처음 선포된 단순한 복음은 어느 날 이방인이 부가되어 로마에서 전파될 것이며 모든 세계가 무릎을 꿇게 될 것이다./

1. 멜리데에서의 사역 (28 : 1~10)

"토인" 또는 야만인이란 로마인이나 헬라인이 아닌 모든 사람들을 가리키는 말이다. 3개월 동안 (11절) 이들은 거기 머물렀으며, 원주민들은 이들을 친절하게 대해 주었다. 해변에 닿았을 때 죄수들이 젖어서 얼마나 추웠을지 상상해 보자. 비록 바울이 이제는 그 무리의 지도자요 구세주이지만 여전히 불을 지필 연료를 모으는 일을 돕고 있었다 (20 : 34~35 참조). 뱀 곧 사단이 바울을 공격하였으나 하나님께서 그를 보호하셨다 (막 16 : 18 참조). 원주민들의 반응은 루스드라 사람들의 반응과는 정반대되는 것이었다 (14 : 11~19). 우리는 군중을 믿어서는 안된다./
　그 성의 지도자는 보블리오였으며 바울과 그 일행이 사흘간 그와 함께 숙식하도록 해주었고, 바울은 그 사람의 아버지와 많은 원주민 병자들을 고쳐 주었다. 하나님은 바울이 이러한 기적들을 행하도록 허락하심으로써, 바울에게 조력하려는 일행이 3개월 후에 로마에 도착하게 될 때에는 확신을 가지도록 인도하시고 계셨다 (10절).
　기적과 신유의 은사가 사도행전 전체를 통하여 점차적으로 사라지고 있음을 쉽게 알 수 있다. 하나님은 바울이 에베소에서 특별한 기적을 행하게 하셔서 이방인들에게 전도하게 하셨고 (행 19장), 이곳 멜리데에서는 병고치는 능력을 주셨다. 그런데 2년 후 바울이 로마에서 편지를 쓸 때 그는 에바브로디도가 아파서 거의 죽게 되었다고 하였다 (빌 2 : 25~30). 또한 디모데후서 4장 20절에 보면 드로비모가 병들어 밀레도에 남았다고 말한다./ 히브리서 2장 2~4절은 이러한 기적을 일으키는 은사는 교회에서 영속되는 것이 아님을 시사한다.

2. 로마로의 여행 (28 : 11~16)

일행은 11~1월, 석달 동안 멜리데에 머물러 있다가 그 항구에서 겨울을 보낸 곡식 수송선을 얻어서 로마로 향했다. "디오스구" (카스토르와 폴록스)는 항해의

"수호신"이었으며 그들의 형상이 배에 조각되는 일이 많았다. 28장 13절에는 또 다른 "남풍"이 나오는데 27장 13절에서의 남풍과는 대단히 다르다./ 보디올에서 바울은 일 주일 동안 성도들과 교제를 나누었는데 아마도 배가 사업상 지체되고 있었던 것 같다.

바울이 도착했다는 말이 로마에 전해지자(보디올은 로마의 으뜸가는 항구였다) 사람들은 그를 만나려고 계획을 세웠다. 바울이 보디올에서 일 주일 머물렀던 관계로 교회들 사이에 소식이 전해 질 충분한 시간이 있었다. 그리스도인이 복음으로 말미암은 교제에 참여하며 어느 곳에 가든지 그리스도 안에서 "형제와 자매들"을 발견한다는 것은 참으로 축복된 일이다./
"압비오 저자"란 문자 그대로는 "압비오 시장"이며, 유명한 압비오 로(路)를 따라 로마에서 40마일 쯤 떨어져 있는 읍이었다. 여기서 바울은 일단의 신자 대표들과 만났으며, 10마일쯤 더 가서 삼관(Three taverns)에서 또다른 무리를 만났다. "tavern"이라는 라틴어는 오늘날 영어에서의 "tavern"과 같은 의미가 아니다. (로마어로는 일종의『가게』이다). 약 3년 전에 바울이 편지를 보냈던 이곳 신자들을 보자 이 사도에게는 큰 용기가 솟아났다.

"우리가 로마에 들어가니… ." 바울이 그렇게 여러 해 동안 갈망하던 도시에 도착한 것을 누가는 이처럼 간단히 설명하고 있다./ 여기에는 도시의 아름다움에 대한 설명은 없다. 왜냐하면 바울은 관광객으로 여기 와 있는 것이 아니라 대사로 온 것이기 때문이다(롬 1 : 11~13 참조).

3. 로마의 유대인들에게 소개됨(28 : 17~22)

다른 도시들에서처럼 바울은 자기 민족에게 먼저 시작하여 그들을 그리스도께 인도하기를 원했다. 로마서 9장 1~2절과 10장 1절에서 자기 민족에 대한 그의 부담감이 어떠하였는지 보자. 바울은 그가 무죄하다는 말부터 시작하여 그들을 불러모은 진짜 이유를 말했다.
20절의 "이스라엘의 소망"이란 말은 **그리스도의 부활**을 의미한다(5 : 31 / 23 : 6 / 24 : 14~15 / 26 : 6~8 / 13 : 27~37 참조). 사실상, 그리스도의 부활은, 그가 그리스도이심을 입증하였으며 모든 이스라엘의 축복이 그에게 달려 있음을 보여 주었다. 그렇지만 바울은 이스라엘에게 왕국을 제시한 것이 아님을 눈여겨보자. 그보다는 하나님의 왕국을 전파하였으며, 이는 하나님의 은혜의 복음을 뜻한다(31절).

로마의 유대 지도자들은 바울에게 불리한 어떤 고소 내용도 들은 일이 없었으나, 악영향을 주는 것으로 전해 진 그리스도인이라는 "종파"에 대해서는 들은 일이 있었다. 사도행전에는 세 가지 종파가 나오는데, 사두개인(5 : 17)과 바리새인(15 : 5)과 그리스도인들(24 : 5 / 28 : 22)이다. 이들은 시간을 약속하여 바울과 만나 말씀을 상고하기로 약속하였다.

4. 유대인들이 복음을 거절함(28 : 23~31)

바울은 감옥에 있지 않고 자신이 빌린 집에 있었다. 로마 군인들에게 쇠사슬로 묶여 있었으나 방문객을 맞을 자유는 있었다. 유대 지도자들이 도착하자 바울은 구약 성경을 사용하여 그들에게 예수 그리스도를 제시하였다(23절). 누가복음 24장 13~35절과 비교해 보면, 그리스도는 낙심한 두 사람의 마음을 열기 위해 모세와 선지자들을 사용하셨었다.

하지만 그 결과는 반대로 나타났다. 엠마오 제자들은 그 말씀을 믿고 선교사들이 되었지만 로마의 유대인들은 대개 말씀을 거절하였으며 정죄를 받았다. "아침부터 저녁까지"라는 구절은 (23절) 하나님의 계시의 빛에서 불신앙의 어두움으로(고후 4장) 가는 이스라엘의 역사를 설명하는 것 같다.

바울이 이들에게 왕국을 제시하고 있는 것이 아님을 명심하자. 바울은 3년 전에 로마서를 썼으며, 9~11장에서는 이스라엘이 제쳐진 것과 교회는 유대인들을 위한 하나님의 프로그램이 아님을 설명했었다.

이스라엘의 역사에서 네번째로 이사야서 6장의 예언이 인용되었다. 700년 전에 하나님은 이스라엘이 말씀을 거절하고 주의 멧세지를 거부할 것이라고 이사야에게 말씀하셨었다.

마태복음 12장에서 그리스도께서 사단과 동맹을 맺고 있다는 고발을 당했을 때 주님은 천국의 비유를 말씀하시며 바로 이 예언을 인용하셨고(마 13 : 14~15), 이 땅에서의 사역을 끝맺을 때 쯤에 이 예언을 다시 적용하셨다(요 12 : 37~41). 바울은 로마서 11장 8절에서 이 예언을 인용했었고 이제 마지막으로 또 인용한다. 하나님은 그의 백성에게 700년 동안이나 이 말씀을 해 오셨는데, 얼마나 위대한 인내인가!

28절은 바울이 처음으로 이방인에게 갔다는 뜻이 아니다. 이 말은 단지 로마에 있는 이스라엘 사람들에게 지금 기회가 주어졌는데 거절했으므로 이방인들에게로 방향을 돌릴 것이라는 뜻이다. 바울의 손은 그들의 피에 대하여 책임이 없다. 그는 구원받을 기회를 그들에게 주었었다. 이것은 본래부터 바울의 행동 양식이 되어 왔었다(행 13 : 44~49).

바울은 2년간 죄수로 있으면서 자유롭게 말씀을 전파하고 가르쳤다. 그가 에베소서, 빌립보서, 골로새서, 빌레몬서를 쓴 것은 이 기간 동안이었다. 사람들은 흔히 바울이 쇠사슬에 묶여 지하 감방에 있었던 것으로 상상하지만, 사실은 많은 자유를 누리고 있었다.

로마에서의 그의 첫 수감 기간은 주후 61～63년이었으며, 그 후에 4, 5년간 자유롭게 석방되었었고, 이 기간에 디모데전서와 디도서를 썼다. 그는 아마도 이 기간에 빌립보, 골로새, 그리고 다른 아시아 교회들을 방문했을 것이며, 그가 바라던 서바나(스페인) 여행을 했을 것이다(롬 15 : 24, 28).

　　68년에 다시 투옥되었을 때에는 그의 형편이 그렇게 좋지 못하였다. 이 기간에 기록된 디모데후서를 보면 그가 외로움과 괴로움을 참고 있음을 알 수 있다. 그는 갈 길을 마치고 믿음을 지킨 후에 주후 68년, 순교하였다.

로 마 서
-개요와 서론-

로마서 개요

■ 주제 : 하나님의 의

■ 서론 / 1장 1~17절

  ① 인사말 / 1장 1~7절
  ② 해명 / 1장 8~17절

1. 죄(의가 요구됨) / 1장 18절~3장 20절

  ① 죄 아래 있는 이방인 / 1장 18~33절
  ② 죄 아래 있는 유대인 / 2장 1절~3장 8절
  ③ 죄 아래 있는 전세계 / 3장 9~20절

2. 구원(의가 전가됨) / 3장 21절~5장 21절

  ① 칭의에 대한 설명 / 3장 21~31절
  ② 칭의에 대한 명시(아브라함의 예) / 4장 1~25절
  ③ 칭의에 대한 경험 / 5장 1~21절

3. 성화(의를 분여함) / 6~8장

  ① 그리스도 안에서의 우리의 새로운 지위 / 6장
    "알다"-"여기다"-양도하다"
  ② 육신에 있는 우리의 새로운 문제 / 7장
  ③ 성령 안에서의 우리의 새로운 능력 / 8장

4. 절대주권(의가 거절됨) / 9~11장

  ① 이스라엘의 선택-과거 / 9장

로마서 서론

■ **중요성** : 모든 성경이 하나님의 영감으로 기록되었고 유익하면서도 성경의 어떤 부분은 다른 부분보다 더 많은 교리적 진리들을 내포하고 있다. 확실히, 바울이 로마서에서 말한 바는 우리에게 있어서 창세기에 나오는 계보들보다 더욱 실제적인 가치가 있다.

성 어거스틴은 로마서를 읽고 회심하였고, 마틴 루터는 "의인은 믿음으로 말미암아 살리라"는 로마서 1장 17절을 읽고 종교 개혁을 일으켰다. 감리교의 창설자인 요한 웨슬레도 누군가 루터의 로마서 주석을 읽는 것을 듣고 회심하였다. 모든 그리스도인들이 이해해야 될 책이 있다면, 곧 로마서이다.

1 로마서는 **교리적인 진리**를 제시한다 – 칭의, 성화, 양자됨, 심판, 그리스도와의 동일시 등.

2 로마서는 9~11장에서 **신적 경륜의 진리**를 제시하며 하나님의 영원하신 계획 안에 있는 이스라엘과 교회 간의 관계를 보여 준다.

3 로마서는 **실천적인 진리**를 제시한다 – 그리스도인이 육신을 정복하는 승리의 비결, 그리스도인이 서로를 향해 갖는 의무, 정부와의 관계에 있어서의 의무.

로마서는 세기를 통하여 내려오며 신앙에 대한 위대한 방어가 되어 왔다. 아마도 로마서는 신약 성경 가운데서 가장 완전하고 가장 논리적으로 기독교의 진리를 설명하는 책일 것이다. 어떤 주제들, 예컨대 그리스도의 제사장 직분과 주의 재림에 대해서는 자세하게 다루고 있지 않은 반면에, 이를 믿음에 대한 다른 중요 교리에 연관지어 언급하고 있다.

만일 성경 연구자가 어느 한 권을 택하여 정통하게 되기를 원한다면 로마서를 가지고 공부하는 것이 좋을 것이다. / 이 책을 이해하는 것은 하나님의 말씀 전체를 푸는 열쇠이다.

■ **배경** : 로마서는 바울이 고린도를 방문했던 3개월 동안에 쓴 것이다(행 20 : 1~3). 로마서 16장 23절에서 바울은 자신이 가이오와 에라스도와 같이 있음을 시사하고 있는데, 이들은 둘 다 고린도 교회를 조력하고 있는 사람들이었다(고전 1 : 14 / 딤후 4 : 20).

이 편지는 아마도 고린도의 항구인 젠그레아(행 18 : 18)에 살았던 뵈뵈(16 : 1)에 의해 전달되었을 것이다. 바울의 친구 아굴라와 브리스길라는 본래 로마로부터 왔는데(행 18 : 2), 로마서 16장 3절에서 바울이 그들에게 문안하는 것으로 보아 그들이 로마로 다시 돌아간 것을 알 수 있다.

로마에서는 어떻게 신자들의 무리가 형성되었을까? 바울은 그의 편지에 "로마 교회"에게 보낸다고 쓰지 않고 "로마에 있는 모든 사람들"이라고 썼던 것에 유의하자(1∶7). 16장을 읽으면 로마에는 하나의 지교회가 있었다기보다는 서로 다른 신자들의 그룹이 있었다고 생각할 수밖에 없다(5, 10∼11, 14∼15절). 역사적으로나 성경적인 근거는 없지만 전설에 의하면, 로마에서의 사역은 베드로에 의해 기초가 놓여졌다고 한다. 로마 카톨릭에서는 베드로가 25년간 로마에서 살았다고 주장하지만, 이러한 진술이 증명될 수는 없다. 만일 베드로가 로마에서 사역을 시작한 것이라면 신자들이 흩어져 있기보다는 조직된 교회가 있었을 것이다.

또한 바울은 16장에서 여러 친구들에게 인사를 하고 있으나, 베드로의 이름은 없다. 그런데 바울은 그의 다른 편지들에서는 영적 지도자들에게 꼭 인사를 전하곤 하였다. 만일 위대한 사도 베드로가 로마에서 사역을 하고 있었다면, 바울은 그의 옥중서신 어딘가에서(에베소서, 빌립보서, 골로새서, 빌레몬서, 디모데후서) 베드로를 언급했을 것이다.

베드로가 로마에서의 사역을 기초한 사람이라는 데에 반대되는 가장 현저한 논급은 로마서 15장 20절인데, 바울은 다른 사람의 기초 위에는 건축하지 않겠다고 언급하였다. 바울은 로마에 있는 성도들을 치리하기 위해 로마로 가기를 간절히 바라고 있었는데(1∶13 / 15∶22∼24, 28, 29 / 행 19∶21 / 행 23∶11), 만일 다른 사도가 그 곳에서 사역을 이미 시작했다면 이러한 계획을 세우지는 않았을 것이다.

그렇다면, 어떻게 복음이 로마에 전해졌을까? 사도행전 2장 10절은 오순절날에 로마에서 온 사람들이 있었음을 시사한다. 브리스길라와 아굴라는 복음을 아는 로마 유대인이었다. 16장에 나오는 이름들은 모두 이방인들인데, 이것은 다른 도시들로부터 온 비유대계 그리스도인들이 로마로 이주하면서 복음을 가져왔음을 시사한다. 이 사람들은 아마도 다른 교회에서 바울에 의해 회심한 사람들일 것이다.

그 당시 로마는 세계의 거대한 중심지였으며, 수 많은 순례자들이 로마 제국의 대로를 따라서 황제가 사는 도시에 갔을 것이다. 로마서 1장 13∼15절, 11장 13절과 15장 14∼16절은 편지를 받은 신자들의 대다수가 이방인이었음을 시사해 주고 있다. 물론 그리스도인 공동체에는 유대적인 요소들이 있었으며, 또한 많은 이방인들이 유대교로 개종했었다.

■ 기록 경위 : 바울은 아시아에서의 사역을 마치려 하고 있었고(15∶19), 아시아 교회들로부터 보내 온 사랑의 선물을 가지고 예루살렘을 방문하려는 중이었다(15∶25∼26). 로마에서 설교하려는 일은 늘 그의 마음에 부담을 주고 있었으며, 이 긴 편지는 그가 직접 가기에 앞서 그리스도인들을 예비시키는 방법의 일환이었다.

고린도에 있는 동안(행 20 : 1~ 3) 그는 또한 갈라디아서를 썼는데, 이는 갈라디아 교회를 혼란시키는 유대주의자들의 말을 반박하기 위한 것이었다. 바울은 이 유대주의자들이 자기보다 앞서 로마에 도착하여 그의 계획을 망쳐 놓는 일이 없도록 로마 그리스도인들을 경고하며 가르치고 싶었을 것이다.

3장 8절에서는 어떤 사람들이 자신에 대하여 거짓 고발을 한다고 언급하고 있음에 유의하자. 그렇다면 이 편지를 쓴 이유들은 다음과 같이 요약될 수 있을 것이다.

1 그가 계획한 방문에 대비하여 그리스도인들을 **준비시키기 위하여**, 그리고 그가 왜 더 빨리 방문하지 못하는가 하는 이유를 설명하기 위함이었다(1 : 8~ 15 / 15 : 23~ 29).

2 거짓 교사들이 그들을 뒤흔들어 놓는 일이 없도록 그리스도인의 신앙의 근본적인 교리들을 **알리기 위함이었다.**

3 유대주의자들이 그들의 교리로 잘못 인도해 가는 일이 없도록 **설명하기 위함**이었다.

4 그리스도인들에게 상호간의 의무와 국가에 대한 의무들을 **가르치기 위함**이었다.

5 그들이 들었을지도 모르는 바울에 대한 고발에 대해 **해명하기 위함**이었다(3 : 8).

■ **성경에서의 위치** : 로마서는 "의인은 믿음으로 말미암아 살리라"는 하박국 2장 4절 말씀에 근거하여 기록된 세 편의 서신들 중 첫번째 서신이다. 이 구절은 로마서 1장 17절("의"를 주제로 삼음), 갈라디아서 3장 11절("살리라"), 히브리서 10장 38절("믿음으로")에서 찾아 볼 수 있다.

로마서는 신약에서 가장 먼저 나오는 서신이다. **신약 서신서들의 순서**는 디모데후서 3장 16절에 나오는 순서에 맞춘 것임을 주목할 수 있을 것이다("모든 성경은 하나님의 감동으로 된 것으로 ……에 유익하니").

● **교훈** (교리) – 로마서(신약의 교리 대전)
● **책망** – 고린도전 · 후서(죄를 책망함)
● **바르게 함** – 갈라디아서(거짓 가르침을 교정함)
● **의로 교육하기** – 에베소서 등(그리스도인의 교리에 입각한 거룩한 삶을 가르침)

■ **주제** : 바울의 근본적인 주제는 **하나님의 의**이다. "의롭다"는 단어가 이런 저런 형식으로 40회 이상 사용된다. 1∼3장에서는 의의 필요성을 제시하고, 3 ∼8장에서는 하나님께서 그리스도를 통하여 의를 예비하셨음을, 9∼11장에서는 이스라엘이 어떻게 하나님의 의를 거절하였는가에 대하여, 12∼16장에서 는 이러한 의가 일상의 생활을 통하여 어떻게 실천되어야 할 것인가를 제 시한다.

바울은 하나님이 어떻게 의로우실 수 있으며 동시에 죄인들을 의롭게 하시는 지 그 방법을 보여 준다.╱

이방인의 반역

- 로마서 1장-

1. 인사말(1 : 1~7)

열 세 편의 바울의 서신들은 모두 이 위대한 사도의 이름으로 시작된다. 그 당시에는 글쓰는 이의 이름과 인사로 편지를 시작하는 것이 관습이었다. 바울은 자신을 종이요, 사도라고 신분을 밝히며, 하나님의 은혜로 말미암아 부르심을 받아(5절), 이 놀라운 사역에로 성별되었다고 말하여(행 13 : 1~3 / 갈 1 : 15~24) 모든 영광을 하나님께 돌리고 있다.

그는 즉시로 그의 사역이 복음에 속한 것이라고 서술하는데, "하나님의 복음" (1절), "그의 아들의 복음"(9절), "그리스도의 복음"(16절)이라고 부르고 있다. 그는 이 "기쁜 소식"이 그가 발명한 새로운 것이 아니라, 구약 성경에 그리스도가 오실 것과 그의 죽으심과 부활이 약속되어 있음을 언급한다(고전 15 : 1~4에 나오는 "성경"이란 말은 구약 성경임이 분명하다. 그 때는 신약이 기록되고 있던 시대이기 때문이다). 바울은 구약을 복음에 연관시킴으로 그의 편지를 읽는 유대인 신자들에게 호소하고 있다.

복음은 그리스도와 관계된다. 그는 육신으로는 유대인이시지만 (3절), 부활을 통해 나타난 하나님의 능력으로써 하나님의 아들이심이 입증되었다(4절). 복음은 주님의 인성과 신성을 입증한다. 그리스도만이 우리의 중보자가 될 수 있는 신인 (神人, God - man)이시다.

그리스도께서 자기의 생명을 희생하신 이 **복음의 목적**은 무엇인가? 5절은 "모든 민족들로 믿음에 순종하는 자리에 이르게 하는 것"이라고 말해 준다. 인간이 진실로 그리스도를 신뢰할 때 그는 주님께 순종할 것이며, 순종을 통하여 자기의 믿음을 입증할 것이다.

6~7절에서 바울은 로마에 있는 성도들인 그의 **수신자**들이 누구인지를 설명한다. 그들도 역시 그리스도께로 말미암아 부르심을 받았으나, 사도가 되기 위하여가 아니라 성도가 되기 위하여 부르심을 받았다. 성도란 그리스도를 믿는 살아 있는 신자임에 유의하자. 하나님만이 죄인을 성도로 만드실 수 있다./ 하나님께서 그의 아들을 부르실 때처럼(마 3 : 17) 우리를 "사랑하는 자"라고 부르시는 것은 얼마나 놀라운 일인가./ 예수께서는 아버지 하나님께서 그를 사랑하시듯 우리도 역시 사랑하신다고 말씀하신다(요 17 : 23).

이 간단한 인사말에 다음과 같은 점이 명확하게 나타나 있다.

● **기자** – 바울
● **수신자** – 로마에 있는 성도들(불신자가 아님)
● **주제** – 그리스도와 구원의 복음

2. 해명 (1 : 8~17)

바울은 이제 이 편지를 쓰는 이유(8~15절)와 그가 쓰려고 하는 내용(16~17절)에 대한 이중의 해명을 한다.

1 **이유**(8~15절) – 오랫동안 바울은 로마의 성도들을 방문하기를 원해 왔다. 그들의 간증은 로마 제국을 통하여 이미 널리 퍼져 나갔으며(8절 / 살전 1 : 5~10), 바울은 방문하려는 이유를 세 가지로 말하고 있다. 즉, 믿음 안에서 굳건히 세워지도록 돕기 위함(11절)과, 그들을 보고 기뻐하기 위함(12절), 그리고 그들 중에 "얼마의 결실을 얻기" 위함, 곧 다른 이방인들을 주께로 인도하기 위함이었다(13절).

바울이 이방인을 위해 하나님께서 선택하신 사자였음을 기억한다면 이방의 제국 수도에 사는 성도들과 죄인들을 위한 부담감을 분명히 가졌을 것이라고 짐작할 수 있다. 그는 그들을 더 빨리 방문하지 못하도록 방해를 받았다고 설명한다(13절). 이것은 사단에 의한 방해가 아니라(살전 2 : 18) 다른 곳에서 사역할 기회가 많았기 때문이었다(롬 15 : 19~23). 이제 그 일이 끝났으므로, 그는 로마를 방문하려고 하였다. 바울의 생애에 있어 동기를 부여하는 힘이 무엇이었는지 주목해 보라. "나는 빚진 자이다./ 나는 준비가 되어 있다./ 나는 부끄러워하지 않는다./"

2 **주제**(16~17절) – 바울은 **"그리스도의 복음은 하나님의 의를 계시한다"** 는 것을 주제로 다루고 있는데, 하나님의 의는 행위로 말미암지 않고 믿음에 기초한 것으로서, 유대인만이 아니라 모든 사람들에게 유익한 것이다. 바울은 로마서에서 "하나님은 어떻게 의로운 분이신 동시에 또한 의롭게 하시는 분인가, 하나님은 어떻게 죄인을 의롭게 하시면서 여전히 그의 거룩한 법을 유지하실 수 있으신가"를 설명한다. 그는 하박국 2장 4절의 "의인은 믿음으로 말미암아 살리라"를 인용하였다(서론 참조).

3. 정죄 (1 : 18~32)

우리는 이제 이 서신의 첫부분인 "죄"에 대해 보게 된다(1 : 18~3 : 20 / 개요 참조). 1장을 끝맺는 구절들에서 바울은 이방인들이 어떻게 하여 그들을 삼켜 버리는 무서운 어두움에 빠졌으며, 하나님의 진노가 그들을 향해 어떻게 나타났는가를 설명한다. 이방이 타락해 가는 역사의 과정을 주목해 보자.

1 **그들은 하나님을 알고 있었다**(18~20절) – 하나님은 그들에게 자신을 "저 회 안에"(양심)와 "저회에게"(창조)의 방법을 통해 이중으로 계시하셨다(19절). 인간이 무지함으로 출발하여 점차 지성적으로 된 것이 아니라, 하나님의 능력 과 지혜에 대한 강한 계시와 더불어 시작하였으나 그러한 계시에 대하여 등을 돌렸던 것이다. 하나님은 창조의 순간으로부터 자신을 계시하셨기 때문에 복음 을 듣지 못한 사람들도 핑계할 수가 없다. 하나님께서 이러한 인간들을 어떻 게 심판하시는지는 2장에서 다룰 것이다.

2 **그들은 그분을 하나님으로 영화롭게 하지 않았다**(21~23절) – 헛된 생각 과 철학자들이 실천하는 바, 어리석은 추론이 인간을 진리에서 거짓말로 돌아 서게 하였다. 우리는 무관심이 배은 망덕으로 인도해 가며 결국은 무지하게 됨을 본다. 오늘날 사람들은 헬라와 로마의 철학들 앞에 절하며 그들의 말을 하나님 의 말씀보다 더 높인다. 하지만 바울은 이 모든 철학들을 "허망한 생각"이며 "알 지 못하던 시대의 일(행 17 : 30)이라고 부른다. 다음 단계는 창조주보다 피조 물을 높이는 우상 숭배의 단계였다.

3 **그들은 하나님의 진리를 바꾸어 놓았다**(24~25절) – 이 단어는 "교환하 다"는 뜻이다. 그들은 하나님의 진리를 사단의 거짓말로 대치하였다. 사단의 거짓말은 무엇인가? 창조주보다 피조물을 섬기고 하나님 대신 인간을 섬기는 것, 그리스도 대신에 일 또는 물건들을 섬기는 것이다. 사단은 그리스도께도 이 같이 하라고 유혹하였다(마 4 : 8~11).
　로마서 1장 18절에서는 이방인들이 "진리를 막았고" 여기서는 "진리를 바꾸 었음"에 주목하자. 진리를 믿고 순종할 때에 우리는 자유로와지며 (요 8 : 31~ 32), 진리를 거절하고 불순종할 때에 노예가 된다.

4 **그들은 하나님의 지식을 거절하였다**(26~32절) – 이 사람들은 하나님에 대한 명백한 지식에서 출발하였으며(19, 21절) 죄에 대한 그의 심판을 알았으 나(32절) 이들은 이제 아래로 떨어져 가장 낮은 수준에 도달하였다. 다시 말하 면, 그들은 하나님에 대한 지식을 가지려고조차 하지 않게 되었다. "어리석은 자는 그 마음에 이르기를 하나님이 없다 하도다"(시 14 : 1).

　이러한 타락의 비극적인 결과를 보는 것은 슬픈 일이다. 과학자들은 인간이 원시적이며 무지하고 짐승 같은 형태에서 놀라운 피조물로 오늘날과 같은 "진화 하였다"고 믿게 하려 한다. 그러나, 바울은 그 반대 상황, 즉 인간은 하나님의 피조물들 중에서 가장 높은 존재에서 시작하여 짐승의 수준으로 되었다고 말한 다. 다음에 제시된 하나님의 세 가지 심판에 유의하자.

● 하나님은 그들을 부정함과 우상 숭배 가운데 버려 두셨다 / 24~25절
● 하나님은 그들을 타락한 정욕에 버려 두셨다 / 26~27절
● 하나님은 그들을 "상실한(버림받은)" 마음에 버려 두셨다 / 28절 이하

　　하나님은 그들을 버려 두셨다./ 이것이 하나님의 진노의 표현이었다(18절). 여기 나오는 죄의 목록은 너무도 타락한 것이어서 정의하거나 토론할 수 없을 정도이지만, 오늘날도 **인간의 승인을 받으며** 온 세상에서 자행되고 있다./ 인간들은 죄가 심판을 받게 됨을 알지만 어찌 되었든 죄 가운데서 즐거움을 취한다! 그리스도의 복음이 아니라면 우리는 스스로의 죄의 노예가 될 것이다. "말할 수 없는 은사를 인하여 하나님께 감사드리자./"

이방인의 정죄

- 로마서 2장 -

2장 1절에서 3장 8절까지 바울은 자기 백성 유대인에게로 촛점을 돌려 그들도 동일하게 하나님 앞에서 죄인들로 정죄됨을 보여 준다. 1장 20절에서 이방인들이 핑계할 것이 없다고 말하고, 2장 1절에서는 유대인들도 역시 핑계댈 것이 없다고 언급한다. 이러한 언급은 특권 의식을 가진 유대인들에게는 천둥과 같은 일이었다. 하나님께서 그들을 이방인들과는 다른 방식으로 다루려고 하시는 것이 분명하지 않은가!

그러나, 바울은 그렇지 않다고 말한다. 유대인들은 하나님의 저주와 진노 아래 있다. 왜냐하면 하나님의 심판의 원리는 공정하기 때문이다. 이 장에서 그는 심판에 대한 하나님의 원리들 세 가지를 지적하며 유대인들도 이방인들과 함께 동일하게 정죄됨을 입증된다.

1. 심판은 인간의 견해가 아니라 하나님의 진리에 따른다(2:1~5)

1장에서 바울이 "이교도들"을 기소하는 것을 읽고 유대인들은 미소를 지으며 "마땅한 대우로군!"이라고 말했을 것이 분명하다. 이들의 태도는 누가복음 18장 9~14절에 나오는 "나는 다른 사람들과 같지 아니함을 감사하나이다!"라는 바리새인들의 태도였을 것이다.

그러나, 바울은 이방인에게 임한 하나님의 심판을 당연시하는 유대인에게 다음과 같이 반박한다. "너희는 이방인들이 하는 것과 같은 일들을 하므로 마찬가지의 죄가 있다!" 인간들에 대한 하나님의 심판은 풍문이나 잡담, 우리 자신의 좋은 의견 또는 인간의 평가에 따르지 않고 "진리에 따라" 심판하신다(2절). 누군가 이런 말을 했다. "우리는 자신의 실수들을 미워하는데 다른 사람들에게서 그런 실수들을 발견할 때는 특히 더하다." 바울 시대와 마찬가지로 오늘날도 다른 사람들을 정죄하는 일이 얼마나 쉬운 일인가! 하지만 그들 자신의 삶을 돌이켜 볼 때 똑같은 죄들을 가지고 있는 것이다.

그러나 유대인들은 다시 논쟁을 벌인다. "하나님은 이방인들에게 사용하신 똑같은 진리로 우리를 심판하시지 않으실 것이 분명해! 왜냐고? 하나님께서 이스라엘에게 얼마나 선하게 대해 오셨는지를 보면 알지!" 그러나, 이들은 그의 선하심을 쏟아 부으실 때 하나님의 심중에 가지신 목적을 알지 못했으며, 왜 그처럼 인내하시며 그들이 순종하기를 기다렸는지를 모르고 있었다. 그의 선하심은 회개로 인도하시기 위함이었다!

그런데 이들은 회개하는 대신 마음을 굳게 하여 그리스도께서 잃어버린 자들을 심판하실 그 날에 받을 진노를 더욱 더 쌓았다(계 20장). 당신은 오늘날 잃어버린 죄인들이 말하는 소리를 들어보지 못했는가? "오, 나는 하나님께서 나를 지옥으로 보내시지 않을 것이라고 확신해. 왜냐하면 그분은 나에게 선한 일을 너무도 많이 베풀어 오셨기 때문이야." 이들은 하나님의 선하심이 하나님의 은혜를 주시기 위한 준비인 것을 거의 깨닫지 못하고, 겸손한 감사로 경배하는 대신 그들의 마음을 굳게 하여 더욱 많은 죄를 지으며 하나님께서 그들을 대단히 사랑하시기 때문에 그들을 정죄하실 리가 없다고 생각한다.

바울 시대에 유대인들이 사용하였던 두 가지 핑계를 오늘날도 듣게 된다. 즉, "나는 다른 사람들보다 선하다. 따라서 내게는 그리스도가 필요 없다"는 것과 "하나님은 나에게 선하셨다. 따라서 나를 정죄하지는 않으실 것이 분명하다"는 생각이다. 그러나 하나님의 최후의 심판은 인간의 의견과 평가에 따르지는 않을 것이며 진리에 따르게 될 것이다.

2. 심판은 인간의 지위가 아니라 그 행위에 따른다(2:6~16)

최근에 출간된 『Status Seekers』라는 책에서는 미국인들이 어리석게 "사회적 신분"을 추구하고 있는 모습과, 그것을 얻기 위해 어떤 값이라도 치르려한다는 것을 보여 준다. 유대인들은 자신들이 하나님의 계산상에 있어서 높은 신분을 차지하고 있다고 생각하였고, 율법을 잘 듣는 사람이 되는 것이 행하는 사람이 되는 것과는 상당히 다른 것임을 깨닫지 못하였다(13절).

이 구절들은 구원받는 방법을 말하고 있는 것이 아님을 명심하자. 이 구절은 하나님께서 인류가 삶의 과정을 통한 행위들에 따라 그들을 어떻게 심판하실 것인지를 설명하고 있다! 7~8절은 인간의 경우에 따른 행위에 대하여 말하고 있는 것이 아니며 생의 목적을 말하는 것으로 윌리엄 뉴웰(William Newell)은 "생의 선택"이라고 이를 설명한다. 만약 인간이 영원한 생명을 추구한다면, 아무리 참을성 있게 추구한다고 할지라도 그리스도 안에서가 아니면 결코 영생을 발견할 수가 없다.

"모든 사람"(6, 10절), "모든 영"(9절), 이러한 구절들은 하나님께서 사람을 편애하는 분이 아니라 그들이 살아 온 생애에 기초하여 모든 인류를 심판하시는 분임을 보여 주고 있다. "인간들을 이런 식으로 심판하시는 하나님은 의로우신가? 무엇보다도, 유대인들은 율법을 가지고 있고 이방인들은 가지고 있지 않다." 그러나, 하나님은 의로우시다. 12~15절에서 설명하듯이 하나님은 의로우시다. 하나님은 그들이 받은 빛에 따라서 심판하실 것이다.

그러나, 모세를 모르는 이방인들이 율법 없이 살았다고 생각해서는 안 된다. 왜냐하면 하나님의 도덕법은 그들의 마음에 새겨져 있기 때문이다(1:19 참조). 콩고(Congo) 선교의 베테랑인 단 크로포드(Dan Crawford)는 아프리카의 정글에서 나와서 "이교도들은 홍수와 같은 빛을 받으면서도 이에 대항하여 죄를 범한다"고 말했다. 로이 로린(Roy Laurin) 박사는 이렇게 쓰고 있다. "인간들은 그들이 소유한 하나님에 대한 지식에 따라서 심판을 받을 것이며, 결코 그들이 소유하지 않은 더 높은 표준에 따라 심판을 받게 되지는 않을 것이다."

유대인들은 율법을 듣고 이를 행하기를 거절하였다. 그리하여 더욱 맹렬한 심판을 받을 것이다.

3. 심판은 인간의 종교가 아니라 그리스도의 복음에 따른다
(2 : 17~29)

이미 바울은 "심판의 날"에 대하여 두 번 언급하였다(2 : 5, 16절). 이제 그는 이 심판이 하나님께서 인간의 마음에 있는 은밀한 것들을 드러내셔서 마음의 심판이 될 것을 언급한다. 그리스도께서 심판하실 것인데, 여기서 문제가 되는 것은 "당신은 그리스도의 복음을 어떻게 대하였는가?" 하는 문제일 것이다.

유대인들은 민족적 종교의 특권 의식을 자랑으로 삼고 있었다. 하나님께서 그들에게 하나님의 말씀을 주셨기 때문에 이들은 하나님의 뜻을 알고 있었으며, 보다 훌륭한 가치관을 가지고 있었다. 이들은 이방인들을 소경이요, 어두움 가운데 있으며, 어리석고, 어린 아이들이라고 보았다(19~20절). 유대인들은 자신들을 하나님의 독점적인 총아로 생각했으나, 그들이 보지 못한 것은 바로 이러한 특권이 거룩한 삶을 살아야 할 보다 많은 책임을 지운다는 점이었다.

그들이 이방인들에게 전한 바로 그 율법을 그들 스스로 불순종하였다. 그 결과 "사악한 이방인"들이 유대인들의 죄로 인하여 하나님의 이름을 모욕하기에 이르렀다! 바울은 아마도 이사야 52장 5절, 에스겔 36장 21~22절, 또는 사무엘하 12장 14절에 나오는 다윗에게 한 나단의 말을 참고했을 것이다.

만일 "종교"를 가진 백성이 있다면 그것은 유대 민족일 것이다. 그들의 종교는 **내적인 실재**의 문제가 아니라 **외적인 의식**의 문제였다. 그들은 할례 의식을 자랑으로 여겼는데, 이 의식은 그들을 살아 계신 하나님과 연합시키는 것이었다. 하지만 하나님의 말씀에 대한 순종이 없다면 육체의 의식이 무슨 유익이 있겠는가?

바울은 말씀에 불순종하는 할례받은 유대인보다는 하나님의 말씀에 순종하는 할례받지 않은 이방인이 훨씬 낫다고 말하는 데까지 이른다. 그리고, 하나님께 불순종하는 할례받은 유대인들을 할례를 받지 않은 것으로 본다! 왜냐하면 참된 유대인이란 내적인 믿음을 가지고 그의 마음이 변화된 사람이며, 육신에 거하여 외적으로만 순종하는 사람이 아니다. 27절은 비록 할례를 받지 않은 본질상 이방인들이 율법을 성취한다면 유대인들을 심판하게 될 것이라고 담대하게 언급한다!

그리스도의 복음은 내적인 변화를 요구한다. "너희가 거듭나야 하리라." 그리스도께서 인간의 마음의 비밀들을 심판하실 때 그 시험을 통과하게 하는 것은 종교적인 제도들에 순종하는 일이 아니다. 구원에 이르는 하나님의 능력은 유대인에게나 이방인에게나 그리스도의 복음이다(1 : 16).

복음을 믿지 않고 그의 마음에 그리스도를 영접하지 않은 사람은 정죄받은 편에 서게 된다. 자신의 종교와 율법주의를 지닌 유대인들은 이방인들과 마찬가지로, 또는 더욱 죄 아래 있는 것이다. 왜냐하면 진리를 알 수 있는 보다 큰 특권과 기회들이 주어졌기 때문이다.

자신의 좋은 견해나 신분이나 종교에 따라서 하나님이 심판하실 것으로 생각하기 때문에 지옥에 가는 이들이 얼마나 많은지 놀라지 않을 수 없다! 하나님은 이러한 원리들에 따라서 심판하시는 것이 아니라 진리에 따라서, 인간의 행위에 따라서, 그리스도의 복음에 따라서 심판하신다.

결국, 바울은 1장에서 이방인들이 핑계할 수 없음을 입증하였고, 여기 2장에서는 유대인들이 핑계할 것이 없음을 입증한다. 3장에서는 온 세상이 죄와 정죄 아래 있어서 하나님의 은혜를 절실하게 필요로 하고 있음을 증명한다.

온 세계가 유죄함

- 로마서 3장 -

이 장은 첫번째 부분(죄)과 두번째 부분(구원) 사이에서 교량적 역할을 하고 있다. 전반부에서 (1~20절) 바울은 정죄의 문제를 다루며 유대인과 이방인, 온 세상이 죄 아래 있다고 결론을 내린다. 후반부 (21~31절)에서 그는 믿음으로 의로워지는 주제를 소개한다. 이것은 그 다음에 나오는 두 장의 주제이기도 하다.

사실 3장은 이 책의 남은 부분을 위한 "모판"(seed bed)이다. 1~4장에서 그는 이스라엘의 불신앙을 다루는데, 이는 9~11장의 주제이기도 하다. 8절에서 그는 죄 가운데 사는 문제를 언급하며, 이는 6~8장에서 논의된다(3:8이 6:1과 밀접하게 연관되는 것에 유의하자).

21절은 믿음으로 의로워지는 주제를 떠올리는데, 이것은 4~5장의 주제이다. 끝으로, 31절은 율법을 세우고 순종하는 일을 언급하며, 이는 12~16절에서 제시된 주제이다(13:8~14을 유의하자).

1. 나쁜 소식 - 죄 아래 있어 정죄됨(3:1~20)

바울은 이 부분에서 네 가지 중요한 질문을 하고, 이에 대해 답한다.

⑴ 유대인들이 정죄되었다 할지라도, 유대인이라는 것이 특권이 되는가? (1~2절) - 특권이 된다. 왜냐하면 유대인들은 하나님의 계시를 받은 사람들로서 그의 말씀에 나타난 뜻을 맡고 있기 때문이다. 만일 이스라엘이 말씀을 믿고 순종하였다면 그 민족은 그리스도를 영접하여 구원을 받았을 것이다. 그리고 나서 그들을 통하여 축복이 온 세상에 퍼지게 되었을 것이다. 오늘날 우리는 하나님의 말씀을 가질 특권을 부여받고 있는 것이 분명하다! 이러한 특권을 당연한 것으로 여겨서는 안될 것이다.

⑵ 이스라엘의 불신앙은 하나님의 말씀을 무효케 하는가? (3~4절) - 물론 그렇지 않다! 인간의 불신앙은 하나님의 신실하심("미쁘심"-3절)을 무효화시킬 수는 없다. 비록 모든 사람이 거짓말장이더라도 하나님은 진실하시다. 바울은 시편 51편 4절을 인용하는데, 여기서 다윗 왕은 자신의 죄와 그 죄를 심판하시는 하나님의 의를 공개적으로 시인하고 있다. 자기의 죄를 시인하면서조차 다윗은 하나님의 의와, 말씀의 진실성을 확증하였다.

3 **그렇다면, 죄를 범해 하나님을 더욱 영화롭게 하는 것이 왜 안되는가?**
(5~8절) - "결국 하나님이 나의 죄를 심판하심으로 영광을 받으신다면 나는 하나님께 호의를 베풀고 있는 것이다! 또는 나를 심판하는 대신, 하나님은 나를 죄 가운데 버려 두심으로써 영화롭게 될 수도 있는 것이다! 따라서, 하나님이 심판하시는 것은 의롭지 못한 일이다." 바울은 재빨리 이같은 죄악된 삶을 옹호하는 논급을 6절에서 반박함으로써 처리해 버린다. 그 같은 견해는 하나님께서 결코 세상을 심판하실 수 없다는 뜻인데, 아브라함조차도 하나님이 이 세상의 심판자이심을 알지 않았던가! (창 18 : 25)

바울은 하나님께서 어떻게 죄를 심판하고 그로 인하여 영광을 받으시는가를 설명하는 것이 아니다. 그는 다만 하나님께서 그들이 말한 대로 행하신다면 세상에서 모든 진리와 정의는 그 역할을 다하지 못할 것이라고 언급하고 있을 뿐이다. 바울의 유대인 적들은 바울에 대하여 거짓말을 했으며, 그가 "선을 이루기 위하여 악을 행하자"(8절)는 식의 교리를 가르쳤다고 말했다(6 : 1, 15 참조). 이러한 서술은 이성과 성경에 모두 위배되므로 바울은 이를 거론하지 않는다. "이런 일을 하는 사람은 스스로 정죄를 받는 것이 마땅하다!"

4 **그러면 이방인들보다 유대인들이 더 선한가?** (9~18절) - 그렇지 않다. 그리고 또한 이방인들이 유대인들보다 더 나은 것도 아니다. 왜냐하면 둘 다 죄인들이며 하나님의 무서운 정죄 아래 있기 때문이다. **"아무런 차이가 없다!"** 이 말은 로마서가 전하는 위대한 멧세지이다. 죄에 있어서나 구원에 아무런 차이가 없다(3 : 22~23 / 10 : 12~13). 하나님은 유대인이나 이방인이나 죄 아래 있다고 결론을 내리심으로, 은혜 가운데 모두들 자비를 얻도록 하셨다(롬 11 : 32).

이제 바울은 머리부터 발끝까지 인간의 전 죄악성을 설명함으로써 전 세계가 유죄함을 입증한다. 10~12절에서, 그는 시편 14편 1~3절을 언급하며 그들의 죄악된 성품을 묘사한다. 그리고 13~18절에서는 그들의 행위에 대해 설명한다(시 5 : 9 / 140 : 3 / 10 : 7 / 36 : 1 / 사 59 : 7~8 인용). 이 구절들을 읽고 그 배경을 주의깊게 살펴보라.

19~20절에는 그의 마지막 판결이 나온다. "온 세상은 유죄하다!" 유대인들이 그들을 구원할 것이라고 생각한 율법은 그들을 정죄할 뿐이었다. 왜냐하면 율법은 죄를 알게 하는 것이기 때문이다.

2. 좋은 소식 - 믿음으로 의로워짐(3 : 21~31)

1 **율법에서 벗어남**(21절) - 21절은 "그러나 이제 은혜의 시대에 의, 곧 새로운 종류의 의가 나타났는데 이는 율법에 의존하는 의가 아니다"라고 읽을 수 있다. 오늘날 사람들은 법적인 의, 행위적인 의를 원한다. 그러나, 바울은 율법

은 정죄할 뿐이며 결코 구원하는 것이 아니라고 이미 증명하였다.

  이러한 은혜로 인한 의는 구약에 이미 나타나 있었다. 예를 들어, 아브라함은 창세기 15장 6절에서 믿음으로 말미암아 의롭다고 선포되었다. 하박국 2장 4절은 "의인은 믿음으로 말미암아 산다"고 하였다. 로마서 9장 30~33절을 읽고 이스라엘이 왜 이러한 믿음의 의를 상실하였는지 알아보자.

2 그리스도를 통하여 가능함(22~26절) — 바울이 위대한 단어 "믿음"을 얼마나 자주 사용하는지에 유의하자. 23절은 이렇게 읽어야 한다. "모든 사람이(아담을 통하여 단번에 모두가 죄를 범하였으며 하나님의 영광에 늘상 이르지 못하고 있다." 다음으로 바울은 몇 가지 중요한 용어들을 소개한다.

- **의로워지다** — 이것은 그리스도의 공로로 말미암아 하나님께서 보시기에 의롭다고 선포되는 것을 뜻한다. "전혀 죄를 짓지 않은 것같이" 의롭게 여기신다. 이 일은 지상에서 우리가 처한 환경이나 조건들과는 아무 관계가 없으며, 그 보다는 그리스도 안에서의 변함 없는 우리의 지위를 뜻한다.
- **"칭의"** — 하나님께서 나에게 전가시켜 주시는 의, 또는 나의 것으로 돌려 주시는 하나님의 의이다.
- **성화** — 나누어 받은 의 또는 나의 일상 생활에 살아 있는 의이다.
- **구속** — 이것은 죄와 그 형벌로부터 그 값을 치르고 구원받는 것이다. 이 값은 십자가에서 흘리신 그리스도의 피이다.
- **화해** — 이것은 하나님 편에서 본 십자가이다. 이 십자가를 통하여 하나님의 거룩한 법이 만족을 얻게 되었다. 따라서 하나님은 잃어버린 죄인들을 용서하실 수가 있게 되었다. 하나님의 의는 만족을 얻었다. 그는 이제 잃어버린 세계를 사랑과 자비로 보실 수가 있다.

  "하나님의 은혜로 값없이 의롭다하심을 얻은 자 되었느니라." (24절) 얼마나 감격적인 말인가! 행위나 선한 의도나 은사나 기도로써가 아니라, 그의 은혜로 말미암아 값없이 된 것이다! 바울이 하나님께서는 "의로우시며 동시에 의롭게 하시는 분"이심을 설명하는 것도 이 서신에서이다(26절). 그리고 그 해답은 십자가이다.

  예수께서 죽으실 때, 그는 자신의 몸에 우리의 죄를 짊어지셨고(벧전 2 : 24) 하나님의 법이 요구하는 값을 지불하셨다. 그러나, 주님은 다시 부활하셨다. 그러므로 주님은 살아계셔서 믿는 모든 사람들을 구원하실 수가 있는 것이다!

  25절에서는 그리스도의 복음이 충분히 계시되기 전의 시기에 대해 지적하는데, 하나님은 인류의 죄를 **"간과하심"**(passing over - 넘어가다)으로, 예컨대 노아와 아브라함, 에녹 등과 같은 이들의 죄를 용서하심으로써 불의하게 보인다. 사실상, 하나님은 어떤 경우에는 진노를 보내셨으나, 죄인들은 하나님의 심판을 피하는 것처럼 보여진다.

하나님께서 어떻게 이런 일을 행하실 수 있는가? 왜냐하면 십자가에서 죄에 대한 모든 진노를 드러내실 것을 아셨고, 소와 염소의 피로써는 다만 "덮을 수" 있을 뿐이었던 죄늘을 그리스도의 죽음을 통하여 구속의 길을 세비하실 것인을 알고 계셨기 때문이다 (히 9~10장).

③ **믿음으로 받아들임** (27~31절) – "문제의 전체 결론을 들어보라 !" 유대인들은 자랑할 것이 하나도 없다. 왜냐하면 모든 사람들은 행위로가 아니라, 믿음으로 의롭게 되기 때문이다. 만일 의롭게 되는 것이 율법으로 말미암는다면 하나님은 유대인들만을 위한 하나님이 된다. 이스라엘만이 율법을 가지고 있었기 때문이다. 그러나 하나님은 이방인의 하나님도 되시는 것이다 ! 그러므로 유대인이나 이방인이 모두 같은 방법, 곧 믿음으로 구원을 받는다.

이러한 간단한 구원의 방법은 율법을 무효화시키는 것은 아니다. 왜냐하면 율법은 죄에 대해 죽음을 요구하였기 때문이다. 그래서 그리스도께서 우리의 죄를 대신하여 죽으셨던 것이다. 이로써, 복음은 율법을 세운다 ! 하나님의 법은 그의 은혜의 필요성을 계시하며, 하나님의 은혜는 또한 율법에 순종할 수 있게 한다.

믿음으로 의롭게 됨
-로마서 4장-

어떻게 하든 이 장을 완전히 습득하라! 본 장은 하나님께서 예수 그리스도의 죽으심과 부활을 통하여 어떻게 불경건한 사람들을 의롭다고 하시는가(의를 선언함)를 설명한다.

"구원"은 넓은 의미로 사용되는 용어로, 그리스도를 믿는 자들을 위하여 하나님께서 행하시는 모든 일들을 포함한다. "칭의"는 법적인 용어로, 그리스도의 의를 입고 하나님 앞에 온전히 서게 되는 것을 말한다. 본 장에서 바울은 칭의에 대한 세 가지 위대한 사실들을 입증하기 위하여 아브라함의 예를 들고 있다.

1. 칭의는 행위로써가 아니라 믿음으로 말미암는다(4:1~8)

모든 유대인은 "조상 아브라함"을 존경하였으며 창세기 15장 6절을 통하여 아브라함이 하나님 앞에서 의롭다 하심을 받았음을 알고 있었다. 아브라함이 하나님께 영접을 받은 것은 너무도 분명하여, 그들은 하늘을 "아브라함의 품"이라고 말했다. 이것을 아는 바울은 아브라함을 지적하며 묻는다. "우리 육신의 조상 아브라함은 어떻게 의롭다 하심을 받았는가?"

행위로써였는가? 아니다. 만일 그렇다면 아브라함은 그가 성취한 일로 하나님의 영광을 찬양했을 것이지만, 구약에는 그러한 기록은 없다. 구약은 "아브라함이 하나님을 믿으매…"(창 15:1~6)라고 말한다. 의의 선물은 행위를 통하여서가 아니라, 하나님의 계시된 말씀을 믿음으로써 왔다.

바울은 그의 논급에서 **"여기다**(reckon), **전가하다**(impute), **간주하다**(count)"라는 단어들을 사용한다(3~6, 8~11, 22~24절). 이러한 단어들은 모두 "어떤 사람의 구좌에 넣는다"는 같은 뜻을 가지고 있다. 칭의란 나에게로 의가 전가되어(내 구좌에 넣음), 하나님 앞에서 올바른 위치를 얻는 것을 뜻한다. 성화란 의를 나누어 받아(내 생활의 일부가 됨) 사람들 앞에서 올바른 위치를 얻고, 내가 그리스도인인 것을 그들이 인정하는 것을 뜻한다. 이것은 야고보서 2장 14~26절에서 언급하듯이 둘 다 구원의 일부이다. 만일 나의 생활이 하나님께 대해 신실함(faithfulness)을 나타내지 않는다면 하나님을 믿는다(faith in God)고 말하는 것이 무슨 유익이 되겠는가?

구원이란 행위로 인하여 얻는 상급이거나, 아니면 은혜로 말미암은 선물이거나 둘 중의 하나이다. 둘 다일 수는 없다. 5절은 하나님께서 불경건한 사람들을 (의로운 사람들이 아님) 의롭다고 하시는데, 이것은 행위가 아니라 믿음을 통해서라고 말한다. 유대인들은 하나님이 종교적인 사람들을 그들의 행위에 근거하여 의롭다고 하시는 것으로 생각하였다. 그러나, 바울은 "조상 아브라함"이 단순히 믿음으로 구원을 받은 것임을 입증하였다.

다음으로 바울은 다윗을 언급하며 시편 32편 1~2절을 인용하여, 이스라엘의 위대한 왕이 행위와는 별도로 믿음으로 말미암아 의로워진다는 사실을 가르쳤음을 입증하였다. 하나님은 죄를 우리에게로 돌리지 않으신다. 왜냐하면 그것것은 그리스도께로 위임되었기 때문이다(고후 5 : 21 / 몬 18절). 오히려 하나님은 순전히 은혜의 기초에 입각하여 우리에게로 그리스도의 의를 전가하신다. 우리는 얼마나 놀라운 구원을 가진 것인가!

2. 칭의는 율법이 아니라 믿음으로 말미암는다(4 : 9~17)

이제 중요한 질문이 제기된다. 만일 구원이 믿음으로 말미암은 것이라면 율법은 대체 무엇인가? 하나님이 아브라함과 세우신 언약은 어떻게 되는가?" 바울은 아브라함의 믿음과 구원이 그가 할례를 받기 14년 전에 생긴 일임을 지적함으로써 이 질문에 답한다! 할례는 언약의 징표였으며 유대인 자녀가 율법 체제의 일부가 되게 하는 의식이었다. 그러나, 유대인의 "조상"으로서 아브라함은 그가 구원을 받았을 때에 할례받지 않은 "이방인"이었다!

할례는 세례(침례)와 같이 단순히 내적인 변화에 대한 외적인 표시일 뿐이다. 육체의 의식이 영적인 변화를 산출할 수는 없다. 그러나, 바울 시대의 유대인들은 오늘날의 많은 "종교주의자들"과 마찬가지로 외적인 표식인 의식을 믿었으며, 그들에게 요구되는 구원받게 하는 믿음을 모르고 있었다. 아브라함은 사실상 모든 믿는 자들의 "조상"이며 "믿음의 집"에 속한 모든 사람의 "아버지"이다(갈 3 : 7, 29). 바울이 2장 27~29절에서 지적하였듯이 모든 "유대인"들이 하나님의 이스라엘인 것은 아니다.

13~17절에서 바울은 1~8절에서 믿음과 행위를 대조시킨 것처럼 **율법과 은혜**를 대조시킨다. 여기서 핵심이 되는 단어는 약속이다(13, 14, 16절). 하나님이 아브라함에게 "세상의 상속자"가 되게 하시겠다고 약속하신 것은 (여기서 "세상"이란 약속된 씨인 그리스도로 말미암아 통치를 받는 영광된 왕국을 가리킴) 율법이나 할례에 연관된 것이 아니라 순전한 은혜로 말미암은 것이다! 15장을 다시 읽고 하나님께서 아브라함에게 개입하셔서 그의 영광스러운 약속을 주셨을 때는 "그 자신은 끝났을 때"였음에 유의하자.

아브라함이 해야 할 모든 것은 믿는 일 뿐이었다! 율법은 누구를 구원하기 위하여 주어진 것은 결코 아니다. 율법은 진노를 가져오며 죄를 드러낼 뿐이다. 율법이 은혜를 완전히 무효화함과 마찬가지로, 행위는 믿음을 무효화시킨다. 두 가지가 나란히 존재할 수는 없다. 아브라함은 율법이 아직 주어지지 않았을 때 어떻게 구원을 받을 수 있었겠는가?

바울은 16절에서, **칭의는 은혜로 말미암아 믿음을 통하여 오는 것이며**, 따라서 모든 사람들 곧 유대인과 이방인들은 구원을 받을 수 있다고 결론을 지었다! 그러므로 아브라함은 유대인들의 육신적인 조상일 뿐아니라, 믿음의 발자취를 따르는 모든 사람의 아버지이다(은혜와 율법에 대해서는 갈 3장 참조).

3. 칭의는 인간의 노력으로가 아니라 부활의 능력으로 말미암는다
(4 : 18 ～ 25)

첫 부분에서는 **믿음과 행위**를 대조시켰고(1～8절), 둘째 부분에서는 **율법과 은혜**를 대조시켰는데(9～17절), 이제 세번째로, **생명과 죽음**을 대조시킨다(18～25절). 17절에서 바울은 하나님을 "죽은 자를 살리시는" 분으로 밝히고 있음에 유의하자. 실제로 아브라함과 사라는 죽은 사람들로서, 그들의 몸은 아이를 낳을 연령에서 많이 지나 있었다(히 11: 11～12). 어떻게 90세와 100세인 사람 둘이서 아들을 가질 것을 바랄 수 있겠는가! 그러나, 육체가 죽어 있을 때, 성령의 부활의 능력은 일할 수가 있는 것이다!

우리는 아브라함의 믿음에 놀라는 것이 당연하다. 그가 가진 것이라고는 자신이 여러 민족의 아버지가 될 것이라는 하나님의 약속뿐이었으나, 그가 이 약속을 믿었을 때 하나님께 영광을 돌리고 축복을 받았다. 참으로 구원의 기적을 보여 주는 완전한 예증이라 하겠다!
사람이 육신을 의존하고 있으며 하나님을 기쁘게 할 힘을 아직 충분히 가지고 있다고 느끼고 있는 한, 그는 의롭다 하심을 결코 얻지 못할 것이다. 그러나 자신에 대해서 포기하고, 자기가 죽은 것을 인정하여 투쟁하기를 멈추면, 그 때 하나님은 그를 죽은 자들 가운데서 일으켜 새 생명을 주시며 하나님 앞에 완전히 서게 하신다. "믿음에 견고한 것"(20절)이 인간을 구원하지만, "육신에 강한 것"은 구원하지 못한다. 아브라함을 의롭게 한 것은 **하나님의 말씀을 믿는 단순한 믿음**이었으며, 이것이 바로 오늘날 사람이 의롭게 되는 방법이다.

그러면, 아브라함은 특별한 사람이었는가? 24절은 그렇지 않다고 말한다. 하나님은 이 진술을 아브라함을 위해서가 아니라, 우리들을 위하여 그의 말씀에 기록하셨다. 우리는 그와 똑같은 방법으로 구원을 받는다. 곧, "우리가 믿는 것"이다! 믿는다는 말이 얼마나 중요한 것인지 로마서에서 알아보라(1: 16 / 3: 22, 26 / 4: 3, 24 / 5: 1 / 10: 4, 9～10 등).
죄인이 말씀 가운데 기록된 하나님의 약속을 믿을 때, 똑같은 부활의 능력이 그의 생애에 들어와 그리스도인이 되고, 믿음의 아브라함과 같이 하나님의 자녀가 된다. 죄인은 **자신이 죽은 사람임**을 고백하고 **그리스도께서 살아계심**

을 믿어야 한다.

　마지막 구절(25절)은 **칭의의 기초**, 곧 그리스도의 죽음과 부활을 설명한다. 바울은 5장에서 이에 대해 상세히 다루고 있다. 이 구절은 다음과 같이 읽어야 마땅할 것이다. "우리의 범죄함을 인하여 내어 준 바되었으며 우리를 의롭다고 하시기 위하여 다시 살아나셨다."

　그가 죽으셨다는 사실은 우리가 죄인들임을 입증한다. 또한, 하나님께서 죽은 자들 가운데서 그리스도를 일으키신 사실은 우리가 그의 피로써 의로워졌다는 사실을 입증한다. 이것은 칭의가 부활의 능력에 관한 문제이며 육신의 연약한 노력의 문제가 아님을 다시 한 번 증거한다.

　본 장의 전체를 다음과 같이 요약할 수 있을 것이다.

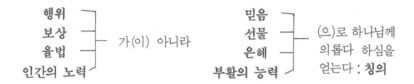

행위
보상
율법　　가(이) 아니라
인간의 노력

믿음
선물
은혜　　(으)로 하나님께
부활의 능력　의롭다 하심을
얻는다 : **칭의**

하나님과의 평화
- 로마서 5 장-

본 장은 4장에 나오는 마지막 말, 곧 "의롭다 하심"을 설명하는 것이다. 신약의 어떤 장이라도 본 장보다 더욱 상세하고 더욱 중요한 장은 없다. 우리가 믿음으로 의로워지는 것의 뜻을 이해하려면 필수적으로 바울의 논점을 파악해야 한다.

1. 칭의의 축복 (5 : 1~11)

칭의란 "내가 그리스도 안에서 의롭다"는 것을 하나님께서 선포하시는 것임을 명심하자. 이것은 나에게 전가된 의, 내 구좌에 넣어진 의이다. **성화**는 나누어 받은 의, 곧 성령으로 말미암아 나의 삶을 통하여, 그리고 그 안에서 성취된 의이다. 칭의는 하나님 앞에 선 나의 지위이며, 성화는 내 앞에 전개된 지상에서의 나의 신분이다. 칭의는 결코 변화되지 않으나, 성화는 변한다. 칭의를 통하여 우리가 가지는 축복을 살펴보자.

1 **평화를 갖는다** (1절) – 우리가 원수였을 때가 있었으나 (10절) 이제는 그리스도 안에서 하나님과 평화를 누린다. 하나님과 평화를 누린다는 뜻은 그리스도의 피로 말미암아 죄의 문제가 해결된 것을 의미한다. 하나님은 아버지시며, 심판자가 아니시다.

2 **하나님을 대면한다** (2상반절) – 이것은 그리스도 안에 있는 우리의 새로운 지위로 말미암은 것이다. 구원을 받기 전에 우리는 "아담 안에" 있었으며 정죄를 받는 입장이었다. 그러나 이제 우리는 그리스도를 통하여 하나님 앞에서 완전한 지위를 가지고 있으며, 하나님의 존전에 출입할 수가 있다 (히 10 : 19~25).

3 **소망을 갖는다** (2하반절) – 직역하면 "우리는 하나님의 영광을 누릴 소망을 자랑한다"는 뜻이 된다. 에베소서 2장 11~12절을 읽고 구원을 받지 않은 사람은 "소망이 없음"을 살펴보자. 우리는 선한 행위로 구원을 가져온다고 자랑할 수는 없으나 (엡 2 : 8~9), 하나님께서 그리스도 안에서 우리에게 주신 놀라운 구원을 자랑할 수는 있다. 이것은 "복된 소망"이다 (롬 3 : 23 / 5 : 2 비교).

4 **일상적인 신념을 갖는다** (3~4절) – "우리는 환난 중에서도 즐거워한다"(자   *381*

랑한다, 영광으로 여긴다). 참된 그리스도인은 장래에 대한 소망을 가지고 있으며, 또한 생활 가운데 부딪히는 현재의 시련들 가운데서도 신념을 가진다. 우리는 시련이 끝났음을 영광으로 여기거나, 시련의 주변에서 영광스러워 하지 않고 시련 가운데서 영광을 누린다(마 13 : 21 / 살전 1 : 4〜6 / 약 1 : 3 이하 참조).

　이것은 다음과 같은 공식으로 간단하게 표현할 수 있다.

● 시련 + 그리스도 = 인내
● 인내 + 그리스도 = 성품 (경험)
● 경험 + 그리스도 = 소망

⑤ **하나님의 사랑을 갖는다**(5〜11절) – 내주하시는 성령은 우리를 통하여 우리에게 하나님의 사랑을 발산하신다. 하나님은 우리같이 "무력하고" "경건하지 못하며," "죄인들이고," "원수들"인 사람들을 위하여 죽으심으로써 십자가에서 그의 사랑을 나타내셨다. 바울이 말하는 점은 "만일 하나님께서 우리가 원수였을 때에 이 모든 일을 행하셨다면, 이제 그의 자녀들인 우리를 위하여는 얼마나 더한 일을 하실까" 하는 것이다.

　우리는 그의 죽으심으로 구원을 받는다(9절). 그러나, 우리는 또한 "그의 부활의 능력"이 우리의 삶에서 작용할 때(빌 3 : 10) 그의 생명으로 말미암아 구원을 받는다(10절). 우리는 "화목함"을 얻었으며(11절 – 속죄) 이제는 우리의 생활에서 하나님의 사랑을 경험한다.

2. 칭의의 기초(5 : 12〜21)

이 부분은 복합적인 부분이다. 여러 번 읽고 현대 번역본을 사용하도록 하자. 바울은 여기서 어떻게 모든 사람이 죄인이며, 한 사람(그리스도)의 죽음으로 어떻게 거룩하지 못한 죄인이 하나님 앞에서 의로운 지위를 얻을 수 있는가를 설명하고 있다.

① **첫 아담과 마지막 아담** – 제일 먼저 **"한 사람"**이란 말이 여러 번 반복되는 것에 유의하자(12, 15, 16, 17, 18, 19절 – 11 회). 14, 17, 21절에서는 "왕 노릇하다"는 단어가 사용된 것에 주목하자. 핵심이 되는 사상은 하나님께서 인류 전체를 보실 때 아담과 그리스도의 두 사람으로 보신다는 것이다. 모든 인간은 "아담 안에" 있어 잃어버림을 받았거나 아니면 "그리스도 안에" 있어 구원을 받았다. 중간 지점이란 없다.

　14절에서는 아담을 그리스도의 모형(표상)으로 언급하는데, 그는 "첫아담"이요 그리스도는 "마지막 아담"이다(고전 15 : 45). 두 아담을 다음과 같이 대조시킬 수 있다.

첫 아담	마지막 아담 – 그리스도
1 흙으로 만들어짐(고전 15 : 47)	1 하늘에서 오신 주님(고전 15 : 47)
2 옛 창조의 왕(창 1 : 26~28)	2 새 창조의 주님(고후 5 : 17)
3 완전한 동산에서 시험을 받아 실패함	3 광야에서 시험을 받고 승리함
4 죄와 죽음과 정죄를 가져옴	4 의와 생명과 칭의를 가져옴
5 죽음이 통치함(5 : 14, 17)	5 믿는 자, 은혜가 통치함(17, 21절)
6 많은(모든) 사람들이 죄인이 됨 (19절)	6 믿는 자는 의인이 됨(19절)
7 우리는 육신의 출생을 통하여 "아담 안에 있음"	7 우리는 영적인 출생을 통하여 "그리스도 안에" 있음

구약은 아담의 세대들에 관한 책이며(창 5 : 1~2) "저주"(말 4 : 6)라는 말로 끝을 맺는 반면에, 신약은 예수 그리스도의 세대들에 대한 책이며(마 1 : 1) "더이상 저주가 없다"는 말로 끝난다(계 22 : 3). 아담이 잃어버린 창세기의 낙원은 그리스도의 십자가를 통하여 회복되었다.

바울이 여기서 교훈하는 것은 **아담 안에 있는 인류의 단일성**이다(행 17 : 26 참조). 그가 12절에서 "모든 사람이 죄를 범하였다"고 말할 때, 이것은 우리 모두가 아담이 죄를 범했을 때 아담 안에서 죄를 지었음을 의미한다. 우리는 그와 동일시되고 있으며, 그의 죄는 우리의 죄이고 그의 죽음은 우리의 죽음이다. 바울은 12~14절에 주어져 있는 논점을 다음과 같이 진행시켜간다.

우리 모두는 사람이 하나님의 율법에 불순종하면 죽는다는 것을 안다. 그러나 아담으로부터 모세까지는 **율법**이 없었는데도 사람들이 죽었다. 아담이 **하나님의 법**에 불순종하여 죽었음은 알려진 바이나, 아담으로부터 모세까지의 사람들은 그와 같은 법에 불순종한 일이 없었다. 그렇다면 죽음에는 또다른 이유가 있는 것이 분명한데, 그 원인이 바로 아담의 죄이다. 우리는 "아담 안에서" 태어났기 때문에 그의 죄와 저주를 물려 받았다. 그러나, 하나님은 그 은혜로 "마지막 아담"을 주셨는데, 이는 그의 삶과 죽음을 통하여 아담이 죄 가운데서 행한 모든 것을 풀어 놓으신 새로운 "머리"이시다.

2 **구원과 죄** — 바울은 이제 구원과 죄 사이의 대조점들을 몇 가지로 제시한다.

● **범죄 대**(vs.) **값없는 선물**(15~16절) — 아담의 범죄는 정죄와 죽음을 가져왔다. 반면에, 하나님께서 거저 주시는 은혜의 선물은 의와 생명을 가져왔다.

● **죽음 대 생명**(17절) — 아담의 죄로 인하여 죽음이 왕노릇하였으나, 이제는 우리가 그리스도를 통하여 생명 안에서 다스리며(미래의 일이 아님), 풍성한 삶을 누린다!

● **정죄 대 칭의** (18절) – 아담의 죄는 인류를 저주 가운데로 밀어 넣었다. 그러나 그리스도의 죽음은 하나님과 바른 지위를 가지도록 하였다. 아담은 하나님으로부터 숨었는데, 우리는 그리스도 안에서 하나님을 자유로이 대면한다.

● **불순종 대 순종** (19절) – 아담은 하나님께 불순종하였으며 우리를 죄인되게 하였다. 반면에, 그리스도는 하나님께 순종하셨으며, 그를 믿는 믿음을 통하여 우리는 의롭게 된다.

● **율법 대 은혜** (20절) – 하나님은 인류를 구원하시기 위해 율법을 주신 것은 아니다. 이는 인간의 죄를 나타내기 위한 것이다. 그러나 하나님의 차고 넘치는 은혜는 그리스도의 죽음을 통해 율법의 요구에 응하셨다. 그리하여 율법이 제공할 수 없는 것, 즉 죄로부터의 구원을 공급하셨다.

지금까지의 전체적인 논급이 20절에 요약되어 있다. 새로운 창조에서는(고후 5 : 17 – "그리스도 안에" 있는 존재를 의미함) 더이상 죄가 다스리지 못하며 은혜가 왕노릇한다. 죽음이 다스리지 못하며 생명이 다스린다. 그리고 우리는 생명 안에서 다스린다! "주님은 우리를 하나님께 대하여 왕들과 제사장들이 되게 하셨다! (계 1 : 5~6)

③ **문제의 제기** – 이제 중요한 질문은 "나는 아담 안에 있는가 그리스도 안에 있는가" 하는 것이다. 만일 내가 "아담 안에" 있다면 죄와 죽음이 나의 삶을 다스리며 나는 정죄 아래 있다. 반면, 내가 "그리스도 안에" 있다면 은혜가 통치하며, 나는 그리스도를 통하여 통치한다. 죄는 더이상 나를 노예로 삼지 못한다 (6장의 주제).

5장 6~11절에서 바울은 **대속**(그리스도께서 나를 대신하여 십자가에서 죽으셨다)을 가르친다. 그러나, 5장 21절에서는 좀더 수준을 높여 **일체성**(나는 그리스도 안에 있으며 죄와 죽음에서 자유롭게 되었다)을 가르친다. 할렐루야, 참 구주가 아니신가!

부가적 해설

- 로마서 6~8장 -

오늘날 교회는 신자들의 생활에 있어서 실천적인 거룩함을 강조해야 할 절실한 필요를 느낀다. 만일 진실로 거듭났다면 모든 그리스도인은 로마서 5장에서 살고 있다. 그러나, 6장과 8장으로 진행해 나가는 사람들은 극소수이다! 우리가 **성화**에 관한 이 부분의 의미를 이해해야 하는 것은 필수적인 일이며, 이해할 뿐만 아니라 그러한 삶을 살아야 한다.

■ 정의 : "성별"이라는 것은 단순히 "따로 떼어 놓는다"는 말이다. 성별은 반드시 사물의 본성을 따지지는 않으며 다만 하나님과 연관된 그 위치만을 말한다. 성막과 그 가구들은 성별되었는데, 하나님께서 사용하시도록 따로 떼어 놓았다. 나무, 옷, 금속, 다른 재료들 그 자체가 "거룩한" 것은 아니다. 다만 하나님께 따로 떼어 놓여진 것이다.

요한복음 17장 19절에서 예수님은 "내가 나를 거룩하게 한다"고 말씀하신다. 거룩하신 하나님의 아들이 본래보다 "더욱 거룩하게" 될 필요가 있었던 것이 분명하다! 그가 말씀하시는 뜻은 하나님을 섬기기 위하여 스스로를 따로 떼어 놓는다는 뜻이다. 그는 구원을 통하여 신자들을 하나님의 영광 속에 따로 떼어 놓으실 수 있다.

성경에 나오는 성화는 삼중적이다.
- **위치상의 의미** - 그리스도인은 세상으로부터 옮겨져 그리스도와 함께 앉아 있다(요 17 : 16).
- **실천적인 의미** - 죄를 날마다 극복하여 이기며, 거룩함과 그리스도를 닮음에 있어 점차적으로 장성한다.
- **완성** - "우리는 하나님이 어떠하신지를 있는 그대로 알 것이기 때문에 그분과 같이 될 것이다!"

■ 범위 : 우리가 만일 로마서 6장의 멧세지를 로마서 7장의 멧세지와 분리시켜 생각하지 않으면 바울의 멧세지를 혼동하게 되어 큰 축복을 잃게 될 것이다. 다음의 표는 로마서 6장의 멧세지와 로마서 7장의 멧세지의 차이를 설명한다.

로마서 7장은 로마서 6장에서보다 더욱 깊은 문제를 제시한다. 모든 그리스도인들은 그의 육적인 본성이 그를 끌어내려 노예로 삼고자 한다는 로마서 6장

로마서 6 장	로마서 7 장
① 우리가 은혜를 풍성하게 하기 위해서 계속해서 범죄할 것인가?	① 우리의 본성이 이처럼 죄악된 것일 때 어떻게 죄 아닌 다른 일을 행할 수 있겠는가?
② 죄의 몸에 속박당함	② 율법과 규율과 규칙에 속박당함
③ 우리가 죄에 대해 죽음	③ 우리가 율법에 대해 죽음
④ 종과 주인에 대한 예증	④ 한 아내와 두 남편에 대한 예화
⑤ **문제의 제기** : 내가 죄악된 본성을 가지고 있을 때 어떻게 악을 행치 않을 수 있는가의 문제	⑤ **문제의 제기** : 나의 죄악된 본성에도 불구하고 어떻게 선을 행할 수 있는가의 문제
⑥ **문제의 해결** : ●죄에 대해 죽었다고 앎 ●믿음으로 자신을 죽었다고 여김 ●하나님께 양도함	⑥ **문제의 해결** : ●율법에 대해 죽었다고 앎 ●육신으로는 하나님을 기쁘시게 할 수 없음을 시인함 ●성령께 양도함

의 문제를 깨닫고 있다. 하지만 로마서 7장의 경험, 곧 "우리는 선하지 않다"는 겸손한 깨우침으로 들어가는 그리스도인은 많지 않다.

대부분의 그리스도인들은 율법 아래 산다. 이들은 규율과 규칙의 연속 가운데에서 살며 육신적인 힘을 사용하여 종교적으로 순종하면서, 이러한 생활을 "헌신된 그리스도인의 삶"이라고 부른다. 그러나 이와는 거리가 먼 것이다! 성령께서 안으로부터 우리의 삶을 인도하실 때, 우리는 사랑하는 마음으로 순종하며 하나님께 영광 돌리는 그리스도인의 삶을 살게 된다.

육은 "종교적으로 되는 것"을 즐거워하며 율법과 규례에 순종하려고 노력한다. 육에 관하여 가장 속기 쉬운 것은 육이 실재에 있어서는 하나님의 원수인데도 불구하고, 대단히 거룩하고 대단히 영적으로 나타나 보일 수 있다는 점이다. 로마서 6장은 악을 생성하는 육을 다루며, 7장은 율법을 통하여 "선"을 생성하는 육을 다룬다.

■ 육체 : 이 말은 몸이라는 뜻이 아니라, 그보다는 **하나님의 영향과 능력으로부터 떠나 있는 인간의 본성**을 말한다. 여기서 육을 나타내는 다른 용어들이 사용되고 있는데, 옛 사람, 죄의 몸, 자아(self / "나") 등이다. 정련된 사람들(그리스도인들조차)이 우리 안에 아무 선한 것이 없다고 인정하기란 어려운 일이다. 성경이 육에 대하여 말하는 것은 모두 부정적이다. 신자가 스스로 육

신을 조절할 수 없으며, 육을 변화시킬 수 없고, 육을 정결케 할 수 없으며, 스스로 육을 정복할 수 없다는 것을 인정하게 될 때까지는 결코 로마서 8장의 생명과 자유에 들어가지 못할 것이다. "탁월한 바리새인"인 바울도(빌 3장 참조) 로마서 7장에서, 그의 육은 하나님의 법에 순종하지 않는다고 인정해야만 했다. 아마도 바울은 외적으로 나타나는 죄는 범하지 않았을 것이지만 내적인 마음가짐을 품었을 것은 분명하다. 하나님의 율법은 거룩하고 선하지만, 거룩한 법이라 할지라도 죄악된 육을 조절할 수가 없는 것이다.

이러한 진리는 잘 교육을 받은 신자들에게조차도 하나의 충격으로 밀어 닥친다. 그리스도인의 삶은 하나님을 위하여 "선한 일을 하려고 노력하는" 육의 에너지로써 살게 되는 것이 아니다. 이 땅의 어떤 신자이든 육으로는 아무리 경건하더라도 하나님을 기쁘시게 할 수 없다!

우리는 육체가 아무 유익을 줄 수 없음을 인정하고 성령께 항복(또는 헌신)해야만 한다. 그래야만 하나님이 우리의 생에 대해 "정죄함이 없다"고 말씀하시는 음성을 들을 수 있다. 율법, 결의, 규율의 속박 아래 산다는 것은 얼마나 비극인가! 우리는 성령을 통하여 영광된 자유로 부름을 받은 것이다!

■ **십자가에 대한 두 가지 면** : 로마서 5장은 개요 부분에서 "구원"이란 제목을 붙이기는 했지만 이 토론에서 중요한 위치를 차지한다. 로마서 5장과 6, 7장 사이의 대조점들을 살펴보자.

로마서 5장	로마서 6, 7장
1 대속 – 그리스도께서 우리를 대신하여 죽으심	1 연합 – 내가 그리스도와 함께 죽음
2 그리스도께서는 나의 죄를 대신하여 죽으셨으며 죄의 형벌을 치르심	2 그리스도는 죄에 대하여 죽으시고 죄의 능력을 파괴하심
3 칭의 – 하나님은 그의 관점에서 나를 의롭다고 선언하심	3 성화 – 하나님께서 나를 사람들 앞에 의롭게 하심
4 의가 전가 – 내게로 돌려짐	4 의의 분여 – 의가 성령으로 말미암아 내 생활의 일부가 됨
5 믿음으로 아담에게서 나와 "그리스도 안에" 들어감	5 믿음으로 육신과 율법의 영역에서 나와 성령의 영역으로 들어감

다른 말로 하면, 그리스도의 십자가는 죄로부터 구원을 받는 일보다 더욱 중요한 의미를 가지고 있다. 십자가는 내가 "생명 안에서 다스리며" 승리와 평화

와 능력을 가질 수 있게 한다.

■ 우리의 책임 : 그리스도인의 삶은 수동적인 것이 아니다. 우리는 다만 "죽어 있고" 하나님께서 모든 일을 하시는 것이 아니다. "알라, 여기라, 양도하라(드리라)," 이것은 6장에 나오는 핵심 단어들이다.

우리는 그리스도 안에 있는 우리의 영적인 지위와 특권을 **알아야 하며**, 이것은 곧 하나님의 말씀으로 더불어 시간을 보낸다는 뜻이다. 우리는 성경에서 하나님이 우리에 대해 말씀하신 것을 우리의 삶에서 "진실하다고 **간주하여야**"한다. 이것은 성령으로 난 믿음을 뜻한다. 마지막으로, 우리는 모든 일을 성령께 **양도해야** 한다. 일 주일에 한 번이나 또는 매일의 시작에서만 아니라 하루 종일 드려야 한다. 이것은 "성령과 더불어 행하는 것"을 뜻한다.

옛 성품은 악을 행하는 데 강하나, 영적인 일을 할 때 "육은 약하다". 우리는 하나님의 말씀의 양식으로 새로운 성품을 먹여야 한다. 그리고, 옛 성품은 죽은 것으로 여겨야만 한다. 죽은 사람에게 먹여야 할 이유가 있겠는가? 그러나 많은 그리스도인들은 세상과 육신의 찌꺼기로 옛 성품을 먹이고 있다. 그러는 동안 새로운 성품은 하나님께로부터 오는 만나와, 기도 중에 가지는 하나님과의 교제에 굶주려 있다. 하나님은 이미 자신의 역할을 감당하셨다. 우리의 책임은 명백하다. 알고, 여기고, 드리라!

부활을 통한 구원

- 로마서 6 장-

우리는 이제 성화에 대해 다루는 로마서의 세번째 부분(6~8장)으로 이동한다. 이 세 장은 함께 속해 있어서 독립적으로 연구될 수는 없다. 따라서, 이 세 장을 주의깊게 모두 읽는 것이 현명할 것이다. 6장은 **죄에 대하여 죽은** 신자를 다루며 7장은 **율법에 대하여 죽은** 신자, 8장은 **성령이 주시는 승리 가운데 살아 있는** 신자를 다루는 것에 유의하자.

이 세 장들은 모두 5장 17절의 "생명 가운데 왕노릇한다"는 짧은 구절을 설명하는 것이다. 6장은 어떻게 죄가 더이상 우리를 다스리지 못하는가를 설명하며(6:12), 7장은 어떻게 율법이 더이상 우리를 다스리지 못하는가를 설명한다(7:1), 그리고 8장은 내주하시는 성령이 어떻게 우리에게 생명과 자유를 주시는지를 설명한다(8:2~4).

사람이 구원을 받은 후에는 두 가지 문제에 부딪힌다. 즉, 어떻게 하면 옛 성품(육, 죄의 몸)을 이기고 승리를 거둘 수 있는가하는 문제와, 어떻게 하면 하나님을 기쁘시게 하는 삶을 살 수 있을까 하는 것이다. 6장은 첫번째 질문에 답하고 있다. 옛 성품은 죽었으며 그리스도와 함께 십자가에 못박혔다는 것을 깨달음으로써, 옛 성품을 이기고 승리한다!

그러나 두번째 질문은 좀 복잡하다. 내가 행하는 모든 일들은 "선한 일들조차도" 옛 성품으로 말미암아 부패되었는데 어떻게 하나님을 기쁘시게 할 수 있는가? 죄란 단순히 외적인 것만이 아니라 **내적 마음 가짐과 성향**이다. 7, 8장은 그리스도인이 율법에 대해 죽고 성령께서 우리를 대신하여 율법의 의를 성취하셨음을 보여 줌으로써 이 문제에 대답한다(8:4). 육을 이기는 비결은 세 핵심 단어에서 찾아볼 수 있다.

1. 알라(6:1~10)

바울이 본 장에서 "알라"는 단어를 얼마나 자주 사용하는지 눈여겨보자(3, 6, 9, 16절). 사단은 우리가 마땅히 알아야 할 영적인 진리에 이르러 우리를 어두움 가운데 두고 싶어한다. 많은 그리스도인들이 그들의 특권을 누리지 못하고 사는 것은 이 때문이다. 질문자는 "그리스도인이 하나님의 은혜를 더욱 알려면 죄 가운데 살아야 한다!"고 말한다. 바울은 그럴 수 없다고 밝히고 있는데, 그것은 참된 그리스도인은 죄에 대하여 죽었기 때문이다.

이것은 우리를 **그리스도와 연합**시키는 놀라운 진리이다. 그리스도는 나를 위하여 돌아가셨을 뿐아니라, **나는 그리스도와 함께 죽었다!** 성령께서 내게 주님의 몸에 연합하는 세례를 베푸셨을 때 나는 십자가에서 그의 죽으심에 동참하였다. 3~4절은 물세례(침례)를 말하는 것이 아니라, 성령께서 우리를 주님의 몸의 지체가 되도록 "그리스도에게로" 밀어 넣으시는 작용을 가리킨다. 그리스도가 죽으셨을 때 내가 함께 죽었으며, 그가 부활하셨을 때 나는 그와 함께 생명의 새로움 가운데 부활하였다. 이것은 그리스도 안에서 내가 갖는 새로운 지위이다.

그리스도는 죄를 위하여 돌아가셨을 뿐아니라 죄에 대하여 죽으셨다(6 : 10). 다시 말하면, 주님은 죄의 능력을 깨뜨리셨고 옛 성품을 "퇴치시키셨다"(파괴하셨다 / 6 : 6). 옛 성품이 아직도 있다는 것을 우리는 안다. 그러나, 그리스도의 십자가로 말미암아 그 주된 능력이 파괴당한 것이다.

죄와 옛 성품은 마음이 굳은 주인들이다. 구원받지 않은 사람은 죄의 노예이다(엡 2장). 그러나 그리스도인을 다스리던 죄의 지배권이 그리스도로 말미암아 깨어졌는데도 여전히 죄를 섬기는 그리스도인들이 많다! 로마서 5장에 이르러 그리스도가 그들의 죄를 위하여 죽으셨다는 것을 발견하고 그리스도를 그들의 마음에 영접하지만, 로마서 6장으로 옮겨가 그리스도 안에서 누리는 영광스러운 자유를 발견하지 못하는 그리스도인들이 너무도 많다.

6장 1~10절을 다시 읽고 신자는 죄에·대하여 죽었음과(2절), 옛 성품은 십자가에 못박혔음을(6절), 그리고 신자는 죄에서 자유롭게 되었음을(7절) 스스로 알아보라! 옛 성품은 더이상 그리스도인에게 왕노릇할 수 없다!

2. 간주하라 – 여기라(6 : 11)

그리스도 안에 있는 우리의 새로운 지위를 아는 것만으로는 충분하지 않다. 우리는 믿음으로 우리의 삶에 있어서 그것을 참된 것으로 여겨야 한다. 여긴다는 말은 "하나님이 성경을 통하여 나에게 말씀하시는 것은 지금 나의 생활에서 참되다. 나는 그리스도와 함께 못박혔다"라고 말하는 단순한 믿음의 단계이다.

여기는 것은 **행동으로 나타난 믿음**이며, 환경이나 감정에도 불구하고 하나님의 말씀을 의존하는 행위이다. 하나님은 우리 자신을 십자가에 못박으라고 말씀하시는 않는다. 그보다는 우리가 십자가에 못박혔다는 것을 믿고 옛 성품이 죽음에 넘겨졌음을 믿으라고 하신다. 십자가형은 스스로에게 가할 수 있는 죽음이 아니다. 반드시 다른 사람에 의해서 십자가에 달리게 된다. 여긴다는 것은 하나님의 말씀에 언급되어 있는 것을 믿고 그대로 행동하는 믿음의 단순한 단계이다.

3. 양도하라 – 드리라 (6 : 12~23)

만일 신자가 진실로 자신을 죄에 대해 죽은 것으로 간주한다면 그는 믿음을 입증할 것이다. 이것은 옛 성품, 육을 이기고 승리하는 과정에서의 세번째 단계이다.

12절에서 단호하게 "…하지 못하게 하라!"고 말한 것에 유의하자. 이것은 우리 자신의 의지로 말미암는 행위이며, 주님께 순종하는 한 단계이다. 이 놀라운 교리를 아는 것으로, 또는 그렇다고 여기는 것만으로는 충분하지 못하다. 우리의 몸의 지체들을 그리스도께 드리는 마지막 단계를 취해야만 한다.

16~23절에서 그는 **종과 주인의 예**를 들고 있다. 두 주인을 섬길 수 있는 사람은 없다. 우리가 구원받기 전에는 우리 자신을 죄에게 양도함으로 우리는 죄의 종이었으며 죄의 삯인 죽음을 받았다(23절). 그러나, 이제 그리스도를 구세주로 영접함으로써 죄로부터 자유로와지게 되었다. 즉, 그리스도 안에 있는 우리의 새로운 지위는 새로운 본성과 더불어 새로운 주인을 맞게 하는 것이다.
우리는 이제 죄의 종이 아니라 의의 종이다! 몸의 지체들을 그리스도께 "도구" 또는 "병기"로 드렸을 때, 그는 우리의 생활을 조절하시며 우리는 거룩함의 열매를 맺게 된다(22절).

고의적으로 자신을 죄에 복종시키는 그리스도인은 죄를 범하고 있는 것이며, 추수 때에 슬픔을 거두게 될 것이다. 우리가 죄에 대하여 죽었는데 죄가 우리의 주인이 되어야 할 이유는 무엇인가? 십자가에 달리신 그리스도로 말미암아 이미 패배한 주인에게 순종해야 할 이유가 있는가?
너무도 많은 그리스도인들이 고의적으로 자신을 죄에게 굴복시키기 때문에 죄에 순종하고 있다. 그들은 그리스도 안에서 승격된 자신의 지위보다 아래에 살고 있다. 우리가 그리스도를 통하여 "생명 안에서 다스리며" 왕과 같이 살 수 있는데도 노예처럼 살고 있는 것이다.

4. 세 단계에 대한 재고찰

이 세 단계를 순서대로 유지하는 것은 중요하다. 그리스도인은 먼저 자신을 죄에 대하여 죽고 그리스도 안에서 살아 있다고 여기지 않고는 하나님께 자신을 굴복하며, 육신을 극복하고 승리할 수 없다. 하지만, 그리스도 안에서 자기의 위치를 알지 못하고서는 자신을 죽은 사람으로 간주할 수는 없다. 사단은 우리가 그리스도 안에서 가지는 우리의 특권에 어울리게 살게 되는 것을 원하지 않는다. 그러므로, 사단은 하나님의 아들에 대해 가지는 승리의 관계에 관하여 신자들이 혼동을 일으키게 하려고 노력한다.
그리스도가 나를 위하여 죽으셨음을 아는 것만으로는 충분하지 않다. 내가 그리스도 안에서 죽었다는 것을 알아야만 한다. 또한, 나에게 새로운 내적인 성품이 있다는 것을 아는 것만으로는 충분하지 않다. 옛 본성은 십자가에서 죽었다는 것을 알아야 하는 것이다.

알고, 간주하고, 양도하는(드리는) 이 세 단계는 육신을 극복하고 매일 승리하도록 인도해 간다. 이 세 단계는 그리스도가 높임을 받은 보좌로 우리를 인도해 간다. 그 곳에서 우리는 주님과 더불어 "생명 안에서 왕노릇한다." 거기서 우리는 죄의 노예가 아니라 의의 종이다.

이 세 단계가 **일상 생활의 마음가짐을 대표하는 것**임을 명심하라. 이 단계들은 어떤 특별한 유혹이 올 때 사용하는 "비상 대책"이 아니다. 하나님의 말씀과 더불어 함께 하는 시간을 갖는 신자는 그가 그리스도 안에서 가지는 위치를 알게 될 것이며, 기도 시간을 갖는 신자는 자신이 죄에 대해 죽었다고 간주할 믿음을 가지게 될 것이다. 그리고, 내주하시는 성령께 자신을 드림으로 승리를 얻게 될 것이다. 결심이나 훈련, 단식, 결의, 개혁, 율법주의, 또는 다른 육신의 방법들로는 신자의 생활에 거하는 죄의 문제를 해결할 수 없다. **승리는 십자가에 못박힘을 통하여 온다**(갈 2 : 20).

워치만 니의 저서 『정상적인 그리스도인의 생활』(Watchman Nee, The Normal Christian Life)에서 로마서 6, 7, 8장에 대한 탁월한 자료를 발견할 수 있을 것이다. 이 책은 이 장들에 대한 매우 훌륭한 주석이며 오늘날도 유용하므로, 강력하게 추천하는 바이다.

죄의 비참함

- 로마서 7 장 -

본 장은 오해가 많은 장이지만 중요한 부분이다. 바울이 왜 6장에서 승리를 다룬 후에 7장의 패배로 이동해 가는지 이해하지 못하는 성경 연구자들이 많다! 그들은 6장의 승리로부터 8장의 큰 축복들로 건너 뛰어야 한다고 느낄 것이다. 그러나, 영감을 받는 저자는 더 좋은 방법을 알고 있었다. 7장은 그리스도인의 삶에 있어 생생한 문제거리를 다루고 있는데, 곧 **신자들이 갖는 하나님의 율법과의 관계**에 대한 것이다.

로마서 6장은 신자가 그리스도의 죽음과 부활을 통하여 자신을 그리스도와 동일시하기 때문에 죄에 대하여 죽은 것임을 설명한다. 로마서 7장은 "우리가 계속 죄에 거하겠느뇨?"(6 : 1) 라는 질문에 대한 해답이다.

그런데 바울은 6장 15절에서 두번째 질문을 하고 있음에 주목하자. "우리가 법 아래 있지 아니하다고 해서 죄를 지으리요?" 바울은 7장에서 이 질문에 답하여, 그리스도인은 죄에 대하여 죽은 것같이, 율법에 대하여도 죽은 것임을 설명한다(7 : 4).

바울이 6장 4절에서 우리가 법 아래 있지 아니하고 "은혜 아래 있다"고 말할 때 이는 무엇을 뜻하는 것인가?『정상적인 그리스도인의 생활』(The Normal Christian Life」)에서 워치만 니 (Watchman Nee)는 이 문제를 분명히 밝히고 있다. 율법 아래 있다는 것은 **내가 하나님을 위하여** 무엇인가를 해야 한다는 뜻이며, 은혜 아래 있다는 것은 **하나님께서 나를 위하여** 무슨 일인가를 하신다는 뜻이다. 너무도 많은 그리스도인들이 "종교적인 규칙들과 규율과 훌륭한 결단들"로 말미암아 짐스러워 하며, 율법적인 거룩함이 불가능한 것임을 깨닫지 못한다.

그리스도인의 삶이 "율법 아래" 있어, 자신의 노력으로 하나님을 기쁘게 하려고 투쟁하는 모습을 보는 것은 참으로 비극적이다. 그런데 우리가 그리스도 안에서 갖는 새로운 위치와 성령 안에서 갖는 새로운 능력(8 : 3~4)은 우리가 은혜로 말미암는 승리와 축복을 누릴 수 있게 한다! 바울은 일련의 "이중주"를 우리에게 들려 줌으로써 7장에서 이를 설명한다.

1. 두 남편(7 : 1~6)

우리가 율법에 대해 맺고 있는 관계를 설명하기 위하여 바울은 결혼관계를 사용한다. 바울이 "법"이라고 말할 때 이는 모세의 구약 율법만을 말하는 것이 아니라 신자가 죄를 억제하거나 거룩함을 얻으려고 사용하는 온갖 종류의 법률을 말한다.

두 남편이란 **율법**과 **주 예수 그리스도**이시다. 여인이 결혼하고 나면 남편이 죽기까지는 그에게 매여 있으나, 그가 죽은 후에는 다시 결혼해도 되는 자유의 몸이 된다. 그리스도를 만나기 전에 우리는 율법에 묶여져 있었고, 율법으로 말미암아 정죄를 받았다. 그러나, 우리가 구원을 받았을 때, 율법이 "죽은 것"이 아니라 그와는 반대로 **우리가 그리스도 안에서 죽었다!** 우리는 더이상 율법의 체계와 "결혼한" 상태가 아니다. 우리는 예수 그리스도와 결혼하였으며, 율법은 더이상 우리를 조절할 수 없다.

7장 4절을 거듭해서 읽고 그 놀라운 멧세지에 집중하라. 그 남편이 우리를 조절하지 않으며, 우리는 그리스도를 통하여 놀라운 새로운 관계에 있다. 우리가 잃어버린 자였을 때, 율법은 우리의 옛 본성에 "죄를 일깨우는" 계기가 되었으며, 이 일로 인하여 죽음을 산출하게 되었다(5절). 이제 우리는 율법에서 구원을 받으며, 옛 문서("의문의 묵은 것")로써가 아니라 성령의 새롭게 하심 안에서 섬기고 있다.

6절은 그리스도인들이 **하나님께 순종할 의무**가 없다고 암시하는 것은 아니다. 사실상, 우리가 그리스도를 알고 하나님의 가족에 속하여 있기 때문에 우리의 의무는 이제 더 커졌다. 신약의 요구들은 구약 율법보다 더욱 어렵다. 왜냐하면, 신약은 산상 수훈의 예만 보더라도 외적인 행위만을 다루는 것이 아니라 내적인 마음가짐을 다루기 때문이다.

6절은 우리의 **순종의 동기**가 달라졌음을 가르친다. 우리는 일단의 규율에 기계적으로 순종하는 것이 아니라, 우리 안에서 율법의 의를 이루시는 하나님의 영에 대해 사랑으로, 마음으로부터 순종하는 것이다(8 : 4). 초보적인 피아노 연주자는 악보를 완전하게 연주할 수는 있으나, 숙달된 음악가가 할 수 있는 방식으로 그 노래의 내적인 정신에 사로잡힐 수는 없는 것이다. 우리가 하나님께 순종하는 것은 노예가 주인을 두려워하는 것과 다르다. 그와는 달리 신부가 사랑으로 신랑을 기쁘게 하려고 노력하는 것과 같다.

2. 두 가지 발견(7 : 7∼14)

그렇다면 왜 거룩함을 산출하지 못할 율법을 주어 괴롭히는 것일까? 하나님은 그 심중에 어떤 목적을 가지고 계시는 것일까? 바울은 이 질문에 답이 될 두 가지 사실을 발견하였다. 곧, **율법 자체는 영적이다. 그러나, 신자는 육적이며 죄 아래 팔렸다는** 사실이다. 교만한 바리새인에 비해 얼마나 겸손한 발견인가! 바리새인들의 본성은 영적이지 못하므로 하나님의 법에 순종할 수가 없다!

율법은 죄를 드러낸다(7절). 우리가 율법을 읽을 때 율법이 저주하는 바로 그와 같은 것이 우리의 생활에 나타나기 때문이다! 율법은 죄에 동력을 제공하며(8절), 죄의 동기들은 우리의 본성을 선동하고 있다. 율법은 죄인을 죽이며 죄인을 속인다(9~11절). 그리고, 그가 하나님의 표준에 따라 순종하는 데에 얼마나 미약한가를 깨닫게 한다. 마지막으로, 율법은 죄의 죄됨을 드러내며(13절) 밖으로 나타난 행동만이 아니라 안에 있는 육적인 마음가짐의 죄악성도 역시 나타낸다.

신자가 율법을 수단으로하여 스스로를 거룩하게 할 수 없는 이유는 하나님의 법이 선하지 않아서가 아니라, 그의 본성이 법으로 말미암아 조절을 받을 수 없기 때문이다. 새로운 그리스도인의 생활에 있어서 **"옛 본성은 규율을 알지 못하나, 새로운 본성은 규율을 필요로 하지 않는다"**는 사실을 발견하는 순간이 얼마나 복된 시간이겠는가!

3. 두 가지 원리들(7 : 15~25)

율법과 더불어 패배의 경험을 한 후에 바울은 신자의 생활에 작용하는 **두 가지 원리** 또는 "법"이 있다고 결론을 내린다. 그 두 가지는 첫째, 죄와 사망의 법, 그리고 그리스도 안에 있는 생명의 성령의 법(8 : 2 참조)이다.

다음으로 그는 그리스도의 자녀들 안에 있는 **두 가지 본성**에 대한 사실들을 다룬다. 구원이란 하나님께서 그 옛 성품을 변화시키거나 정결케 하시는 것, 또는 개혁하시는 것을 의미하지 않는다. 신자의 옛 성품은 그가 구원받던 날과 마찬가지로 사악하며 영을 거스린다. 구원이란 **하나님께서 신자에게 새로운 본성을 주시며 옛 성품을 십자가에 못박는 것**을 뜻한다.

그리스도인은 여전히 죄를 지을 능력을 가지고 있으나 이제는 거룩함을 위한 욕구를 가지게 된 것이다. 죄를 향한 동력은 아직도 있으나, 욕구는 없다.

① **죄와 사망의 법**−이는 다시 말해서 옛 본성이 작용하는 것을 뜻한다. 그러므로 신자가 선을 행하기를 원할 때에도 악이 공존한다. 우리가 육신의 힘으로 행하는 일은 "선한 일"이라 해도 악에 물들어 있다(21절 참조). 여기서 6장의 승리와 7장의 승리 사이에 차이가 있음을 보게 된다. 6장에서는 신자가 육신의 악한 일들을 극복하여 승리를 거두고 있으며, 7장에서는 육신이 율법에 순종하여 행하려는 "선한 일들"을 극복하여 승리한다.

아브라함처럼, 우리는 "이스마엘이나 하나님 앞에서 살기를 원하나이다"라고 부르짖는다. 그러나, 하나님은 육신을 용납하지 않으신다. 왜냐하면 우리의 육에는 아무런 선한 것이 없기 때문이다. "육은 무익하다!" 그런데 수많은 그리스도인들이 그들의 삶에 어떤 법을 정해 놓고는 거기에 순종하도록 육을 훈련시키려 한다. 그러나 하나님은 명백하게 말씀하신다. "육신의 생각(옛 성품)은 하나님의 법에 순종하지 않으며 사실상 순종할 수도 없다"(8:7).

2 **생명의 성령의 법** – 죄와 사망의 법은 그리스도 안에 있는 이 법에 의해 좌절당한다. 우리가 거룩함에서 성장하며 하나님께서 받으실 만하게 섬기는 것은 외적인 법에 순종함으로써가 아니다. 이 법, 또는 원리는 8장에서, 특히 처음 17절에서 상세하게 설명되어 있다. 우리 자신의 힘으로는 율법이 요구하는 의를 이룰 수가 없다. 성령께서 그의 능력으로 우리를 통하여 성취하신다(8:3~4).

  이 모든 문제들은 실제 생활에 어떻게 적용되는가? 간단히 정리하자면, 하나님 안에서의 우리의 새로운 지위는 율법에 대해 죽은 자로서, 우리 자신의 힘으로 하나님께 순종해야 하는 어떠한 의무 아래 있는 것이 아니다! 우리가 거룩해지기 위해서 마땅히 순종해야 할 어떤 "그리스도인의 법"이 있는 것은 아니며, 하나님이 우리 그리스도인들을 그 아래 속박하시는 것도 아니다. 그보다는 **하나님께서 성령을 보내셔서 하나님의 거룩하신 요구를 성취하게 하시는 것이다.**

  그리스도인은 6장의 승리를 거둠으로써, 더이상 육신에게 종노릇을 하지 않아도 된다. 하지만 이것은 어디까지나 소극적인 면이다. 그리스도인은 이보다 더한 일, 하나님께 열매를 생산하는 일을 하지 못하는 것일까? 물론 할 수 있다! 그러나, 자신의 힘으로 그것을 하려고 시작하는 순간, 그는 실패자라는 사실을 발견할 것이다.

  말하기는 유감스럽지만, 선의의 그리스도인들이 거기까지 와서 멈추고 영적인 재난을 맞이하는 사람들이 많다. 그는 오히려 로마서 7장의 진리, 곧 그는 실패자이며, 율법은 선하지만 자신은 육신적이라는 사실을 받아들여야 한다. 다음으로 자기의 생애를 통하여 성령께서 하나님의 뜻을 성취하도록 허락해야 한다. 하나님이 우리를 **죄와 율법에 대하여 죽은 것**으로 여길 수 있게 하신다면, 우리는 성령을 통하여 하나님의 자녀들이 가지는 축복된 자유(7장)를 누릴 수가 있다.

죄의 권세로부터의 자유

- 로마서 8 장-

본 장은 성화에 대해 다룬 부분의 절정을 이루며 (6~8장), 또한 율법과 육신으로 말미암아 제기된 질문들에 답한다. 본 장 전체를 통하여 성령이 지배하고 있다. 왜냐하면 우리가 육신을 정복하고 열매 맺는 그리스도인의 생활을 살게 되는 것은 내주하시는 성령을 통해서이기 때문이다.

본 장을 세 구절로 요약하면 다음과 같다.

1. 정죄함이 없음-성령과 율법 (8 : 1~4)

이 구절들은 7장에서 나오는 논쟁의 결론을 이루고 있다. 바울이 7장에서 구원을 다루는 것이 아님을 명심하자. 그는 신자가 죄악된 본성을 가지고 있는데 어떻게 선한 일을 할 수 있는가의 문제를 다루고 있다. 우리 안에 선한 것이 거하지 않는데 어떻게 거룩하신 하나님께서 우리로부터 무엇을 받을 수 있으신가?

대체로 하나님은 모든 생각과 행위를 정죄하셔야 마땅할 것으로 여겨진다. 그러나, 내주하시는 성령께서 우리 안에서 율법의 의를 성취하시기 때문에 정죄함이 없다. 여기서 **"정죄"**라는 단어는 지옥을 가리키는 것은 아니다. 왜냐하면 이 문제는 5장에서부터 제시된 것이기 때문이다. 오히려 바울은 일상적인 그리스도인의 생활을 다루며, 그리고 우리가 아직 "육신에 거하고 있을 때" 하나님을 기쁘시게 하는 문제를 다루고 있다.

우리는 율법에 대하여 죽어 있으므로, 율법은 우리를 정죄할 수 없다. 하나님은 우리를 정죄하실 수 없다. 왜냐하면 성령께서 신자로 하여금 "성령 안에서 행하게 하실 수 있을" 뿐아니라, 하나님의 거룩하신 요구에 대처할 수 있게 하시기 때문이다.

새로운 그리스도인의 삶에 있어서 자신이 율법 아래 있지 않다는 사실과, 하나님께서는 우리가 옛 본성의 능력 안에서 "선한 일"을 행하기를 기대하지 않으신다는 사실을 깨달은 날은 참으로 영광된 날이다. 그리스도인이 자신의 힘으로는 하나님을 기쁘시게 할 수 없기 때문에 "정죄함이 없음"을 이해하게 되면, 내주하시는 성령께서 그를 대신하여 하나님을 기쁘시게 하신다는 것을 깨닫게 된다.

우리는 얼마나 영광된 구원을 소유하고 있는가! 따라서, 바울은 갈라디아서 5장 1절에서 권고한다. "그리스도께서 우리로 자유케 하려고 자유를 주셨으니 그러므로 굳세게 서서 다시는 종의 멍에를 메지 말라."

2. 빚이 없음 – 성령과 육신 (8 : 5~17)

신자는 두 가지 "뜻"(마음)을 품을 수 없다. 그는 육적인 그리스도인으로 육신의 (육체에 속한) 일들에 관심을 가지고 하나님과 반목할 수 있거나, 그렇지 않으면 그는 영적인 그리스도인으로서 생명과 평화를 누리면서 성령에 속한 일들을 사모할 수 있다. 육적인 그리스도인은 하나님을 기쁘시게 할 수 없다.

그리스도인은 육신에 대해 아무런 빚이 없다. "그러므로 형제들아 우리가 빚진 자로되 육신에게 져서 육신대로 살 것이 아니니라"(8 : 12). 우리의 빚, 우리의 채무는 성령께 대한 것이다. 우리가 죄인이라는 것을 인식시키고 구세주가 필요하다는 사실을 깨닫게 하신 분은 성령이시다. 성령은 구원하는 믿음을 부여하고 우리 안에 새로운 본성을 심었으며, 우리가 하나님의 자녀임을 안에서 매일 증거하고 계신다. 우리는 성령께 얼마나 큰 빚을 지고 있는가!

그리스도는 우리를 대단히 사랑하셨으며 우리를 위하여 죽으셨다. 성령은 우리를 대단히 사랑하시며 우리 안에 사신다. 매일 그는 우리의 육신적이고 이기적인 것을 참으신다. 매일 그는 우리의 죄로 말미암아 근심하시지만 우리를 사랑하시며, 하나님의 인치심에 따라 우리 안에 머무르신다. 그리고 영원한 곳에서 우리를 위하여 준비된 축복들의 보증이 되신다(고후 1 : 22). 성령이 안에 거하지 않는 사람은 그리스도인이 아니다.

성령은 15절에서 "양자의 영"이라고 불리워진다. 육신대로 사는것, 또는 율법 아래 사는 것(자신을 법 아래 두는 것은 육신대로 사는 것이다)은 속박 아래로 우리를 이끌어 가지만, 성령은 그리스도 안에서 영광된 자유의 생활로 우리를 인도해 간다. 신자에게 있어서 자유란 우리가 하고 싶은 대로 하는 것을 뜻하지는 않는다. 그것은 가장 나쁜 노예 생활이기 때문이다! 오히려 **성령 안에서 그리스도의 자유**는 율법과 육신으로부터의 자유이며, 이로써 하나님을 기쁘시게 할 수 있고 하나님이 원하시는 사람이 될 수 있다.

신약에서 **"양자"**는 고아를 가족으로 맞아들이는 오늘날의 양자와는 그 뜻이 같지 않다. 이 단어를 직역하면 "아들의 지위"인데, 가족이거나 외부에서 손아랫 사람을 취하여 정당한 상속자로 삼는 것을 의미한다. 모든 신자는 출생을 통하여 하나님의 자녀이고 양자를 통하여 하나님의 상속자이다. 사실상 우리는 그리스도와 연결된 상속자이므로 그는 우리가 영광 가운데서 그의 유산을 받기까지는 유업을 받으실 수가 없다.

하나님께 감사하자. 신자는 육신("fresh" / 신체의 의미가 아님)에 대해 먹여 만족케 하거나 제멋대로 하게 두거나, 육에 순종할 빚이 없다. 그 대신 우리는 성령의 능력으로 말미암아 육신의 행위를 "죽음에 넘겨 주어야 하며"(억제하다 - 8 : 13 / 골 3 : 9 이하), 성령께서 우리의 일상적인 생활을 지도하시도록 허락해야 한다.

3. 끊어짐 (분리)이 없다 – 성령과 고난 (8 : 18~39)

신자가 비록 지금 고난을 당하지만 그리스도가 돌아오실 때 영광을 누리게 될 것이다. 사실상, 세상 만물(19~21절에서는 "피조물")은 아담이 불순종한 탓으로 인하여 죄의 속박 아래 탄식하고 있다. 그리스도께서 마침내 사단을 정복하실 때에, 그는 전 피조 세계를 그 속박으로부터 구원하실 것이며, 모든 자연이 우리와 더불어 "하나님의 자녀들이 누리는 영광된 자유"를 누릴 것이다.

우리는 참으로 감격적인 구원을 소유하고 있다. 그리스도가 우리를 대신하여 죽었기 때문에 우리는 **죄의 형벌**로부터 자유하다(5장). 우리는 죄에 대하여 (6장), 그리고 율법에 대하여(7장) 죽었기 때문에 **죄의 권세**에서 자유하다. 어느 날 우리는 자연이 그 무서운 속박에서 구조될 때 **죄라는 그 자체**에서 자유로워질 것이다.

우리는 양자의 영을 가지고 있으나 양자될 것, 즉 몸의 구속을 기다리고 있다. 영은 구원을 받았으나, 몸은 아직 구원받지 못했다. 그러나, 우리는 소망 가운데 기다릴 수 있다. 왜냐하면 하나님은 앞으로 우리가 구원받을 일의 첫열매로 "내주하시는 성령"을 주셨기 때문이다. 우리가 죽는다 해도 구속의 날에 (엡 1 : 13~14) 우리를 인치신 성령은 우리의 몸을 생명 가운데 일으키실 것이다(8 : 11).

22~26절에 나오는 **세 가지 "탄식"**을 살펴보자. 모든 피조물이 탄식하고 (22절), 신자들이 그리스도의 재림을 기다리며 탄식한다(23절). 그리고 내주하시는 성령께서 우리를 중재하시면서 탄식하신다.

요한복음 11장에서 예수께서 나사로의 무덤을 방문하셨을 때에 친히 탄식하셨음을 눈여겨보자. 피조물의 괴로운 속박으로 인하여 하나님의 마음이 얼마나 부담스러우시겠는가! 그리스도는 우리들뿐 아니라 죄의 노예 상태에서 모든 피조물을 구원하시기 위하여 어떠한 값을 치르셨던가!

바울은 우리가 소망 중에 이러한 고난을 견디어 가는 동안 우리에게는 **성령으로 기도하는 특전**이 있다고 지적한다. 길고, 아름답고, 사람을 영화롭게 하며 하나님을 불쾌하게 하는 "신앙심이 깊은" 기도들이 너무도 많다. 바울은 가장 영적인 기도는 마음으로부터 우러나오는 말 없는 탄식임을 시사한다.

어떤 번역은 26절을 "말로 몹시 깊이 탄식한다"고 번역하고 있다. 성령은 우리를 위하여 중재하시며, 이 아버지 하나님은 우리의 마음을 살피시고, 성령이 원하시는 것을 아시며, 또한 우리를 위하여 무엇이 최선인지를 아시고 그것을 우리에게 허락하신다. 성령은 언제나 하나님의 뜻 안에서 기도하신다. 하나님의 뜻은 무엇인가? 신자들이 그리스도의 형상을 이루어 가는 것이다(8 : 29).

우리는 8장 29절의 목적을 인하여 8장 28절의 약속을 주장할 수 있다. 8장

30절에 나오는 모든 동사들이 과거시제로 사용된 것에 유의하자. **"신자는 부름을 받았고 의롭게 되었고, 영광을 받았다."** 우리는 이미 영광을 받았는데 왜 이 세상의 고난 아래 무기력한가? 할렐루야! 놀라운 구주이시다!

바울은 32~35절에서 다섯 가지 질문을 하며 이에 대해 명백하게 답함으로써 끝을 맺는다. 하나님께서 하시려는 일에 대해 안달할 필요가 없다. 왜냐하면 하나님은 우리를 대적하는 것이 아니라 우리를 위하고 계시기 때문이다. 증거는 많다. 주님은 십자가 상에서 그의 가장 좋은 것을 주셨으며 그밖에 우리에게 필요한 어떤 것이라도 거저 주실 것이다.

누가 우리를 죄 때문에 고발할 수 있는가? 할 수 없다. 우리는 의로워졌고 이 일은 결코 변하지 않을 것이다. 누가 정죄할 수 있는가? 할 수 없다. 그리스도께서 우리를 위하여 죽으셨으며 하나님의 오른 편에서 우리의 변호사로서 살아 계신다. 무엇이 우리를 하나님의 사랑에서 끊을 수 있는가? 없다. 마귀 자신(38절에 나오는 "권세자들과 능력")도 할 수 없다.

정죄가 없고, 빚이 없고, 끊어짐도 없다! "이 모든 일에 우리를 사랑하시는 이로 말미암아 우리가 넉넉히 이기느니라!"

이스라엘의 선택

- 로마서 9 장-

다음의 세 장은 이스라엘의 과거(9장), 현재(10장), 미래(11장)에 대한 영적인 역사를 다룬다. 바울의 목적은 하나님께서 어떻게 그의 선택한 백성을 제쳐두실 수 있었으며, 그리고 이방인을 위한 하나님의 영원한 목적은 무엇이고, 미래의 어느 날 하나님은 이 민족을 어떻게 회복하실 것인가를 설명하는 데 있다.

1. 이스라엘의 선택에 대한 설명 (9 : 1~13)

① **선택으로 인한 축복들**(1~5절)-우리는 이스라엘을 향한 바울의 진실한 부담감을 칭찬할 수 밖에는 없다. 그의 말은 출애굽기 32장 31~32절의 모세를 상기시킨다. 우리는 잃어버린 영혼을 위하여 이러한 종류의 부담감을 가지고 있는가? 그리스도는 우리를 지극히 사랑하셔서 우리를 대신하여 저주를 받으셨다.

● **양자**-하나님의 사랑으로 인하여 하나님에 의해 선택됨(사 43 : 20~21).
● **영광**-성막에 하나님이 임재하심(출 24 : 16~17).
● **언약**-아브라함과, 전 민족과, 그리고 다윗과 맺으신 언약.
● **율법의 수여**-하나님은 이방인을 다루지 않으신다. 이스라엘은 하나님의 음성을 들었으며, 그들의 생활을 다스릴 하나님의 법을 받았다.
● **하나님을 섬김**-성막에서의 제사장 직분.
● **약속들**-구약의 수 많은 약속들이 유대인들을 위하여 성취될 것이다.
● **조상들**-아브라함, 이삭, 야곱 그리고 야곱의 열 두 아들들.
● **메시야**-그리스도는 유다지파에 속한 유대인이셨으며, 율법에 따라 출생하셨다. 5절에서 바울은 그리스도를 가리켜 "하나님이 영원히 축복하셨다"라고 말한 것에 유의하자.

다른 어떤 나라도 이처럼 놀라운 축복을 받은 나라는 없다. 하지만 이스라엘은 이 축복들을 일축해 버렸으며 하나님의 의를 거절하였다. 오늘날 그리스도인들은 하나님의 택한 자들 중에 속해 있으므로 그와 유사한 축복들을 누린다. 곧, 양자(엡 1 : 5), 영광(엡 1 : 6~7), 그리스도의 피로 맺은 새 언약, 마음에 기록된 율법(히 10 : 16~17), 그리스도를 통한 제사장 직분(벧전 1 : 4), 그리고 믿는 자들의 조상인 아브라함의 자녀인 것 등의 축복들로서, 이 모든것은 그리스도를 소유하고 있기 때문이다.

② **선택의 기초**(6 ～13절) - 선택에 있어서 하나님은 그의 완전한 계획을 성취하기 위하여 그의 절대 주권을 행사하셨다. 로마서 9～11장에서는 개인적으로가 아니라 민족적인 면에서 다루고 있음을 유의하자. 이 장들에 나오는 진리들을 구원에 적용시키거나 또는 신자 개인의 안전성에 적용한다면, 그 전하는 멧세지를 완전히 놓치게 된다.

실제로, 바울은 그가 유대인과 이방인을 종족적으로 논하는 것이지 각각의 죄인들을 개인적으로 논의하는 것이 아님을 조심스럽게 지적한다.

● **아브라함** - 그는 히브리 민족의 조상으로 선택을 받았다. 그러나 바울은 모든 유대 백성이 이스라엘의 참된 아들은 아니라는 점을 서술한다(2: 25 ～ 29 참조).

　　아브라함은 자녀들이 많았으나 선택된 아들은 이삭 한 사람뿐이었고, 이삭만이 믿음으로 말미암은 약속의 아들이었다.

● **이삭** - 그가 믿음으로 말미암은 약속의 아들이었던(갈 4: 21～ 31) 반면에, 이스마엘은 행위를 통한 육신의 아이였다. 참된 "아브라함의 씨"는 신자들이며, 혈관에 유대인의 피가 흐르는 사람이라고 해서 모두가 참 "아브라함의 씨"는 아니다.

● **야곱** - 하나님은 장자인 에서를 지나치셔서 야곱을 택하셨다. 이것은 그 아이가 태어나기 전에 있었던 일이었다! 왜 그랬을까? 선택에 나타난 하나님의 민족적인 목적이 성취될 것임을 나타내기 위함이었다.

　　에서는 하나님께 반역할 것을 택하였다. 그러나, 하나님의 목적은 인간의 결정에 따르는 것은 아니다. 우리는 인간의 선택과 하나님의 목적 사이의 관계를 설명할 수는 없다. 그러나 우리가 아는 것은 둘 다 진리라는 점이며, 말씀에도 그렇게 가르치고 있다는 사실이다.

2. 이스라엘이 선택됨에 대한 변호(9: 14～33)

이스라엘의 민족적인 선택의 교리가 몇 가지 의문을 일으킨다.

① **하나님은 불의하신가?** (14～18절) - 물론 아니다! 왜냐하면 선택은 의로움과는 관계가 없고 오히려 거저 주시는 은혜이기 때문이다. 무지한 사람들은 "한 사람은 택하고 다른 사람은 버리신다면 하나님은 공정하지 못하시다!"라고 말한다. 그러나, 하나님의 목적은 공정한 것과는 아무 관계가 없다. 왜냐하면 만일 하나님께서 공정하시다면 그는 우리 모두를 정죄하셔야 마땅할 것이기 때문이다!

바울은 모세(출 33: 19)와 바로(출 9: 16)를 사용하여 하나님이 그의 원하시는 대로 자비와 은혜를 베푸신다는 사실을 증명한다. 하나님의 자비를 얻을 자격을 갖춘 사람은 아무도 없다. 그리고, 하나님께서 이스라엘을 택하고 다른 민족은 지나치셨다고 해서 하나님을 정죄할 수 있는 사람도 전혀 없다.

2 아무도 하나님의 뜻에 저항할 수 없다면 하나님은 왜 잘못을 찾아내시는가? (19~29절) - 바울은 토기장이에 대한 비유를 들어 응답하고 있는데, 아마도 예레미야 18장 1~6절에서 빌려 왔을 것이다. 하나님은 토기장이시다. 그리고 세상의 민족들과 그 지도자들은 그릇들이다. 어떤 그릇들이 파괴될 때까지 하나님께서 인내로 참으시는 진노의 그릇들인가 하면(창 15：16), 다른 그릇들은 하나님의 영광을 드러내는 자비의 그릇들이다. 이러한 자비의 그릇들은 신자를 나타내고 있다(24절의 "우리"는 유대인과 이방인 둘 다를 뜻함).

다음으로 바울은 호세아 2장 23절과 1장 10절을 인용하여, 하나님은 그 이방인들 중에서 "살아 계신 하나님의 자녀들"이라고 불리울 한 백성을 부르시겠다고 약속하셨음을 보여 준다. 이 백성이란 **교회**를 말한다(벧전 2：9~10 참조).

바울은 이사야 10장 22~23절을 인용하여 유대인의 남은 자들이 구원을 받을 것이라고 밝힌다(사 1：9). 다른 말로 하면, 선택에 나타난 하나님의 목적으로 인해 유대인들과 이방인들은 **은혜로 구원받을 수 있다**는 것이다. 유대인들이나 이방인들 누구를 막론하고 하나님의 은혜 외에 다른 방법으로는 구원을 받을 수가 없다.

3 그렇다면 우리는 이방인들에 대해 어떻게 말할 수 있는가? (30~33절) - 여기에 모순된 것 같지만 사실은 올바른 역사의 역설이 있다. 유대인들은 의롭게 되려고 노력하였으나 거절을 당하였고, 유대인들이 가졌던 특권을 부여받지 못한 이방인들은 영접을 받았다! 그 이유는 유대인들이 행위로 의로워지려 하였고, 이방인들은 하나님의 은혜를 통하여 믿음으로 의를 받아 들였기 때문이다.

유대인들은 십자가에 달리신 메시야로 인해 걸려 넘어졌다(사 8：14 / 사 28：16 / 마 21：42 / 고전 1：23 / 벧전 2：6~8). 이들은 그 민족에게 정치적인 승리를 가져올 메시야를 원하였으며 십자가에 달리신 그리스도는 믿을 수가 없었다. 반석이신 그리스도에 대하여 알아보기 위해서는 스가랴서에 대한 본 서의 설명을 참조하라.

본 장에서 바울이 목적하는 것은 **하나님의 계획 안에 있는 이스라엘의 위치**를 설명하는 일이다. 이스라엘은 선택된 민족이었고, 다른 어느 나라도 갖지 못한 특권을 가졌다. 그러나, 이 민족은 세상을 축복하시려는 하나님의 계획을 따르는 데 비참하게 실패하였다.

본 장은 전체를 통하여 **하나님의 절대 주권적인 은혜를** 높이고 있으며, 이 주제는 오늘날 인간의 의지와 자기 공로를 강조하는 사람들은 이해할 수 없는 점이다 하나님의 말씀은 오늘날 인간의 불순종에도 관계없이 잘 이루어져 나갈 것이며, 불순종하는 사람은 축복을 잃을 것이다. 인간의 마음으로는 하나님의 지혜를 측정하거나 설명할 수 없다(11 : 33~36 참조). 그러나, 우리가 아는 것은 하나님의 절대 주권적인 은혜가 없었다면 구원도 없었을 것이라는 점이다.

*　　　*　　　*　　　*　　　*

■ 특별 연구

1 9장 13절 - "내가 야곱은 사랑하고 에서는 미워하였다"는 귀절은 말라기 1장 2~3절에서 인용한 것이다. 이것은 개인을 언급하는 것이 아니고 **민족들을** 가리킨다. "에서"는 에돔을, "야곱"은 유대인을 의미한다.

　이것은 하나님께서 유대인들을 택하신 것을 예증하기 위한 강압적인 방법일 뿐이다. 요한복음 3장 16절의 빛에 비추어 볼 때, 하나님께서 어떤 죄인들을 미워하시고 다른 이들은 사랑하신다고 말할 수는 없다.

2 9장 18절 - 바로의 **마음을 굳게 하심**에는 이중의 과정이 있었다. 하나님은 기적을 행하셨고 바로는 이에 저항하게 되었다. 이런 의미에서 볼 때, 바로는 스스로 마음을 굳게 하였다. 얼음을 녹이는 바로 그 동일한 태양이 진흙을 굳게 한다. 출애굽기에 나오는 구절을 읽고 바로가 그의 마음을 굳게 한 것과 (출 8 : 15), 하나님이 또한 바로의 마음을 굳게 하셨음을 (9 : 12) 눈여겨보자.

3 9장 28절 - 마지막 적용은 **환란의 "단축"**에 관한 것이다. 이 기간 동안에 이스라엘은 시험을 받고, 수가 감소될 것이며, 남은 자들은 참된 신자들 중에 남아 있게 될 것이다.

이스라엘의 거절
- 로마서 10장 -

이제 우리는 이스라엘의 현재의 거절에 대해 다룬다. 이스라엘이 민족적으로 왜 현재의 영적인 상태에 있게 되었는지를 설명하는 장이다.

1. 거절의 이유(10 : 1~13)

핵심 단어는 의(義)이다. 유대인들은 의를 원하였으나 그릇된 방법으로 얻고자 하였다. 마태복음 23장 15절에서 묘사하는 바리새인들처럼, 유대인들은 하나님과의 올바른 지위를 확보하는 데에 시간과 재물을 사용하였다. 하지만 그들의 행동은 무지함에서 이루어진 것이다. 오늘날의 "종교적인 사람들"도 그들과 다를 바 없다. 그들은 자신의 선한 행위를 보고서 하나님이 그들을 받아들이실 것이라고 생각한다.

성경은 **두 종류의 의**를 언급한다. 즉, 율법을 순종하여 얻는 **행위 의**와 그 의 아들을 믿는 사람들에게 하나님이 주시는 선물인 **믿음 의**이다. 유대인들은 믿음의 의에 순복하려 하지 않았다. 그들의 민족적이고 종교적인 교만은 그들로 하여금 단순한 믿음에서 맹목적인 종교로 등을 돌리게 하였다.

그들은 그리스도를 거절하였고 율법에 매달렸으며, 율법이 바로 그리스도를 위하여 그 길을 준비한 것이라는 사실과 그가 친히 십자가에서 율법의 지배를 종식시켰다는 것을 깨닫지 못했다. 이제 모세의 율법은 더이상 인간을 다루시는 하나님의 방법이 아니다. 하나님은 그리스도가 세상을 위하여 죽으신 십자가로 인간을 다루신다. 율법의 의는 레위기 18장 5절에서 설명되어 있으며, 믿음의 의는 신명기 30장 12~14절에 설명되어 있다.

그 신명기 구절은 하나님의 말씀이 죄인들도 쉽사리 접근할 수 있는 것임과, 그리스도가 죄인들 가까이 계셔서 구원할 준비를 하고 계심을 나타내기 위하여 인용된다. 6~8절은 바울이 신약의 진리를 전하기 위하여 구약의 구절들을 사용한 좋은 예이다. 신명기 30장 11~14절에서 모세는 백성들에게 하나님의 말씀을 불순종하는 것에 대해 경고를 하고 있다. 율법이 그들에게서 멀다고 말하지 않도록, 특히 이스라엘이 나라들 가운데 흩어지게 될 때에 적용하여 (32 : 1~55) 모세는 그들이 하나님의 말씀을 찾으러 하늘에 가거나 바다를 건널 필요가 없음을 상기시킨다. 하나님의 말씀은 그들의 입술과 그들의 마음에 있는 것이다.

바울은 이것을 곧 말씀(요 1 : 1)이신 그리스도께 적용하여, 이스라엘은 그리스도를 다시 하늘에서 불러오거나 또는 지하 세계에서 끌어 올릴 필요가 없다고 지적한다. 왜냐하면 구원의 말씀은 그들 가까이에 있어서, 믿어 구원을 받을 수가 있기 때문이다.

구원은 사람이 "예수님은 주님이시다"고 고백할 때, 그리스도가 죽은 자 가운데서 다시 살아나셨음을 마음에 믿을 때에 오며, 마음에 믿은 것을 입으로 고백하게 된다. 예수 그리스도 당대의 어떤 유대인들은 주님을 공개적으로 고백하지 않았다(요 12 : 42~43). 죄인이 믿음으로 그리스도를 영접하고 공개적으로 그를 고백할 때에 그의 믿음이 증명되며 의의 선물을 받는다.

11절에서 바울은 다시 이사야 28장 16절(롬 9 : 33 참조)을 인용한다. 본래는 "믿는 사람은 누구나 주저하지 않을 것이다"로 되어 있는데, 성령은 그 사람이 부끄러움을 당치 않도록 하실 것이라고 뜻을 부연하신다. 유대인들은 "누구든지"라는 말을 싫어한다. 왜냐하면 그들만이 "선택된 백성"이라고 생각하였기 때문이다.

13절에서 바울은 요엘 2장 32절을 인용하여 그리스도를 믿는 자는 누구나 구원을 받는다는 사실을 입증하고 있다. 유대인만이 아닌 것이다! "차별이 없다."

2. 거절에 대한 치료책(10 : 14~17)

여기서 순서가 다음과 같이 진행된다. 전도자가 파송을 받고 주의 말씀을 전파하며, 죄인들이 말씀을 듣는다. 그리고, 죄인이 말씀을 믿으며 그리스도를 믿는다. 그리하여 그가 구원을 받는다! 여기서의 논점은 간단히 말해서, 사람은 **하나님의 말씀이 없이는 구원을 받지 못한다**는 것이다. 왜냐하면 "믿음은 들음에서 나며 들음은 하나님의 말씀으로 말미암기" 때문이다(17절).

15절에서 바울은 이사야 52장 7절을 말하는데, 이것은 이스라엘이 하나의 민족으로 설립될 때 완전히 성취될 구절이다. 그들의 메시야가 통치하신다는 소식을 듣게 될 때에 이스라엘이 누릴 기쁨을 생각해 보라! 바울은 평화의 복음을 오늘날 버림받은 이스라엘 백성에게 전파하는 것으로 적용한다. 이 평화는 하나님과의 평화, 그리고 유대인과 이방인 사이의 평화이다(엡 2 : 13~17).

우리는 선교사들을 이방 나라들에 보내는 근거로 로마서 10장 14~15절을 자주 사용한다. 이것은 물론 잘하는 일이지만 근본적으로는 복음을 오늘날 이스라엘에게 전파하는 것에 적용되는 말이다. 우리가 복음을 유대인에게 전파하는 이유는 로마서 1장 16절 때문이 아니라("첫째는 유대인에게") 로마서 10장 14~15절 때문이다.

우리가 이스라엘을 향한 바울의 부담감을 나누어 진다면 복음을 그들과 함께 나누고 싶을 것이다. 이방인이건 또는 유대인이건 잃어버린 자들에게 복음을 전하는 증인들은 하나님의 보시기에 "아름다운 발"을 가졌을 것임이 분명하다.

오늘날 이스라엘의 태도는 어떠한가? 이사야 53장 1절에서 말하듯 "누가 믿었는가?"의 상황이다. 이스라엘이 그리스도의 날에 (요 12 : 37~38), 그리고 사도행전 1~7장에서 사도들이 증거하는 동안에 불신앙으로 돌아섰으며, 이로 말미암아 이 민족은 오늘날 불신앙 가운데 정착하게 되었다. 바울은 18절에서 시편 19편 4절을 인용하여 하나님의 말씀이(자연을 통한 말씀조차) 온 세계에 미쳤으며 그리하여 이스라엘이 핑계할 수 없음을 밝힌다.

3. 거절의 결과(10 : 18~21)

이스라엘이 거절한 결과로 하나님은 이방인들을 향하셨으며, 자기 이름을 위하여 한 백성을 그들 가운데서 불러내시게 되었다(행 15장 참조). 그러나, 이 일은 유대인들에게 놀랄 일이 아니었다. 왜냐하면 신명기 42장 21절에 하나님은 유대인들을 책망하시며, 시기가 나게 하기 위해 다른 나라들을 사용하시기로 약속하셨기 때문이다.

이사야 65장 1~2절에서 하나님은 이스라엘이 불순종할 것이며, 이방인들은 그를 발견하고 그의 구원을 찾게 될 것임을 알리셨다.

구약은 **이방인들의 구원**을 약속하고 있음을 명심하자. 그러나, 이방인들과 유대인들이 같은 수준에 있게 될 것이라고 말한 구절은 아무 곳에도 없다. 그리고, 두 부류 출신의 신자들이 그리스도 안에서 하나가 될 것이라고 말한 곳도 없다. 구약에서의 계획은 이방인들이 이스라엘의 흥왕을 통하여 구원을 받게 되는 것이었다. 즉, 이스라엘에 왕국을 건설함으로써였다. 그러나, 이스라엘은 이 계획에 실패하였다.

그러면 다음으로, 하나님은 이방인들을 어떻게 다루실 것인가? 바울은 로마서 9~11장에서 이스라엘의 실패를 통하여 자비가 이방인들에게 확장되었음을 지적한다(11 : 11). 하나님은 모든 유대인들과 이방인들이 불신앙 가운데 있다고 판단하시며, 은혜로써 모든 이에게 자비를 베풀어 주시려는 방법이 갈보리의 일로 가능하게 되었다(11 : 32).

로마서 10장 21절은 오늘날도 해당되는 **이스라엘에 대한 하나님의 태도**를 언급하는 것이 분명하다. 이 민족이 맹목과 불신앙 가운데 버림받았으나(고후 3 : 15~4 : 6 / 롬 11 : 25), 잃어버린 이방인들에게 그러하듯이 구원받지 못한 유대인들을 찾으신다.

오늘날 말씀을 듣고 있는 많은 유대인들이, 교회가 올리워 간 후 환란 기간이 시작되면 그리스도를 믿게 될 것이다. 우리는 유대인들의 "자기 의"를 추구하는 교만과, 영적으로 눈멀었음을 비판하는 대신, 그들이 우리에게 성경과 구세주를 주었음에 감사해야 한다. 그들의 실패를 통해서도 우리 이방인들이 구원을 받게 되었다.

*   *   *   *   *

■ 실천적인 교훈
1 **구원은 차별이 없다.** "누구든지…부르는 자는…구원을 얻으리라".

2 하나님의 말씀이 잃어버린 죄인들에게 제시된다는 사실은 중요하다. 이것은 죄를 깨닫게 하는 말씀이며, 믿음을 주고, 그리스도께로 인도하는 말씀이다. 영화, 전도지, 노래 등 이들 모두는 각자의 위치 (역할)가 있다. 그러나, 하나님이 사용하시는 것은 **전파된 말씀**이다. 전파하는 자가 없이 어찌 들으리요.

3 세상에는 **두 종류의 "종교"**가 있다. 행위의 의와 믿음의 의의 종교이다.

이스라엘의 영접
- 로마서 11장 -

본 장은 이스라엘의 미래를 논하고 있는데, 바울은 "하나님은 그의 백성을 영속적으로 버려 두실 것인가, 또는 이 민족을 위한 미래가 있는가?"라는 질문에 "이스라엘에게는 장래가 있다"고 답한다. 이에 대해 바울은 몇 가지 증거를 제시한다.

1. 개인적인 증거(11 : 1)

"이스라엘 사람인 내가 구원받았다는 것은 하나님께서 이스라엘을 위한 계획을 가지고 계시다는 증거이다"라고 바울은 진술한다. 바울의 회심(사도행전에 세 번 나옴)은 디모데전서 1장 16절 말씀의 본보기라고 할 수 있다. 그런데, 이것은 반드시 오늘날 이방인이 개심하는 형식인 것은 아니다. 왜냐하면, 잃어버린 죄인들이 영화롭게 된 그리스도를 보았거나, 그가 말하는 소리를 들었거나 3일간 눈이 멀게 되는 것은 아니기 때문이다!

그러나, 바울의 경험은 그리스도가 영광 중에 오실 때, 이스라엘이 회심하게 되는 방식을 상징하는 것이다. 바울처럼 그들은 믿지 않으며 반역할 것이다. 그리고 그들은 그들이 박해했던 분을 보게 될 것이며(슥 12 : 10 / 계 1 : 7), 회개하고 구원을 받게 될 것이다. 고린도전서 15장 8절에서 바울은 자신이 "만삭되지 못하여 난 자"같다고 말하는데, 이는 이스라엘 민족이 그리스도를 보기 수천 년 전에 그가 유대인으로서, 주님을 보고 구원을 받았다는 말이다.

2. 역사적인 증거(11 : 2~10)

바울은 열왕기상 19장 10~28절로 돌아가, 하나님은 불신앙이 극도에 달한 시대에도 **충성된 남은 자들**을 반드시 남겨 두셨음을 보여 준다. 사실상 구약 성경에서, 하나님께서 사용하시고 축복하신 사람들은 남겨진 자들이라는 사실에 깊은 인상을 받지 않을 수 없다(사 1 : 9 참조).

하나님의 말씀의 근본적인 가르침은 대다수가 언제나 믿음에 실패하고 개혁될 수가 없으며, 따라서 하나님이 남은 자들을 취하여 다시 시작하신다는 것이다.

5절은 하나님께는 은혜로 말미암아 남은 자들이 있는데, 이는 "몸된" 교회라고 진술한다. 비록 많지는 않아도 이스라엘 사람들이 그 몸 가운데 있으며, 이들은 그리스도 안에서 모든 민족적인 특징들이 제거되었다. 그러나, 하나님께서 만일 이스라엘이 눈멀어 있을 교회 시대에 유대인들을 구원하고 계신다면 이스라엘이 다시금 무대에 등장할 때는 얼마나 더 하실 것인가? **하나님은 결코 그의 백성을 버리지 않으실 것이다.** 이것이 역사의 증언이다.

우리는 이 교회 시대 동안에 하나님이 이스라엘을 이처럼 민족적으로 다루지는 않으셨음을 기억할 필요가 있다. "히브리인으로 구성된 교회"는 에베소서 2장 14~17절에 의하면 성경적인 것이 못된다. 우리는 모두 그리스도 안에서 하나이다. 유대인으로 구성된 한 그룹을 하나님이 선택한 남은 자들이라고 주장할 수는 없다.

8~10절에서 바울은 이처럼 이스라엘이 민족적으로 눈먼 것은 이사야 29장 10절과 신명기 29장 4절에 예언되어 있음을 보여 준다 (마 13 : 14~15 /사 6 : 9~10 비교). 9~10절에서 그는 시편 69편 22절을 언급하고 있는데, 여기서는 이스라엘이 그의 말씀을 거절하였기 때문에 하나님께서 축복들을 저주로 바꾸실 것을 약속하셨다.

3. 경륜적인 증거 (11 : 11~24)

바울은 지금 유대인과 이방인을 논하고 있으며, 죄인 개개인들이나 성도를 말하고 있는 것이 아님을 명심하자. 이 부분에서 바울은 하나님이 이스라엘의 멸망 뒤에 경륜적인 뜻을 가지고 계심을 분명히 증거한다. 그 뜻이란 이른바 **이방인의 구원**이다. 이스라엘의 멸망을 통하여 하나님은 모든 사람을 죄 아래 정죄하실 수가 있으시다. 그리고 모든 사람에게 자비를 베푸실 수도 있으시다! 이방인은 그리스도인이 될 수 있기 전에 유대인이 되어야 하는 것은 아니다.

바울은 만일 유대인의 타락이 세상에 이처럼 축복을 가져왔다면 이스라엘이 다시 회복될 때에는 그 축복이 어떠할 것인가를 논한다. 이스라엘의 회복이 어떻게 세상에 부활을 가져올 것인가 (15절) ! 다른 말로 해서, 바울은 이스라엘이 한 민족으로서 빛을 보게 될 미래가 있음을 확신한다.

오늘날 교회를 하나님의 이스라엘로, 구약의 왕국 약속들은 교회를 통해서 "영적인 방법"으로 성취되었다고 가르치는 것은 성경적이 아니다. 바울은 미래에 이스라엘이 민족적으로 영접을 받아 축복 가운데 들어갈 것임을 내다본 것이다.

감람나무의 비유는 조심스럽게 검토되어야 한다. 그는 그리스도인 개개인의 구원에 대하여 말하고 있는 것이 아니라 **하나님의 계획 안에서 유대인과 이방인들의 민족적인 위치**를 말하고 있는 것이다. 이스라엘은 하나님을 위해 열매를 맺지 못한 감람나무이다. 하나님은 가지들 중의 더러를 쳐서 이방인, 곧 "돌감람나무"를 접붙이셨다. 이것은 "자연과는 반대로" 된 것이다 (24절). 왜냐하면 좋은 가지를 보다 못한 줄기에 접붙이는 것이 실제적인 방법이기 때문이다. 그런데 하나님은 연약한 이방인들을 종교적인 특권을 가진 이스라엘이라는 줄기에 접붙히신 것이다!

이 모든 일은 이방인을 구원하시는 **하나님의 선하심**과 거역하는 이스라엘을 잘라 내시는 **엄격하심**을 보여 준다. 그러나, 이방인은 이제 이스라엘의 특권적인 지위를 얻었다고 감히 자랑할 수는 없다. 왜냐하면 하나님은 그들도 역시 잘라 버리실 수 있기 때문이다. 그리고, 이방 민족들이 "세계 교회"에 함께 연합하여 하나님의 말씀을 거절하거나 하나님의 아들을 거절할 이 시대의 종말에 그렇게 하실 것이다. 그리고 나서 주님은 참된 교회를 부르시며 이방 나라들을 심판하시고 이스라엘을 위하여 약속하신 왕국을 세우실 것이다.

다시 말하지만, 주제는 민족적이지 개인적이 아니라는 것을 기억하자. 하나님은 참된 그리스도인을 구원에서 "잘라 버리시는 일"은 결코 없을 것이다. 왜냐하면 구원에는 끊어짐이 없기 때문이다 (롬 8 : 35~39).

오늘날 교회는 주로 이방인이며, 우리 이방인들은 이스라엘의 영적인 유산으로부터 유익을 받고 있다(감람나무의 풍성한 수액). 영적인 의미에 있어서, 우리는 아브라함의 자녀들이다. 그러나, 민족적인 면으로 볼 때 우리는 이방인들이며, 함께 나눌 것은 아무것도 없다.

4. 구약의 증거(11 : 25~36)

물론 바울은 이 세 장에서 구약 성경을 자주 사용하였다. 그런데 이 부분에서 그는 이사야 59장 20~21절, 27장 9절과 시편 14편 7절을 펴고, 구약에서 이스라엘을 정결케 하고 회복하실 구원자가 오실 것이라고 약속되어 있음을 보여 준다.

그는 이스라엘이 눈멀었던 "비밀"에 대해 언급한다. 이것은 구약에서는 감추어진 진리였으나 신약에서는 온전히 계시된 비밀이다. **"이방인의 충만함"**이란 이 교회 시대에 구원을 받게 될 이방인의 수를 가리킨다. 그리스도의 몸이 완성될 때 주님은 교회를 공중으로 들어올리실 것이며, 그 후에 지상에는 7년 대환란 곧 "야곱의 역경의 시대"가 올 것이다. 그 시대의 종말에 구원자가 올 것이며, 남은 자는 자신의 왕국에 들어갈 것이다.

"모든 이스라엘"이란 말은 마지막까지 남은 유대인을 의미하는 것이 아니라 이스라엘 민족이 그 날에 모두 구원을 받게 되어 구속받고 중생한 나라가 될 것이라는 뜻이다.

27절에는 하나님이 약속하신 언약이 인용되어 있다(렘 31 : 31~34). 이 **"새로운 언약"**은 이스라엘이 그리스도를 어린 양으로 믿고 그들이 죄에서 돌이킬 때 이스라엘에게 적용될 것이다. 비록 유대인들이 오늘날 하나님의 원수같이 보일지 모르지만, 하나님의 보시기에는 여전히 사랑을 받는 존재인 것이다. 이것은 그들의 조상들과 맺은 언약들 때문이다. 인간들은 변할지 모르지만 하나님은 변하실 수 없으며, 자신의 약속을 변경시키거나 취소하실 수 없다(29절).

마지막 단락에서(30∼32절) 바울은 이방인들이 한 때는 하나님을 거절하였으나(롬 1:18 이하), 이제는 믿음으로 구원을 받고 있듯이 오늘날 유대인들이 불신앙 가운데 있지만 어느 날 자비를 받을 것임을 설명한다. 하나님은 유대인과 이방인을 동시에 불신앙과 죄 가운데 있다고 결론을 내리셨는데, 이것은 **둘 다은혜를 통하여 구원을 받을 수 있게 하기 위함**이다.

유대인들을 위한 하나님의 놀라운 계획을 재고찰한 후에 이러한 놀라운 찬양의 노래를 하게 되는 것이 이상한 일이겠는가? (33∼36절)

그리스도인의 행실

- 로마서 12장-

본 장은 로마서의 마지막 부분(섬김 / 12~16장)을 시작한다. 바울은 여기서 우리가 배운 것을 어떻게 실천할 것인가를 말한다. 본 장에서 사도는 그리스도인에 대한 네 가지 상징을 말한다.

1. 제단의 희생제물(12 : 1~2)

참된 그리스도인의 봉사와 생활은 주님께 대한 개인적인 헌신으로 시작된다. 실패하는 그리스도인은 그리스도께 자신을 완전히 드리기를 거절하여 제단에서 먼저 실패한 사람이다. 사울왕은 제단에서 실패하였으며(삼상 13 : 8 이하 / 삼상 15 : 10 이하) 이 일은 자기의 왕국을 내놓게 했다.

1 **헌신의 동기** – 헌신의 동기는 사랑이다. 바울은 "내가 명하노니"라고 말하지 않고 "하나님이 너희를 위해 이미 행하신 일로 인하여 권하노니"라고 했다. 우리는 자비를 얻으려고 그리스도께 봉사하는 것은 아니다. 우리는 이미 자비를 얻었으며(3 : 21~8 : 39), 사랑과 애정을 가지고 그를 섬기는 것이다.

2 **헌신의 요건** – 참된 헌신은 날마다 하나님께 몸과 마음과 의지를 바치는 것이다. 헌신은 교회에 출석하는 것이나, 또는 캠프 파이어에 장작을 넣는 것 정도가 아니다. **헌신이란 말씀으로 새로워진 마음을 가지고, 기도와 순종을 통하여 의지를 굴복시키며 그분께 매일 몸을 드리는 것이다.**
　모든 그리스도인은 세상을 위해 살며 세상을 닮아 순응하는 사람이거나, 아니면 매일 그리스도를 닮아감으로 변화되는 사람, 둘 중의 하나이다("변화되다"는 마 17 : 2의 "변형되다"는 말과 같다). 고린도후서 3장 18절은 우리가 하나님의 말씀을 통하여 그리스도를 계시하는 성령을 받아들일 때에 변화된다(변형된다)고 말한다.
　신자가 이렇게 하나님께 헌신할 때에만 그는 그의 생애를 위한 하나님의 뜻을 알 수 있다. 하나님의 선하시고 기뻐하시고 온전하신 세 가지 뜻은 선택적인 것이 아니다. 오히려 우리는 하나님의 뜻을 감사하는 가운데 성장해 가는 것이다. 어떤 그리스도인은 하나님께 순종하는 것이 그들에게 **선하다**(good)는 것을 알기 때문에 순종한다. 그리고 그들은 징계를 두려워한다. 또 다른 이들은 하나님의 뜻이 **기뻐하실 만하기**(acceptable) 때문에 순종한다. 그러나, 가장 깊은 헌신은 하나님의 뜻을 사랑하며 그 뜻이 **온전하다**(perfect)는 것을 발견하는 데에 있다.

제사장으로서 우리는 하나님께 "영적인 제사"를 드려야 한다(벧전 2 : 5). 하나님께서 원하는 첫번째 희생은 우리의 몸과 마음과 의지, 곧 하나님께 대한 전적인 순종이다.

2. 몸의 지체 (12 : 3∼8)

고린도전서 12장은 이러한 구절들과 똑같은 진리를 제시한다. 신자는 성령으로 말미암아 그리스도의 몸과 연합되는 세례 (침례)를 받고 전 교회의 유익을 위하여 사용할 은사를 받게 된다. 오순절로부터 휴거될 때까지 그리스도 안에 있는 모든 신자들로 구성된 하나의 **"보편적인 교회"**(Universal Body)가 있다. 또한 **"지교회"**(local body)가 있으며, 이를 통하여 신자는 주님께 봉사를 하게 된다. 교회에 대한 112회의 신약 구절들 가운데 대부분은 세례 (침례)받은 신자들로 구성된 지교회를 지칭한다.

지교회에서의 봉사는 개인적인 헌신으로 시작하여 (1∼2절) 다음으로는 그 신자가 소유한 영적인 은사들에 대해 정직하게 평가한다(3절). 바울은 우리 자신에 대하여 생각하거나 우리가 할 수 있는 것이 무엇인가를 알아보지 말라고 하지는 않는다. 그보다는, 우리가 가진 영적인 은사가 보장하는 것보다 자신을 더욱 높이 생각해서는 안된다고 말하고 있다. 만일 어떤 사람이 목회자가 되도록 소명을 받았다면 하나님은 그 사람이 자기의 은사를 교회에서 사용하는 것으로써 그가 소명을 받았음을 나타내실 것이다.
우리의 은사들은 다르지만 모두 성령으로부터 오며, 그리스도의 영광을 위하여 사용되어져야 한다. 우리가 "믿음을 통하여 은혜로 말미암아"(엡 2 : 8∼9) 구원을 받은 것처럼, 우리는 "믿음의 분량"과 "받은 은혜에 따라서"(6절) 성령의 은사를 행사하여야 할 것이다. 그는 일곱 가지 봉사 사역을 열거한다.

● **예언**-고린도전서 14장 3절에 정의되어 있다.
● **섬기는 일**-"집사의 일을 하는 것" 또는 집사 직분을 가리키는 말이기도 하다.
● **가르침**-디모데후서 2장 1∼2절에 따르는 중요한 책임이다.
● **권위 (권고)**-사람들에게 주님을 섬기고 그에게 충성을 다할 것을 강권하는 일이다.
● **구제**-순수한 동기로 마음으로부터의 순전함 가운데 행해져야 한다(행 5 장 참조).
● **다스림**-지교회를 치리하는 데 관계된 일이다(딤전 3 : 4, 12).
● **긍휼 (자비)을 베풂**-필요한 (가난한) 사람들에게 행하는 개인적인 사역이다.

에베소서 4장은 그리스도께서 교회에 주신 은사받은 사람들을 제시하며, 로마서 12장과 고린도전서 12장은 지교회에 있는 신자들에게 주신 성령의 은사를 제시하고 있다. 어떤 은사를 받지 않은 상태에서 주님을 섬기려고 하는 것은 위험한 일이다. 또한 자신의 은사를 하나님의 영광을 위하여 사용하기를 거절하는 것도 역시 비극이다(딤후 1 : 6).

사도행전 19장 1~7절에 나오는 열 두 사람들은 성령과 그의 은사에 대하여 무지하였으며, 사도행전 19장 13~16절에 나오는 일곱 사람들은 그들이 받지 않은 은사를 가짜로 흉내내려고 하였다. 그 두 가지 모두 실패로 끝났다.

3. 가족 안에서 한 형제됨(12 : 9~13)

신자마다 이룩해야 할 영적인 봉사 사역이 있는데, 이 구절들에서는 그리스도인 각자가 **하나님의 가족으로서 어떻게 행동할 것인가**를 말해 준다. 사랑은 정직해야 하고 위선이 없어야 한다(요일 3 : 18). 우리는 악을 미워하고 선을 고수해야 한다(시 97 : 10).

사랑은 친절과 겸손, 일에 있어서의 충성스러움, 영적인 일들에 대한 열정으로 인도해 간다(여기서 "열심"이란 "끓는, 능력으로 불타다"의 뜻). 이 부분에서 언급된 특성이 갈라디아서 5장 22~23절에 주어진 **성령의 열매**와 비슷하다는 점에 유의하자.

지교회에 속한 그리스도인들은 서로를 돌보며 서로 나누어야 한다. 12절에서의 기도가 어떻게 13절의 돌보는 태도로 이끌어 가는지를 주목해 보라. "대접하다"는 것은 직역하면 "사람들을 찾아 대접하기를 힘쓴다"는 뜻이다. 베드로전서 4장 9절은 다른 사람에게 자기의 집을 개방할 때 불평하지 말라고 말하고 있다. 신령하지 못한 접대의 경우가 잠언 23장 6~8절에 나와 있다(눅 14 : 12~14 / 딤전 3 : 2 / 5 : 10 / 히 13 : 2 / 요이 5~8절 참조).

4. 전투 중에 있는 병사(12 : 14~21)

그리스도인들은 그들이 축복을 누리고 있는 만큼 전투 상황도 겪고 있다. 바울은 우리에게 **하나님의 말씀을 대적하는 자를 어떻게 다루어야 할 것인지**를 말해 준다. 우리는 그들을 저주하지 말고 축복해야 한다(마 5 : 10~12). 물론, 그릇된 생활(벧전 2 : 11~25) 때문에 문제에 봉착하는 신자들이 있어서도 안 된다.

우리는 동정심(12 : 15)과 겸손함(12 : 16)을 지녀야만 한다. 왜냐하면 이기심과 교만은 나쁜 의지를 일으키기 때문이다. 그리스도인은 그를 반대하는 사람에게 "보복하여서는" 안되며, 하나님께서 이 세상에서나 장래의 심판에서 "갚으시기를" 기다려야 한다(19절).

"모든 사람의 면전에서 열심으로 쓸 것들을 공급하라"는 말은 그리스도인이 만인 앞에 드러난 "유리집"에 살고 있으므로, 다른 이들이 자세히 보고 있음에 경각심을 가져야만 한다는 것을 시사한다. "나는 내 삶을 살겠다"는 태도는 로마서 14장 7〜8절에 비추어 볼 때, 그리스도인에게 있어서 죄악된 태도이다. 사람들은 우리를 지켜보고 있으므로, 가능한 한 모든 사람들과 평화롭게 지내야 한다.

물론 우리는 죄와 타협해서는 안되며, 또는 "어떤 댓가를 치르더라도 평화를 누리자"는 태도를 가져서도 안된다. 마태복음 5장 38〜48절의 태도와 정신은 우리가 "화평케 하는 자"가 되는 데에 도움을 줄 것이다(마 5 : 9).

12장 19〜21절에서 바울은 잠언 25장 21〜22절과 신명기 32장 35절을 언급하고 있다(히 10 : 30 참조). 여기 나오는 원리는 신자가 자신을 주님께 드림으로(12 : 1〜2) 주님께서 자신을 돌보시게 하며, 자기를 대신하여 싸우시게 해야 한다는 것이다. 우리가 십자가의 원수를 다루는 문제에 있어서는 영적인 지혜가 필요하다(약 1 : 5). 그렇지 않으면, 나쁜 간증을 남기는 한편, 복음의 가치를 떨어뜨리게 된다.

바울은 자신과 복음을 보호하기 위하여 여러 번 로마의 법을 사용하였으며(행 16 : 35〜40 참조), 더구나 몇몇 사람을 그리스도께 인도하기 위하여 모든 사람들에게 대해 그들과 같이 되는 것을 즐겨 하였다. 우리가 매일 로마서 12장 1〜2절을 실행한다면 하나님은 우리를 지시하셔서 본 장의 남은 부분에 순종하게 하실 것임은 분명하다.

권세자에 대한 의무
- 로마서 13장 -

그리스도인은 세상에서 불러냄을 받은 사람들이지만(요 15 : 18 / 요 17 : 14), 그는 여전히 국가에 대한 책임을 가지고 있다. 최선의 시민은 그리스도인 시민이다. 비록 교회가 정치에 개입되어서는 안되지만 개개의 신자들은 시민으로서 하나님께서 주신 특권들을 당연히 사용해야 한다. 이방의 정부에 몸담고 있으면서도 영적인 사역을 행사할 수 있었던 요셉과 다니엘 같은 사람들을 생각할 때에, 성령께서 헌신한 신자를 통하여 할 수 있는 일들을 볼 수 있다. 본 장에서 바울은 인간의 정부에 순종해야 하는 네 가지 동기를 말해 준다.

1. 진노하심을 위하여 (13 : 1 ~ 4)

"높은 권력자들"은 비록 그리스도인들이 아니라고 해도 정부의 치리자들이다. 우리는 복음이 도시의 재무관리였던 에라스도와 (롬 16 : 23) 네로의 몇몇 관리들과 같은 이들에게도 미칠 수 있는 것을 감사한다(빌 4 : 22). 그러나 우리가 깨달아야 할 사실은 구원받지 못한 정부의 관리들조차 하나님의 사역자라는 점이다. 비록 그 사람을 존경할 수 없다 해도 하나님께서 정하신 직분은 존중해야 한다.

치리자들은 선한 사람들이 아니라 악한 사람들에게 두려움의 대상이 된다. 따라서 사람이 계속해서 그리스도인의 생활을 한다면 그는 두려워할 필요가 없다. 물론 정부가 공식적으로 그리스도께 반대하는 곳에서는 사도행전 5장 29절의 원리를 따라야 한다.

하나님께서 노아의 홍수 후에 (창 8 : 20 ~ 9 : 7) 중요 형벌을 포함하여 인간의 정부를 제정하셨음을 명심하자. 검을 지니는 편은 교회가 아니라 정부이다. **하나님은 세상에 세 가지 기관만을 세우셨다.** 곧, 가정 (창 2장)과 교회 (행 2장)와 인간의 정부 (창 9장)이다. 이들의 기능은 중복되어져서는 안되며, 그렇게 되면 반드시 혼란과 문제가 생긴다.

2. 양심을 위하여 (13 : 5 ~ 7)

그리스도인이 순종하는 동기가 두려움이라면 그것은 저급한 동기이다. 성령께서 인도하시는 양심은 우리를 높은 수준으로 끌어 올린다. 그리스도인은 성령이 그의 양심에 증거하심을 경험하는 것이 당연하다 (롬 9 : 1). 만일 그가 주님께 순종하지 않는다면 양심을 감화하시는 성령으로 말미암아 그것을 알게 되어 있다.

어떤 사람들은 악한 양심을 가지고 있는데, 이는 믿을 만하지 못한 양심이다. 순종하는 그리스도인은 선한 양심을 갖는다(딤전 1 : 5). 양심에 말씀하시는 성령의 증거에 계속적으로 불순종하거나 거절하는 것은 더럽혀진 양심, 화인맞은 또는 굳어진 양심(딤전 4 : 2)이 되게 하고, 마침내는 거부당한 양심(딤전 1 : 19)이 되게 한다.

바울은 **세금**(또는 조공)을 바치고 물질적인 것에 대한 **관세**를 지불하며 모든 관리들에게 존경을 표할 것을 권고한다(벧전 2 : 17 참조).

3. 사랑을 위하여 (13 : 8~ 10)

이제 바울은 정부 관리들뿐 아니라 우리 이웃의 모든 사람들을 포함시키도록 범위를 넓힌다. 이웃에 대한 신약의 정의는 거리의 주소나 지리적인 것과는 아무 상관이 없음을 명심하자. 누가복음 10장 29절에서 관원은 "누가 나의 이웃인가?"를 물었다. 선한 사마리아인의 비유(눅 10 : 30~ 36)에서, 예수께서는 "이 셋 중에서 누가 그의 이웃이냐?"고 질문하신다.

문제점은 "누가 내 이웃이냐"에 있는 것이 아니다. **"그리스도의 영광을 위하여 나는 누구의 이웃이 될 것인가?"**의 문제이다. 이것은 율법의 문제가 아니라 사랑의 문제이며, 바울이 여기서 다루는 것도 사랑에 대한 것이다.

신자는 그 나라의 법 아래 살고 있으며, 또한 천국의 시민으로서 훨씬 높은 법, 곧 사랑의 법 아래에 살고 있다. 사실, 사랑은 율법의 완성이다. 왜냐하면 마음으로부터의 사랑은 율법이 요구하는 바를 순종할 수 있게 하기 때문이다. 남편이 하루 종일 수고를 하는 것은 가족을 부양하라고 법으로 정해졌기 때문이 아니라 가족을 사랑하기 때문이다. 사랑이 있는 곳에는 살인과 탐욕과 부정직 같은 것은 없을 것이다.

바울이 안식일에 대해서는 아무 말도 하지 않은 것에 유의하자. 안식일은 사실상 유대인의 의식법의 일부이며, 이방인이나 교회에는 적용되지 않았기 때문이다. 10계명 중에서 아홉 가지는 그리스도인들이 순종해야 할 것으로 신약에 반복되고 있으나, 안식일에 대한 계명은 반복되고 있지 않다.

물론, 복음을 거절하고 우리 그리스도인의 간증을 조롱하는 사람들을 사랑하기란 종종 어려운 일이지만, 이러한 사랑은 성령으로부터 와서 그들에게 이를 수 있다. "사랑은 결코 실패하지 않는다." 논쟁을 통해서보다는 사랑을 통하여 더 많은 사람들이 인도를 받는다. 사랑 안에서 행하는 그리스도인은 가능한 최선의 시민이다.

4. 구세주를 위하여 (13 : 11~14)

우리는 이제 동기들 중의 정상에 이르렀다. 양심의 두려움에서부터 시작하여 그리스도께 헌신하기를 갈구하는 양심에 이른 것이다. 오늘날 "우리의 구원"은 과거의 그 어느 때보다도 그리스도의 재림에 더 가깝다는 의미에서 볼 때, 매우 가깝다. 바울이 말하는 "구원"은 그리스도께서 오실 때 새로운 몸, 새로운 가정 등 우리가 소유할 총괄적인 축복을 의미한다.

그리스도인은 **빛에 속하였으며** 낮에 속한 것은 아니다. 이들은 복음의 빛을 본 사람들로서, 깨어 있어 경계해야만 한다(고후 4장). 더구나 그리스도께서 돌아오실 때 죄 가운데 있는 모습을 보이기를 원하는 신자는 아무도 없을 것이다. "낮이 가까워 왔다! (히 10 : 25 이하 참조)

바울은 여기서 많은 지독한 죄들을 열거한다. 성도들 가운데서는 이름도 꺼낼 수 없는 죄들이다. 술취함과 부도덕은 늘 수반되며, 싸움과 분열을 초래한다는 것을 눈여겨보자. 얼마나 많은 가정이 술취함으로 인하여 파괴되었는가!

14절은 **신자들의 이중적인 책임**을 말해 준다. 즉, 적극적으로는 "그리스도를 옷입어" 그리스도를 자기 생활의 일부로 여기고, 소극적으로는 "육신의 일을 도모하지 않음"으로써 자신을 죄 가운데로 빠지게 하는 것들을 의도적으로 피하는 것이다. 너무도 많은 그리스도인들이 반스 하브너(Vance Havner)가 말하듯 "죄를 계획한다." 다윗이 그에 대한 대표적인 실례이다. 그리스도가 곧 오실 빛 가운데서, 영적으로 깨끗한 근신하며 삶을 사는 것이 우리의 책임이다.

마지막 때는 무법한 시대일 것이므로(딤후 3장 / 요일 3 : 4 참조), 헌신한 그리스도인이 자기의 간증을 유지하는 일은 더욱 더 어렵게 될 것이다. 정부들은 점점 더 성경과 그리스도를 적대할 것이며, 결국은 죄의 사람(The Man of‐Sin)이 세상을 하나의 거대한 사단의 제도로 연합시켜 진리를 반대할 것이다.

디모데후서 3장 12절~4장 5절을 읽고, 이 마지막 때에 하나님께서 우리에게 기대하시는 것이 무엇인지 알아보자. 주님께 충성하기를 기원한다!

형제들과의 관계
- 로마서 14장 -

로마서 14장 1절~15장 7절은 그리스도인의 생활 가운데서 "의문스러운 일들"에 대한 문제를 다룬다. 바울은 각 지교회에 성숙한 신자들("우리 강한 자"-15：1)과 성숙하지 못한 자("믿음이 연약한 자"-14：1)가 있음을 인정하며, 이두 그룹이 그리스도인의 생활의 실제에 있어서 자연적으로 부조화가 생기는것을 인정하였다.

유대인 그리스도인들은 특별한 성일들과 율법에 제시된 먹는 규례를 고수하려 한 반면에, 이방인 신자들은 그리스도인으로서의 자유를 방종으로 바꾸었으며 유대인 형제들의 감정을 상하게 하였다. 많은 그리스도인들은 성일을 지키며 먹는 규례를 따르는 등의 극단적인 율법주의가 강한 믿음을 나타내는 것이라는잘못된 관념을 가지고 있다. 그러나 바울은 그 반대가 진리라고 서술한다！ 골로새서 2장 18~23절을 인정하는 그리스도인이 믿음 안에서 성숙한 그리스도인이다.

오늘날 교회에서도 세상적인 오락과 같이 **의문스러운 행동 강령**에 대하여생각들이 다르다. 바울은 이러한 차이들을 어떻게 대처하여 해결할 것인가 하는방법을 말해 준다. 그는 규칙들을 열거하는 것보다는 모든 시대의 그리스도인들이 따를 수 있는 여섯 가지 **기본적인 원리들**을 기록한다. 이 원리들을 질문의 형식으로 서술하고 우리 자신의 생활을 검토해 보기로 하자.

1. 나는 온전히 확신하는가？ (14：1~5)

그리스도인들은 단순한 감정에 따라서 행동해서는 안되며 기도와 말씀 연구의결과로 얻어지는 내적인 확신에서 행동하여야 한다. 만일 모든 그리스도인들이확신 가운데서 행한다면 아무런 논쟁이 없을 것이다. "견해는 우리가 붙들고 있는 것이며, 확신이란 우리를 붙들고 있는 것이다"라는 말이 있다.

강한 그리스도인은 연약한 자를 성숙하지 못했다고 업신여겨서는 안 되며 연약한 믿음의 사람이 보다 성숙한 형제를 심판해서도 안 된다. 하나님은 그리스도 안에서 둘 다 용납하셨으므로 이처럼 우리도 서로 용납하여야 한다. 우리의삶은 주님으로 말미암아 인도를 받아야 하며, 인간들의 생각이나 판단에 이끌려서는 안된다. 성숙한 그리스도인은 그가 하는 일을 왜 하는지, 또는 어떤 일들을 삼가해야 하는지를 안다. 그리고, 이러한 확신이 그의 생활을 조절한다.

2. 내가 하고 있는 일은 주님을 향한 것인가? (14 : 6～9)

그리스도인이라면 "나는 나 자신의 삶을 산다"는 식의 말을 할 수가 없다. 우리가 죽거나 살거나 우리는 여호와께 속해 있기 때문이다. 그는 주님이시며 우리는 그를 기쁘시게 하기 위하여 살아야만 한다.

자기의 생활에서 의문스러운 실천 생활을 하고 있는 그리스도인들이 "주님을 향하여" 그런 일들을 하고 있다고 정직하게 말하지 못하는 경우가 종종 있다. 왜냐하면 실제로 그는 자신의 이기적인 즐거움을 위하여 그러한 실천 생활을 하는 것이며, 주님은 완전히 무시되고 있기 때문이다. 어떤 그리스도인이 만일 주님께로 향하여 특별한 날들을 지킨다면 주님께 영접을 받을 것이며, 우리는 그를 판단해서는 안된다.

3. 이 일은 심판대의 시험을 견딜 것인가? (14 : 10～12)

우리는 우리의 형제들을 판단할 권리가 없다. 왜냐하면 우리의 일과 생활이 모두 그리스도의 심판대에서 시험을 받을 것이기 때문이다. 이것은 요한계시록 20장에 나오는 흰 보좌의 심판은 아니지만, 교회가 본향으로 소집된 후에 있을 **그리스도인의 행위에 대한 시험**이다(고후 5 : 10 / 고전 3장).

나는 내 형제의 생활에 대해서 평가할 필요가 없으며, 그러므로 오늘날 그를 정죄할 권리가 없다. 확실히 우리 모두는 그리스도 앞에서 불시험을 견디는 생활, 그의 영광을 위하여 상을 받는 삶을 살기를 원한다.

4. 나는 다른 사람에게 거침이 되고 있는가? (14 : 13～21)

우리가 판단해야 할 한 가지 일이 있는데, 그것은 우리 자신을 판단하여 우리가 그리스도인의 자유를 남용함으로 인하여 다른 사람들을 넘어지게 하고 있지는 않는가를 알아보는 것이다. 분명히 그 일 자체는 부정한 일이 아닌데 어떤 실천 상황과 습관들은 다른 사람들에게 부정하게 생각된다. 그러므로, 만일 내가 의도적으로 나의 형제들을 걸려 넘어지게 하는 일들을 한다면 나는 사랑의 규율에 따라서 살고 있는 것이 아니다.

다른 사람을 넘어지게 하여 죄에 빠뜨리는 일은 심각한 일이다. 마가복음 9장 33～50절에 나오는 그리스도의 말씀에 유의하자. 여기서 "범죄케 한다"는 말은 "넘어지게 하는 원인이 되다"는 뜻이다. 의문스러운 행동 강령에 붙들려 있어 다른 그리스도인으로 하여금 그리스도인의 행실에서 떨어지게 하는 신자는 그리스도께서 십자가에서 지불하신 무서운 댓가를 보지 못할 정도로 눈멀어 있다고 하겠다. 우리의 선함이 오히려 나쁜 말을 듣게 되는 일이 있어서는 안 된다.

무엇보다도 그리스도인의 삶은 먹고 마심과, 또한 그 밖의 어떠한 것들이 아니고 의와 평강과 기쁨이며, 이 모든 것은 성령으로부터 오는 것이다. 우리의 목표는 자신을 즐기기 위한 이기적인 것이어서는 안 되며, 사랑 안에서 우리 그리스도인 형제들을 세워 주어야 한다.

고린도전서 10장 23절은 신자들에게 있어서는 율법 아래 사는 것이 아니므로 모든 것이 가하나, 모든 것이 우리를 세우거나 다른 이들을 세워 주는 데에 도움이 되는 것은 아니라고 진술한다(고전 8장 참조).

로마서 14장 15, 20절에 나오는 "망하게 하다"는 말은 "헐다, 잡아떼다 "는 뜻이다. 그리스도인이 자기의 이기적인 삶 때문에 다른 신자의 영적인 생활을 헐어 버린다면 얼마나 이기적인 일인가. 그의 실제 생활이 합법적일 수는 있으나, 이것은 사랑의 법 아래 있는 것은 아니다.

5. 나는 믿음으로 이 일을 하는가? (14 : 22~23)

여기서 "믿음"이란 말은 우리의 신념이 하나님의 말씀을 믿는 데서 생겨난 확신"에서의 "확신하다"는 뜻과 거의 같다. 이 두 구절은 그리스도인의 삶이 신자와 주님 사이에서 전개되는 것이므로 신자는 그가 **주님과 바른 관계에 있는가**를 언제나 확인해야만 한다는 원리를 세워 준다. 자기의 실제 생활에 대해 의문이 있으면 기쁨과 평화를 누릴 수가 없다.

23절의 "정죄되었나니"라는 말은 영원한 형벌과는 아무 관련이 없으며, "유죄 판결을 받다"는 말로 읽어야 할 것이다. 즉, 의문스러운 마음으로 행하는 그리스도인은 자기의 태도로 말미암아 자신과, 자기가 행하고 있는 그 일을 정죄하고 있는 것이다. 믿음으로 하지 않는 모든 것은 죄이다. 왜냐하면 그리스도인들은 믿음으로 살기 때문이다. "믿음은… 하나님의 말씀으로 말미암아 온다"고 로마서 10장 17절은 말한다. 그러므로 하나님의 말씀으로 뒷받침될 수 없는 것은 무엇이나 죄이다. 그 일을 믿음으로 행할 수 없기 때문이다.

"의심스러운 것은 부정한 것이다 !"는 말은 따르기에 알맞은 방책이다. 오염되었을 가능성이 있는 우유나 물을 마시는 사람은 아무도 없으며, 독이 들었을 음식을 용납하지는 않을 것이다. 그러나, 많은 그리스도인들이 세상이 의문을 제기하는 관습까지도 부주의하게 행하고 있다. 무엇이든지 의심스러운 것은 믿음에서 나오는 것이 아니며, 죄라는 사실을 직시하지 못한다.

6. 나는 자신과 다른 사람 중, 누구를 기쁘게 하고 있는가?
(15 : 1~7)

강한 자들은 성숙하지 못한 그리스도인의 연약함을 감당해야 한다. 그리고 그러는 동안에도 이들을 세워 주도록 노력해야 마땅하다. 그리스도를 본받아, 우리 자신이 아니라 다른 사람들을 기쁘게 하려고 해야 한다.

바울은 시편 69편 9절을 인용하였는데, 이 구약의 구절이 신약 그리스도인에게도 적용이 되는가? 물론 적용된다. 왜냐하면 구약은 우리의 교훈을 위하여 주어진 것이며, 그로 인해 우리가 인내와 위로와, 하나님의 약속으로부터 오는 소망을 얻고자 함이기 때문이다.

우리는 동일한 마음 ("한 마음" – likemined)을 가져야 하며, 만일 모든 신자들이 다른 사람들을 주님 안에서 성장하도록 도우려고 한다면 그렇게 될 것이다. 7절에는 "서로 용납하라"는 바울의 마지막 결론이 나온다. 이는 그리스도께서 우리를 용납하셨기 때문이다. 이 일은 하나님께 영광을 돌리게 될 것이다.

우리가 이러한 **여러 가지 기본 원리**들을 고찰하면서 이 원리들이 오늘날에도 얼마나 실천적인 것인지를 보게 된다. 지교회는 사역에 힘을 얻는 데 최선이라고 생각하는 어떤 기준들을 설정할 권리가 있는 것이 분명하다. 그러나, 그리스도인은 의문스러운 관습의 문제로 인하여 다른 사람들을 정죄해서는 안된다.

우리 모두는 자신의 생활을 검토하고 우리 자신이 이웃을 세우려고 노력해야 한다. 그러할 때에 하나님을 영화롭게 하는 성숙한 교회가 될 것이다.

그리스도인의 수고
- 로마서 15장 -

본 장은 교회 안에 있는 유대인들과 이방인들에 관계되며, 우리가 깨닫고 이해해야 할 세 가지 다른 사역을 보여 준다.

1. 유대인과 이방인에 대한 그리스도의 사역 (15 : 8~13)

"첫째는 유대인에게요, 다음은 이방인에게"라는 그리스도의 이중적인 사역을 깨닫지 못하는 성경 연구자는 진리의 말씀을 결코 옳게 분변할 수 없다. 그리스도가 태어나셨을 때 그의 오심이 유대 민족에게 전해 졌으며, 왕국에 대한 구약의 약속들과 연관되었다. 8절은 그리스도께서 구약의 언약들과 약속들을 성취하기 위하여 유대인에게 우선적으로 사역하셨다고 말한다.

바울의 말이 틀렸다고 생각되면 누가복음 1장 30~33, 46~55, 67~80절을 주의깊게 읽어 보라. 이 성령을 받은 유대인들은 그리스도가 이방인들로부터 그들을 구원하여 약속된 왕국을 세우기 위해 오셨음을 알고 있었다.

그런데 무슨 일이 있었는가? **이스라엘은 자기의 왕을 세 번에 걸쳐 거절하였다.** 이들은 헤롯이 왕의 사자인 세례 (침례) 요한을 죽이도록 버려 두었으며, 그리스도를 죽이라고 요청하였다. 그리고, 그들 스스로 스데반을 죽였다. 복음서와 사도행전에서 "첫째는 유대인에게"라는 형식이 반복된다. 이스라엘이 그리스도를 영접하였다면 왕국이 건설되고 회심한 이스라엘을 통하여 이방인에게 축복이 흘러갔을 것이다.

바울은 로마서 9~11장에서 하나님의 은혜의 복음이 이제 이방으로 가게 된 것은 이스라엘의 흥함을 통해서가 아니라 실패를 인함이라고 밝혔다. 9~11절에 그 **진행의 방식**이 나온다. 이방인들이 말씀을 들으며 (시 18 : 49), 유대인들과 함께 기뻐한다 (신 32 : 43). 그리고, 모든 이방인들이 스스로 하나님을 찬양하며 (시 117 : 1), 이방인들이 그리스도를 믿고 그의 통치를 즐거워한다 (사 11 : 10).

이 구절들은 **이스라엘의 영적인 역사**를 거의 요약하고 있다.
● 유대인이 이방인들에게 전도함 (9절 / 행 10~14장)
● 유대인과 이방인이 함께 교회에 참여함 (10절 / 행 15~28장)
● 이스라엘이 최종적으로 바울에 의해 제쳐지고, 이방인들이 하나님의 계획에 있어 탁월한 위치에 오름 (11절 / 행 28장 이후 계속)
● 이방인들이 참여할 미래의 왕국 (12절)

이방인들은 그리스도를 주제로 찬양한다. 12절은 왕국이 통치할 미래의 그날을 말하며 "열방이 그를 믿을 것이다"(또는 소망을 둘 것이다)라고 말한다. 바울은 13절의 기도를 통하여 "소망"의 주제를 끌어 낸다. 기쁨과 평화와 소망을 가지기 위하여 왕국을 기다려야 하는 것은 아니다. 성령은 그러한 축복들을 지금 우리에게 주실 수 있으시다.

2. 유대인과 이방인에 대한 바울의 사역(15 : 14~22)

바울은 그가 이방인을 위한 사도임을 강조하는 데 매우 열심이다. 하나님의 프로그램에서 바울의 사역이라는 특별한 입장을 보지 못하는 것은 오늘날 "개신교"를 이처럼 혼란과 무력함에 처하게 한 장본인이다. 16절에서 바울은 자신을 그의 찬양의 제물로서 이방인들을 하나님께 바치는 신약의 제사장으로 묘사한다. 우리가 한 영혼을 그리스도께 인도할 때마다 이것은 주님의 영광에 또다른 제물을 바치는 것이다.

바울의 **특별한 사역**은 하나님의 은혜의 복음이라는 특별한 멧세지를 담고있으며 (16절), 특별한 기적들(18~19절)과 특별한 방법 (20절, 그리스도가 전파되지 않은 곳으로 감)을 갖고 있다. 바울은 개척자였으며, 그는 율법과 은혜, 믿음과 행위, 이스라엘과 교회를 혼합하지 않는다. 오늘날 많은 "그리스도인 지도자"들은 이를 뒤섞는다.

우리는 유대인들이 표적을 요구했다는 것을 알고 있는데 (고전 1 : 22), 하나님은 또한 이방인들에게 기적을 베푸셨다 (행 19 : 11~12절의 에베소에서). 사도행전 7장 (이스라엘의 마지막 거절) 이후에도 기적들이 나타나는 것을 보아서, 하나님은 여전히 이 민족을 다루고 계신다고 생각해서는 안될 것이다.

바울이 로마에 오는 것은 방해되고 있었는데, 이는 사단에 의해서가 아니라 복음이 전파된 많은 곳에서의 요구 때문이었다. 그는 가능한 모든 지역을 거친 후에 이제 로마를 향할 준비를 갖추게 되었다. 바울이 기꺼이 로마에서 전파하기를 원했다는 것은 그 곳에 다른 사도들, 예를 들면 베드로 등이 가지 않았다는 것을 시사한다. 왜냐하면 그의 방침은 개척 지역으로 가는 것이었기 때문이다.

3. 유대인에 대한 이방 교회들의 사역(15 : 23~33)

바울은 서바나 (스페인) 로 가기를 소원하였다. 그가 그 곳에 도착하였는지의 여부에 대해서는 성경에 언급되어 있지 않지만, 전설에 의하면 갔었다고 한다. 어쨌든, 그 당시에 그는 자신이 세운 이방 교회들이 기부한 구제 헌금을 가난으로 찌든 팔레스틴의 유대인들에게 가져가는 일에 종사하고 있었다. 상세한 것은 고린도전서 16장과 고린도후서 8~9장을 참조하라.

바울은 이 **구제 헌금에 대한 몇 가지 이유**를 말한다.

1 **영적인 빚**(27절) – 이방인들은 유대인들을 통하여 모든 영적인 축복들을 받았으므로 물질적인 것으로 어느 정도 되돌려 줄 수 있는 것이다. 오늘날, 그리스도인들은 유대인들에게 정말로 빚이 있는 이방인이라는 부담감을 가질 필요가 있다.

2 **개인적인 사랑** – 바울은 유대인들을 위하여 큰 부담감을 가지고 있었으며, 헌금으로 그들을 향한 사랑을 표현하였다.

3 **그리스도인의 연합**(31절) – 유대인 신자들 중에 더러는(행 15장 참조) 그 무리 중에 이방인들이 들어오는 것을 기뻐하지 않았다. 이 헌금은 베드로와 바울이 서로 반목하고 있다는 말에 의해 생긴 불화를 치료하는 데 도움을 주었을 것이다.

이 일은 오늘날 모든 이방 그리스도인들이 유대인들에게 대한 책임에 관한 문제를 제기한다. 물론 "첫째는 유대인에게"라는 프로그램은 (1 : 16) 더이상 적용되지 않는다. "첫째는 유대인에게"라는 원리는 복음서들과 사도행전 1~7장에서 적용되었다. 유대인들에 대한 우리의 책무는 지상 명령에 근거를 두고 있다. 이것은 그들에 대한 우리의 영적인 직무이며, 우리를 택하시고 참 감람나무에 우리를 접붙이심에서 나타난 하나님의 은혜에 기인한 것이고(롬 11 : 20 이하), 로마서 10장 11~17절의 명백한 논리에서 유래한 것이다. 정죄에 관한 한 아무 차별이 없듯이, 구원에 관해서도 아무 차별이 없다.

이스라엘은 비록 무대에서 임시적으로 퇴장하였지만 여전히 하나님이 선택하신 민족이며, 이스라엘은 조상들로 인하여 사랑을 받고 있다(롬 11 : 28). 그리스도인은 반 유대적인 감정이나 관습을 가져서는 안된다. 오히려 그들에게 그리스도를 전해야 하며 그리스도께로 그들을 인도해야만 한다. 민족으로서 이스라엘은 앞을 보지 못하였으나, 유대인 개개인들은 성령께서 그들의 눈을 열어주심으로 그리스도를 발견할 수 있는 것이다.

31절에서 바울은 믿지 않는 유대인들과의 마찰을 예상하였음에 유의하자. 그런데, 그러한 마찰이 일어났다! 사도행전 21장 15절 이하를 재고하고, 구원받지 않은 유대인들이 바울을 어떻게 취급하였는지에 유의하자.

본 장은 **유대인과 이방 교회 사이의 중요한 특수성**들을 다시 한 번 강조하는 장이다(고전 10 : 32). 사실 로마인들에게 말한 바울의 마지막 발언은 (16 :

25~27) 교회에 대한 위대한 비밀을 이루고 있으며, 그의 복음을 통하여 이러한 비밀을 드러내고 있는 것이다. 우리는 하나님의 비밀을 맡은 청지기로서 결코 실패하는 일이 없을 것이다!

형제들에게 보내는 인사

- 로마서 16장 -

본 장은 깜짝놀랄 일들로 가득 찬 독특한 장이다! 여기 열거된 사항들을 읽어 가노라면, 바울은 사람들을 사랑하였으며 그들에게 관심을 가지고 있었다는 사실에 감동을 받지 않을 수 없다. 이들은 로마로 갈 것을 알고 있는 바울로 말미암아 회심한 사람들임에는 의심의 여지가 없다. 왜냐하면 바울은 로마를 방문한 일이 없고 이들을 다른 도시들에서 만났을 것임이 틀림없기 때문이다. 바울은 그의 주인이 그러하듯 양들을 그 이름으로 알고 있었으며, 각각을 향하여 개인적인 관심을 가지고 있었다.

1. 바울이 문안하는 성도들 (16 : 1~16)

로마에 사는 신자들은 한 전체적인 교회에서 모인 것이 아니고 여러 집으로 나뉘어져 있었던 것 같다 (5, 10, 11, 15절). 조직적인 의미의 (빌 1 : 1) 로마 교회가 없었다는 것은 베드로가 거기서 교회를 조직하지 않았다는 또다른 증거이다.

뵈뵈는 로마로 가고 있는 집사 부인 또는 여집사인 것이 분명하며, 이 편지를 전달한 사람이다. "그녀를 영접하고…도우라"는 구절은 오늘날 그리스도인들을 위한 좋은 권고이다. 어떤 이들은 그녀가 법적인 문제가 있어 로마에 갔다고 생각하며, 그 때문에 바울은 성도들에게 특별한 문제에 봉착해 있는 그녀에게 도움을 베풀라고 부탁한 것이라고 생각한다.

우리는 **브리스길라와 아굴라**를 다시 만난다! 바울에게 이들은 얼마나 소중한 친구들이었는가!(행 18 : 2~28 / 고전 16 : 19 / 딤후 4 : 19) 이 두 성도들이 언제 바울을 위하여 자신의 생명을 무릅썼는지는 알 수 없으나, 바울을 구원한 일로 말미암아 교회는 그들에게 참으로 큰 빚을 진 것이다!

그들은 박해로 인하여 로마를 떠났다가 고린도에서 바울을 만났고, 이제는 로마에 있는 그들의 집으로 돌아와 교회를 세우고 있는 것이다. 주님의 방법은 얼마나 놀라우며, 주님의 섭리의 역사하심은 얼마나 기이한가!

본 장에는 **아홉 여인**의 이름이 나온다. 뵈뵈 (16 : 1), 브리스길라 (16 : 3), 마리아 (16 : 6), 드루배나 (16 : 12), 버시 (16 : 12), 드루보사 (16 : 12), 루포의 어머니 (16 : 13), 율리아와, 네레오의 자매 (16 : 15) 들이다. 어떤 이들은

429

바울이 여인들을 불리하게 대한다고 비평하지만 그보다 더 이교의 속박에서 여성을 해방하고, 하나님께서 태초부터 의도하신 방법으로 여성의 권위를 존중한 사람도 없다.

바울이 지교회의 사역에 있어서 여성이 어떤 특정한 지위가 있다고 가르치기는 했으나, 여성을 완전히 무시한 것은 아니다. 하나님은 여성들을 설교하도록 부르시지는 않는다. 하지만 얼마나 많은 설교자들이 여성도들의 사역으로 말미암아 도움을 받고 축복을 받고 있는가!

몇몇 구절들에서 **사도 바울의 "친척"**을 언급한다(7, 11, 21절). 이것은 혈연의 친척을 말하는 것이 아니라 동료 유대인, 아마도 베냐민 지파를 말하는 것 같다.

7절은 **바울보다 먼저 구원받은 두 사람**을 언급하고 있는데, 이들은 또한 다른 사도들에게도 알려진 사람들이었다.
루포가 흥미있는 인물이다(13절). 마가복음 15장 21절은 십자가를 진 시몬이 알렉산더와 루포의 아버지라고 언급하고 있는데, 마가복음이 기록될 당시에는 교회들 사이에 잘 알려진 성도들이었다.
로마서 16장 13절에 나오는 루포의 아버지가 사실상 시몬이었을 가능성이 있다. 그는 자기의 어머니를 주님께 인도하였다. 만일 그와 그의 가족이 예루살렘에 머물렀다면 바울을 자기의 집에 머물게 했을 가능성도 있다. 또한 바울이 그녀를 자기의 수양 어머니로 모셨을 수도 있다.

2. 피해야 할 몇몇 죄인들(16 : 17~20)

이러한 경고는 인사들로 가득 찬 본 장에는 어울리지 않는 것 같다. 그러나, 바울은 교회가 처한 위험을 알았으며 성도들을 경고하고 싶었다. 물론 우리는 각각 그리스도인으로서 서로를 사랑하며 서로를 용서하여야 한다. 그러나 교회 기관에 대항하는 죄들은 성경적인 징계에 따라 처리가 되어야 한다.
자신들의 이기적인 욕망으로 인하여 문제를 일으키는 그리스도인들이 있는데, 대개 자기들의 영광을 위하여 하는 일들을 모든 사람에게 말하고 싶어하는 교만을 범한다. 이들을 지교회에서의 친교에 받아들여서는 안된다.
"그들에게 표를 해 두고 그들을 피하라!" **"표한다"**는 말은 "주시하고 그들에게서 눈을 떼지 않는 것이다." 이 교회에서 저 교회로 달리며 문제와 분열을 일으키는 "교회 방랑자"들에게서 교회가 눈을 떼지 않는 일은 바른 일이다. 이러한 사람들은 "유연하게 말하며" 단순한 사람들을 우롱하는 법을 안다. 그러나 분별력 있는 성도는 그들의 속임수를 꿰뚫어 볼 것이다. 사단을 정복하라. 그가 당신을 정복하게 하지 말라.

3. 영광을 받을 몇몇 종들(16 : 21~24)

베테랑들이 많이 기록된 놀라운 명단이다. 바울의 믿음의 아들이요 주님의 종인 **디모데**가 나온다(빌 2 : 19~22). 안디옥에서 초창기에 그를 조력하였던 **루시오**(행 13 : 1)도 있다(이 사람이 누가인 것 같지는 않다). **야손**은 데살로니가에서 바울과 함께 여행하였으며(행 17 : 5~9), **소시바더**는 베뢰아 사람이었다(행 20 : 4).

바울은 이 동료들을 사랑하였으며, 이들이 없었다면 사역을 하지 못했을 것이다. 모두가 바울같이 될 수는 없다. 그러나, 우리 모두는 다른 사람들이 더 효과적으로 그리스도를 섬길 수 있도록 도울 수는 있다.

더디오는 성령께서 바울에게 지시하실 때 이를 편지로 받아 쓴 서기(비서)였다. 이 사람은 로마인으로서 이 편지를 받는 사람들에게 알려진 사람인 것 같다.

가이오는 사도행전 19장 29절에 언급된 사람과 동일 인물인 것 같다. 또는 더베의 가이오일 수도 있다(행 20 : 4). 이 사람이 고린도전서 1장 14절에 나오는 사람인 것은 분명하며, 바울이 고린도 사역 기간 동안에 세례(침례)를 베푼 사람들 중의 하나이다. 바울이 로마서를 쓸 때는 고린도에 있었는데, 이 말이 그가 가이오의 집에 머물고 있었다는 뜻일 수도 있다.

하나님께서 그의 말씀을 우리에게 주시는 데에 영감받은 사도와 충성된 서기(또는 비서), 친절한 그리스도인 주인, 희생적인 여인 등 얼마나 많은 사람들이 사용되고 있는지 알아보자.

에라스도는 그 도시의 재무관이었으며, 복음이 그 시의 관원 가족에게도 전해졌음을 보여 준다(빌 4 : 22). 그는 디모데후서 4장 20절에 언급된 동일 인물일 수도 있다.

"형제 구아도!" 바울에게 있어서 언급하기에는 그다지 중요하지 않은 성도란 없었다! 데살로니가전서 5장 12~13절을 읽고 여기에 어떻게 적용되는지 알아보자.

바울은 언제나 그의 편지들을 그의 "은혜의 표적"으로 **개인적인 서명**을 하였는데(살후 3 : 17~18) 여기 24절에서도 그렇게 하고 있다. 그는 자기의 나쁜 시력에도 불구하고 교회에 대한 비밀을 강조하는 이 위대한 송영을 첨부한 것인 듯하다. 27절에 언급된 선지자들은 하나님께서 교회와 은혜의 복음에 관한 진리들을 계시하는 데 사용하신 신약 선지자들이다(행 13 : 1 / 15 : 32/ 21 : 10 / 고전 12 : 28~29 / 14 : 29~32 / 엡 2 : 20 / 3 : 5 / 4 : 11 참조).

이렇게 하여 로마인들에게 보내는 편지는 완성된다. 우리가 이것을 이해하고 적용한다면 27절은 현실이 될 것이다. "지혜로우신 하나님께 예수 그리스도로 말미암아 영광이 세세 무궁토록 있을지어다!"

이 책을 읽고, 하나님께 드릴 기도와 감사를 적읍시다.

성경적/역사적/신학적/과학적 방법을
동시에 사용하여 성경 개요를 한 눈에 파악할 수 있도록 하여,
성경의 흐름을 많은 도표와 그림을 통해 시각화 한 책!

윌밍턴

본문중심 성경연구
(구약/신약)

리버티대학교 헤롤드 L. 윌밍턴 박사 지음

성경을 배우고 가르치는데 기본이 되는 책!
성경 각 권의 주제와 목적은 물론이며
당시의 사회·문화적 배경을 이해할 수 있는 다양한 그림과 지도,
고고학적 사진자료, 성경 풍습에 대한 설명 등
자세한 해설을 통해 체계적이고 심화된 성경 학습에 필수적이다.

종합 성경 연구
(구약/신약)

로버트 보이드 박사 지음

100일간/구속사적/성경통독
100일간의 성경통독을 통해서 성경의 주제인
예수 그리스도를 성경전서 곳곳에서 만나게 하는 책!

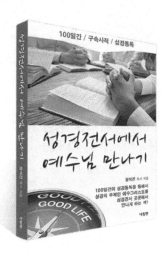

성경전서에서
예수님 만나기

정석진 지음

성경을 역사적 배경과 연대기적으로 이해하고
성경 66권의 흐름을 한 눈으로 볼 수 있는 책!

Step-by-Step
성경여행 (구약/신약)

고은주 원장 지음

자녀를 위한
무릎 기도문

하나님의 사랑받는 자녀로
성장시키기 위한 기도서!

가족을 위한
무릎 기도문

하나님의 축복받는
가정이 되기 위한 지도서!

태아를 위한
무릎 기도문

태아와 엄마를 영적으로 보호하고
태아의 미래를 준비하는
태담과 태교 기도서

아가를 위한
무릎 기도문

24시간 돌봐주시는 하나님께
우리 아가를 맡기는 기도서!

십대의
무릎 기도문

멋지고 당당한
십대 되게 하는 기도서!

십대자녀를 위한
무릎 기도문

하나님의 사랑받는 자녀로
성장시키기 위한 기도서!

재난재해안전
무릎 기도문

〈자녀용〉

불의의 재난 사고로부터
자신을 지키는 방법을
배우는 기도서!

재난재해안전
무릎 기도문

〈부모용〉

불의의 재난 사고로부터
자신을 지키는 방법을
배우는 기도서!

남편을 위한
무릎 기도문

사랑하는 남편의
신앙, 건강, 성공 등을
이루게 하는 아내의 기도서!

아내를 위한
무릎 기도문

아내를 끝까지 지켜주는
남편의 소망, 소원,
행복이 담긴 기도서!

워킹맘의
무릎 기도문

좋은 엄마/좋은 직원/
좋은 성도가 되기이해
노력하는 워밍맘의 기도서!

손자/손녀를 위한
무릎 기도문

어린 손주 양육에
최선을 다하는
조부모의 손주를 위한 기도서!

자녀의
대입합격을 위한
부모의 무릎 기도문

자녀 합격을 위한
30가지 주제와
30일간 기도서!

대입합격을 위한
수험생 무릎 기도문

수험생을 위한
30가지 주제와
30일간 기도서!

태신자를 위한
무릎 기도문

100% 확실한 전도를 위한
30일간의 필수 기도서!

새신자
무릎 기도문

어떻게 믿어야 할지 모르는
새신자가 30일 동안 스스로
기도하게 하는 기도서

교회학교 교사
무릎 기도문

반 아이들을 위해
실제로 기도할 수 있게 하는
교회학교 교사들의 필수 기도
서!

선포(명령)
기도문

소리내 믿음으로 읽기만 해도
주님의 보호, 능력, 축복,
변화와 마귀를 대적하는
강력한 선포기도가 됩니다!

망망한 바다 한가운데서 배 한 척이 침몰하게 되었습니다.
모두들 구명보트에 옮겨 탔지만 한 사람이 보이지 않았습니다.
절박한 표정으로 안절부절 못하던 성난 무리 앞에 급히 달려 나온 그 선원이
꼭 쥐고 있던 손바닥을 펴 보이며 말했습니다.
"모두들 나침반을 잊고 나왔기에… "
분명, 나침반이 없었다면 그들은 끝없이 바다 위를 표류할 수 밖에 없을 것입니다.

우리는 삶의 바다를 항해하는 모든 이들을 위하여
그 나침반의 역할을 하고 싶습니다.
우리를 구원하신 위대한 주 예수 그리스도를 널리 전하고 싶습니다.

"하나님은 모든 사람이 구원을 받으며
진리를 아는 데에 이르기를 원하시느니라"
(디모데전서 2장 4절)

핵심 성경 연구 ❷

지은이 | 워런 W. 위어스비
옮긴이 | 송용필
발행인 | 김용호
발행처 | 나침반출판사

재발행 | 2022년 3월 1일

등   록 | 1980년 3월 18일 / 제 2-32호
본   사 | 07547 서울특별시 강서구 양천로 583 블루나인 비즈니스센터 B동 1607호
전   화 | 본사 (02) 2279-6321 / 영업부 (031) 932-3205
팩   스 | 본사 (02) 2275-6003 / 영업부 (031) 932-3207
홈   피 | www.nabook.net
이   멜 | nabook365@hanmail.net

ISBN   978-89-318-1241-1
책번호 다-1108

값은 뒤표지에 있습니다.